Kinder- und Jugendliteratur der Aufklärung

EINE TEXTSAMMLUNG

HERAUSGEGEBEN VON
HANS-HEINO EWERS

PHILIPP RECLAM JUN. STUTTGART

Universal-Bibliothek Nr. 9992 [5]
Alle Rechte vorbehalten. © Philipp Reclam jun. Stuttgart 1980
Herstellung: Reclam Stuttgart. Printed in Germany 1980
ISBN 3-15-009992-7

Inhalt

Einleitung

Was mag der Sinn einer Beschäftigung mit der Kinder- und Jugendliteratur der Aufklärung sein? Zunächst geht es um ein Stück Literaturgeschichte, um die Geschichte eines literarischen Zweiges, der bislang nur wenig Aufmerksamkeit und Zuwendung von seiten der Literaturwissenschaft erhalten hat. Die Kinder- und Jugendliteratur gilt zwar seit längerem schon als ein legitimer Gegenstand literaturwissenschaftlicher Forschung, doch steckt ihre geschichtliche Erschließung noch weitgehend in den Anfängen. Dies betrifft nicht nur die wissenschaftliche Darstellung ihrer Geschichte, sondern auch die Sicherung ihrer Quellen: Wie ist an die alten Kinder- und Jugendbücher heranzukommen? Die wissenschaftlichen Bibliotheken haben zumindest seit dem 19. Jahrhundert Kinderbücher nicht mehr systematisch gesammelt. Von getreuen Nachdrucken und historischen Editionen kann in diesem Zweig keine Rede sein, wo die aktuellen Erfordernisse des Marktes herrschen und ein Bewußtsein geschichtlicher Kontinuität noch so gut wie gar nicht existiert. Hier möchte die vorliegende Anthologie eingreifen: Sie will, wenn auch nur in Auszügen, Texte zugänglich machen und für den literaturgeschichtlichen Unterricht bereitstellen. Sie deckt aber vorerst nur einen Abschnitt aus der Geschichte der Kinder- und Jugendliteratur ab, den ihrer geschichtlichen Anfänge im 18. Jahrhundert; sie bedürfte mithin einer Fortsetzung.

Es geht aber auch um ein Stück Geschichte des 18. Jahrhunderts und der Aufklärung in Deutschland. Die Kinder- und Jugendliteratur stellt ein nicht unbedeutendes Medium der aufklärerischen Bewegung dar. In ihm wird die Aufklärung sich weniger in theoretischer Reflexion und Selbstbesinnung zeigen; dafür ist sie hier in unmittelbarer Aktion anzutreffen und von einer praktischen Seite her zu erfahren. Ferner wird ein Stück Sozial- und Erziehungsgeschichte deutlich: Zur

Darstellung kommt ein Ausschnitt aus der Emanzipations-
geschichte der bürgerlichen Klasse und einer aus der Sozialgeschichte der bürgerlichen Familie; nicht zuletzt wird ein
Stück Geschichte der Kindheit gegeben. Der begleitende
Essay vermag unmöglich die zahlreichen Aspekte zu erör-
tern, die sich mit dem hier dokumentierten Gegenstand in
Verbindung bringen lassen. Er hat sich zum Ziel gesetzt, der
nach Gattungsgesichtspunkten gegliederten Textsammlung
eine Beschreibung der verschiedenen Strömungen der Kin-
der- und Jugendliteratur des 18. Jahrhunderts an die Seite zu
stellen und diese in ihrer Abhängigkeit von den Richtungen
aufklärerischer Pädagogik zu kennzeichnen. Hier ist die
Forschung bisher noch kaum zu genaueren Unterscheidungen gelangt; zu global wird die aufklärerische Kinder- und
Jugendliteratur zumeist als Einheit gesehen. So muß hier
zunächst Naheliegendes in Angriff genommen werden, eine
weiterführende geschichtliche und soziale Einordnung des
Gegenstandes aber vorab dem Leser überantwortet werden.

Die Entstehung eines neuen Literaturzweiges

»Man hatte zu der Zeit noch keine Bibliotheken für Kinder
veranstaltet.«[1] So beginnt der häufig zitierte Passus aus *Dichtung und Wahrheit,* in dem Goethe Auskunft über seine
frühen Leseerlebnisse gibt. Tatsächlich entsteht erst in den
Jahrzehnten, die auf Goethes Kindheit folgen, eine »spezifische« oder »intentionale« Kinder- und Jugendliteratur, eine
Literatur, die ausdrücklich für Kinder und Jugendliche produziert ist.[2] Natürlich hat es zuvor schon Bücher gegeben,

1 Johann Wolfgang Goethe, *Gedenkausgabe der Werke, Briefe und Gespräche,* Bd. 10: *Dichtung und Wahrheit,* Zürich 1953, S. 41.
2 Vgl. hierzu: *Lexikon der Kinder- und Jugendliteratur,* hrsg. von Klaus Doderer, Weinheim/Basel 1975 ff., Bd. 2, Art. »Kinder- und Jugendliteratur«,
  S. 161 ff.; Göte Klingberg, *Kinder- und Jugendliteraturforschung. Eine Einführung,* Wien/Köln/Graz 1973, S. 25 f. Unter Kinder- und Jugendliteratur
  wird hier stets nur das verstanden, was ausdrücklich für Kinder und Jugend-

die sich an junge Leser wandten. Wichtige Genres der Kinder- und Jugendliteratur tauchen bereits im 16. Jahrhundert auf: Dies gilt etwa für die Zuchtbücher und Anstandsfibeln, die in *De Civilitate Morum puerilum* des Erasmus von Rotterdam gleichsam ihren Archetypus besitzen, wie auch für die Klugheits- und Verhaltenslehren, die Testamente und elterlichen Räte, die auf die Traktate von Giovanni della Casa, Baldassare Castiglione und Baltasar Gracian zurückgehen. Auch Fabelbücher gehören früh schon zur profanen Kinder- und Jugendliteratur. Das 17. Jahrhundert fügt den weltlichen Traktaten und Fabelsammlungen das Bilder- und Anschauungsbuch in der Art des *orbis pictus* des Commenius hinzu. Im Bereich schließlich der religiösen Literatur finden sich seit der Reformation Katechismen, Bibelauszüge, Gesangbücher und Spruchsammlungen, die Kinder und Jugendliche zum Adressaten haben. Die Aufzählung ließe sich fortsetzen, doch stellt sich jetzt schon die Frage, inwiefern dies eben nur die »Vorläufer der deutschen Kinder- und Jugendliteratur«[3] sind und warum deren Anfänge erst im 18. Jahrhundert zu suchen sind.

Daß hier ein Einschnitt in der Entwicklung der Kinder- und Jugendliteratur vorliegt, tritt am auffälligsten vorerst in der Bewegung des literarischen Marktes zutage: Ende der sechziger Jahre des 18. Jahrhunderts läßt sich ein plötzliches Anschwellen der Produktion von speziell an Kinder und Jugendliche gerichteten Büchern und Wochenschriften beobachten, demgegenüber die vorangehenden Produktionsziffern als verschwindend niedrig bezeichnet werden müssen. In den achtziger Jahren ist ein erster Höhepunkt erreicht, was die Kritik bereits veranlaßt, die »Büchermacherei für die

lich verfaßt, bearbeitet, zusammengestellt oder herausgegeben ist. Zu unterscheiden ist hiervon der Begriff der Kinder- und Jugendlektüre, der alles das umfaßt, was Kinder und Jugendliche lesen. Die spezifische Kinder- und Jugendliteratur macht stets nur einen Teil ihrer Lektüre aus.

3 Vgl. Heinz Wegehaupt, *Vorstufen und Vorläufer der deutschen Kinder- und Jugendliteratur bis in die Mitte des 18. Jahrhunderts,* Berlin 1977 (Studien zur Geschichte der Kinder- und Jugendliteratur 1).

Jugend« sorgenvoll als die emsigste »litterarische Manufaktur« zu bezeichnen, die von Messe zu Messe »wie die Flut des Meeres eine zahllose Menge Bücher ans Ufer [spült]«.[4] Nun ist diese plötzliche Produktionsausweitung kein Spezifikum der Kinder- und Jugendliteratur; sie nimmt gerade hierin teil an der in den letzten drei Jahrzehnten des 18. Jahrhunderts sich vollziehenden Ausweitung und Verbreiterung des literarischen Marktes überhaupt.[5] Dennoch hat diese quantitative Ausweitung für die Kinder- und Jugendliteratur eine einschneidendere Bedeutung als für andere Zweige der Literaturproduktion: Für sie handelt es sich weniger um die Ausweitung bereits vorhandener Ansätze, was am ehesten noch für die Sparte der religiösen Schriften zutreffen mag, sondern vielfach um einen wirklichen Beginn. Statt wie vordem nur in einigen wenigen Sparten vertreten zu sein, taucht Kinder- und Jugendliteratur nun in allen Bereichen des literarischen Marktes auf, werden in allen Zweigen speziell an Kinder und Jugendliche adressierte Werke, Bearbeitungen und Ausgaben publiziert.[6] In den seltensten Fällen können die Autoren hierbei auf eine jugendliterarische Tradition zurückgreifen; zumeist helfen sie sich mit ausländischen, d. h. englischen und französischen Vorbildern aus. Kernstück dieses Vorgangs ist die Eroberung des großen Bereiches der Belletristik, der »schöngeistigen« Unterhaltungsliteratur für den jungen Leser. Die unterhaltenden Lesebücher und Almanache, die Gedichte, Fabeln, Beispielgeschichten, moralische Erzählungen und kleine Dramen enthalten, entwickeln

---

4 Friedrich Gedike, »Einige Gedanken über Schulbücher und Kinderschriften«, in: *Gesammelte Schulschriften*, Berlin 1789, S. 422 f.

5 Vgl. Helmut Kiesel / Paul Münch, *Gesellschaft und Literatur im 18. Jahrhundert. Voraussetzungen und Entstehung des literarischen Marktes in Deutschland*, München 1977.

6 In bisherigen Darstellungen werden die Anfänge der Kinder- und Jugendliteratur zu einseitig auf das Gebiet der Moralischen Wochenschriften verlegt. Von gleicher Bedeutung ist zumindest der Sektor der Elementarbücher und Enzyklopädien für Kinder, von den religiösen Schriften einmal ganz abgesehen.

sich schnell zum eigentlichen Zentrum aufklärerischer Kinder- und Jugendliteratur. Dem hat die vorwiegend traktathaft belehrende Kinderliteratur der vorausgegangenen Zeit nichts Vergleichbares entgegenzustellen. Hinzu kommt schließlich ein neues Bewußtsein bezüglich des Adressaten: Waren vordem Kinder und Jugendliche höchst selten ausschließlich angesprochen, sondern zumeist in eine Reihe mit anderen noch ungebildeten Lesergruppen gestellt, so erscheinen sie nun als eine ausgegrenzte und festumrissene Bezugsgruppe, die in sich sogar dem Alter und dem Geschlecht nach noch differenziert wird. Recht besehen kann erst von diesem historischen Moment an von einer »intentionalen« Kinder- und Jugendliteratur die Rede sein.

Erst im letzten Drittel des 18. Jahrhunderts also konstituiert sich die Kinder- und Jugendliteratur als ein besonderer Zweig literarischer Produktion, als eine selbständige Sparte des literarischen Marktes. Hier erst erlangt sie gattungsmäßige Vielfalt, schließt sie nicht nur die Bereiche des religiösen und sittlich-belehrenden, sondern auch die des literarisch-unterhaltenden sowie des wissenschaftlichen und sachlich-belehrenden Schrifttums ein. Hier erst spiegelt sich in ihr das literarische Leben der Epoche in seiner ganzen Breite und Mannigfaltigkeit wider. Hier erst ist die Kinder- und Jugendliteratur zu einer umfassenden literarischen Vermittlungsinstanz geworden. Schließlich tritt hier erst der spezifische Adressatenbezug als konstitutives Merkmal eines eigenen Literaturzweiges hervor. Waren zuvor schon vereinzelte Werke auch und zum Teil sogar vorwiegend an Kinder und Jugendliche gerichtet, so entsteht erst im 18. Jahrhundert die Kinder- und Jugendliteratur gleichsam als literarische Institution.

Der Entstehung der Kinder- und Jugendliteratur ist die Bildung eines Bewußtseins vorausgegangen, das von der Notwendigkeit einer solchen Literatur überzeugt war und nach ihr verlangte. Der Ort, an dem sich ein solches Bewußtsein herausgebildet und artikuliert hat, ist die aufklärerische Pädagogik: In ihr findet sich von Beginn an die Forderung nach kindgemäßen Lesestoffen. So gibt John Locke in bezug auf den jungen Gentleman folgende Anregung: »Wenn er so allmählich zu lesen anfängt, sollten ihm leichte, vergnügliche Bücher, die seinen Fähigkeiten angemessen sind, in die Hand gegeben werden, Bücher, die Unterhaltung bieten, ihn mitreißen und die Mühen seines Lesens belohnen.[7]« Er nennt sodann Äsops Fabeln und den Reineke Fuchs, weiß aber weitere Titel schon nicht mehr zu nennen – und das nicht zufällig, denn er kommt zu der Annahme, »daß diese nützliche Art von Büchern bis jetzt das Schicksal gehabt hat, vernachlässigt zu werden, während es von dummen Büchern jede Sorte gibt«.[8] Locke denkt hier nicht schon an eigens für Kinder verfaßte Bücher; er hat eher eine Auswahl aus dem literarischen Bestand oder einen Auszug aus einzelnen Werken vor Augen. Letzteres demonstriert er in bezug auf die Bibel, deren vollständige Lektüre er als »für Kinder äußerst unangebracht« ansieht. Er empfiehlt statt dessen, dem Kinde nur »einige Abschnitte der Heiligen Schrift« in die Hand zu geben, die »leichte und einfache Sittenregeln« und allein solche Grundsätze enthalten, »die seiner Fassungskraft und seinen Begriffen angemessen sind«.[9]

Ein halbes Jahrhundert später stellt Johann Georg Sulzer die Regel auf, daß bei der Erziehung »den Kindern eine Menge schöner, wahrhaffter, oder erdichteter Begebenheiten in wolgesezten Erzehlungen vorzulegen« sei. Aber auch er vermag keine geeigneten Werke zu nennen; er gibt deshalb Anregungen zur Anfertigung solcher Erzählungen. Eine Sammlung wahrhafter Historien, so heißt es, »wäre aus dem Plutarchus allein leicht zu verfertigen, und wenn man noch andere alte und neue Geschichts-Schreiber wollte dazunehmen, so wäre es leicht eine Sammlung von tausend auserlese-

---

7 John Locke, *Gedanken über Erziehung*, dt. von Heinz Wohlers, Stuttgart 1970 [u. ö.]. (Reclams Universal-Bibliothek, Nr. 6147 [4], S. 191, Abschn. 156.
8 Ebd., S. 193, Abschn. 157.
9 Ebd., S. 194, Abschn. 159.

nen Historien zu machen, worinn die Kinder fürtreffliche Exempel hätten«.[10] Auch von Fabeln müsse man »eine besondere Sammlung nur für Kinder«[11] anlegen. Hinsichtlich einer Sammlung »erdichteter Begebenheiten, die recht auf den Zustand der Kinder eingerichtet« sein müsse, kann Sulzer keine literarischen Bestände mehr nennen, aus denen bloß auszuwählen wäre; solche Erzählungen gelte es speziell für diesen Zweck erst noch zu verfassen. Damit ist der Schritt zur Forderung nach einer ausdrücklich für Kinder und Jugendliche produzierten Literatur getan. Sulzer gibt denn auch Vorbilder an, denen nachzuahmen wäre: Eine solche Sammlung »müßte nach der Art derjenigen Erzehlungen seyn, die der fürtreffliche Fenelon für die Erziehung des Herzogs von Burgund gemacht hat«.[12] Sulzers Überlegungen geben nur ein Beispiel dafür ab, wie sich die Frage nach kindgemäßen Lesestoffen innerhalb der aufklärerischen Pädagogik der ersten Jahrhunderthälfte nach und nach zu der Forderung nach einer eigens für Kinder und Jugendliche verfaßten Literatur entwickelt und zuspitzt.

Doch schiebt sich zwischen die Forderung nach einer spezifischen Kinder- und Jugendliteratur, wie sie in den pädagogischen Abhandlungen erhoben wird, und deren Verwirklichung auf der Ebene des literarischen Marktes eine Zwischenphase: Vor ihre literarische Realisierung nämlich tritt ihre praktische im konkreten Erziehungsprozeß. Die zahlreichen Erzieher, Lehrer und Hofmeister sind es zunächst, die diese Anregungen und Forderungen in ihrer alltäglichen Erziehungspraxis in die Tat umsetzen. Sie sind es, die eine Auswahl aus alten und neueren Schriftstellern treffen, Auszüge aus größeren Werken anfertigen und selbst Schriften für den Unterricht sowie Erzählungen und Lieder zur Un-

---

10 Johann Georg Sulzer, *Versuch von der Erziehung und Unterweisung der Kinder*, 2., stark verm. Aufl., Zürich 1748, S. 111 f.
11 Ebd., S. 114.
12 Ebd., S. 112; gemeint ist der *Telemach* von 1695, ein Erziehungs- und Staatsroman.

terhaltung ihrer Eleven verfassen, ohne im geringsten an eine Publikation zu denken. August Ludwig Schlözer etwa berichtet, daß er in seiner Hauslehrerzeit zahlreiche Elementarwerke verfaßt habe, ohne sie zu veröffentlichen.[13] Auch ist von zahlreichen Kinderbüchern aus den letzten Jahrzehnten des 18. Jahrhunderts noch überliefert, daß sie anfänglich gar nicht für den Markt, sondern aus gleichsam privaten Anlässen und zu privaten Zwecken verfaßt wurden und die Publikation erst nachträglich erfolgte.[14] Diese praktische Realisierung einer spezifischen Kinder- und Jugendliteratur noch unterhalb der Publikationsschwelle durch Erzieher und Hauslehrer scheint, so darf geschlossen werden, um die Jahrhundertmitte noch vorherrschend gewesen zu sein. Hierfür sind denn auch die Anregungen in den pädagogischen Abhandlungen eigentlich gedacht: Es handelt sich um Anweisungen an Erzieher, für die eigene Erziehungs- und Unterrichtspraxis die Literatur selbst zusammenzustellen und zu verfassen. Vorausgesetzt ist dabei natürlich, daß die Erzieher hierzu nicht nur die Fähigkeiten, sondern auch die Zeit besitzen. So entspricht diese Praxis einer historischen Phase, in der die neue aufklärerische Pädagogik zunächst nur in wohlhabenden und gebildeten Schichten des oberen Bürgertums und des Adels Aufnahme gefunden hat, die einen Erzieher sich leisten konnten. Die zunehmende Verbreitung der pädagogischen Ideen im Bürgertum aber hat diese Situation verändert: Die Pädagogik hat es nun nicht mehr allein mit Erziehern, sondern zunehmend mit den Eltern der Kinder selbst zu tun, die sich jetzt um die Erziehung kümmern. In vielen Vorworten zu Kinderbüchern wird die Publikation mit der Absicht gerechtfertigt, den um die Erziehung be-

---

13 Vgl. seine Vorrede zu: Ludwig Renatus de Caradeuc de la Chalotais, *Versuch über den Kinder-Unterricht*, aus dem Franz. übers., mit Anm. und einer Vorrede, die Unbrauchbarkeit und Schädlichkeit der Basedow'schen Erziehungs-Projekte betreffend, Göttingen/Gotha 1771, S. XVf.

14 Einem privaten Anlaß verdankt etwa auch Weisses ABC- und Lesebuch seine Entstehung. Vgl. Christian Felix Weisse, *Selbstbiographie*, hrsg. von Chr. E. Weiße und Samuel Gottlob Frisch, Leipzig 1806, S. 170ff.

sorgten Eltern, die doch kaum Zeit hierfür abzweigen konnten, eine Hilfe zu bieten, ihnen Erzählungen, Gedichte usw.
an die Hand zu geben, die selbst zu erfinden sie keine Gelegenheit mehr hätten. Damit ist eine wichtige Voraussetzung
für die Entstehung von Kinder- und Jugendliteratur als einer
»literarischen Manufaktur« benannt: »[...] das Publikum
hungert nach solchen pädagogischen Hülfsmitteln [...].«[15]
Das Verlagskapital ist Ende der sechziger Jahre stark genug,
diesen Publikumshunger zu stillen. Schließlich sind die zahlreichen Pfarrer, Erzieher, Hauslehrer und stellungslosen
Kandidaten der Theologie, deren materielle Lage sich nicht
gerade verbessert hat, mittlerweile an Honoraren interessiert. Auf diese Weise geht die praktische in die literarische
Realisierung über: Kinderschriften werden nun nicht mehr
nur für den eigenen Gebrauch, sondern unmittelbar für den
literarischen Markt produziert.[16]

Der Streit der Richtungen

In der aufklärerischen Pädagogik kommt, so wurde gesagt,
nach und nach die Forderung nach einer ausdrücklich für
Kinder und Jugendliche verfaßten Literatur auf. Die Aufklärungspädagogik aber kennt ihrerseits mehrere Strömungen
und Phasenunterschiede, so daß die Frage naheliegt, ob diese

15 August Ludwig Schlözer, Vorrede zu la Chalotais, *Versuch über den Kinder-Unterricht*, S. LXXIX.
16 Daß ihrer literarischen die praktische Realisierung im konkreten Erziehungsprozeß vorausging, haftet der Kinder- und Jugendliteratur bis zum
Jahrhundertende noch an: Ihre Werke wollen in den seltensten Fällen bloß
durchgelesen, nur passiv rezipiert werden. Sie verstehen sich zumeist als ein
Modell für ein Gespräch zwischen Erwachsenen und Kindern, für ein Geschichtenerzählen, Singen und Schauspielen, das nicht exakt reproduziert,
sondern frei nachgeahmt werden soll. Der Erwachsene allein soll das Kinderbuch zunächst lesen, es dann weglegen, um aus der Erinnerung heraus
die im Buch vorgeführte Modellsituation mit seinen Kindern frei nachzu-
spielen, wobei durchaus Raum für eigene Einfälle und Improvisationen bleiben soll.

verschiedenen Richtungen und Etappen aufklärerischen Erziehungsdenkens sich in der Kinder- und Jugendliteratur widerspiegeln. Mit der nötigen Vorsicht und Behutsamkeit, mit denen solche Unterscheidungen zu treffen sind, läßt sich tatsächlich in Entsprechung zur historischen Entwicklung der Pädagogik eine frühe, aufklärerisch-rationalistische Phase der Kinder- und Jugendliteratur von einer zweiten, etwa Anfang der siebziger Jahre einsetzenden Phase absetzen, die durch die Bewegung des Philanthropismus geprägt ist. Diese philanthropische Kinder- und Jugendliteratur wiederum hat etwa Mitte der achtziger Jahre ihren Höhepunkt überschritten, ohne allerdings bis zur Jahrhundertwende ihren großen Einfluß zu verlieren. Die letzten Jahrzehnte des Jahrhunderts lassen sich am ehesten in der Weise charakterisieren, daß, wenn auch in unterschiedlichem Ausmaß, alle Strömungen der Spätaufklärung an ihr beteiligt sind. Zu den rationalistischen und philanthropischen Tendenzen, die fortbestehen und -wirken, treten neuhumanistisch geprägte Ansätze hinzu, wie denn auch hie und da Ideen der klassischen Bewegung Eingang und Niederschlag finden. Natürlich sind die hier einander gegenübergestellten Strömungen durch ein hohes Maß gemeinsamer aufklärerischer Grundsätze miteinander verbunden, wie sie sich auch im konkreten Fall kaum rein voneinander scheiden lassen. Ihre relative Einheit ließe sich immer noch zu einem Modell aufklärerischer Kinder- und Jugendliteratur zusammenfassen, dem erst nach der Jahrhundertwende ein anderes Modell, ein durch die Romantik geprägtes, entgegentritt.

In einer Abhandlung aus den siebziger Jahren sucht Joachim Heinrich Campe die historische Entwicklung der erzieherischen Ideen zu rekonstruieren und auf eine Abfolge von Generationen zu beziehen: »Man tadelt heutigen Tages verschiedentlich an der Erziehung unserer Voreltern, daß man dazumal den intellektuellen Theil zu sehr vernachläßiget, nur die körperlichen Kräfte und das rohe thierische Empfindungsvermögen derselben, höchstens nur ihr Gedächtniß, durch Uebungen gestärkt habe.«[17] Auf diese, der Aufklärungspädagogik noch vorausliegende Stufe der Großeltern folgt für Campe eine Phase, die in das gegenteilige Extrem verfällt: »Sonst ließ man die Kinder bis ins zehnte oder zwölfte Jahr aufwachsen, als wenn sie gar keine Seele hätten, welche gebildet zu werden verdiene: jetzt scheint man zu vergessen, daß sie einen Körper haben, und fängt nach und nach an, sie als bloße Seelen zu behandeln. Man will, daß die Kultur, und zwar die gelehrte Kultur, ihres Verstandes und ihres Herzens, wie man's nennt, schon in der Wiege angefangen werde [...].« Aus einer solchen Erziehung aber könne, verglichen mit den »rauheren aber kraftvolleren Menschen der Vorwelt«, nur eine »Familie schwacher und possierlicher Eichhörnchen« hervorgehen.[18] So charakterisiert Campe die Generation der Eltern und meint damit die Phase der vorphilanthropisch-rationalistischen Pädagogik, die für ihn eine »unselig übertriebene Kultur« darstellt. Die eigene Generation endlich, die philanthropische, will hierin die Mitte finden: Die Kräfte der Kinder sollen sich in einer der »Natur« gemäßen Weise entfalten, was heißt, daß die Kinder zunächst Kinder sein müssen, nicht aber frühzeitig schon zu kleinen Erwachsenen und Gelehrten gemacht werden dürfen. Auch in der Literatur müsse man sich deshalb spielerisch zu ihnen als Kindern herablassen. In einer 1790 publizierten Schrift erscheint nun auch diese Generation als überwunden, deren Position selbst wieder als ein Extrem empfunden wird, der eine neue Mitte entgegenzustellen ist. »Ehemals hatte man den Kopf der armen Kinder mit unverständlichen auch oft falschen Säzen vollgepfropft, und überhaupt das Gedächtniß viel zu sehr auf Kosten des Verstandes geübt, jetzt aber fielen einige auf ein anderes Extrem: sie wollten den jungen Erdenbürger alles mühsamen Nachden-

17 Joachim Heinrich Campe, »Ueber das schädliche Frühwissen und Vielwissen der Kinder«, in: J.H.C., *Sammlung einiger Erziehungsschriften*, 2 Tle., Leipzig 1778, T. 2, S. 227.
18 Ebd., S. 228.

kens überheben, und ihm alles spielend beibringen. Aber das
geht nun ein für allemahl nicht an, deswegen haben auch die er-
fahrensten Erzieher den Mittelweg eingeschlagen, und der ist
auch der beste. Aber das wollten viele junge Erzieher nicht
einsehen, und dieser Unglaube brachte gar viele Kinderschriften auf die Welt, die in der That – ganz kindisch sind.«[19]
Natürlich ist bei diesen zeitgenössischen Gegenüberstellun-
gen ein gutes Maß Polemik mit im Spiel. So muß etwa Campes Charakterisierung der ersten aufklärerischen Phase des
Erziehungsdenkens als höchst einseitig erscheinen, wenn
man jedenfalls das Werk in Betracht zieht, das eben dieser
Epoche gleichsam als die Bibel der Erziehung galt. Gemeint
sind Lockes *Gedanken über Erziehung*, die über das Medium zunächst der englischen, dann der deutschen moralischen Wochenschriften erhebliche Verbreitung und Popula-
risierung fanden.[20] Am Beginn des Lockeschen Werkes stehen bekanntlich Vorschläge zur körperlichen Erziehung, die
auf alles andere hinauslaufen, als die Kinder vergessen zu
lassen, daß sie einen Körper haben. Den hier formulierten
Zielen und Methoden der körperlichen Ertüchtigung und
Abhärtung vermag selbst Jean-Jacques Rousseau kaum noch
etwas hinzuzufügen. In Lockes Vorstellungen zur moralischen und intellektuellen Erziehung jedoch finden sich
durchaus Anknüpfungspunkte für eine gelehrte Erziehungs-
kultur, wie Campe sie beschrieben und als »übertrieben«
bezeichnet hat. Der Tugenderziehung Lockes geht es um die
möglichst frühe Herausbildung von Vernunft als der entscheidenden moralischen Handlungsinstanz. Locke weiß
hierbei, daß, je jünger die Kinder sind, sie um so weniger
Verstand und Urteilskraft besitzen, und erwartet nicht etwa,
daß »sie [...] in Kinderkleidern den Verstand und das Be-

---

19 Samuel Baur, *Charakteristik der Erziehungsschriftsteller Deutschlands. Ein
    Handbuch für Erzieher*, Leipzig 1790, S. VIII.
20 Vgl. Martin Stecher, *Die Erziehungsbestrebungen der deutschen moralischen
    Wochenschriften. Ein Beitrag zur Geschichte der Pädagogik des 18. Jahrhun-
    derts*, Langensalza 1914.

nehmen von Staatsräten zeigen«.[21] Dennoch komme es darauf an, sie so früh wie möglich so zu behandeln, als seien sie bereits vernunftbegabte Wesen. Die Form, die eine solche Behandlung allein annehmen könne, sei die des vernünftigen Gesprächs. »Man wird sich vielleicht darüber wundern, daß ich von vernünftigem Gespräch mit Kindern rede; und doch kann ich nicht umhin, dies als die rechte Art des Umgangs mit ihnen anzusehen; und wenn ich recht sehe, wollen sie gern als vernunftbegabte Wesen behandelt werden, und zwar früher als man denkt. Es ist dies ein Stolz, den man in ihnen nähren und, so weit es geht, zum wichtigsten Werkzeug ihrer Bildung machen sollte.«[22] Ebenso frühzeitig sollen für Locke das Lesenlernen und die Beschäftigung mit Büchern beginnen: »Wenn er sprechen kann, ist es Zeit, daß er mit dem Lesenlernen anfängt.«[23] »Wenn er so allmählich zu Lesen anfängt, sollten ihm leichte, vergnügliche Bücher [...] in die Hand gegeben werden [...].«[24] Aber ebenso wie die vernünftigen Gespräche »den Fähigkeiten und der Fassungskraft des Kindes angepaßt«[25] sein sollten, so sollten auch das frühe Lesenlernen und Bücherlesen für die Kinder nie zu einer Last und unangenehmen Pflicht, sondern ihrem kindlichen Wesen angepaßt und wie ein Spiel aufgezogen werden.[26] Wichtiger als Schnelligkeit des Lernens ist für Locke, daß Lust und Vergnügen dabei sind: »Es ist besser, es dauert ein Jahr länger, bis er lesen kann, als daß er auf diese Weise eine Abneigung gegen das Lesen faßt.«[27] Locke verlegt mithin den Beginn intellektueller Bildung zwar in eine frühere Kindheit, besteht aber äußerst streng darauf, daß diese nur in einer dem Kind angemessenen Weise geschehe. Schon gar nicht will er ihretwegen die körperliche Erziehung außer acht lassen.

21 Locke, *Gedanken über Erziehung*, S. 41, Abschn. 39.
22 Ebd., S. 89, Abschn. 81.
23 Ebd., S. 186, Abschn. 148.
24 Ebd., S. 191, Abschn. 156.
25 Ebd., S. 89ff., Abschn. 81, 82.
26 Ebd., S. 186ff., Abschn. 148–154.
27 Ebd., S. 191, Abschn. 155.

Rationalistische Kinder- und Jugendliteratur der vorphilanthropischen Zeit

Campes Polemik will denn auch nicht Locke selbst treffen; daß er dessen pädagogische Ansichten schätzt, zeigt nicht zuletzt die Aufnahme einer neuen Übersetzung der *Gedanken* in das Revisionswerk.[28] Er greift vielmehr eine in dessen Nachfolge entstandene Erziehungswirklichkeit an, deren Umrisse in der Polemik selbst deutlich werden. Aus der Lockeschen Empfehlung, möglichst frühzeitig mit einer allerdings stets kindgemäß verbleibenden intellektuellen Bildung zu beginnen, ist der Eifer geworden, die Kinder mit Wissen vollzustopfen und sie zu polyglotten Wundern zu machen. Campe spricht von einem »schädlichen Frühwissen und Vielwissen«, dessen Fehlerhaftigkeit darin bestehe, daß man »die Seele junger Kinder mit zu frühzeitigen und zu mancherley Kenntnissen ausstopft, welche theils noch ganz unnütz für sie sind, theils ihre schwache Fassungskraft zu sehr überschreiten.«[29] An anderer Stelle hebt Campe hervor, daß diese Tendenz sich durchaus in der Folge der neueren Pädagogik entwickelt hat: »Man hat von allerley neu erfundenen Erleichterungen des Unterrichts gehört; man hat vernommen, wie viel durch dergleichen erleichternde Methoden bey diesem und jenem Kinde ausgerichtet worden sey.«[30] Nun wolle man bei den eigenen Kindern ähnliche Resultate erzielen, ohne allerdings die »erleichternden« Methoden anwenden zu können. So seien die »Lehrzimmer« zu »Treibhäusern« junger »Menschenpflanzen« geworden, denen die Früchte gewaltsam abgepreßt würden; in solchen Treibhäu-

---

28 *Allgemeine Revision des gesamten Schul- und Erziehungswesens von einer Gesellschaft praktischer Erzieher*, hrsg. von J. H. Campe, 16 Bde., Hamburg 1785 ff.; Lockes Werk erschien 1787 im dritten Band in der Übersetzung von Rudolphi.

29 Joachim Heinrich Campe, »Nöthige Erinnerung, daß die Kinder Kinder sind, und als solche behandelt werden sollten«, in: J. H. C., *Sammlung einiger Erziehungsschriften*, T. 1, S. 163.

30 »Ueber das schädliche Frühwissen und Vielwissen der Kinder«, T. 2, S. 230.

sern seien die alte Dressur, das Auswendiglernen und das Memorieren wieder an der Tagesordnung. Die Ursprünge solcher Erziehungspraxis sind nach Campe bei den Eltern und Erziehern selbst zu suchen: Diese wollten aus »Eitelkeit« nur sich selbst in den Kindern gelobt und bewundert sehen; es ginge nicht um das Wohl der Kinder, sondern allein um die Befriedigung ihres eigenen Ehrgeizes.[31] »Kluger Kinder Eltern müssen ja wohl selbst gescheide Leute seyn, und der Lehrer oder Hofmeister so wohl unterrichteter, so hochgelehrter Schülerchen, muß ja wohl selbst alles, was Gelehrsamkeit heißt, verschluckt haben.«[32] Die Kinder sind, so Campe, zum Opfer der Eitelkeit, zum Prestigeobjekt eines Bildungs- und Statusbewußtseins geworden, wie es im 18. Jahrhundert für bestimmte Kreise des gehobenen Bürgertums charakteristisch gewesen zu sein scheint.

Die vorphilanthropische Kinder- und Jugendliteratur[33] ist, recht besehen, eher auf die Seite dieser von Campe beschriebenen Erziehungswirklichkeit zu schlagen, die durch Bildungseifer und frühe Gelehrsamkeit gekennzeichnet ist, als daß sie insgesamt als eine gelungene Realisation jener zahlreichen Anregungen Lockes bezeichnet werden könnte, das Lesen und Lernen kindgemäß und wie ein Spiel zu gestalten. Charakteristisch ist für sie zunächst, daß sie sich allein auf das Kind als im Werden begriffenes Vernunftwesen bezieht, andere Züge kindlicher Wesensart aber weitgehend unbeachtet läßt. Sie hebt damit weniger auf das Trennende als auf das Gemeinsame zwischen Kindsein und Erwachsenenstatus ab, was sie zu einem relativ geringen Maß an Anpassung, an »Adaption«[34] an den kindlichen und jugendlichen Leser, an

31 Ebd., S. 255f.
32 Ebd., S. 257.
33 Daß es sich hierbei nicht um eine homogene Strömung handelt, soll nicht zuletzt der vage Terminus zum Ausdruck bringen. Gemeint sind hiermit alle Erscheinungsformen aufklärerischer Jugendliteratur, die dem Philanthropismus vorausgegangen bzw. unbeeinflußt von ihm geblieben sind.
34 Vgl. Theodor Brüggemann, »Literaturtheoretische Grundlagen des Kinder- und Jugendschrifttums« (1966), wiederabdr. in: Ernst G. von Bernstorff

sein Fassungsvermögen und seine besonderen Bedürfnisse
verpflichtet. Dies gilt sowohl in stofflicher wie in methodi-
scher und sprachlicher Hinsicht. Welche Fülle an Schulwissen aus allen Disziplinen bieten nicht etwa die zahlreichen
Enzyklopädien und Elementarwerke, die, zumeist aus dem
Französischen übersetzt, in den sechziger und siebziger Jahren erschienen sind! Welch eine Stoffmenge enthalten die
religiösen Schriften für Kinder, die biblischen Erzählungen
und Religionsbücher! Beispiele tugendhaften Verhaltens
werden aus Bereichen der Politik und Geschichte, der Antike und der Mythologie, jedenfalls aus der Welt der Erwachsenen und nur selten aus einem Bereich genommen, der
Kindern anschaulich und erfahrbar ist. Auch in methodi-
scher und sprachlicher Hinsicht ist die Adaption gering. Auf
den besonderen »Geist der Kinder«, den Locke als unacht-
sam, sorglos, munter, unkonzentriert und sprunghaft beschreibt und den er als eine »natürliche Folge ihres Alters«[35]
ansieht, wird die Art der Darlegung so gut wie gar nicht
eingestellt und auch sprachlich nicht an kindliche Ausdrucksweisen angeknüpft.
So gering und unscheinbar sie auch ist, es findet eine Adaption statt, wenn auch nicht eine Anpassung an das Kind in
seiner konkreten psychischen Wesensart, wie sie etwa bei
Locke geschildert wird, so doch eine Adaption an das Kind,
insofern es ein noch unentwickeltes Vernunftwesen, seine
Seele eine Tabula rasa ist, in der sich ein System von Er-
kenntnissen erst bilden und ein geordnetes Wissen entstehen
muß. Dieser Aufbauprozeß von Wissen aber muß sich nach
bestimmten Gesetzen vollziehen, soll nicht ein dunkler und
verworrener Geist Resultat der Erziehung sein. Eben diese
Gesetze sind es, die die Adaptionsprinzipien der vorphilan-

(Hrsg.), *Aspekte der erzählenden Jugendliteratur*, Baltmannsweiler 1977,
S. 14–34, insbes. S. 26 f.; Göte Klingberg, *Kinder- und Jugendliteraturforschung*, Kap. 5, S. 92 ff.: Die Adaption in der für Kinder und Jugendliche
produzierten Literatur.

35 Locke, *Gedanken über Erziehung*, S. 88, Abschn. 80; vgl. auch S. 204 f.,
Abschn. 167.

thropischen Kinder- und Jugendliteratur abgeben. August Ludwig Schlözer hat einige solcher Gesetze in bezug auf die Gattung des Elementarbuches namhaft gemacht: Das Wichtigste bei einem solchen Lehrbuch ist ihm die Bestimmung der »*Succeßionsordnung* der Ideen, wie solche auf die leere Kinderseele aufgetragen, ausgedrückt, und angereihet werden« sollen.[36] Die Ideen müßten unter sich zusammenhängen und logisch auseinander folgen (»Kettenregel«), die zusammengesetzten in ihre Teilbegriffe aufgelöst werden; endlich müsse vom Bekannten zum Unbekannten fortgeschritten, müßten die Ideen klassifiziert werden usw.[37] Was Schlözer für »Kinderstyl« hält, hat mit kindlichen Ausdrucksweisen wenig zu tun: »[...] ein naiver Styl, leicht und doch gedrungen, schön und doch ungeschmückt, präcis und doch nicht gelehrt, gedankenreich und doch erklärlich.«[38] Dem kindlichen Leser sich anpassen heißt für Schlözer, ein Buch schreiben, das transparent im Aufbau und folgerichtig in der Anordnung seiner Materien ist, eine deutliche und klare Gedankenführung und eine schlichte, aber treffsichere Sprache besitzt. In welchem Ausmaß diese Vorstellung von Kinderliteratur rationalistisch ist, mag ein kurzer Rückblick auf Locke verdeutlichen, der in bezug auf Kinder immerhin schon folgendes zu bedenken gegeben hat: »Nur das Neue fesselt sie; was sich als neu vorstellt, wollen sie sofort kosten, und ebenso schnell sind sie gesättigt. Sie werden eines Dinges schnell überdrüssig und haben fast alle ihre Freude an Verwunderung und Abwechselung. Es steht im Widerspruch zu dem natürlichen Zustand der Kindheit, wenn sie ihre schweifenden Gedanken festhalten sollen.«[39]
Die bislang beschriebene rationalistische Weise der Adaption an den jugendlichen Leser findet vornehmlich im Bereich der enzyklopädischen, der religiös und der sachlich

36 Schlözer, Vorrede zu la Chalotais, S. LXXXIII.
37 Ebd., S. LXXXIV.
38 Ebd., S. LXXIII.
39 Locke, *Gedanken über Erziehung*, S. 204 f., Abschn. 167.

belehrenden Literatur statt. Im Bereich der sittlich belehrenden Schriften dagegen wird der rationalistische Rahmen der
Adaption bereits von der vorphilanthropischen Kinder- und
Jugendliteratur überschritten: Hier besteht die zentrale Anpassung an den Leser darin, daß die moralischen Lehren
konsequent eingekleidet und veranschaulicht werden. Die
sittliche Unterweisung erfolgt ganz anhand von »Exempeln«, die zumeist in der literarischen Form der Fabel, der
Beispielgeschichte oder der moralischen Erzählung geboten
werden. Die Aufklärungspädagogik wendet sich hiermit einmal gegen die bis dahin vorherrschende Traktatliteratur, in
der der moralische Unterricht die Gestalt direkter Belehrung
annahm und in der Vermittlung von Geboten, Regeln, Anweisungen und Warnungen bestand, die zumeist auswendig
zu lernen waren.[40] Sie zweifelt von Anfang an an der Wirksamkeit einer solchen Art moralischer Unterweisung und
setzt ihr die einprägsamere Exempelmethode entgegen. »Es
ist eine gemeine Anmerkung, *daß die Exempel mehr Eindruck auf das Gemüth machen, als die Lehren,* und der
Grund dieser Wahrheit dünkt mich sehr leicht zu finden.
Die Lehre ist eine Beschreibung, das Exempel aber eine
würkliche Vorstellung, ein lebendiges Gemähld. Gleichwie
nun ein Gemähld, oder eine würkliche Aussicht auf ein
schönes Land mehr Eindruck macht als die blosse Beschreibung, so ist es auch mit den Lehren und Exempeln.«[41] Johann Bernhard Basedow sucht den Vorteil der Exempel prä-
ziser zu fassen: »Die moralischen Regeln, wenn sie nicht
durch Erzählung bestätigt werden, beschäftigen nur den
Verstand, aber nicht zugleich die Einbildungskraft. Solche
Vorstellungen aber haben in der Seele weder eine starke,

---

40 Damit soll nicht bestritten sein, daß auch die Exempelmethode besonders im
Bereich der religiösen Unterweisung schon eine lange Tradition hat; erinnert
sei hier nur an die biblischen Gleichnisse und die Predigt-Märlein des ausgehenden Mittelalters.

41 Sulzer, *Versuch von der Erziehung ...*, S. 105 f.; vgl. Entsprechendes bei
Locke, *Gedanken über Erziehung,* S. 90 f., Abschn. 82.

noch eine dauerhafte Wirkung; sie werden leicht vergessen und selten wiederholt, weil die Wiederholung derselben nicht anders kann veranlaßt werden als durch Worte, nicht aber durch den Anblick oder durch die Erinnerung der sinnlichen Gegenstände. Hingegen, wenn die Regeln durch Erzählungen bestärkt werden, so finden sie leichteren Eingang in die Tiefe der Seele, in das Herz des Menschen.«[42] Der Vorzug der Exempel besteht also darin, daß sie das Gemüt affizieren, denn das Gemüt des Menschen ist der eigentliche Adressat der sittlichen Erziehung. Tugendhaftes Handeln soll nicht allein auf rationaler Entscheidung basieren, es soll vielmehr »Gewohnheit« werden und einer »Neigung zur Tugend« entspringen. Diese ins Gemüt des Menschen einzupflanzen, bedarf es selbst nicht-rationaler Mittel: Das Exempel überzeugt nicht diskursiv, löst dafür aber eine affektive Identifikation und Nachahmungsbegierde aus und führt zu einer bleibenden Verinnerlichung von Tugend.

Die Exempelmethode besitzt aber gerade aufgrund ihres nichtrationalen Charakters einen weiteren Vorteil: Sie ist nicht nur die wirksamere Weise, das Gemüt sittlich zu prägen; mit ihr vermag sich die sittliche Erziehung darüber hinaus bereits an Kinder zu wenden, die ihres Alters wegen noch zu keinem vernünftigen Gespräch in der Lage, aber schon voller Nachahmungsbegierde sind. Von dieser Möglichkeit macht die vorphilanthropische Kinderliteratur einen reichhaltigen Gebrauch: Es kommt ihr darauf an, Kinder so früh wie möglich an Tugend und tugendhaftes Verhalten zu gewöhnen, auch wenn sie noch gar nicht einzusehen in der Lage sind, daß es sich um Tugend handelt. Ein solches Verhalten wird Kindern denn auch als nachahmenswert dargestellt, nicht weil es tugendhaft ist – dies vermögen sie noch gar nicht einzusehen –, sondern weil es belohnt wird, weil es Vorteile und Ansehen erbringt. Solchermaßen wird bewußt eine frühe kindliche Mimikri von Tugend erzeugt, zu der ein

---

42 Johann Bernhard Basedow, *Ausgewählte pädagogische Schriften*, bes. von Albert Reble, Paderborn 1965, S. 123.

sittliches Bewußtsein erst später hinzutreten soll: Die Gewohnheitsbildung soll so der Bewußtseinsbildung vorausgehen. Es fehlt nicht gänzlich an Skrupeln bezüglich einer solchen Dressur, doch gilt sie immer noch als erstrebenswert, weil so die später erwachende Vernunft auf Gewohnheiten stoßen wird, die bereits mit ihr harmonieren, und einen Kampf nicht erst führen muß, von dem ungewiß ist, ob sie je ihn bestehen würde. Den Weg zu einer solchen frühen Gewohnheitsbildung eröffnet die Exempelmethode, die Kinder nicht diskursiv, sondern affektiv durch Vorbilder und Beispiele beeinflußt.

Das gewichtige Plädoyer, das die aufklärerische Pädagogik für den Einsatz von Exempeln gibt, stellt eine entscheidende Öffnung des Erziehungsprozesses für die Literatur dar. Denn abgesehen von lebenden Vorbildern aus der Umwelt der Kinder und von Vorbildern aus der Geschichte handelt es sich bei den Exempeln stets um literarisch vermittelte. Sulzer gibt den letzteren, den »erdichteten«, sogar eindeutig den Vorzug: Sie könnten nämlich »durch die Geschicklichkeit des Schreibers so rührend werden, daß sie mehr Eindruck machen als die lebendigen Exempel«. Eine »geschickte Feder« könne »der Erzehlung eine solche Stärke, und einen solchen Reiz geben, daß der Leser auf das kräftigste gerühret wird. Man kan Historien erdenken, und sie so einrichten, wie sie für die Kinder am allerbequemsten scheinen.«[43] Die »Historien« und »erdichteten Erzehlungen« erhalten damit eine zentrale Funktion in der aufklärerischen Erziehung: Sie werden zu einem der bedeutsamsten Mittel der frühen sittlichen Erziehung, der zeitigen tugendhaften Gewohnheitsbildung. Dies setzt sich schnell in der literarischen Praxis durch: Die Traktatliteratur, die Zucht- und Regelbücher werden zurückgedrängt, ohne allerdings ganz zu verschwinden.[44] Ihr Platz und ihre Funktion werden von den zahlrei-

---

43 Sulzer, *Versuch von der Erziehung ...*, S. 110f.
44 Die Sittenbüchlein von Campe und Schlosser stehen hierbei genau auf der Mittellinie zwischen Traktatliteratur und neuer Beispielbelehrung.

chen, neu entstehenden literarischen Lesebüchern für Kinder übernommen, die in Form von Beispielgeschichten, Erzählungen, Dialogen, Fabeln und Gedichten moralische Exempel vermitteln. Lediglich als elterliches Vermächtnis an die das Haus verlassende Jugend vermag die Traktatliteratur noch eine bedeutsame Position zu halten;[45] hier ist denn auch für die Aufklärer eine direkte, vernünftige Aussprache am Platze.

Die vorphilanthropische Kinder- und Jugendliteratur ist, so wurde gesagt, durch ein geringes Ausmaß an Adaption an den jungen Leser gekennzeichnet. Die Adaption war eine zweifache: Hinsichtlich der Schriften für die intellektuelle Erziehung, der Enzyklopädien und Elementarwerke, der religiösen und der sachlich-belehrenden Bücher, bestand sie in einer rationalistischen Anpassung an das Kind bloß als einem Vernunftwesen, ohne andere Seiten der kindlichen Wesensart zu berücksichtigen. In bezug auf die sittlich belehrende Literatur erwies sie sich als Anpassung an das Gemüt der Kinder und deren Anschauungsbedürfnis, mit dem Ziel, ihren Nachahmungstrieb auszunutzen. Doch ebenso wie im ersten Fall nicht etwa schon eine Anpassung an eine kindliche Vernunft, sondern nur an einen noch unentwickelten Zustand der Vernunft stattfindet, so liegt auch im zweiten Fall nicht eine Adaption an ein kindliches Gemüt vor, sondern lediglich eine an das Gemüt des Menschen überhaupt, insofern es im Kind – wie übrigens auch in anderen noch ungebildeten Menschen – neben sich noch keine entwickelte Vernunft hat und deshalb allein auf Exempel und Vorbilder angewiesen ist. Beide Adaptionsweisen heben nicht auf eine spezifisch kindliche Wesensart ab, die gegenüber dem Erwachsenenstatus als ein qualitativ anderes zu begreifen wäre: Die Besonderheit des Kindseins wird lediglich in einem Weniger an Vernunft gesehen. Nicht daß eine spezifisch kindli-

---

45 Vgl. die in dieser Textsammlung auszugsweise wiedergegebenen Elterlichen Räte von Campe, Niemeyer und Spach.

che Wesensart noch nicht zur Wahrnehmung gekommen
wäre, sie geht nur nicht als ein Faktor in die Institution
»Kinder- und Jugendliteratur« ein. Locke beschreibt die
kindliche Wesensart als eine natürliche, um zu verhindern,
daß sie unterdrückt wird; mit dem gleichen Argument aber
empfiehlt er, sie nicht zu beachten, da sie sich mit der Zeit
von selbst geben werde. Die vorphilanthropische Kinder-
und Jugendliteratur hält sich vorwiegend an die zuletzt ge-
nannte Empfehlung: Sie will nichts von einer besonderen
Welt und Wesensart des Kindes wissen. Es mag sie geben, sie
verdient aber keine Beachtung. Es gilt vielmehr, umgekehrt
die Kinder so früh wie möglich in die Welt der Erwachsenen
einzuführen. In sie geht deshalb die ganze Gelehrsamkeit der
Zeit ein – ohne Rücksicht darauf, ob sie dem Kind als Kind
von unmittelbarem Nutzen ist. Die Kinder werden in die
Welt aufklärerischer Bildung einbezogen und erhalten hier
so früh wie möglich Mitgliedschaft.

Philanthropische Kinder- und Jugendliteratur

Diese frühe Teilnahme der Kinder an der Welt aufklärerischer Bildung wird der philanthropischen Bewegung in hohem Maße fragwürdig. Eine frühe »Vielwisserei« ist für
Campe sogar von großem Übel: »[...] alle die gelehrten und
glänzenden Dinge, womit man die aufkeimenden Fähigkeiten junger Kinderseelen zu bepacken pflegt, haben nicht nur
ganz und gar keinen Nutzen für sie, sondern sind auch noch
überdem, aus mehr als einer Ursache, in einem hohen Grade
schädlich.«[46] Die körperlichen Kräfte würden gelähmt;
durch allzufrühe Gewöhnung an bloß symbolische Erkenntnis und an Bücher würde das Empfindungsvermögen abge-
stumpft und »das Aufkeimen des jungen Menschenverstan-

---

46 Joachim Heinrich Campe, »Ueber das schädliche Frühwissen und Vielwis-
    sen der Kinder«, T. 2, S. 253.

des« behindert, der junge Geist aus der Welt des Sichtbaren
entrückt; schließlich würden seine Kräfte von jeglicher Akti-
vität und »Thätigkeit« abgezogen, »so, daß er zuletzt fast alle
Selbstthätigkeit verliert« und in Passivität versinkt. Aus solchermaßen erzogenen Kindern könnten schwerlich »geschickte und brauchbare Mitglieder der menschlichen Gesellschaft« werden.[47] »Erschlaffung«, so resümiert Campe,
»ist die gewisse Folge jeder unnatürlichen Anstrengung, und
Unfruchtbarkeit die unausbleibliche Wirkung einer zu frühzeitigen und zu ämsigen Kultur.«[48] Unverkennbar ist, daß
Campes Polemik gegen die gelehrte Kultur ihr Arsenal aus
der Kulturkritik Rousseaus genommen hat. Tatsächlich bilden die Kulturkritik des ersten Discours und ihre Umsetzung in eine pädagogische Theorie im *Emile* einen der Aus-
gangspunkte der philanthropischen Bewegung.
Bei Rousseau bekommt die Erziehung ja in der Konsequenz
der Kulturkritik eine gesellschafts- und bildungskritische
Ausrichtung: Insofern sie eine »naturgemäße« Erziehung
sein will, muß sie sich negativ gegen eine gesellschaftliche
Umwelt und Bildung verhalten, die von der menschlichen
Natur sich entfernt und entfremdet haben. Diese zunächst
kulturkritisch bedingte sezessionistische Tendenz wird von
Rousseaus Anthropologie untermauert: Seine Erziehung hat
Natur nicht nur zum Ziel, sie ist naturgemäß auch in der
Weise, daß sie den »Gang der Natur«[49] beachten will. Dieser
natürliche Entwicklungsgang besteht für Rousseau in der
Aufeinanderfolge verschiedener Altersstufen, deren keine
übersprungen werden darf und deren jede eine eigenstän-
dige, in sich ruhende Sphäre darstellt: »Die Natur will, daß
Kinder Kinder sind, bevor sie zum Erwachsenen werden.
Wollen wir diese Ordnung umkehren, erzeugen wir früh-

47 Ebd., S. 259.
48 Ebd., S. 261.
49 Jean-Jacques Rousseau, *Emile oder Über die Erziehung*, aus dem Franz. von
   E. Sckommodau, hrsg. von Martin Rang, Stuttgart o. J. (Reclams Universal-
   Bibliothek, Nr. 901 [10]), S. 102; vgl. auch S. 134.

reife Früchte, die weder Saft noch Kraft haben und bald verfault sein werden [...]«.[50] »Jedes Alter, jeder Lebensstand hat seine ihm eigene Vollkommenheit, seine ihm eigene Art von Reife.«[51] Die gebildete Gesellschaft vermag neben der wahren menschlichen Natur auch deren naturgemäßen Entwicklungsgang nicht zu respektieren; sie mußte die Kindheit deshalb gänzlich verkennen. »Die Kindheit ist uns etwas vollkommen unbekanntes [...].« Immer suchten die Menschen »im Kind den Erwachsenen, ohne zu bedenken, was ein Kind vorher ist«.[52] Rousseaus Vorstellung von Kindheit widerspricht in zentralen Punkten den bisherigen Anschauungen der Aufklärungspädagogik. Dieser Widerspruch zeigt eine große Wirkung unter den deutschen Aufklärern und trägt schließlich zu einer bedeutsamen Veränderung der Kinder- und Jugendliteratur bei. So verlohnt es hier, einen kurzen Blick auf Rousseaus Argumente zu werfen.

Neu ist zunächst die Betonung der Eigenständigkeit und des Eigenwertes von Kindheit. War für Locke die kindliche Wesensart etwas, das sich von selbst wieder geben wird, das deshalb keiner besonderen Beachtung wert sein sollte, so wird sie bei Rousseau zum *telos,* zum Ideal der Kindheitsstufe selbst: Das Kind hat zunächst allein Kind zu werden und erreicht darin, ein »fertiges Kind« zu sein, die ihm gemäße Vollkommenheit und Reife.[53] Dies hat die sehr strikte Konsequenz, daß jegliche Instrumentalisierung der Kindheit für spätere Lebensabschnitte ausgeschlossen werden muß. Die aktuellen Bedürfnisse der Kinder allein geben den Maßstab dafür ab, was sie zu tun oder zu lassen haben. Sie sollen nichts lernen, »wovon sie nicht den aktuellen und augenblicklichen Vorteil spüren, sei es Vergnügen, sei es Nutzen«.[54] Bekanntlich führt Rousseau als Argument hierfür zu-

50 Ebd., S. 206 f.
51 Ebd., S. 340.
52 Ebd., S. 102.
53 Ebd., S. 340.
54 Ebd., S. 258.

nächst die hohe Kindersterblichkeit an: Niemand könne eine Aufopferung der Kindheit für eine ungewisse Zukunft rechtfertigen.[55] Entscheidend aber wird für Rousseau das Argument, daß auch die Kindheit eine Zeit des Glücks zu sein habe, das zu trüben niemand befugt sei. »Ihr seid beunruhigt, wenn es seine ersten Jahre mit Nichtstun verbringt. Aber was denkt ihr denn! Ist es etwa nichts, glücklich zu sein. Ist es nichts, den ganzen Tag herumzuspringen, zu spielen und zu rennen?«[56]

Für Locke regte sich frühzeitig im Kind bereits die Vernunft, weshalb ihm das vernünftige Gespräch die adäquate Umgangsweise zu sein schien. Auch hier widerspricht Rousseau: »Von allen Fähigkeiten des Menschen entwickelt sich die Vernunft, die sozusagen eine Zusammenfassung aller anderen ist, am schwierigsten und spätesten [...].«[57] Die Kindheit ist »der Schlaf der Vernunft«.[58] Damit fällt die Voraussetzung dafür, im Kind das anzusprechen, was es mit den Erwachsenen gemeinsam hat; auch in seinen intellektuellen Fähigkeiten ist es andersgeartet als der Erwachsene. »Die Kindheit hat ihre eigene Weise zu sehen, zu denken und zu empfinden. Nichts ist unsinniger, als ihr die unsrige unterschieben zu wollen.«[59] Was im Kinde sich entwickelt, ist nicht schon die »intellektuelle oder menschliche Vernunft« der Erwachsenen, sondern eine spezifisch kindliche Vorform derselben, die Rousseau »sensitive oder kindliche Vernunft« nennt.[60] Einher mit der These von der späten Ausbildung der Vernunft geht die Vorstellung einer Verlangsamung der seelisch-intellektuellen Bildung. In bezug hierauf müsse sich der Erzieher bloß negativ, abwartend und abwehrend, verhalten, während er um so mehr Gewicht auf die körperliche

55 Ebd., S. 184 ff.
56 Ebd., S. 240.
57 Ebd., S. 205.
58 Ebd., S. 240.
59 Ebd., S. 207.
60 Ebd., S. 339.

Erziehung und Ertüchtigung legen müsse. »Trainiert seinen Körper, seine Organe, seine Sinne und seine Kräfte, aber laßt seine Seele solange wie möglich in Ruhe.«[61] Die Gleichzeitigkeit von früher körperlicher und intellektueller Bildung bei Locke wird zugunsten einer Priorität der physischen Erziehung aufgelöst, in der nun die einzig naturgemäße Möglichkeit gesehen wird, der geistigen Entwicklung des Kindes vorzuarbeiten. »Wollt ihr also die Intelligenz eures Zöglings fördern, so fördert die Kräfte, die sie beherrschen muß.«[62] Nichts anderes ist ja der Sinn des Bildes von der Kindheit als dem Schlaf der Vernunft.

Widerspruch legt Rousseau schließlich auch gegen das Konzept moralischer Erziehung ein, das Kinder zu einem Zeitpunkt bereits, an dem sie noch zu keinerlei sittlichem Bewußtsein fähig sind, an tugendhaftes Verhalten gewöhnen will und sich hierzu der Exempelmethode bedient. Dem hält Rousseau entgegen, »daß alle durch Nachahmung erworbenen Tugenden nur Tugenden von Affen sind«.[63] Eine Nachahmung, die von keinem eigenen Verständnis begleitet wird, setzt zudem ein Autoritätsverhältnis voraus und ist für Rousseau schon deshalb nicht akzeptabel. Schließlich ist Rousseau gegen jegliche Nachahmung überhaupt, sieht er doch im Nachahmungstrieb eine der Ursachen gesellschaftlicher Entfremdung; sein Emile soll diesen Trieb erst gar nicht kennenlernen. Rousseaus eigener Vorschlag besteht bekanntlich darin, auf der Stufe der Kindheit und der ersten Jugend von einer sittlichen Unterweisung überhaupt abzusehen, sich allenfalls auf die Vermittlung weniger elementarer Moralbegriffe wie Freiheit, Eigentum und Übereinkunft[64] zu beschränken. »Gut und Böse zu erkennen, die Begründung menschlicher Pflicht zu verstehen ist nicht Sache des Kindes.«[65]

61 Ebd., S. 214.
62 Ebd., S. 261.
63 Ebd., S. 234.
64 Ebd., S. 344f.
65 Ebd., S. 206.

Die Konsequenz, die sich aus Rousseaus Sicht der Kindheit für die Literatur und deren erzieherische Funktion ergibt, ist bekannterweise vernichtend. Rousseau macht die Verankerung von Literatur im Erziehungsprozeß, wie sie das Werk der bisherigen aufklärerischen Pädagogik darstellt, in vollem Ausmaß wieder rückgängig. Bücher, so heißt es an berühmter Stelle, seien die Quelle des größten Unglücks der Kinder. »Die Lektüre ist die Geißel der Kindheit und dabei fast die einzige Beschäftigung, die man ihnen gibt. Emile wird mit zwölf Jahren noch kaum wissen, was ein Buch ist.«[66] Zwar wird Emile vor dem 10. Lebensjahr lesen und schreiben können, er hat dies aber nicht der Bücher wegen gelernt, sondern um am brieflichen Verkehr teilzunehmen, dessen Vorteile und Nutzen er einsieht. Seine intellektuelle Bildung vollzieht sich gänzlich ohne Bücher: »[...] seine ganze Umgebung ist das Buch, woraus es ununterbrochen und unbewußt sein Gedächtnis bereichert, bis seine Urteilskraft es auswerten kann.«[67] Die sinnliche Vernunft der Kinder sei zu symbolischer, durch Zeichen vermittelter Erkenntnis unfähig; jedes Wissen, das nicht aus der unmittelbaren sinnlichen Anschauung entsprungen ist, bleibe bei ihnen ein leeres Wortwissen. Damit sind die zahlreichen Kinderenzyklopädien und Elementarwerke aus der natürlichen Erziehung verbannt. Auch den Fabeln und Beispielgeschichten geht es nicht besser: Daß die kindliche Vernunft eine sinnliche ist, heißt für Rousseau nicht, daß für sie die Anschaulichkeit, die die gleichnishafte und metaphorische Rede kennzeichnet, verständlich wäre. Rousseau legt dies in seiner Polemik gegen die Fabel dar, die ja das traditionsreichste Genre der bisherigen Kinderliteratur darstellt: Das, was bisher als deren Vorteil galt, die gleichnishafte Einkleidung der Lehre in eine Geschichte, erweist sich für Rousseau gerade als Hindernis für ein wirkliches Begreifen durch die Kinder. Kinder würden von der Fiktion verführt und ließen die Wahrheit

66 Ebd., S. 258.
67 Ebd., S. 250.

unbeachtet; der Wechsel von eigentlicher und uneigentlicher Rede könne von ihnen nicht vollzogen werden. »[...] die poetische Form, die seinem Gedächtnis leichter eingeht, macht [...] das Begreifen schwieriger, so daß die Annehmlichkeit auf Kosten der Klarheit geht.«[68] Das Fazit bei Rousseau lautet: »Fabeln können zur Belehrung Erwachsener dienen, den Kindern aber muß man die nackte Wahrheit sagen. Sobald man sie mit einem Schleier verdeckt, machen sie sich nicht mehr die Mühe, ihn zu lüften.«[69] Die bisherige Aufklärungspädagogik war bemüht, die Traktatliteratur zurückzudrängen, und suchte, die moralischen Lehren poetisch einzukleiden und den Kindern nicht mehr Regeln und Gebote, sondern Fabeln, Beispielgeschichten und Erzählungen zu geben. Rousseau macht dies rückgängig und verwirft die »poetische Form« schlechthin als nicht kindgemäß. Er kehrt damit nicht etwa zur Traktatliteratur zurück; er verzichtet ja auf eine sittliche Unterweisung der Kinder überhaupt, sei sie nun poetisch eingekleidet oder nicht. Rousseau gelangt derart zu einem vollständigen Verdikt gegen jegliche Form von Kinderliteratur.[70]
Es ist sicher nicht das einzige Paradoxon in der Wirkungsgeschichte des Rousseauschen Denkens, daß der *Emile* mit seinem strengen Verdikt gegen Kinderliteratur im deutschen Bereich umgekehrt zu einer bedeutenden Anregung für die Entwicklung der Kinder- und Jugendliteratur geworden ist und mit dazu beigetragen hat, daß diese eine neue Stufe betritt. Auch wenn sein Verdikt nicht wörtlich genommen worden ist, so hat es doch dazu geführt, daß die bisherige Produktion von Kinder- und Jugendliteratur in umfassender Weise fragwürdig und problematisch geworden ist. Es ist die

68 Ebd., S. 251.
69 Ebd.
70 Für das Jugendalter will Rousseau bekanntlich nur ein Buch zulassen: den *Robinson Crusoe* (vgl. S. 388 ff.). Die »Zeit der Lektüre und der schönen Literatur« (S. 695) tritt für ihn erst spät, mit dem 20. Lebensjahr etwa, ein, dem Zeitpunkt, an dem Emile in die Gesellschaft eingeführt wird.

auf Basedow folgende jüngere Generation der Philanthropen, die eines Campe oder Salzmann, die sich von Rousseaus Einwänden wirklich beunruhigen läßt: Wenn eine spezifische Kinder- und Jugendliteratur überhaupt noch einen Sinn haben kann, so in etwa die Überlegung der Philanthropen, muß sie sich in einer ganz und gar neuen Weise auf das Kind beziehen und sich radikal dem spezifisch kindlichen Denken und Empfinden anpassen, wobei durchaus die Rousseausche Vorstellung von Kindheit als Maßstab akzeptiert wird. Allein durch eine solche radikale Anpassung kann die Kinder- und Jugendliteratur das Verdikt Rousseaus abfangen. Ausgelöst wird derart in der Entwicklung der Kinder- und Jugendliteratur ein Schub neuer Adaptionsweisen: Das höhere Ausmaß an Adaption ist denn auch eines der wesentlichen Charakteristika der philanthropischen Kinder- und Jugendschriften.

Daß eine durch Rousseau ausgelöste Legitimationskrise am Beginn der philanthropischen Kinderliteratur steht, läßt sich an der Entwicklung ihres maßgebenden Autors gut ablesen: Campes jugendliterarische Produktion beginnt in der zweiten Hälfte der siebziger Jahre; gleichzeitig führt er eine intensive Auseinandersetzung mit Rousseau, dessen *Emile* er die »Bibel der Erziehungslehre« nennt.[71] Er schließt sich ganz an Rousseau an, wenn dieser »die ganze erste Periode des menschlichen Lebens lediglich solchen Übungen widmen möchte, welche unmittelbar die Ausbildung und Stärkung des Körpers, die intellektuelle Bildung der Seele hingegen nur mittelbarer Weise betreffen«.[72] Aus pragmatischen Gründen sieht Campe sich jedoch zu Abstrichen und Kompromissen gezwungen: Er ist bereit, seinen eigentlichen Wunsch, der es weiterhin mit Rousseau hält, um die Hälfte herabzustimmen, und möchte wenigstens die ersten sechs Lebensjahre des Kindes von Büchern und von dem »Verder-

---

71 Joachim Heinrich Campe, »Ueber das schädliche Frühwissen und Vielwissen der Kinder«, T. 2, S. 232.
72 Ebd., S. 236.

ben des Schulunterrichtes« gänzlich freihalten. Aber auch in den darauffolgenden fünf bis sechs Lebensjahren sollten Lektüre und Unterricht nur mit »großer Mässigkeit« geschehen. Das Erscheinen »so vieler niedlicher Kinderbücher« vermag Campe hierin nicht umzustimmen: Bis zum sechsten Lebensjahr sollten die Kinder keine Bücher in die Hände bekommen.

Mit diesem Zugeständnis aber ist auch Rousseaus radikales Verdikt gegen Kinderliteratur zumindest teilweise aufgehoben, was Campe nicht ungelegen sein kann, hat er doch selbst schon einige Versuche unternommen. Dennoch bleibt er sich dessen bewußt, daß es sich um eine außerordentlich schwierige, fast unlösbare Aufgabe handelt. Für das philanthropische Problembewußtsein bezüglich einer wirklich kindgemäßen Literatur sind folgende Sätze Campes ein bewegendes Beispiel: »Der Schriftsteller, der für ganz kleine Kinder schreibt (und wie viele haben wir deren schon gehabt?) mag noch so vorsichtig seyn, mag sich noch so sehr in die Vorstellungs- und Empfindungsart der Kinder hineingedacht, oder hineinbeobachtet, mag ihre Sprache, welche von der Sprache der Erwachsenen so weit abweicht, noch so sehr in seiner Gewalt haben: so entweicht ihm doch alle Augenblicke hier ein Begriff, zu dessen Aufnahme das junge Seelchen noch nicht vorbereitet ist; da ein Ausdruck, den das Kind zwar schon oft im Munde geführt, aber wobey es, entweder gar nichts, oder wenigstens nicht das gedacht hat, was wir dabey zu denken gewohnt sind [...].«[73] Noch im Vorwort zu seinem ABC-Buch von 1778 fragt Campe nach Büchern, »welche so wohl dem Ausdrucke, als auch dem Inhalte nach, der Sprache und der Fassungskraft junger Kinder unter fünf oder sechs Jahren, so ganz angemessen wären«, um sodann zu gestehen, »ein solches Kinderbuch noch nie gesehen zu haben«.[74] Campe will die eigenen Kinderbü-

73 Ebd., S. 238.
74 *Neue Methode, Kinder auf eine leichte und angenehme Weise Lesen zu lehren ...*, Altona 1778, S. 6.

cher von diesen Skrupeln gar nicht ausnehmen: Was die Vorreden an selbstkritischen Erwägungen enthalten, geht über eine bloß konventionelle captatio benevolentiae hinaus und zeigt ein echtes Dilemma an, eine tiefe Legitimationskrise, in der er sich als Kinderbuchautor befindet. Jedes neue Kinderbuch aus seiner Feder ist nicht nur der Versuch, ein an sich Unerreichbares einzuholen; es ist immer zugleich auch ein Abrücken von der eigenen, besseren Überzeugung, nach der Bücher für Kinder eigentlich vom Übel sind, bedeutet eine Inkonsequenz gegen die eigene Lehre, geboren aus einem Kompromiß mit der schlechten Wirklichkeit. Deutlich wird dies etwa in der Vorrede zur *Kleinen Selenlehre für Kinder* von 1780: Die ihn kennten, so heißt es dort, müßten wahrlich darüber in Verwunderung geraten, daß er erneut ein Kinderbuch vorlege. Er habe aber, so beteuert Campe, seine Überzeugung nicht geändert, er sehe sich nur genötigt, unter »einiger [...] Nachgebung gegen algemeine Vorurtheile [...] von der Strenge einiger meiner Grundsätze in der Ausübung ein wenig nachzulassen«.[75]

Kinderbücher als Kompromiß wider besseres Wissen, als Zugeständnis an die Wirklichkeit – es mag erstaunen, bei dem wohl erfolgreichsten Kinder- und Jugendbuchautor der Aufklärung solcherlei Skrupel zu finden. Campe sucht dieser Krise mit der erhöhten Anstrengung zu begegnen, seine Bücher streng auf den kindlichen Leser hin zu konzipieren. In der *Kleinen Kinderbibliothek*[76] etwa sind die Lesestücke nach Stufen des Alters geordnet; Campe hat sich zudem die Mühe gemacht, jedes Lesestück praktisch daraufhin zu erproben, ob es für Kinder verständlich und unterhaltend ist. Mit *Robinson dem Jüngeren,* zu dem er sich von Rousseau angeregt und autorisiert fühlt, führt er die Gesprächsform ein, die bald seinen Namen als Markenzeichen tragen wird;

75 *Kleine Selenlehre für Kinder,* Hamburg 1780, S. 3.
76 Es handelt sich hierbei um eine zwölfbändige Anthologie für Kinder, die von 1779 bis 1785 erschienen ist. Unter dem gleichen Reihentitel ist nach 1785 auch Campes erste Sammlung von Reisebeschreibungen erschienen.

er will hiermit das Modell für einen Rezeptionsvorgang liefern, in dem die Kinder selbst eine aktive Rolle spielen. Überhaupt wollen seine Bücher nicht bloß gelesen, sondern gleichsam nachgespielt sein; in die Hände der Kinder sollen sie möglichst gar nicht erst geraten. Auch die *Seelenlehre* will eine sokratische Unterhaltung modellhaft vorführen. Indem Campe Kinderbücher so mehr und mehr als Methodenbücher versteht, die, statt von Kindern gelesen zu werden, Modelle für den Umgang mit Kindern liefern, scheint sich eine Lösung des Dilemmas anzubahnen, insofern die Kinder selbst mit den Büchern nicht mehr in Berührung kommen. Dennoch ist Campe hierdurch nicht beruhigt, und auch sein außerordentlicher Erfolg als Kinderbuchautor führt nicht zu einer Verdrängung der Bedenken und Skrupel.

Im Gegenteil: Mitte der achtziger Jahre verschärft sich für Campe die Krise, die schließlich einer radikalen Lösung zugeführt wird: Campe ringt sich zu einer Absage an Kinderliteratur schlechthin durch. Dies geschieht im Zusammenhang eines Wiederaufgreifens von Problemen, die ihn ein Jahrzehnt zuvor schon beschäftigt hatten; für den 5. Teil des Revisionswerkes schreibt Campe erneut eine Abhandlung über die »große Schädlichkeit einer allzufrühen Ausbildung der Kinder«. Damals, so heißt es in der Einleitung, habe er »das Nachtheilige der Sache« noch nicht ganz zu übersehen vermocht; jetzt aber sehe er sich gezwungen, »um viele Schritte weiter zu gehen«.[77] Campe vertritt jetzt ein radikaleres Konzept naturgemäßer Erziehung, die bis in das zwölfte Lebensjahr reichen und bis dahin Schulunterricht und Bücher gänzlich ausschließen soll. Der Kompromiß der frühen Erziehungsschriften, für die ja das sechste Lebensjahr den Anfang einer, wenn auch maßvollen »litterarischen Ausbildung« markierte, ist zurückgenommen zugunsten einer stärkeren Anlehnung an Rousseau. Campe ist damit zugleich

---

77 »Ueber die große Schädlichkeit einer allzufrühen Ausbildung der Kinder«, in: *Allgemeine Revision des gesammelten Schul- und Erziehungswesens*, T. 5, Hamburg 1786, S. 4f.

aber auch bereit, Rousseaus Verdikt gegen Kinderliteratur in seinem vollen Ausmaß für sich zu akzeptieren. Für einen erfolgreichen Kinderbuchautor ist dies, so scheint es, ein radikaler Schritt.

Dargelegt wird er von Campe bereits ein Jahr vor Erscheinen dieser pädagogischen Abhandlung: in der Vorrede von 1785 zu seiner ersten Sammlung von Reisebeschreibungen. Hier erläutert er zunächst, wie seine bisherigen Kinderschriften aufeinander aufbauten und für eine jeweils fortgeschrittenere Altersstufe bestimmt waren. Die Leser nun der Reisebeschreibungen sollen sich an der Schwelle zum »jugendlichen Alter« befinden. Der Wechsel zur Jugendliteratur, der damit vollzogen wird, stellt auf den ersten Blick ein Fortschreiten nach dem alten Plan dar; in Wahrheit aber bedeutet er für Campe einen Bruch in der Konzeption seiner Jugendschriftstellerei. Das hat eine retrospektive Kritik der vorangegangenen Stufen seiner Lese-Bibliothek für Kinder zur Folge. Die *Kinderbibliothek* kann ihm jetzt nicht mehr als angemessene Kinderlektüre gelten: »Allein nach meiner jezigen auf reifere Erfahrung und Einsicht gegründeten Überzeugung sollte die *litterarische* Bildung der Kinder erst am Ende der Kindheit ihren Anfang nehmen. Ich konnte also für junge Kinder nichts mehr schreiben, weil ich jezt auf das innigste überzeugt bin, daß alles Lesen und schulmäßige Lernen diesem Alter zuverläßig schädlich, dem Gange, den die Natur bei der Entwickelung der Kindheit beobachtet, allemal zuwider ist.«[78] Der Wechsel zur Jugendliteratur ist bei Campe also gleichbedeutend mit einer Absage an Kin-

---

78 *Sammlung interessanter und durchgängig zweckmäßig abgefaßter Reisebeschreibungen für die Jugend*, 12 Tle., o. O. 1786–90, T. 1, Vorrede, 5. ungez. Bl.; die Vorrede ist von 1785 datiert. – Diese doch recht bedeutsame Absage an Kinderliteratur bei einem der bekanntesten Jugendbuchautoren der Aufklärung hat die Geschichtsschreibung der Kinder- und Jugendliteratur bisher nicht wahrgenommen und registriert. Daß sie den Zeitgenossen durchaus geläufig war, belegt folgende Stellungnahme Jakob Glatz' im Vorwort zu seinem *Unterhaltungsbuch der kleinen Familie von Grünthal.* Hier heißt es: »Aber ist es wohl nöthig, für *kleine* Kinder Bücher zu schreiben? sind

derliteratur. Tatsächlich hat Campe seitdem nur jugendliterarische Werke verfaßt, wenn von der Neuauflage seines
ABC-Buches von 1807 abgesehen wird. Er hat sich damit
zugleich Rousseau wieder angenähert, der ja gleichermaßen
nur eine Jugendliteratur zulassen wollte. Der Fall Campe
vereinigt derart in sich beide Reaktionsmöglichkeiten auf die
von Rousseau ausgelöste Legitimationskrise der Kinder- und
Jugendliteratur: Wird ihr zunächst mit einer radikaleren Anpassung an den kindlichen Leser zu begegnen gesucht, so
wird sie doch als Krise schließlich akzeptiert und in Konsequenz auf Literatur für »ganz junge Kinder« verzichtet. Von
Bedeutung für die philanthropische Kinder- und Jugendliteratur als literarische Strömung ist jedoch nur die erstge-
nannte Reaktionsweise, wie denn auch für die meisten ihrer
Autoren die moderierte Rousseau-Rezeption typisch ist, die
Campes Haltung in den siebziger Jahren bestimmte. Rousseaus Verdikt gegen Kinderliteratur wird als eines gegen die
bisherigen Kinderschriften verstanden, das die neue Strömung nicht mehr trifft, die konsequent auf einer Anpassung
an den kindlichen Leser besteht.
Für die philanthropische Kinder- und Jugendliteratur gilt,
daß die Anpassung an den jungen Leser das oberste und
organisierende Prinzip ihrer Werke abgibt. Christian Gotthilf Salzmann hat das diese Strömung tragende Ethos in ein
einprägsames Bild gebracht: »Ich ließ also mein Konrädchen
immer kriechen«, so heißt es in dem Erziehungsroman *Kon-*

---

diese ihnen nicht mehr schädlich als nützlich? – Es hat sich besonders der,
um das Erziehungswesen so sehr verdiente und auch in anderer Hinsicht
aller Achtung würdige, Schulrath *Campe*, im Vten Bande seines Revisionswerkes (S. 44) und in der Vorrede zu seinen zweckmäßig abgefaßten und
interessanten Reisebeschreibungen, gegen Bücher dieser Art erklärt, und sie
für schädlich und widernatürlich ausgegeben. So sehr ich diesen erfahrnen,
helldenkenden Pädagogen verehre, so kann ich doch in diesem Stücke nicht
seiner Meynung seyn. Ich finde nichts widernatürliches darin, daß man
schon selbst sechsjährige Kinder im Lesen unterrichtet [...]« (vgl.: *Unterhaltungsbuch der kleinen Familie von Grünthal oder Erzählungen für die
zarte Jugend. Auch als Lesebuch in den Lehrstunden zu gebrauchen,* von
Jakob Glatz, Bdch. 1. 2, Reutlingen: Mäcken, 1801, Vorrede S. VIII f.).

rad Kiefer von 1794, »und es gefiehl mir so wohl, daß ich bisweilen, wenn ich recht bei guter Laune war, selbst mit ihm auf allen Vieren herumkroch.« Der Pfarrer kommentiert diese Szene wie folgt: »[...] nun das heiße ich doch, *sich zu den Kindern herablassen!* Wer die Kinder gut erziehen will, der muß sich notwendig zu ihnen herablassen können, er mag ihnen das Gehen oder sonst etwas lehren wollen [...].« Es folgt die philanthropische Abwandlung des bekannten Bibelwortes: »So ihr nicht werdet wie die Kinder, so ihr nicht lernet euch zu ihnen herablassen, könnt ihr sie auch nicht erziehen.«[79] Dieses Grundprinzip philanthropischer Kinder- und Jugendliteratur ist nicht unwidersprochen geblieben. Johann Karl Wezel etwa, der in prominenter Sache, in der Bearbeitung nämlich des *Robinson Crusoe,* mit Campe konkurriert, will die Anpassung an die kindlichen Leser nicht als oberstes Prinzip gelten lassen: Auch für Kinder und Jugendliche produzierte Literatur habe ihre »unentbehrliche[n] poetische[n] Bedürfni[sse]« und Gesetzmäßigkeiten, auch ihr Hauptzweck bleibe der »beste poetische Effekt«, selbst wenn hieraus dem einen oder anderen Leser Schaden erwüchse.[80] Sogar der »Pädagog« müsse das »Bedürfniß und die Einschränkung der dichterischen Kunst« achten.[81] Solche poetische Eigengesetzlichkeit kinder- und jugendliterarischer Texte will die philanthropische Strömung nicht gelten lassen: Sie habe sich vielmehr den Erfordernissen einer konsequenten Anpassung an den kindlichen Rezipienten unterzuordnen. Hieraus resultiert eine für sie charakteristische Haltung der Bescheidenheit: Stets versichern die Autoren, keinerlei literarischen Ehrgeiz zu besitzen; sie unterwürfen sich vielmehr ganz dem Zwecke, die Kinder zu unterhalten und zu belehren. Die philanthropische Auffassung vom

79 *Christian Gotthilf Salzmann,* hrsg. von Walther Vorbrodt, Leipzig 1909, S. 134.
80 Johann Karl Wezel, *Robinson Krusoe,* neu bearb., Bd. 1, Leipzig 1779, S. XXIV.
81 Ebd., S. XXVIII.

Kinde ist hierbei durchaus von Rousseau und seiner Anthropologie bestimmt: Kennzeichnende Momente sind die Anerkennung von Kindheit als eigener Sphäre, die Dominanz der physischen Erziehung in den ersten Lebensabschnitten, die Retardierung der seelisch-intellektuellen Entwicklung, die Zulassung schließlich eines frühen Lernens nur aus unmittelbarer Anschauung und Erfahrung. In einem Punkt allerdings wird Rousseaus Radikalität gleichsam um die Hälfte gekappt: Eine erste, wenn auch maßvolle und elementare religiöse und sittliche Bildung halten die Philanthropen vom sechsten Lebensjahr an schon für möglich und erforderlich.

Welche konkrete Gestalt nimmt im Rahmen der philanthropischen Kinder- und Jugendliteratur die Anpassung an den kindlichen Rezipienten an? Zunächst kommt es in stofflicher Hinsicht zu einer Adaption weiten Ausmaßes. Die vorphilanthropische Kinder- und Jugendliteratur kannte ja so gut wie keine stoffliche Adaption: In sie ging die gesamte Gelehrsamkeit des Zeitalters ein. Jetzt dagegen wirft die Kinder- und Jugendliteratur einen erheblichen Ballast an Schulwissen und Gelehrsamkeit ab: In allen Wissensgebieten werden nur wenige elementare Sachverhalte ausgewählt und in die Kinderbücher hereingelassen. Hierbei verändert sich der Begriffsinhalt des Elementarischen: Gemeint ist damit nicht mehr das logisch-systematisch Erste, Grundlegende, Einfach-Abstrakte einer Wissenschaft. Elementar sind Sachverhalte jetzt, wenn sie zu den ersten sinnlichen Erfahrungen der Kinder gehören. Dazu müssen sie in ihren Wahrnehmungshorizont fallen und etwas mit ihren ersten Bedürfnissen zu tun haben. Das Elementarische bemißt sich nicht mehr rationalistisch an dem Kind bloß als werdendem Vernunftwesen; es wird jetzt auf eine noch ganz dem Sinnlichen verhaftete kindliche Wesensart und Wahrnehmungsweise bezogen. Was Kinder lernen sollen, muß zum einen ihrer noch sinnlichen Vernunft faßbar, zum anderen für sie von Interesse und unmittelbarem Nutzen sein. Nicht mehr wird das Kind in die gelehrte Welt zitiert, sondern diese in die Welt des Kindes herabgelassen.

Mit der stofflichen Entrümpelung der Kinderliteratur setzen die Philanthropen auf einem zentralen Sektor ein: auf dem der religiösen Kinderschriften. Am Beginn des kinderliterarischen Schaffens von Campe und Salzmann steht jeweils der Entwurf neuer religionsunterrichtlicher Konzepte, die einen weitreichenden Bruch mit der bisherigen Praxis herbeiführen.[82] An die Stelle einer frühen Vermittlung der biblischen Geschichte und eines katechetischen Auswendiglernens der kirchlichen Lehren und Dogmen, wie sie für die vorphilanthropische Zeit typisch sind, soll nun ein Religionsunterricht treten, der nur wenige Grundbegriffe der natürlichen Religion vermittelt, ansonsten aber aus einem bloßen Moralunterricht besteht. Bei Salzmann gar soll der Religionsunterricht anfänglich ganz in einer elementaren Sittenlehre aufgehen.[83] Biblische Geschichte und kirchliche Lehren sollen dagegen erst im späteren Jugendalter thematisch werden. Auch die sittliche Unterweisung der Kinder wollen die Philanthropen auf die Vermittlung weniger elementarer moralischer Grundsätze beschränkt sehen; diese müssen das Verhalten der Kinder selbst, zumindest aber Zusammenhänge betreffen, die innerhalb ihres alltäglichen Erfahrungshorizontes liegen. Was die intellektuelle Bildung der Kinder betrifft, so sehen die Philanthropen ganz im Gefolge Rousseaus die Naturbetrachtung als den Unterricht an, der der sinnlichen Vernunft des Kindes am gemäßesten ist. Hier könnten die Kinder, so Salzmann, »ihre Kräfte, ihr Empfindungsvermögen, Gedächtniß, Einbildungskraft, und

---

82 Joachim Heinrich Campe, »Über den ersten Unterricht in der Religion«, in: *Sammlung einiger Erziehungsschriften*, 2 Tle., Leipzig 1778, T. 1, S. 177–250; Christian Gotthilf Salzmann, *Ueber die wirksamsten Mittel Kindern Religion beyzubringen*, Leipzig 1780. Vgl. hierzu auch: Rainer Lachmann, *Der Religionsunterricht Christian Gotthilf Salzmanns. Ein Beitrag zur Religionspädagogik der Aufklärung*, Bern/Frankfurt a. M. 1974.

83 So ist etwa der erste Teil des *Moralischen Elementarbuches* von Salzmann für die erste Stufe des Religionsunterrichtes gedacht.

Verstand üben« sowie Beobachtungsgeist und Wahrheits-
sinn entwickeln.[84] Zur Naturbetrachtung tritt die Geographie noch hinzu, während andere klassische Schulfächer wie
Historie, Mathematik, Sprachen, Rhetorik und Literatur im
philanthropischen Konzept des Kinderunterrichts eher im
Hintergrund stehen, wenn sie nicht ganz auf das Jugendalter
verschoben werden.
Ist die stoffliche Adaption deutlich von Rousseaus Ideen
geprägt, so greifen die philanthropischen Autoren hinsichtlich der formalen Adaption eher wieder auf Locke zurück.
Dies ist nicht verwunderlich, gibt doch Rousseaus Pädagogik mit ihrem strikten Verdikt gegen Kinderliteratur
schlechthin in diesem Punkt keinerlei Anregungen, wohin-
gegen Locke eine Fülle von Vorschlägen bietet. Locke ging
ja von der Notwendigkeit einer frühen intellektuellen Bildung aus, bestand jedoch darauf, daß diese sich strikt der
kindlichen Wesensart anzupassen habe, auch wenn diese
kindliche Wesensart als solche kaum eine größere Beachtung
verdiene. Gerade diese Seite der Lockeschen Erziehungsge-
danken aber wurde von der vorphilanthropischen, rationalistischen Kinder- und Jugendliteratur so gut wie gar nicht
rezipiert; sie kommt erst in der zweiten, der philanthropischen Locke-Rezeption zum Tragen. Pate gestanden haben
hierzu wiederum Rousseau und seine neue Sicht der kindlichen Wesensart: Durch sie geraten die bei Locke eher en
passant geäußerten Gedanken über eine Anpassung des
Lernprozesses und der Bücher an die kindliche Wesensart in
das Zentrum der Aufmerksamkeit. Dies gilt etwa für Lockes
Vorschlag, den Lernprozeß spielerisch zu gestalten, der bei
der rationalistischen Kinderliteratur keinerlei Beachtung findet, von den philanthropischen Autoren hingegen begeistert
aufgegriffen wird. Rousseau selbst polemisiert zwar heftig
gegen solche Lernspiele, weil er hierin nur eine Überlistung

---

84 Christian Gotthilf Salzmann, »Über den ersten Unterricht der Kinder«, in:
   Der deutsche Schulfreund, hrsg. von Heinrich Gottlieb Zerrenner, Bd. 1
   (1791) S. 85–90.

des Kindes sehen konnte: Die spielerische Form solle das Kind nur darüber hinwegtäuschen, daß es etwas für es Nutzloses lernen müsse; wovon es den Nutzen einsehe, das erlerne es auch ohne Spiel.[85] Für die Philanthropen hingegen, die ja in Abweichung von Rousseau an einer frühen, wenn auch gemäßigten intellektuellen Bildung festhalten, wird die Einkleidung des Lernens in die Form des Spiels zu einer ihrer wichtigsten formalen Anpassungsweisen an die kindliche Wesensart. Dabei fühlen sie sich durch Rousseaus Kritik nicht getroffen: Für sie ist das spielerische Lernen eben die für Kinder angenehmste Weise des frühen Lernens, an dem sie nun einmal festhalten. Die philanthropische Literatur bietet hier auf der einen Seite ausgesprochene Lernspiele, Leselernspiele, naturkundliche oder geographische Spiele; sie greift auf der anderen Seite aber auch gebräuchliche Gesellschaftsspiele von Kindern und Erwachsenen auf, um diese didaktisch umzufunktionieren.[86] Hierher gehört denn auch die Vorliebe für das Schauspiel und das Singspiel für Kinder, bei denen stets an eine Aufführung durch Kinder gedacht ist. Auch der Umgang mit anderen literarischen Formen wird als Spiel begriffen, so etwa das Geschichtenerzählen und das Sprichwörterraten, wie denn Rätselspiele aller Art in Mode kommen. Überhaupt führt die philanthropische Wertschätzung des Spiels zu einer verstärkten Literarisierung der Schriften für Kinder und Jugendliche. War für die vorphilanthropische Pädagogik der Vorzug der Exempelmethode das Argument, das die schöne Literatur in den Prozeß der Erziehung einführte, so tritt nun ein weiteres Argument hinzu: Nicht nur die Anschaulichkeit, sondern auch das spielerisch-unterhaltsame Moment von schöner Literatur lassen sie jetzt als geeignet erscheinen, eine bedeutsame Rolle in der Erziehung zu spielen. Eben darin besteht

85 Rousseau, *Emile ...*, S. 259 f.
86 Ein nahezu klassisches Beispiel hierfür stellt die dreiteilige Spielsammlung von Schummel dar: Johann Gottlieb Schummel, *Kinderspiele und Gespräche*, 3 Tle., Leipzig 1776–78.

der spezifisch philanthropische Beitrag zur Verankerung von
Literatur und Dichtung im Prozeß der Erziehung.

Das philanthropische Bemühen, sich der kindlichen Wesensart anzupassen und das Lernen spielerisch zu gestalten, führt
zu einer einschneidenden Veränderung der Lehr- und Elementarbücher für Kinder und Jugendliche. Die Lehrinhalte
werden an den Erfahrungshorizont der Kinder anzuknüpfen
gesucht: Dies kann etwa mittels einer Rahmenhandlung geschehen, die den Umgang eines Vaters oder Erziehers mit
seinen Zöglingen schildert und die Belehrungen jeweils aus
alltäglichen Situationen herauswachsen läßt. Viele Lehrbücher nehmen die Form eines »Spaziergangs« oder gar einer
Reisebeschreibung an, wobei diese literarischen Einkleidun-
gen das Lernen zugleich unterhaltsam gestalten sollen. An
dem Zweck der Unterhaltung bemißt sich nun auch der Aufbau der Lehrbücher: Statt Sachverhalte in ihrer rein logi-
schen Aufeinanderfolge zu präsentieren, wird an Bekanntes
angeknüpft, im Fortgang der Kapitel für eine rege Abwechs-
lung gesorgt, wird schließlich immer wieder Aufregendes
und Exotisches geboten, um die Aufmerksamkeit der jungen
Leser stets erneut zu fesseln. Solchermaßen wird im Aufbau
der Bücher der unsteten, sprunghaften Art und der noch
geringen Konzentrationsfähigkeit der Kinder Rechnung getragen. Beabsichtigt ist, das Entstehen von Langeweile, Unlust und Überdruß beim Lernen zu verhindern. Auch auf die
sinnliche Vernunft der Kinder wird Rücksicht genommen:
Kupfertafeln und Schaubilder sind nun nicht mehr bloßes
Beiwerk; sie stehen vielmehr im Zentrum der Aufmerksamkeit, während der Text nur noch der Kommentar zu ihnen
ist. Die Kinder sollen nicht lesend, sondern anschauend lernen. Vieles von dem hier Beschriebenen ist schon bei Locke
nachzulesen; erst die philanthropische Jugendliteratur setzt
es in die Tat um.

Mehr an Lockeschen Ideen orientiert sind gleichermaßen die
Weisen der formalen Adaption im Bereich der sittlich-belehrenden Schriften. Hier schließt sich die philanthropische Li-

teratur sogar am engsten noch an ihre Vorläufer an: Sie übernimmt die schon gebräuchlichen literarischen Formen der Beispielgeschichte, der moralischen Erzählung, der Anekdote und der Fabel. Die neue pädagogische Wertschätzung des Spiels bedingt lediglich eine stärkere Verwendung von Kurzszenen, Theaterstücken und Singspielen. Die Veränderungen sind hier denn auch mehr stofflicher Art: Streng wird darauf geachtet, daß die Exempel aus der Welt und dem Anschauungsbereich der Kinder genommen, daß möglichst Kinder selbst die Helden der Geschichten und Stücke sind, daß endlich die moralischen Lehren für Kinder von Bedeutung sind. Die Nähe der zur Darstellung gebrachten Welt zum kindlichen Leser schlägt sich schließlich auch sprachlich nieder: In der philanthropischen Literatur finden sich erste Versuche, kindliche Sprechweisen aufzugreifen, auch sprachlich also den Kindern sich anzupassen. Dies mag in mißlungenen Fällen zu einem Kinderstil geführt haben, der selbst im schlechten Sinne kindisch ist und des Lächerlichen nicht entbehrt; ansonsten aber will der Kinderstil der Philanthropen etwas von der Expressivität und Spontaneität kindlichen Sprachverhaltens – wie verhalten auch immer – widerspiegeln und sich von der Strenge und Dürre eines gelehrten Sprachduktus fernhalten, wie er die vorphilanthropische Kinder- und Jugendliteratur doch weitgehend noch beherrscht. Noch steht die Untersuchung aus, die dem nachgeht, ob und inwieweit auch die philanthropische Kinderliteratur teilhat an den sprachlichen Innovationen, die bisher nur mit der Empfindsamkeit und dem »Sturm und Drang« in Verbindung gebracht worden sind.

Ausklang des Jahrhunderts

Gerade der philanthropische Kinderstil ist frühzeitig schon zum Gegenstand heftiger und teilweise auch höhnischer Kritik geworden: Hier sei die Kinderliteratur selbst auf eine

unerträgliche Weise kindisch geworden, bestätige sie doch
das Kind in seinem noch unentwickelten Sprachverhalten,
statt es sprachlich zu bilden. Die Kritik richtete sich gleichermaßen gegen die philanthropische Tendenz, alles Lernen spielerisch und unterhaltend zu gestalten. Dies führe
letztlich zu einer Paralysierung des Lernprozesses; zudem
sei es falsch, Kindern derart alles leicht zu machen, ihnen
keinerlei Widerstand zu bieten und keinerlei Mühe abzufor-
dern. Auf polemische Ablehnung stößt schließlich auch die
philanthropische Entstofflichung der kindlichen intellektuellen Bildung. Es gehe nicht an, daß Kinder bis zum zwölften Lebensjahr nur einige Grundbegriffe der natürlichen Religion und der Sittenlehre erlernt und Kenntnisse nur in der
Naturbetrachtung und Geographie gesammelt hätten. Der
fehlende Unterricht in den anderen Fächern könne durch
eine noch so gute körperliche Konstitution und durch noch
so viele praktische Fertigkeiten nicht wettgemacht werden.
Die hier aufgezählten Motive treten in der literarischen Kritik verstärkt Ende der achtziger Jahre auf, was zu einem
gewissen Rückgang der dezidiert philanthropischen Literatur führt. Hierbei hat die philanthropische Strömung zu keinem Zeitpunkt den kinder- und jugendliterarischen Markt
vollends beherrscht. Sie ist bereits frühzeitig besonders im
Milieu von Universitätsprofessoren und Gymnasiallehrern
auf Kritik und Ablehnung gestoßen, wofür August Ludwig
Schlözer ein prominentes Beispiel abgibt.[87] Von hier aus
wurde denn auch die Produktion von rationalistisch orien-
tierten Lehr- und Elementarbüchern für Kinder und Jugendliche fortgesetzt. Stärker hingegen war die Resonanz
der philanthropischen Bewegung unter den Hofmeistern,
stellungslosen Theologiekandidaten und Pastoren, die vornehmlich für jüngere Kinder schrieben und deren Wirkungs-
feld zumeist die unteren Stadt- und Landschulen waren.
Hier verliert der Philanthropismus auch nach seinem Höhe-

---

87 Die schon zitierte Vorrede Schlözers stellt eine großangelegte Polemik gegen
   Basedows Erziehungsreform dar.

punkt nicht an Einfluß und Bedeutung, wie überhaupt seine jugendliterarischen Innovationen von allen Lagern aufgenommen und verarbeitet werden. Dennoch treten rationalistische Elemente stärker wieder in den Vordergrund, dringt stärker wieder Gelehrsamkeit in die Kinder- und Jugendliteratur ein. Das philanthropische Ethos des Sich-zum-Kinde-Herablassens weicht erneut einer Haltung, die das Kind in die Welt der Bildung und Gelehrsamkeit früh schon hinaufziehen möchte.

Die Kritik am Philanthropismus weiß im übrigen genau zu differenzieren zwischen Autoren wie Christian Felix Weisse, Campe und Salzmann und der großen Anzahl nur mäßig begabter Epigonen. Der große Beifall, den die zuerst genannten Autoren zu Recht erhalten hätten, so bemerkt Friedrich Gedike, »lokte einen unabsehlichen Schwarm von Skriblern herbei, die wie hungrige Heuschrekken über das neue Feld herfielen, und sich so gut wie jene Männer berufen glaubten, für Kinder und Schulen zu schreiben. [...] Wer weder Verstand noch Kenntnisse genug besitzt, um Erwachsene angenehm belehren oder nützlich unterhalten zu können, glaubt dennoch Verstand und Kenntnisse genug übrig zu haben, um für Kinder zu schreiben ... [...] Kurz es ist soweit gekommen, daß man die Büchermacherei für Kinder als das leichteste und gemächlichste Handwerk ansieht, und daß daher jeder, er habe selbst auch noch so wenig gelernt, dennoch für Kinder zu schreiben kein Bedenken trägt.«[88]
Tatsächlich fällt die anfangs beschriebene massenhafte Ausdehnung der Schriftstellerei für Kinder und Jugendliche mit dem Aufkommen und dem ersten Höhepunkt der philanthropischen Bewegung zusammen. War zuvor die Kinderbuchproduktion eher eine Sache erfahrener Lehrer und Professoren, ein ausgesprochenes Gelehrtengeschäft also, und forderte Schlözer noch, daß die Elementarbücher für Kinder jeweils von den Kapazitäten des Faches verfaßt werden

88 Gedike, »Einige Gedanken über Schulbücher ...«, S. 423 f.

müßten,[89] so scheint mit der philanthropischen Reform der Kinderliteratur nicht nur deren Verbreitung massenhaft geworden, sondern zugleich auch deren Produktion popularisiert worden zu sein. Sollen die Kinderbücher nicht mehr Kompendien der Gelehrsamkeit sein, so braucht es dem Anschein nach als Autor auch nicht unbedingt einen Gelehrten. Daß solchermaßen die Kinderliteratur zum Tummelplatz von Dilettanten geworden ist, geht jedoch nicht geradewegs auf das Konto der Philanthropen. Was deren Werke an gelehrtem Stoff und Schulwissen weniger enthalten, das haben sie um so mehr an didaktischer Strukturierung. Die Vorworte eines Campe oder Salzmann geben Auskunft darüber, mit welch außerordentlicher Sorgsamkeit jedes in ein Kinderbuch aufgenommene Stück auf seine Verständlichkeit geprüft und mehrfach einer praktischen Erprobung unterworfen ist. Dennoch bleibt das Faktum bestehen: Die philanthropische Reform der Kinderliteratur, die ihre Befreiung von Gelehrsamkeit brachte, stellt zugleich den Ausgangspunkt für deren Trivialisierung dar, auch wenn diese auf eine Entstellung der eigentlichen philanthropischen Absichten hinausläuft.

Es hat den Anschein, als läge in dieser massenweisen und dilettantischen Ausdehnung der Büchermacherei für Kinder zumindest auch ein Grund dafür, daß Ende der achtziger Jahre die gelehrte Kritik stärker hervortritt und selbst philanthropische Autoren sich jetzt von einer übertriebenen »Kindertümelei« distanzieren. So deutlich hierbei auch Elemente der vorphilanthropischen Zeit wieder hervortreten, so wenig sind jedoch auch neue Tendenzen zu übersehen: Gemeint ist hier insbesondere der Neuhumanismus.[90] Dessen Einfluß beschränkt sich zunächst auf den Bereich der Ju-

---

89 Schlözer, Vorrede zu la Chalotais, S. LXXV.
90 Vgl. Friedrich Paulsen, *Geschichte des gelehrten Unterrichts auf den deutschen Schulen und Universitäten des Mittelalters bis zur Gegenwart. Mit besonderer Rücksicht auf den klassischen Unterricht*, Bd. 2, dritte, erw. Aufl. Berlin/Leipzig 1921, S. 191 ff.; August Pick, *Der Neuhumanismus und die*

gendliteratur: Anthologien und Chrestomathien der Poesie und der Beredsamkeit in griechischer, lateinischer und deutscher Sprache, geschichtliche Darstellungen der griechischen und römischen Antike und der Mythologie, wissenschaftliche Magazine für die fortgeschrittene und bereits akademische Jugend – auf diesen Sektoren der Jugendliteratur macht sich neuhumanistisches Gedankengut am ehesten geltend. Diese Beschränkung resultiert zunächst daraus, daß die Neuhumanisten durchweg gebildete Philologen an Gymnasien und Universitäten sind und ihre Werke für die eigene unterrichtliche Praxis verfassen. Sie hat seinen Grund aber auch darin, daß bis in die achtziger Jahre, wie Paulsen bezeugt,[91] in zahlreichen Fragen zwischen Neuhumanisten zumindest in ihrer älteren Generation und Philanthropen eine relativ große Einmütigkeit besteht. Die Neuhumanisten beschränken sich deshalb auf die literarische Realisierung ihres besonderen Anliegens, auf die Vermittlung nämlich antiker Bildung und Literatur, und greifen in anderen Zusammenhängen durchaus auf die philanthropische oder sonstige Kinder- und Jugendliteratur der Zeit zurück. Dieser Zustand ändert sich erst für die jüngere Generation der Neuhumanisten, die jedes Einverständnis mit dem Philanthropismus aufkündigen und ihre Opposition gegen ihn auf allen Gebieten des Erziehungswesens geltend machen. Doch auch nach der Jahrhundertwende und nach dem großen *Streit des Philanthropinismus und Humanismus,* so der Titel von Niethammers Streitschrift[92] aus dem Jahr 1808, ist es vorwiegend noch die Jugend, an die sich die Neuhumanisten wenden.[93]

deutsche Sprachpflege in den gelehrten Schulen der deutschen Länder, Diss. Frankfurt a. M. 1927.
91 Paulsen, *Geschichte des gelehrten Unterrichts …,* Bd. 2, S. 50 f.
92 Wiederabdr. in: Friedrich Immanuel Niethammer, *Philanthropismus – Humanismus. Texte zur Schulreform,* bearb. von Werner Hillebrecht, Weinheim/Berlin/Basel 1968 (Kleine pädagogische Texte, Bd. 29).
93 Ein Beispiel hierfür ist: Karl Friedrich Becker, *Erzählungen aus der alten Welt für die Jugend,* 3 Tle., Halle/Berlin 1802–15.

Zu einem solchen Streit und einer heftigen Entgegensetzung beider Strömungen kommt es bekanntlich schon in den neunziger Jahren des 18. Jahrhunderts. Der Philanthropismus gerät dabei von einer Seite in die Kritik, die hier noch keine Erwähnung gefunden hat: Es ist sein utilitaristisches Konzept der Jugendbildung, an dem die neuhumanistische Polemik ansetzt. Die Philanthropen gehen ja zunächst im Gefolge Rousseaus von einer naturgemäßen Erziehung aus, die keinerlei Rücksicht auf den Stand und die zukünftige »bürgerliche« bzw. berufliche Stellung des Kindes nimmt, sich vielmehr allein an seiner Vervollkommnung als Mensch orientiert. In Abweichung von Rousseau aber wird diese naturgemäße Erziehung von ihnen auf die Kindheitsphase restringiert: Etwa vom 12. Lebensjahr an habe die Vervollkommnung des einzelnen hinter seiner Erziehung und Ausbildung zu einem nützlichen und brauchbaren Mitglied der Gesellschaft zurückzutreten.[94] Dies jedenfalls ist die Position Campes, der wohl am radikalsten an einer naturgemäßen Erziehung der Kinder noch festhält. Bei anderen Pädagogen aber dringt die Erziehung zu gesellschaftlicher Brauchbarkeit auch in die Kindheitsphase schon ein. So kann von der Warte des Neuhumanismus aus die philanthropische Bewegung pauschal als eine vollends utilitaristische Pädagogik erscheinen, der schließlich eins auf die Idee der Humanität und der individuellen Vervollkommnung basierendes Erziehungskonzept entgegengehalten wird. Der Streit beider Richtungen bleibt jedoch zunächst ohne Auswirkungen auf die Kinderliteratur: Die Neuhumanisten konzentrieren sich auf die Reform des höheren Schulwesens, der Gymnasien und Universitäten, so daß die Auseinandersetzung noch vornehmlich auf der Ebene der Jugendbildung verweilt. Zudem veranlaßt die hohe Wertschätzung der Jugend in der

---

94 Die zentralen Abhandlungen von Campe und Peter Villaume hierzu sind in einem Nachdruck zugänglich: *Bildung und Brauchbarkeit. Texte von Joachim Heinrich Campe und Peter Villaume zur Theorie utilitärer Erziehung,* hrsg. von Herwig Blankertz, Braunschweig 1965.

antiken Bildung die Neuhumanisten generell dazu, vornehmlich Jugendliche zum Adressaten ihrer Werke zu machen; der Kindheit hingegen bringen sie weniger Interesse entgegen. Hier ist es eigentlich erst die Romantik, die nach der Jahrhundertwende eine neue Sicht auf die Kindheit eröffnet. Bis zur Jahrhundertwende also bleibt die Kinderliteratur durchgängig noch von den Maximen der aufklärerisch-rationalistischen und der philanthropischen Pädagogik geprägt.[95] Eine Ausnahme allerdings muß hier Erwähnung finden: Gemeint ist das kinder- und jugendliterarische Œuvre von Karl Philipp Moritz, das zu einem Teil erst in der Zeit nach seiner Italienreise entsteht. Hier dringen neuhumanistische und klassizistische Anschauungen bis in das ABC- und Lesebuch vor. Doch mischen diese sich mit philanthropischen Elementen insbesondere formaler Art: Seine Kinderlogik etwa sucht in der Art des Basedowschen *Elementarwerks* mit Tafeln und Schaubildern vorzugehen. Moritz war im übrigen für kurze Zeit als Lehrer am Basedowschen Philanthropin in Dessau tätig.

Eine weitere Ausnahme ist hier noch zur Sprache zu bringen: Johann Gottfried Herder entwickelt bereits Mitte der siebziger Jahre eine Auffassung von Kindheit, die sowohl dem rationalistischen wie dem philanthropischen Kindheitsbild radikal entgegensteht. Ergab sich bei Rousseau die Entdeckung der Kindheit und ihrer Eigenart aus der Kulturkritik, so entspringt bei Herder die neue Sicht der Kindheitsstufe aus der geschichtsphilosophischen Wendung der Aufklärung. Die Eröffnung der geschichtsphilosophischen Dimension durch Herder ermöglicht es der Aufklärung ja erstmals, das abstrakt-negatorische Verhältnis zu den ihr historisch vorausgegangenen Epochen zu übersteigen. Wurde bisher etwa das Mittelalter als Zeit der Finsternis und des Aberglaubens bloß verworfen, so wird es nun in ein positives

---

95 In die zahlreichen Sparten der Jugendliteratur hingegen dringt stärker neuhumanistisches und klassizistisches Gedankengut. Beispiele hierfür sind etwa die Texte von Kirsten und Niemeyer.

Verhältnis zur eigenen Gegenwart gebracht, nämlich als eine die eigene Geschichtsepoche bedingende Stufe begriffen. Die Aufklärung vermag damit ihr Gegenteil, Voraufklärerisches nämlich, selbst noch aufklärerisch zu begreifen. Für die geschichtsphilosophische Deutung der Aufeinanderfolge der verschiedenen geschichtlichen Epochen ist die Analogie zur Abfolge der menschlichen Altersstufen einer der entscheidenden Schlüssel. Herder betont ausdrücklich, »daß meine Analogie, von menschlichen Lebensaltern hergenommen, nicht Spiel sei«.[96] Die wechselseitige Erhellung von Phylogenese und Ontogenese ist also keine bloß metaphorische Deutung: Aus der Eigenart einzelner Lebensalter läßt sich der Geist der geschichtlichen Epochen erschließen, die im Gang der Menschheitsentwicklung den Altersstufen jeweils entsprechen. Auffallend ist, daß Herder im Fall der Kindheit eher umgekehrt deren Eigenheit aus dem Geist der ihr entsprechenden Menschheitsepoche zu erschließen sucht und sich dessen auch bewußt ist, daß er hier weniger ein neues Geschichtsbild, denn ein neues der Kindheit entwirft. Die orientalische »Patriarchenwelt« ist bekanntlich für Herder das »Goldene Zeitalter der kindlichen Menschheit«:[97] Deren Bildungselemente sind »Religion, Furcht, Autorität, Despotismus«. Herder sucht hierbei den orientalischen Despotismus keinesfalls zu beschönigen: »Mag's sein, daß im Zelte des Patriarchen allein Ansehen, Vorbild, Autorität herrschte und daß also [...] Furcht die Triebfeder des Regiments war [...]«; dem »Menschengeschlecht in seiner Kindheit« aber sei dies notwendig gewesen. Was für die Kindheitsstufe der Menschheit zutreffe, müsse folglich auch für die Entwicklung jedes einzelnen Menschen gelten: »Gibt's nicht in jedem Menschenleben ein Alter, wo wir durch trockene und kalte Vernunft nichts, aber durch Neigung, Bildung, nach

---

96 *Herders Werke in fünf Bänden*, Berlin/Weimar 1978, Bd. 3, S. 50 (»Auch eine Philosophie der Geschichte zur Bildung der Menschheit«).
97 Ebd., S. 44.

Autorität alles lernen?«[98] Das von Herder entworfene Bild
der Kindheit nimmt die Bestimmungen des orientalischen
Geistes in sich auf, was zu der folgenden Charakteristik der
kindlichen Wesensart führt: »Diese zarte Natur, unwissend
und dadurch auf alles begierig, leichtgläubig und damit alles
Eindrucks fähig, zutrauend-folgsam und damit geneigt, auf
alles Gute geführt zu werden, alles mit Einbildung, Staunen,
Bewunderung fassend, aber eben damit auch alles um so
fester und wunderbarer sich zueignend [...]«. Es sei töricht,
»diese Unwissenheit und Bewundrung, diese Einbildung
und Ehrfurcht, diesen Enthusiasmus und Kindessinn« als
fehlerhafte kindliche Eigenschaften anzusehen, wie es die
Aufklärung bisher getan habe, die hierin nur »Betrügerei
und Dummheit, Aberglaub und Sklaverei« erblicken könne.
Für Herder sind diese kindlichen Eigenschaften, die der
Aufklärung so sehr ein Dorn im Auge sind, »Vehikulum
alles Guten«, »Samenkörner aller Kenntnisse, Neigungen
und Glückseligkeit«.[99]

Was sich auf der Ebene der Geschichtsphilosophie vollzieht,
wiederholt sich mithin auf der der Anthropologie und Pädagogik: Werden dort voraufklärerische Epochen in ihrer
Notwendigkeit geschichtsphilosophisch anerkannt und in
das aufklärerische Geschichtsbewußtsein integriert, so wird
hier, auf der ontogenetischen Ebene, in der Kindheit ein
Lebensalter erblickt, das der Aufklärung selbst noch voraus-
liegt, das aber als vorvernünftige, als vorrationale Altersstufe
akzeptiert und als notwendiges Moment des Lebensganges
legitimiert wird. So sollen denn auch Aufklärung, Vernunft
und Rationalität für Herder noch nicht in die Kindheit ein-
dringen und ihr aufgezwungen werden; als ganz und gar
töricht erscheint es ihm, »wenn du einem Kinde deinen philosophischen Deismus, deine ästhetische Tugend und Ehre,
deine allgemeine Völkerliebe voll toleranter Unterjochung,

98 Ebd., S. 45.
99 Ebd., S. 48.

Aussaugung und Aufklärung nach hohem Geschmack deiner Zeit großmütig gönnen wolltest! Einem Kinde?«[100] Zwei Punkte seien hier nur herausgegriffen, in denen Kindheit und Aufklärung für Herder einander fremd sind: Es sind zum einen die Autoritätsgläubigkeit, Ehrfurcht und Folgsamkeit, die für Herder Kindern eigentümlich sind. Auch bei Locke war Autorität im Spiele – allerdings nur als Ultima ratio: An ihre Stelle soll die vernünftige Überlegung treten, zu der die Kinder so früh wie möglich angeleitet werden sollen. Rousseau kannte weder Autorität noch Räsonnement; an ihre Stelle treten bei ihm die Macht der Dinge und die sinnliche Erfahrung. Für Herder entspricht der wahren Neigung des Kindes allein der zutrauliche Gehorsam, der einer patriarchalischen Autorität ganz ergeben ist. Zum anderen ist es der Hang zum Wunderbaren, Phantastischen und Zauberhaften, der für Herder den spezifischen Enthusiasmus der Kinder ausmacht. In bezug auf die Einbildungskraft und das Wunderbare ist die Aufklärungspädagogik einer Meinung: Die Entfaltung einer autonomen, von Aberglauben und von Ängsten freien Vernunft erfordert die strenge Kontrolle der Einbildungskraft und die Anbindung der Phantasie an das Reale. – Umsetzung hat Herders Sicht der Kindheit im Rahmen der Kinder- und Jugendliteratur des 18. Jahrhunderts nur in einem Fall gefunden: in der Sammlung morgenländischer Erzählungen von August Jacob Liebeskind, deren Herausgabe Herder selbst veranlaßt hat. Doch zeigt das der Sammlung beigegebene Vorwort Herders, daß er sich gegenüber der frühen Bückeburger »Sturm und Drang«-Zeit der Aufklärungspädagogik stärker wieder angenähert hat. Zwar geht er auch hier von dem kindlichen Hang zum Wunderbaren und Zauberhaften aus, fordert aber eine Bändigung und Bezähmung der Einbildungskraft als der »gefährlichsten aller menschlichen Gemüthsgaben«, die es auf »Beyspiele des Guten und Edlen«

100 Ebd.

zu richten gelte.[101] In der Bevorzugung der Gattung morgenländischer Erzählungen bleibt er jedoch seiner Kindheitsauffassung treu.

Der tiefreichende Widerspruch gegen die Zeit, den Herders Sicht der Kindheit darstellt, läßt umgekehrt die aufklärerische Pädagogik und die Kinder- und Jugendliteratur des 18. Jahrhunderts in ihrer relativen Einheit sichtbar werden. Für sie spiegelt sich in der Abfolge der Lebensalter nicht die geschichtliche Entwicklung der Menschheit selbst wider; für sie steht Kindheit vielmehr in Diskontinuität zur Geschichte. Das Kind gilt als eine Tabula rasa auch in dem Sinne, daß in ihm ein Bruch mit der Tradition und ein radikaler Neubeginn als Möglichkeit beschlossen liegen. Es soll nicht erst unter die Macht einer Tradition, in den Bann der »Vorurteile« und des »Aberglaubens« geraten; es soll sich sogleich schon in richtiger, naturgemäßer Weise zu einem autonomen Vernunftwesen heranbilden. Weil derart Kindheit als Diskontinuität und Bruch begriffen wird, ist der aufklärerischen Pädagogik von Anfang an die Tendenz inhärent, das Kind vor der Umwelt abzuschirmen. Sind es anfänglich die noch abergläubischen Ammen und Dienstboten, vor deren Einfluß Kinder zu schützen sind, so ist es bei Rousseau schließlich das gesellschaftliche Leben überhaupt, das zu meiden ist. So sezessionistisch auch die Welt des Kindes gefaßt ist, so frei noch ist sie von allen regressiv-sentimentalen Momenten: Der Blick auf die Kindheit ist kein rückwärts gewandter, sondern einer, der nach vorne, in die Zukunft geht, richtet sich die Sezession doch auch nur gegen die schlechte Vergangenheit oder die entfremdete Gegenwart. Falsch ist es zu meinen, die Aufklärung vermöge deshalb im Kind nur den Erwachsenen zu sehen; spätestens mit Rousseau lernt sie im Kind das Kind sehen, ohne an dieser prinzipiellen Orientierung zu rütteln, ohne im geringsten den zukunftsvollen Blick auf die Kindheit zu verlieren.

101 *Palmblätter. Erlesene morgenländische Erzählungen für die Jugend*, Bd. 1, Jena 1786, S. VIf.

Denn auch mit der Rousseauschen Kulturkritik wird Kindheit noch nicht zum nostalgischen Refugium: Zwar wird Kindheit nun radikal als eigene Sphäre gefaßt und der der Erwachsenen und der Gesellschaft entgegengestellt, doch ist es gleichsam nur eine sensualistisch radikalisierte Gestalt von Aufklärung selbst, die hier hervortritt: Kindheit ist die noch ganz und gar sinnliche Vernunft und eine Welt, der Schein, Vorurteil und Lüge noch unbekannt ist und die allein aus authentischen sinnlichen Erfahrungen besteht. Der nüchtern-strenge Zug der aufklärerischen Kindheitsauffassung verstärkt sich vielmehr noch bei Rousseau. Dies heißt nicht, daß Kindheit nicht doch schon zum Gegenstand einer »Rührung« geworden ist; es ist aber das Moment des Anfangs und des Neubeginns im Kindsein, das diese Rührung auslöst.

Wer heute sich mit der Kinder- und Jugendliteratur der Aufklärung beschäftigt, muß darauf gefaßt sein, daß in ihr manche scheinbar so unverzichtbare Bestandteile und Requisiten der Kinderstube fehlen: Entworfen wird nicht eine Welt archaisch-familiärer Geborgenheit. Der Umgang zwischen Kindern und Erwachsenen ist zwar freundlich, doch stets auch nüchtern und distanziert. Dafür aber bemühen die Erwachsenen sich, die Kinder in einem vernünftigen Gespräch zu überzeugen, Sachverhalte ihnen verständlich zu machen, zu veranschaulichen und zu beweisen. Es fehlen die Nachsicht und Milde, die gemeinhin zur harmonischen Kinderwelt gerechnet werden; die Erwachsenen treten frühzeitig den Kindern streng und fordernd gegenüber. Dafür aber werden Kinder in einem unerhörten Ausmaß ernst genommen. Die Erwachsenen legen ihre Forderungen offen als Forderungen dar und suchen diese nicht gleichsam hintenherum und unter dem Schein einer alles umwaltenden Harmonie durchzusetzen. Über das, was Kinder in den Augen der Erwachsenen tun sollen, kann, so hat es den Anschein, noch ein Gespräch geführt werden. Vergeblich wird man ferner die kindertümliche Religiosität suchen, die das

19. Jahrhundert so fest in der Kinderstube verankert hat. Für die Philanthropen gar sollen die biblischen Geschichten ganz aus ihr verschwinden. Ganz an den Rand ist schließlich die Welt des Phantastischen, Wunderbaren und Zauberhaften gedrängt, wie sie sich im Märchen oder in den Volksbüchern auftut. Die Einbildungskraft der Kinder wird ganz auf das Reale, die äußere Natur, auf praktische, handwerkliche Tätigkeiten, auf das gesellschaftlich Nützliche und das moralisch Gute gelenkt. Das Märchen, seit dem 19. Jahrhundert Inbegriff der Kinderliteratur, wird als eine für Kinder ungeeignete Lektüre abgelehnt, ja bekämpft.

Gerade die letztgenannten Züge, ihre »Irreligiosität« und ihre Ablehnung des Märchens, haben dazu geführt, daß im 19. Jahrhundert über die Kinder- und Jugendliteratur der Aufklärung der Stab gebrochen wurde: Pauschal wurde sie als nicht kindgemäß abgetan. Hier ist der Raum nicht mehr, eine umfassende historische Würdigung aufklärerischer Kinder- und Jugendliteratur vorzunehmen, wie auch ihrer Verankerung im geschichtlich-sozialen Prozeß an dieser Stelle nicht nachgegangen werden kann. Doch bleibt Gelegenheit, einige Hinweise auf die Zusammenhänge zu geben, die das verwerfende Urteil bedingten; so mag seine Revisionsbedürftigkeit wenigstens zur Andeutung kommen.

Das Urteil über die Kinder- und Jugendliteratur der Aufklärung hat eine erziehungsgeschichtliche und eine literaturhistorische Dimension: In erziehungsgeschichtlicher Hinsicht ist es die vom Neuhumanismus und von der Romantik ausgesprochene scharfe Kritik der Aufklärungspädagogik, die lange Zeit auch die Sicht der Kinder- und Jugendliteratur bestimmt hat. Getroffen und in Vergessenheit gebracht hat diese Kritik weniger die großen ausländischen Vorbilder als vielmehr die deutschen Pädagogen der Spätaufklärung, die nicht zuletzt auch durch ihr Eintreten für die Französische Revolution in Mißkredit gerieten. Die Kinder- und Jugendliteratur des 18. Jahrhunderts aber ist überwiegend das Werk eben dieser spätaufklärerischen Pädagogik.

Eine parallele Erscheinung zeigt sich in der deutschen Literaturgeschichtsschreibung: Hier ist es die Konstruktion einer »Deutschen Bewegung«, deren Höhenlinien vom »Sturm und Drang« über die Klassik und die Romantik verlaufen, die die Aufklärung mit dem Jahr 1770 enden ließ und folglich das spätaufklärerische literarische Leben nur noch als ein längst überholtes Nachspiel der Zeit Gottscheds und Lessings wahrhaben konnte. Da die Kinder- und Jugendliteratur nur in geringem Ausmaß an den literarischen Bewegungen des »Sturm und Drang« und der Klassik teilhatte, sondern überwiegend ein literarisches Produkt der Spätaufklärung darstellt, war das Urteil über sie gesprochen: Wie die spätaufklärerische Literatur als ganze, so erschien auch sie als verspätet und epigonal. Schon in ihren historischen Anfängen sei sie isoliert und abgekapselt in einem »Ghetto jugendliterarischer Selbstgenügsamkeit«,[102] stelle sie einen subalternen literarischen Zweig dar und sei nicht zufällig die Altersgenossin der Trivialliteratur. Schon in der Aufklärung zeige sich mithin das Dilemma von Kinder- und Jugendliteratur überhaupt, manifestierten sich die »charakteristischen Gefährdungen, denen die Kinderliteratur bis in die Gegenwart hinein ausgesetzt war«.[103] Ihre Anfänge bereits ständen unter den Vorzeichen der »kulturellen Verspätung« und der didaktischen Einengung.

Die Grundlage dieses Urteils bildet eine geschichtliche Einschätzung der Spätaufklärung, die zu revidieren die Literaturgeschichtsschreibung des 18. Jahrhunderts in jüngster Zeit alle Anstrengungen unternommen hat. Eine Neubewertung findet hierbei nicht nur deren geistesgeschichtliche Stellung; auch die von ihr entwickelten literarischen Zweck- und Gebrauchsformen erlangen in einer Geschichtsschreibung neue Wertschätzung, die nicht ausschließlich am Kunstbegriff der Klassik mehr orientiert ist. Eine neue Sicht

---

102 Alfred Clemens Baumgärtner, *Das nützliche Vergnügen. Goethe, Campe und die Anfänge der Kinderliteratur in Deutschland*, Würzburg 1977, S. 48.
103 Ebd., S. 46.

der Spätaufklärung aber rückt auch deren Kinder- und Jugendliteratur in ein anderes Licht: Wenn die Spätaufklärung selbst nicht mehr als überholt und epigonal gilt, kann auch in bezug auf die Kinderliteratur von einer »kulturellen Verspätung« nicht mehr die Rede sein, wie auch deren Verhältnis zur Literaturgeschichte nicht länger als das eines Nachhinkens, einer Phasenverschiebung gesehen werden kann. Die Annahme einer Isolation aufklärerischer Kinder- und Jugendliteratur ist ganz und gar nicht zu halten; sie stellt allenfalls eine Projektion späterer Verhältnisse in das 18. Jahrhundert dar. Hier nämlich gehören die bedeutenden Schriftsteller, Wissenschaftler und Gelehrten der Zeit ebensogut zu ihren Autoren wie die Menge drittklassiger Schreiber. Auch genießt die Kinder- und Jugendliteratur im öffentlichen Bewußtsein ein Ansehen, das sie in ihrer weiteren Geschichte so schnell nicht wieder erlangen wird. Wie selbstverständlich werden ihre Werke in den wichtigsten literarischen und wissenschaftlichen Rezensionsorganen der Zeit angezeigt und besprochen. Das »pädagogische Jahrhundert« ist weit davon entfernt, in ihr einen subalternen Literaturzweig zu sehen; ihre Stellung in der literarischen Öffentlichkeit ist unangefochten. Eine genauere Erforschung ihrer so reichhaltigen Erscheinungsformen und ihrer Stellung und Bedeutung in der Zeit wird noch zu zeigen haben, ob die Kinder- und Jugendliteratur in ihren historischen Anfängen im 18. Jahrhundert tatsächlich schon die Merkmale der Einengung und Subalternität besitzt oder ob sie umgekehrt in ihren historischen Anfängen zugleich schon eine Höhe gewonnen hat, von der noch auszumachen wäre, wann in ihrer weiteren Geschichte diese je wieder erreicht worden ist.

Lesebücher

›Lesebuch‹ hat im 18. Jahrhundert zunächst eine sehr allgemeine Bedeutung: Gemeint sind damit all die Schriften, die keine Lehrbücher oder Nachschlagewerke darstellen, sondern zum Lesen und Vorlesen bestimmt sind und neben der Belehrung auch Unterhaltung bieten wollen. Hier aber ist vom aufklärerischen Lesebuch in einer eingeschränkteren Bedeutung die Rede: Es geht um das Lesebuch, das in Rochows »Kinderfreund« gleichsam seinen Archetypus gefunden hat. Es soll, so Rochow, »die große Lücke zwischen Fibel und Bibel ausfüllen«. Es knüpft an den ersten Leseunterricht an und hat denn auch des öfteren – wie etwa bei Weisse und Salzmann – zu Beginn einen ABC-Teil und ausgesprochene Leselernstücke. Dennoch ist es nicht mehr allein ein Leselernbuch, wenn es auch immer noch der Übung im Lesen dienen will. Es geht ihm um eine erste moralische und praktisch-gesellschaftliche Unterweisung der Kinder. Die Lücke zwischen Fibel und Bibel, die das Lesebuch ausfüllen soll, hat die Aufklärung hierbei selbst geschaffen: Sie befreit den Anfangsunterricht der Kinder von biblischen Stoffen und konfessionellen Lehren, um an deren Stelle Morallehre und natürliche Religion zu setzen. Auch um Aufklärung im konkretesten Sinne geht es: um den Kampf gegen Angst, Furcht und nicht nur kindlichen Aberglauben. Die aufklärerischen Inhalte vermittelt das Lesebuch nicht in Form abstrakter Lehrsätze und Regeln, sondern durch anschauliche Beispielgeschichten und kurze moralische Erzählungen, bisweilen auch Lieder, Rätsel und Sprichwörter. Doch wenn dem Abwechslungsreichtum im Lesebuch Grenzen gesetzt sind, so liegt dies an seiner Bindung an Unterricht und Schule. Häufig erscheint es denn auch als Schullesebuch, als Lesebuch für Landschulen, für Stadtschulen oder Bürgerschulen, womit immer die unteren Schultypen des 18. Jahrhunderts gemeint sind. In dieser Gestalt wird es zum geschätzten Mittel der

Verbreitung von Aufklärung im Volk, bisweilen auch eines
der Begrenzung eben dieser Aufklärung. Das Lesebuch ist
aber auch gedacht für den Privatunterricht und den Ge-
brauch in der Familie, ist also nie ausschließlich Schulbuch.

CHRISTIAN FELIX WEISSE

Neues A, B, C, Buch, nebst einigen kleinen Uebungen
und Unterhaltungen für Kinder.

(1773)

[29]   *Das gehorsame Kind.*

Ein Kind, das sehr gerne Aepfel aß, fand einst welche unter
einem Baume. Es las sie auf, wagte sie aber nicht zu essen, ob
es gleich eine Magd, die im Garten war, ermunterte, sich
dieselben gut schmecken zu lassen.
»Nein«, sagte es, »ich muß erst meinen Papa und Mama um
Erlaubniß bitten. Denn ich weiß nicht, sind sie reif oder
nicht?«
Die Magd versicherte, sie wären reif. »Ja, sagte das Kind,
»wenn sie es auch sind; so darf ich es doch nicht thun: denn
meine Aeltern haben mir es einmal verboten. Ich will also
lieber [30] keine Aepfel essen, als wider ihren Befehl handeln: denn ich würde immer einen großen Fehler begehen.«
Der Vater des Kindes kam bey dieser Unterredung in Garten. Es lief so gleich auf ihn zu, und bat ihn um Erlaubniß
diese Aepfel zu essen: »Nein, mein liebes Kind,« sagte der
Vater: »Du mußt nicht Früchte essen, die du auf der Erde
findest: es könnte leicht ein giftiger Wurm darauf kriechen,
oder etwas Unreines daran kleben und dir Schaden verursa-

chen. Zur Belohnung deines Gehorsams aber will ich dir gleich welche geben lassen, die ganz frisch vom Baume gebrochen sind.«

Es geschah. Das Kind war über seinen Gehorsam vergnügt und erkannte die Nothwendigkeit, seinen Aeltern in allem zu folgen.

[33] *Das Kind ohne Spielsachen.*

Man nahm einem Kinde eines Tages alle seine Spielsachen. Es fieng darüber bitterlich an zu weinen, und fragte, warum man ihm das nähme, was ihm so viel Vergnügen machte.

»Weil man dir,« sagte seine Mutter, andere Vergnügungen zu machen denkt, die dir nicht zugleich [34] Unlust verursachen. Sie fragte es, warum es kurz zuvor so sehr wäre ausgescholten worden? »Weil ich, antwortete es, mit meiner Trommel so viel Lärmen machte, daß meine kleine Schwester darüber aufgewacht ist.

»Warum hast du denn gestern Schläge gekriegt? – »Weil ich meinen Bruder mit der Peitsche ins Gesichte hieb: – weil ich mit dem Balle eine Scheibe einwarf – weil ich über meinen Wagen fiel.«

Man that mehr Fragen über solche kleine Zufälle, und es mußte gestehen, daß es sich alle Verdrüßlichkeiten durch den üblen Gebrauch seiner Spielsachen zugezogen hätte, durch die es bald andern beschwerlich gefallen, bald sich selbst Schaden zugezogen hatte.

»Damit wir dich noch mehr überzeugen, setzte die Mutter hinzu, daß man dir aus wahrer Liebe deine Spielsachen nimmt, so sollst du von nun an andere Ergötzlichkeiten haben, wodurch du alle jene Beschwerden vermeiden wirst.«

Du sollst dir in ein paar Blumenscherben einen kleinen Garten anlegen. Ist schön Wetter, so sollst du ins Feld oder in Wald spazieren gehen. Bisweilen sollst du bey des Nachbars Kindern Be-[35]suche abstatten und von ihnen annehmen.

Du sollst das Clavier lernen: o das wird eine bessere Musik
als die Trommel seyn! Wir wollen dir einen Bleystift und
einen Farbenkasten kaufen, damit du dir selbst Bilder malen
kannst. Du sollst schöne Bücher bekommen.«

»O Bücher!« rief das Kind. Gut, von nun an will ich alle die
Tändeleyen nicht mehr anrühren.« Es gieng und trug selber
alle seine Spielsachen zu und bat, daß man sie einem armen
kleinern Kinde geben möchte, das noch nicht im Stande war
feinere Vergnügungen zu empfinden, und dem die Aeltern
keine Spielsachen schaffen konnten.

[44]   *Der furchtsame Knabe.*

Eine albere Magd hatte einem Knaben viel abgeschmackte
Dinge von einem schwarzen Manne in den Kopf gesetzt, der
die Kinder mitnähme. Dieses Kind sah einmal den Schorsteinfeger ins Haus kommen, den es noch nie gesehen hatte.
Darüber erschrack es und lief vor Schrecken in die Küche,
sich da zu verstecken. Kaum war es hinein, so war auch
schon der schwarze Mann hinter ihm. In voller Angst rennte
es zur andern Thüre hinaus in eine Stube und kroch hinter
den Ofen. Kaum aber hatte sichs ein wenig erholt, so hörte
es den fürchterlichen Mann dichte neben sich hinter der
Wand im Schorsteine kratzen.

[45] In neuem Schrecken sprang es aus der Stube und dem
Hause hinaus in den Garten, versteckte sich hinter einem
Baume, sah mit verstörten Blicken und pochendem Herzen
nach allen Seiten um sich, und siehe! da kam plötzlich die
schwarze Gestalt oben aus dem Schorsteine hervor.

Nunmehr fieng das Kind an, aus allen Kräften um Hülfe zu
schreyen. Der Vater kam, und fragte, was ihm fehle? das
Kind wies mit ängstlichen Geberden auf den Schorstein;
denn noch war es so außer sich, daß es kaum ein Wort
vorzubringen vermögend war.

Der Vater lächelte, belehrte den feigherzigen Kleinen, wie

Neues

A, B, C,

Buch,

nebst einigen
kleinen Uebungen und Unterhaltungen
für

Kinder.

Franckfurth und Leipzig,
1773.

wenig Ursache er gehabt sich zu ängstigen, und um ihn völlig
zu überzeugen, ließ er den Schorsteinfeger kommen, und
sich mit dem Kinde unterreden.
Der Knabe schämte sich, und hörte nachher niemals wieder
auf die Erzählungen abergläubischer Leute.

[47]   *Das Gesinde.*

Ein junges Mägdchen begegnete den Mägden im Hause sehr
unbescheiden. Was es von ihnen forderte, geschah in einem
gebieterischen Tone. Da hieß es: »gebt mir das, gebt mir
jenes: thut mir das, holt mir das, das will ich nicht, und so
weiter.«
Sie beschwerten sich endlich darüber bey ihrer Mama. Diese
befahl ihnen also, nichts von alle dem zu thun, was ihr Töch-
terchen haben wollte, wofern es nicht bittweise geschehe.
Mein kleines Mägdchen erwachte den nächsten Morgen. Sie
rief: »Man sollte sie herausnehmen:« kein Mensch aber that
es. Sie schimpfte, sie schrie, sie weinte: destoweniger geschah
es. Endlich bat sie: »meine liebe Christiane, ich bitte Sie,
nehme Sie mich heraus,« und Christiane that es. Kaum hatte
sie dieß erhalten: so fieng sie im vorigen Tone an: »Zieht mir
Schuhe und Strümpfe an, schnürt mich ein, gebt das Hals-
tuch her!« Nichts erfolgte, und sie mußte sich allezeit aufs
Bitten legen, wenn etwas geschehen sollte.
Kaum war sie endlich mit Mühe und Noth angekleidet, so
lief sie weinend zur Mama: aber [48] diese wies sie mit der
Ruthe zurück. Da sie nun nicht weiter konnte, und ihr kein
Mensch ungebeten mehr etwas that, sah sie die Nothwendigkeit ein, dem Gesinde höflich zu begegnen. Dieses machte
sich nun eine Freude zu thun, was sie verlangte, und bald
wurde sie es gewohnt, daß sie sich itzt schämen würde, etwas
gebietend zu fordern, was sie bittend leichter erhalten
kann.

FRIEDRICH EBERHARD VON ROCHOW

Der Kinderfreund. Ein Lesebuch zum Gebrauch in Landschulen

(1776)

[3]   *Vorbericht.*

Dieses Buch ist der Armen wegen so wohlfeil. Denn es muß in jedes Schulkindes Hånden seyn. Sonst kónnten viel Kinder *zugleich* daraus nicht lesen lernen.

Ich habe durch dieses Buch

Uebungen der Aufmerksamkeit, dadurch, daß, wenn ein Kind laute liest, ein anderes ausser der Reihe, und oft mitten in der Periode, zum Fortlesen aufgerufen wird;

Sprachúbungen, in deutlichern und verstándlichern Ausdrúcken;

[4] Einen leichten Erzåhlungs- und Gespråchston; und

Vorbereitungen zur christlichen Tugend befördern wollen. [...]

Uebrigens hat der Verfasser geglaubt, daß dieses Buch so lange, bis ein besseres da ist, geschickt sey, die große Lúcke zwischen Fibel und Bibel auszufüllen.

[10]   *Das arme Kindermådchen.*

Ein armes Mådchen, das bey fremden Leuten die Kinder warten muste, saß und weinte. Da fragte die Frau im Hause: »Warum weinest du? Fehlt dir etwas? Ach!« sagte das Mådchen, »wenn ich daran gedenke, was aus mir [11] werden wird, denn muß ich wol weinen! Die andern Kinder gehen in die Schule, und lernen viel Gutes, und ich wachse auf, wie Unkraut. Ich selbst habe nichts, um das Schulgeld zu bezahlen; denn ich muß ums Brod dienen, und bleibe also ungeschickt. Wer wird mich in Dienst nehmen wollen, wann er geschicktere Leute bekommen kann! Ich wollte gern die Nacht arbeiten, wenn ich nur in die Schule gehen, und was lernen dúrfte!« Da ward die Frau gerührt, und dachte: »Ich will mich dieses armen Mádchens erbarmen. Gott will, daß wir Mitleiden mit den Armen haben sollen: und jemand was gutes lernen lassen, ist die gróste Wohlthat, die man ihm erzeigen kann.« Sie schickte von der Zeit an das arme Kind alle Wochen etliche Stunden in die Schule; und jemehr Gutes das Mádchen lernte, je treuer und fleißiger arbeitete es. Erbarme dich nicht allein deiner eigenen, sondern auch fremder Kinder! Sprúchw. 19,17.

[19]   *Von Spielen und Vergnúgungen.*

Als Wilhelm, Fritz, Martin, Karl, Sophie, Louise, Marie und Elisabeth Kinder waren, da spielten sie nach der Schule, wann schónes Wetter einfiel, manche Stunde. Entweder einer sang, und die andern tanzten; oder sie sangen alle unter dem Schatten eines grünen Baums ihre Kinderlieder. Wann die Knaben Ball schlugen, oder Kegel schoben, oder in die Wette liefen, oder ihre Stárke versuchten; dann zogen sie ihre Kleider aus, um sie zu schonen; sobald sie aber aufhórten zu spielen, dann zogen sie ihre Kleider wieder an, um sich nicht zu erkálten. Die sanftern Mádchen sa-[20]hen dergleichen Spielen, welche sich fúr ihr Geschlecht nicht schickten, zu, und flochten indeß einen Kranz von Feldblumen fúr den Sieger. Niemals sah man sie im Ernst sich zanken oder schlagen, auch nicht mit Koth sich besudeln, oder am Tage auf eine unanstándige Art im Wasser baden. Dieses lezte, welches der Gesundheit doch sehr nützlich ist, thaten sie an abgelegenen Oertern, oder des Abends, wann es dunkel war. Und so blieben sie vergnúgt und gesund, und alle Leute freuten sich, wann sie der unschuldigen Frólichkeit dieser guten Kinder zusehen konnten.

Unschuldige Freude ist allen Menschen erlaubt; nur unwürdige und freche Lustigkeit ist verboten.

Es ist Weisheit, Vergnügungen und Erholungen des Gemüths zu suchen, um desto gesunder und munterer die eigentlichen Geschäfte treiben zu können. Aber es ist Thorheit, sich beständig vergnügen und erholen zu wollen, ob man gleich nicht gearbeitet hat.

Sey auch in der Wahl deiner Vergnügungen weise; so kannst du dich allewege freuen.

[26]   *Die verständige Mutter.*

Maria hatte viel Kinder; aber sie hütete sich sorgfältig, ein Kind mehr zu lieben, als das andere. Wenn auch ein Kind viel besser aussah, als das andere, und es war unartig und boßhaft; so strafte sie es ohne Verschonen. Denn sie sprach: »Gott hat mir diese Kinder alle gegeben. Für alle soll ich Mutter seyn. Ein jedes wird Gott einmal von meinen Händen fordern. Ach Gott, gib mir doch rechte Weisheit, daß ich sie zu guten [27] nützlichen Menschen erziehen möge!« Wann eins starb, so betrübte sie sich nicht ohne Maaße. Sie that vorher alles, um es zu erhalten; aber wann es doch starb, dann lobte sie Gott, sobald sie nur den ersten Schmerz ausgeweint hatte. Denn sie sprach: »mein Kind ist ja nicht verlohren, darum weil es gestorben ist. Ich weis aus Gottes Wort, daß die Seele nicht stirbt, sondern erhalten wird zum ewigen und bessern Leben.« Ihre Kinder geriethen auch alle wohl, und wurden nützliche Menschen.

Sir. 30,2. Wer sein Kind in der Zucht hält, der wird sich hernach seines Kindes freuen.

Der

Kinderfreund.

Ein

Lesebuch

zum Gebrauch

in Landschulen.

Von

Friedrich Eberhard von Rochow,

Erbherrn auf Reckan ꝛc. ꝛc.

Für zween Groschen in gutem Gelde.

Brandenburg und Leipzig,

in Commission zu haben bey den Gebrüdern Halle,

1776.

[30]   *Vom Nutzen des Vertrauens auf Gott.*

Karl war zwölf Jahr alt, da seine Mutter starb, die als eine
arme Wittwe bey der Theurung sich und ihr Kind kümmer-
lich ernährt hatte. Als sie starb, bezahlte die Herrschaft den
Sarg; und Prediger, Küster, und Gemeine begruben sie umsonst. In der ersten Zeit nach ihrem Tode ging Karl bey
guten Leuten im Dorfe herum und bat um Brodt; und bot
sich einem jeden, der ihm was gab, zu fleißigen Diensten an,
wenn ihn nur jemand annehmen wollte. Dabey verließ er
sich auf Gott, der ihm das Leben gegeben hätte, und es ihm
auch gewiß gnädig erhalten würde; denn er war von seiner
Mutter fromm und christlich erzogen. Endlich lenkte Gott
das Herz des Herrn im Dorfe; er erbarmte sich seiner, und
machte ihn zum Aufwärter bey seinem Sohn, da er denn die
Erlaubniß bekam, täglich mit in die Schule zu gehen. Und
weil er Acht gab und fleißig war; so lernte er viel Gutes. Als
er und sein junger Herr nun größer wurden, da rettete Karl
durch seine Treue und [31] Tapferkeit seinem jungen Herrn
einst das Leben, und dieser setzte ihn, da sein Verwalter
starb, an dessen Stelle über seine Güter: denn Karl war klug
und treu, und konnte fertig schreiben und rechnen.
Sir. 11,21. Vertraue Gott; denn ihm ists leicht, die Armen
reich zu machen.

[42]   *Der Abergläubige.*

Ein Knecht, Namens Fritz, hatte gierig warme Mehlklöße
gegessen, die ihm der große Knecht Bartel auf den Teller
gegeben, und war davon krank geworden. Vor einiger Zeit
hatten sich beyde gezankt, und nun glaubte Fritz, Bartel
hätte ihn durch die Mehlklöße behext. Um recht gewiß zu
seyn, ging Fritz zu einem betriegerischen alten Weibe, die im
Dorfe wohnte, und fragte dasselbige für zween Groschen
um Rath. Es sprach, wie gewöhnlich, gleich von bösen Leu-

ten, die ihm was angethan hätten etc. Nun meynte Fritz, er
hätte recht, und verklagte Barteln bey der Obrigkeit.
Aber diese war verständiger, und suchte die Ursach der
Krankheit in der Ueberladung des Ma-[43]gens, durch allzu-
gieriges Essen der Klöße, und ließ Fritzen ein Brechpulver
einnehmen. Das alte Weib ward mit einer schimpflichen
Strafe belegt, weil es die Dummheit unter den Leuten beför-
derte. Fritz aber, der durch bessere Belehrung, und durch
den Erfolg des Brechmittels, indessen zu Verstande gekommen war, mußte Barteln die Beschuldigung abbitten, und
sich mit ihm versöhnen.
Aus Aberglauben entsteht viel Unglück und Feindschaft unter den Leuten, die sich doch unter einander lieben sollten.
Wehe den Betriegern durch welche dieses Aergerniß kommt.
Ein Aergerniß geben bedeutet hier, etwas thun, wodurch die
Menschen ärger oder schlimmer werden.

[46]   *Vom Nutzen des Lesens und Schreibens.*

Ein verschuldeter, aber arglistiger Bürger erfuhr, daß Hanns,
der weder schreiben, noch lesen konnte, Geld geerbt hätte,
und es gern auf Zinsen ausleihen wollte. Er ging also zu
Hannsen und versprach ihm sechs Thaler, für jedwedes hundert Reichsthaler, jährlich an Zinse zu geben, ihm sein Brau-
haus zu verschreiben, auch das geliehene Geld in einem Jahr
wieder zu bezahlen; doch mit dem Bedinge, daß Hanns es
nicht unter die Leute bringen sollte. Das gefiel Hannsen
wohl; er holte das Geld, nebst Feder, Papier und Tinte. Der
Bürger schrieb einen ganzen Bogen voll nichtswürdiger Possen hin, und, statt seines Namens, einen Namen, den keiner
aussprechen konnte. Der Bauer verwahrte diesen Bogen
sorgfältig, und der Bürger nahm das Geld. Kurz darauf ging
der Bürger in die weite Welt. Laß ihn laufen, sprach Hanns,
ist mir doch das Haus verschrieben, und das ist mehr werth,
als die Schuld. Da machte sich Hanns auf den Weg, und

meldete sich bey dem Rathe der Stadt. Aber als er den Bogen in den [47] Gerichten vorzeigte; so ward er abgewiesen, weil nicht ein Wort von einer Schuldverschreibung darauf stand. Des Bürgers anderweitige Schulden wurden bezahlt; denn die hatten sich besser als Hanns vorgesehn. Nur Hanns gieng leer aus. Als er nun traurig nach Hause kam, sprach er: ach hätte ich doch schreiben und lesen gelernt! Und von der Zeit an schickte er alle Tage seine Kinder in die Schule, wo sie schreiben und lesen lernen konnten. Sir. 32,24.

[60] *Der gute Landwirth.*

Georg ward durch den Ackerbau sehr wohlhabend: und das ging so zu. Er hatte seinen Acker allein: denn in seinem Dorf waren die Gemeinheiten aufgehoben. Im May pflügte er seine Brache sehr sorgfältig, und so tief, als es nützlich war. Bey trocknem Wetter, acht Tage nachher, eggete er sie klar und rein, und brachte alles Un-[61]kraut heraus. Vier Wochen nachher, im Junius, fuhr er Mist darauf, und pflügte ihn unter. Am Ende des Julius pflügte er abermals, und im Anfang des Septembers in schmalen Furchen zur Saat. Den Saatroggen nahm er von Sandländern, wo im neu aufgerissenen Acker Roggen gestanden, und bezahlte den Winspel[1] gern zwey Thaler theurer. Auf Dünger hielt er sehr viel; und im Winter brachte er Pferdemist, Kuhmist, und alle Arten Mist auf dem Hofe in einen Haufen, und Blätter, Schilf und Grastorf dazwischen; und, wenn er Sandacker zu düngen hatte, auch alten Lehm von Backöfen, Wellerwänden oder alten Gebäuden. Und alle drey Jahr war sein Acker durchgemistet. Auf diesem Acker bauete er aber auch mehr, als das zehnte Korn. Sein Vieh war in treflichem Stande. Den Mist verschleppte er nicht auf der Strasse durch unnöthige Fuhren. Daher konnte auch sein Vieh alle Ackerarbeit bestreiten,

---

1 Winspel: auch ›Wispel‹; Getreidemaß aus den nördlichen Gegenden Deutschlands, das 24 Scheffeln entspricht.

und blieb doch munter, und dauerte lange. Seine Frau war
im Hause und Felde fleißig, brachte nichts durch, und stand
ihm treulich bey. Seine Kinder erzog er zur Frömmigkeit
und Arbeit; daher konnte er sich auf sie verlassen. Und so ist
Georg reich geworden. Spr. 12,11.

[62] Die Felder um uns her verlieh uns Gott zum Segen,
　　　Wenn wir mit klugem Fleiß und Sorgfalt ihrer
　　　pflegen.
　　　Der Arbeit Lohn ist groß, ist gleich die Arbeit
　　　schwer.
　　　Seht, Jürge wußte das. O strebt zu seyn wie er!

[83]　　　　　*Vom Nutzen der Obrigkeit.*

In einem Dorfe wohnten vier ordentliche, oder solche, die
Ordnung und Recht liebten, und zwölf unordentliche
Wirthe, das heißt, solche, die sich nach nichts, als nach ihrem
eignen Willen richten wollten, und zum allgemeinen Besten
nichts beytragen mochten. An dem Felde dieses Dorfs floß
ein kleiner Fluß, der bey großem Wasser oft die Dämme
durchbrach, und durch Ueberschwemmung Aecker und
Wiesen beschädigte. Die vier ordentlichen Wirthe dämmten,
und thaten ihr mögliches; aber es war für sie zu viel Arbeit.
Die zwölf unordentlichen aber wollten nicht helfen, und aus
Eigensinn lieber Schaden leiden, als den andern [84] behülf-
lich seyn. In ihrem Dorfe war es so morastig und tief, daß im
Winter ihr Vieh stecken blieb, und keiner ohne Müh und
Schaden den Dünger vom Hofe bringen konnte. Die vier
ordentlichen Wirthe sagten oft: »Laßt uns alle helfen, und
das Dorf mit Feldsteinen pflastern.« Die zwölf unordentlichen aber wollten nicht, sondern nahmen allerley andre
Dinge vor, und der Ackerbau war ihre geringste Sorge. Es
war viel entlegener schlechter Acker bey dem Dorfe, und das
Dorf hatte wenig Holz; denn es war von je her schlecht
damit hausgehalten worden. »Laßt uns Schonungen ma-

chen«, sprachen die ordentlichen, und Holzsamen darein
säen, und das Vieh hüten, daß es das junge Holz nicht
abfrißt, bis es groß wird: so haben doch wenigstens unsre
Kinder Holz zu erwarten.« »Das wär uns eben recht«, sprachen die unordentlichen, »itzt jagen wir unsre Pferde aus
dem Dorfe, und lassen sie laufen, wohin sie wollen; alsdann
müßten wir dieses ja unterlassen.« Kurz, sie hielten in allem
Guten das Widerspiel. Endlich bekam dieses Dorf eine ordentliche Obrigkeit. Da ward es anders. Die Rechtschaffnen
wurden gelobt und geschützt, [85] die andern musten sich
Ordnung und Recht gefallen lassen, und die Widerspensti-
gen wurden gestraft.
Gott regiert die Menschen durch Obrigkeiten. Die Obrigkeit ist von Gott verordnet. Sie straft die Bösen, und ist der
Frommen Schutz und Beystand.
Jedermann sey also willig unterthan der Obrigkeit, die Gewalt über ihn hat. Röm. 13,1 u.f.

KARL PHILIPP MORITZ

Lesebuch für Kinder
(1792)

[3] Ich bin nun mit dem A B C Buch fertig. Das Lesen geht
schon besser. Ich kann nun auch wohl andre Bücher lesen,
und will mit diesem neuen Buche dazu den Anfang
machen.
Was werde ich aus diesem Buche lernen?
Das kann ich nicht anders erfahren, als wenn ich das Buch
erst selber lese.

[28]   *Das Kind.*

Als ich lesen lernen wollte, mußte ich erst einen Buchstaben
nach dem andern kennen lernen, hätte ich damals diese geringe Arbeit gescheuet, so würde ich jetzt aus keinem Buche
Nutzen schöpfen können, und jedermann würde mich wegen meiner Ungeschicklichkeit verachten.

Die Mühe und die Freude.

Die Mühe und die Freude, die von jeher Gefährten gewesen
sind, geriethen einmal in einen Streit, und wollten sich voneinander trennen.
[29] Die Mühe sagte: wozu soll mir die Freude dienen; sie
stört mich nur in meinem emsigen Fleiße?
Und die Freude sagte wieder: was hab ich mit der Mühe zu
schaffen, sie unterbricht nur meinen süßesten Genuß?
Sie fingen also beide an für sich zu leben. Es währte aber
nicht lange, so rief die Mühe der Freude zu: ach störe mich
doch nur eine kleine Weile in meinem Fleiße, damit ich nicht
unter meiner Arbeit darnieder sinke!
Das will ich wol thun, sagte die Freude, wenn du auch zur
Dankbarkeit wieder meinen süßesten Genuß unterbrechen
willst, damit ich seiner nicht überdrüßig werde, denn ich
sehe doch wohl, daß wir eines ohne das andere nicht leben
können.
Da versöhnten sie sich wieder mit einander, und seit der Zeit
sind sie immer die vertrautesten Freunde gewesen, und wer
sie aufnehmen will, muß sie beide aufnehmen, weil sie immer
unzertrennlich sind.

[55]   *Die Thierwelt und die Menschenwelt.*

In der Thierwelt bleibt alles immer so, wie es einmal von der
Natur eingerichtet ist; die Bienen haben seit Jahrtausenden
ihre Zellen, die Schwalben ihre Nester gebaut, und bauen sie
noch immer fort, ohne in ihrer Kunst zurück oder vorwärts
gekommen zu seyn.
Wie aber verändert sich alles in der Menschenwelt?
Der Mensch läßt die Natur nicht, wie sie ist, sondern schafft
sie sich nach seinem Belieben um – Die Thiere lassen den
Wald, wie er ist, und legen sich dankbar in seinen Schatten;
die Menschen zwingen den Wald mit der Axt, ihnen zugleich
Wohnung und Wärme zu geben, indem sie von den abge-
hauenen Baumstämmen Häuser bauen, die sie mit andern
Baumstämmen wieder erwärmen.
[56] Das Thier begnügt sich mit seinem Körper, und mit den
Gliedmaßen, die ihm zu seinem nothwendigen Gebrauche
gegeben sind – Der Mensch sucht durch mancherley von ihm
selbst erfundene Werkzeuge seine Gliedmaßen zu verlängern
oder zu vervielfältigen, und auf die Weise seinem Körper
gleichsam etwas zuzusetzen, indem er die Natur an seinem
eignen Körper nachahmt.
Sein Arm mit der hohlen Hand gnügt ihm nicht zum Schöpfen, er ahmt ihn also durch den *Löffel* nach, womit er nun
bequemer die Speisen mit zum Munde führt. –
Durch den *eisernen Hammer* ahmt er die Stärke seines Arms
mit der geballten Faust nach; durch das spitzige Eisen die
Schärfe seiner Nägel, und durch die Zange die Schärfe seiner
Zähne.
Durch den *Stuhl* bildet er seine im Sitzen gebogenen Knie,
durch den *Tisch* die Erhöhung seines Schooßes, wovon er
zuerst Speise genoß, und durch die *Bekleidung* die Haut
seines Körpers nach, die ihn nicht hinlänglich vor der Witterung schützte.
[57] Die Vollkommenheit der Natur gnügte also dem Menschen nicht; er wollte sie noch vollkommener machen, und

gleichsam eine neue Schöpfung in der Schöpfung wieder hervorbringen.

Das ist ihm denn auch gelungen, und daraus ist nun eine Menge von Dingen in der Welt entstanden, welche die Natur für sich nie würde hervorgebracht haben; als Häuser, Uhren, Mühlen, Statüen, Gemählde u. s. w.

[58]   *Die Naturwelt.*

In der natürlichen Welt, die uns umgiebt, in Pflanzen, Bäumen und Kräutern, und Thieren vom Größten bis zum Kleinsten, ist alles ordnungsvoll und schön, voller Licht und Klarheit, wie die allesbelebende Sonne. –

Die Thier- und Pflanzenwelt steigt *ruhig* vor meinem Blicke empor, und sinkt wieder in [59] ihre sanfte Auflösung hin, um einer nachfolgenden Platz zu machen. –

Zwar würgt der Wolf das Lamm – aber er würgt es nicht anders, als der Sturmwind die Blätter des Baumes verweht – daß der Wolf das Lamm aus Hunger würgt, ist eben so natürlich, als wenn das Lamm selbst vor Hunger stürbe. –

Der wiederkäuende Ochse ruht in der schwülen Sonnenhitze auf der Wiese im Grase, und fürchtet den Tag seines Todes nicht. –

Wo ich hinblicke, sehe ich ganzes vollständiges Leben, und immerwährenden Genuß des gegenwärtigen Augenblickes.

CHRISTIAN GOTTHILF SALZMANN

Conrad Kiefers ABC und Lesebüchlein oder Anweisung
auf die natürlichste Art das Lesen zu erlernen

(1798)

[75]   *Die Kröte.*

Frau Hedwig hörte einmal in ihrem Zimmer, daß ihre Kin-
der im Garten einen großen Lärm machten. Sie sah zum
Fenster hinaus, und siehe da! die Kinder standen alle in ei-
nem Kreise, warfen Steine auf einen Punkt, und riefen: im-
mer zu! immer zu! sie ist bald todt.
Frau Hedwig, die doch wissen wollte, was ihre Kinder mit
Steinen todt würfen, lief hurtig in den Garten herab, und
fragte die Kinder: was thut ihr denn hier?
Alle riefen: Wir werfen eine Kröte todt.
Eine Kröte? fragte Frau Hedwig. Wollt ihr sie denn essen?
Fi! sagte Minchen, ich danke sehr. Ich lobe mir eine Lerche
für eine Kröte.
Da wollt ihr vermuthlich, fragte Frau Hedwig weiter, ihr
Fell oder ihr Fett zu etwas nützen?
Ich wüßte nicht wozu, sagte Minchen.
Da hat euch, fragte Frau Hedwig wieder, die Kröte vielleicht
Schaden gethan?
[76] Die Kinder merkten nun wohl, wo das Ding hinaus
wollte, sahen sich an, und schwiegen stille. Endlich fieng
Heinrich an und sagte: Schaden hat uns die Kröte zwar nicht
gethan, aber sie nützt auch zu nichts, und ist giftig.
Frau Hedwig. Oho! Heinrich, du urtheilst sehr schnell.
Weist du denn, wozu der Maulwurf nützt?
Heinrich. Nein, das weis ich nicht.
Frau Hedwig. Ich weis es aber. So nützt alles in der Welt,
wenn du auch gleich nicht weist, wozu? Wenn man also
nicht weis, wozu eine Sache nützt: so darf man nicht gleich

sagen, sie nutzt zu nichts. Und woher weist du denn, daß die
Kröte giftig ist?

Heinrich. Franz hat es gesagt.

Frau Hedwig. Mußt du denn alles glauben, was Franz
sagt? Ich sage dir, die Kröte ist nicht giftig.

Da schämten sich die Kinder, daß sie das arme Thier, ganz
ohne Noth, um sein Leben gebracht hat-[77]ten. Minchen
sagte: wir wollen nicht mehr werfen.

Nun, sagte Frau Hedwig, ist es zu spät. Das arme Thier muß
sterben. Sehet, wie es die Füße von sich streckt, wie die
Därme aus dem Bauche hängen, wie das linke Auge vor dem
Kopfe liegt! Minchen traten die Thränen in die Augen, und
alle sagten: liebe Mutter, vergieb uns! wir wollen nie wieder
eine Kröte tödten!

Auch kein andres Thier, sagte Frau Hedwig, dürft ihr tödten, das euch nichts schadet, und dessen Tod euch nicht
nützlich ist.

[101]   *Die Schlittenfahrt.*

Als einmal des Morgens Ernst, Sophie und Heinrich zum
Fenster hinaus sahen, da war die ganze Flur mit Schnee bedeckt. Darüber freuten sich [102] die Knaben, schlugen in
die Hände und sagten: heute können wir auf dem Schlitten
fahren, das wird eine rechte Lust geben!

Wenn es der Vater erlaubt, sagte Sophie.

Das versteht sich! sprach Ernst. Aber der Vater erlaubt es
uns gewiß. Seyd nur alle recht gut, daß wir ihn nicht
verdrüßlich machen.

Dieß thaten denn alle; wuschen sich, kämmten sich, spülten
sich den Mund aus, wie gute Kinder zu thun pflegen. Sie
zankten sich auch nicht.

Nachdem sie nun das Frühstück genossen hatten, sahen sie
einander immer an und lächelten.

Die Schlittenfahrt.

Was habt ihr denn vor, fragte die Mutter, daß ihr einander so zulåchelt?

Wir wollten heute gern auf dem Schlitten fahren, sagte Ernst.

Bittet den Vater drum! gab die Mutter zur Antwort.

Ich bitte ihn drum! sagte Ernst, und lief sogleich zum Vater fort. Bald darauf kam er wieder zurůck, und rief in die Stube: der Vater erlaubt es uns – Punct zehn Uhr geht es fort mit den Schlitten.

Darüber freuten sich alle, und jedes lief fort, [103] und machte seinen Schlitten zurechte. Dann giengen alle in die Lehrstunden.

Kaum schlug es zehn, so sprang jedes Kind nach seinem Schlitten, und lief nach der Thůr zu. Heinrich war zuerst vor der Thůr, und als er vor die Thůr kam, siehe! da stund jemand da, und hatte auch einen Schlitten. Wißt ihr wohl, wer es war? der Vater war es.

Fåhrst du auch mit auf dem Schlitten? fragte Heinrich.

Das versteht sich! sagte der Vater. Das war dem Heinrich eben recht! Er rief den andern Kindern zu: wißt ihr was Neues? der Vater fåhrt mit auf dem Schlitten!

Da riefen die übrigen Kinder auch: der Vater fåhrt mit auf dem Schlitten! der Vater fåhrt mit auf dem Schlitten.

Und nun nahm jedes seinen Schlitten und lief nach einem Hügel, von welchem sie schon oft herab gefahren waren, ich glaube er hieß der Geisenberg.

Jetzt waren sie da. Ehe wir noch hinunter fahren, sagte der Vater, müssen wir etwas mit einander ausmachen. Es kann seyn, daß eins oder das [104] andere vom Schlitten fållt, da darf nun niemand weinen.

Ich weine gewiß nicht! sagte Heinrich. Ich auch nicht! ich auch nicht! sagten die übrigen.

Nun gieng die Fahrt vor sich. Schnell wie Pfeile, schossen sie mit ihren Schlitten vom Geisenberge herab, und, sobald sie herab waren, liefen sie auch mit den Schlitten wieder hinauf.

Sechsmal gieng die Fahrt recht gut; als sie aber das siebentemal herabfuhren, stieß des Vaters Schlitten an einen Stein und schlug um. Der Vater lag im Schnee.

Da erschraken die Kinder, liefen zu ihm und fragten: es thut dir doch nichts weh, lieber Vater?

Ja wohl, sagte er, thut mir etwas weh. In der linken Hand fühle ich so großen Schmerz, daß ich fast weinen möchte; weil wir es aber einander versprochen haben, daß wir nicht weinen wollen: so weine ich nicht. Und nun nahm er seinen Schlitten und zog ihn wieder den Geisenberg hinauf. Noch ein Paar mal fuhren sie herab. Da schlug auch Ernstens Schlitten um. Ernst fiel auf den Kopf – es that ihm weh, und schon sperrte er das Maul [105] weit auf, um recht laut zu heulen. Da fiel ihm ein, was er dem Vater versprochen hatte. Er that also das Maul wieder zu, verzog es ein wenig und wischte ganz stille die Thränen ab, die ihm über die Backen liefen.

Da sie nun eine Stunde lang gefahren hatten, fieng Sophie an herum zu trippeln, und sagte: mich friert!

Mich auch! sagten ihre Brüder.

Gut! sagte der Vater, so wollen wir nach Hause gehen.

Auf dem Wege sagte Ernst: wenn ich nur meine Füße nicht erfroren habe!

Auf der Schlittenbahn, sagte der Vater, hast du sie nicht erfroren, nimm dich nur in Acht, daß du sie nicht in der Stube erfrierst.

Wie kann ich sie denn in der Stube erfrieren? fragte Ernst.

Und der Vater sagte: wenn du aus der Kälte gleich an den heissen Ofen läufst.

Dieß merkten sich die Kinder, und als sie in die Stube kamen, traten sie nicht um den Ofen, sondern an das Fenster, da schadete ihnen die Schlittenfahrt nichts, und das Essen schmeckte ihnen recht gut.

PETER VILLAUME

Lesebuch für Bürgerschulen.

(1801)

[11]   *Wohlthaten der Eltern.*

In der großen Theurung von 1772 konnte der arme Tagelöhner Robert nicht so viel zusammen bringen, daß er sich mit
seiner Frau und ihren beiden Kindern an Brod satt essen
konnten, obgleich die Frau sehr fleißig arbeitete, und die
beiden Kinder, Hans acht und Katharina sieben Jahr alt,
immer sponnen, wenn sie nicht in der Schule waren; denn
damals hatte man noch nicht die gute Gewohnheit, daß die
Kinder auch in der Schule arbeiteten. Die Kartoffeln halfen
ihnen noch; allein auch diese waren nicht ergiebig gewesen.
Die Mutter merkte, daß ihr Mann sehr wenig aß, und [12]
doch konnte sie ihm keine Krankheit anmerken. Du ißest ja
so wenig, lieber Vater! fehlt dir etwas? – Es fehlt mir nichts,
aber ich bin nicht hungrig. – Lieber Mann, du hungerst,
sagte sie, ich sehe es dir an, daß du dir das Essen abbrichst. –
Liebes Weib, antwortete er, weil du es merkst, muß ich es dir
nur gestehen; ja, ich breche mirs ab, damit wir unsere Kinder
sättigen können. Die armen Kinder jammern mich. – Mann!
warum hast du mir das nicht eher gesagt; ich hätte auch
etwas weniger essen können: iß du nur immer noch etwas;
ich habe genug; du hast schwere Arbeit, und solltest du von
Kräften kommen, so hätten wir alle kein Brod. Die Kinder,
die vor der Thür waren, hörten dieses Gespräch ihrer Eltern.
Hör! sagte Hans zu seiner Schwester, unser armer Vater hat
sich nicht satt gegessen, um uns satt zu machen und nun will
unsere arme Mutter sich auch nicht satt essen. Weißt du
was? Katharine, wir wollen auch weniger nehmen, und sagen, daß wir satt sind. Willst du das? Ja, gewiß! wir wollen
nicht leiden, daß unsere lieben Eltern hungern. Aber, sagte

Hans, wir müssen es unsern Eltern nicht merken lassen. –
Bei Leibe nicht, antwortete die Kleine. Dieses hielten die
guten Leute vier Wochen aus; keiner aß sich satt. Die Eltern
hungerten den Kindern zu Liebe, und die Kinder um ihrer
Eltern willen. Nach vier Wochen fand [13] sich wieder Arbeit; wobei die Eltern etwas mehr verdienten, und die große
Noth hatte ein Ende.

[34]   *Kinderarbeiten in der Schule.*

In ganz Böhmen, in den Städten sowohl als auf dem Lande
und in vielen Orten in Deutschland, [35] als in Göttingen,
Hannover, Magdeburg, im Oesterreichischen sitzen die Kinder in den Schulen nicht müßig; sie arbeiten während des
Unterrichts, wenn der Unterricht sonst ihre Hände nicht
beschäftiget. Das thun nicht allein arme Kinder, welche diesen Verdienst nöthig haben mögen, sondern auch die Kinder
reicher und vornehmer Leute, weil man meint, es sey eine
Schande und unrecht, müßig zu seyn, wenn man etwas nützliches thun kann. Die Kinder alle spinnen, stricken, flechten
Körbe, machen allerlei Arbeit in Drath, in Holz, in Stroh
und Schilf; auch nähen die Mädchen. Sie lernen auf dem
Lande allerlei Gewächse bauen, die noch nicht bekannt genug sind, als Burgunderrüben, aus welchen man im Jahr
1798 in Berlin Zucker gemacht hat, und welche für das Vieh
ein sehr gutes Futter sind. Sie lernen Bäume ziehn, Bienen
pflegen und allerlei andere nützliche Künste. Damit verdienen sich die kleinsten Kinder schon einiges Geld, manche 2,
3, 4 Groschen die Woche und mehr, zu einer Zeit, wo sonst
die fleißigsten Kinder nichts zu verdienen pflegen. Davon
haben sie denn bald ein paar neue Schuh, bald Strümpfe, bald
ein Wamms, die ihre eignen sind und den Eltern nichts kosten. Die Kinder haben keine Langeweile und sind immer
munter und froh.

[110]   *Faulheit.*

Die Faulheit ist die Quelle von vielem Unglück. Hans schlief
gern recht lang, und ging denn verdrossen an die Arbeit, weil
er vom langen Schlaf schwer war. Essen und Trinken
schmeckten ihm nicht, weil er sich durch Arbeit keinen
Hunger verschafte und weil er aus Langeweile aß und sich
den Magen verdarb. Mangel an Appetit, Schwere der Glieder, Verdrossenheit, sind schon eine wahre Krankheit, und
unser Hans ward endlich zur Arbeit untüchtig, ob er gleich
starke Knochen und gesunde Arme hatte. Denn die Glieder
haben zwar Kraft, wenn sie aber nicht von Jugend auf durch
Uebung gestärkt, geschmeidig und geschickt gemacht sind,
wer-[111]den sie schwer und ungeschickt; so wie dem Vogel,
der in einem Käfig sein Lebenlang gesteckt hat, die Flügel
lahm werden, so daß er nicht fliegen kann. Hans erbte von
seinem Vater ein ansehnliches Gut; es dauerte damit aber
nicht lang, und es ging ein Stück nach dem andern hin, um
die Bedürfnisse zu bestreiten; denn die Erndten und der
Milchertrag gingen allezeit schlecht. Da alles verzehrt war,
wollte Hans, um Brod zu haben, sich als Knecht vermiethen;
aber es wollte ihn niemand haben, so daß er betteln mußte. –
Fritz, des Schulzens Sohn, merkte sich dieses Beispiel. Er
mochte zwölf Jahr alt seyn. Ei, sagte er bei sich selbst, wie es
doch dem Menschen ergehn kann! Hans hat sein paar Arme
und Beine so gut wie jeder andere und kann nichts thun;
muß betteln, wird von diesem und jenem für einen Faulenzer
und einen Taugenichts ausgescholten. Wie unglücklich ist
der, der immer um andrer Leute Hülfe bitten muß! Ich muß
mich also in der Arbeit üben. Von nun an griff Fritz ernstlich
zur Arbeit. Anfänglich ward es ihm sauer; allein er hielt aus
und es ward ihm nach und nach leichter. Wann er des Morgens nach ein paar Stunden ermüden wollte, dachte er bei
sich selbst: wenn ich jetzt nachlasse, wird es mir ein andermal noch saurer werden. S. Evangelium Matth. Kap. 25, V.
13, 30.

Manche Leute denken, die Arbeit sey eine Strafe, die Gott
der Sünde auferlegte. Das ist [112] falsch. Gott setzte den
Menschen in einen Garten, ihn zu bauen. Mose 2, V. 15; und
einen Garten bauen, heißt doch wol arbeiten? Die Arbeit ist
eine Wohlthat Gottes, die uns stark, geschickt, klug und
munter macht.

> Morgen, Morgen, nur nicht heute!
> Sprechen immer träge Leute.
> Morgen; heute will ich ruhn.
> Morgen diese Lehre fassen;
> Morgen jenen Fehler lassen;
> Morgen dieß und jenes thun.
>
> Und warum nicht heute? Morgen
> Kannst du für was anders sorgen.
> Jeder Tag hat seine Pflicht.
> Was geschehn ist, ist geschehen.
> Dieß nur kann ich übersehen.
> Was geschehn kann, weiß ich nicht.
>
> Wer nicht fortgeht, geht zurücke.
> Unsre schnellen Augenblicke
> Gehn vor sich, nie hinter sich.
> Dieß ist mein, was ich besitze;
> Diese Stunde, die ich nütze,
> Die nur ist gewiß für mich.

Sittenbüchlein

Ebenso wie die Lesebücher sind die Sittenbüchlein für Kinder im ersten Schulalter gedacht (6. bis 8. Lebensjahr). Es handelt sich um Bücher für den moralischen Anfangsunterricht der Kinder. Im Unterschied zu den Lesebüchern bieten sie moralische Unterweisung in mehr systematischem Zusammenhang – allerdings nicht in wissenschaftlicher, sondern in elementarischer Ordnung: Ihnen geht es um die Anfangsgründe und ersten Grundbegriffe von Rechtschaffenheit und Moral. Inhaltlich behandeln sie die Pflichten gegen sich und gegen andere, gegen die Gesellschaft und die Obrigkeit, gegen Gott und schließen häufig mit einer Betrachtung über die Unsterblichkeit der Seele. Die Sittenbüchlein können in ganz unterschiedlichen Formen auftreten: Sie können als reine Morallehrbücher erscheinen, wie es etwa bei Basedow der Fall ist. Die moralische Belehrung kann jedoch auch die Einkleidung eines väterlichen Rates annehmen; hierfür stehen die Büchlein von Schlosser und Campe. Schließlich kann die sittliche Unterweisung ganz in Erzählungen geschehen, wofür Salzmann und Thieme ein Beispiel geben.

JOHANN BERNHARD BASEDOW

Kleines Buch für Kinder aller Stände.

(1771)

[Die Religion]

[61] Alles, was ein mensch von gott und von übernatürlichen dingen glaubt, das nennet er seine *religion*. es sind ver-

schiedne religionen unter den menschen. einige völker glauben *etwas*, was sie ihre *religion* nennen, und was von andern
als falsch verworfen wird. also, meine kinder, wäre es unver-
nünftig, alsobald zu glauben, wenn menschen euch dinge
vortragen, welche zu ihrer religion gehören.

ist es etwas, das ihr nicht versteht: so antwortet: »mein
freund, wie kann ich etwas glauben, das ich gar nicht
verstehe, ich weiß ja nicht, was es ist?« versteht ihr aber,
was sie sagen, so ist es entweder einerley mit dem, wovon ihr schon überzeugt seyd, oder demselben zuwider,
oder endlich etwas *anders*. im ersten falle haben solche
menschen euch nichts neues gelehrt; im zweyten falle könnt
ihr ihnen nicht glauben, so lange eure vorige überzeugung
währt; im dritten falle müßt ihr nach den ursachen fragen,
warum ihr es als wahr glauben, oder warum ihr auch
nur untersuchen sollt, ob es wahr sey. denn wenn ihr
nicht vorzügliche lust zu untersuchen habt, so dürft ihr dasjenige nicht untersuchen, dessen wahrheit oder falschheit
uns in unsern gegenden und zeiten nicht angeht. wenn
aber das, [63] was euch als etwas zur religion gehöriges
gesagt wird, euer thun und lassen bestimmen, oder euch
hoffnung und freude verschaffen könnte; so untersucht
nach eurem vermögen, ob es wahr sey. es lassen sich aber
einige lehren durch erfahrung und eignes nachdenken untersuchen; andre dinge aber können auf diese weise nicht
ausgemacht werden, sondern beruhen auf der glaubwürdig-
keit oder unglaubwürdigkeit der menschen, die etwas
mündlich gelehret oder in büchern aufgeschrieben haben.
untersucht also solche dinge, wie sie untersucht werden
können, damit ihr sie mit recht entweder glauben oder verwerfen, oder für euren verstand als unerforschbar ansehen
dürfet.

in verschiednen gegenden, wo *christen* wohnen, sind verschiedne *catechismen*, die zwar in gewissen lehren übereinstimmen, in andern lehren aber einander widersprechen. also
müßt ihr keine sache bloß darum für wahr erkennen, weil sie

J. C. Lavater.

in diesem oder jenem *catechismen* steht, sondern, bis ihr untersucht habt, müßt ihr zweifeln.

wenn man euch überzeugt, daß alles, was in den heutigen exemplarien der *bibel* [64] steht, so vollkommen wahr ist, als wenn gott sie selbst zu unsrer belehrung unmittelbar geschrieben hätte; so müßt ihr alle und jede sätze glauben, die darinnen stehn. alsdann dürft ihr euch nur bestreben, den rechten verstand derer sätze, die euch angehn, zu treffen.

Wenn man euch aber davon nicht überzeugt, so könnt ihr die *Bibel* nicht anders lesen, wie ein anderes Buch, woraus ihr vieles lernen könnt, bey dessen Theilen ihr doch jedesmal untersuchen dürft, ob sie auch lauter Wahrheit enthalten.

Wenn ihr aber auch überzeugt werdet, daß die Bibel lauter Wahrheit enthalte, so müßt ihr doch nicht alsobald glauben, daß alle Lehren wahr sind, welche *dieser und jener* durch Erklärung der *Bibel* beweiset. Denn die Bibelerklärer stimmen in vielen Erklärungen nicht überein. Bey Auslegungen, die euch etwas angehn, müßt ihr also untersuchen, ob die Worte das andeuten, was man euch saget. Dieses aber wird euch zuweilen unmöglich bleiben, weil die Bibel nicht in unsrer Muttersprache, sondern in alten Sprachen geschrieben ist, und weil die [65] Gelehrten, welche diese Sprachen wissen, nicht allemal einig darüber sind, welche Uebersetzung dieser oder jener Stelle die rechte sey.

Ich aber habe aus der Erfahrung gefunden, lieben Kinder, daß alle Lehren der Bibel, welche uns etwas angehn, so oft darinnen wiederholt und durch den Zusammenhang so deutlich sind, daß wir keine irrige Uebersetzung dabey zu befürchten haben.

Wenn ihr also von der vollkommnen Wahrheit aller biblischen Stellen überzeugt werdet, so kann euch die Möglichkeit einer irrigen Uebersetzung nicht hindern, alle Lehren, die euch etwas angehn, daraus glauben zu lernen.

Unsre Lehrer, welche Priester oder Prediger heißen, sind, wie alle Menschen, dem Irrthum unterworfen. Die Prediger verschiedner Zeiten und Orte stimmen auch nicht mit einan-

der überein. Also seyd ihr durch Vernunft und Gewissen
nicht verbunden, ihnen blindlings und ohne Untersuchung
zu glauben, wenn sie sagen, dieses oder jenes werde in der
Bibel gelehret; dieses oder jenes gehöre zur *wahren Religion;*
dieses oder jenes sey ein göttlicher Befehl. [...]

JOHANN GEORG SCHLOSSER

Sittenbüchlein für die Kinder des Landvolks.
(1773)

[1] In einem kleinen Dorfe lebte ein rechtschaffner Mann,
der von dem Herrn des Dorfes zum Verwalter gesetzt worden war. Der Mann liebte seine Nebenmenschen, und suchte
sie also auf alle Arten glücklich zu machen. Weil aber ein
Mensch nicht glücklich werden kann, wenn er nicht gut und
verständig ist, so ließ er die Kinder des Dorfs oft zu sich
kommen, und lehrte sie, wie sie es machen müsten, um gut
und klug, und also glücklich zu seyn. Ihr Kinder, sprach
mein Freund in der aufmerksamen Versammlung seiner Zuhörer; ihr Kinder höret mir zu! Ihr wißt, ich bin mit euren
Eltern grau geworden, und wir haben mit einander vielerley
Arten von Unglück auszustehen gehabt. Einiges haben wir
nicht verhindern können, wie vor einigen Jahren, da der
Feind unser Feld verheerte und unsere Häuser abbrannte;
oder wenn wir unsere Weiber, oder unsere Kinder, oder
unsere Freunde verloren haben. Manches aber hätten wir
freylich abwenden können, wenn wir klügere und bessere
Menschen gewesen wären.
Ich werde nun nicht lange mehr leben, ich werd auch nicht
immer bey euch seyn; denn ihr kommt vielleicht in einigen
Jahren bald hier, bald dahin. Auch eure Eltern werden nicht

immer bey euch seyn; denn auch sie können sterben, und
wann ihr einmal heranwachst, so [2] kommt ihr in eure Freyheit, und seyd ihr dann nicht klug und keine gute Menschen,
so macht ihr euch gewiß selbst unglücklich. Entweder krank
oder arm, oder bey euren Nebenmenschen verhaßt, oder
mißvergnügt. Und was nutzt euch dann alles auf der Welt?
Eure Eltern können euch nicht lieber haben, als ich euch
habe, und wenn ich stürbe, und wüste, daß ihr einmal euch
selbst unglücklich gemacht haben solltet, lieben Kinder, ich
würde auf meinem Todtbette mich nicht trösten lassen!
Doch ich weiß, ihr werdet einen alten Mann nicht so betrüben, und damit ihr es nicht aus Unwissenheit thut, so will ich
euch jetzt alles sagen, was euch, wie ich glaube, so klug und
zu so guten Menschen, und deßwegen so glücklich machen
kann, als nur immer möglich ist.

[Alter bringt Erfahrung]

[13] Haltet euch deßwegen, sonderlich zu alten Leuten. Uns
bringt das Alter Erfahrung. Wir glaubten oft, daß dieses oder
jenes uns nützen würde; wir thaten es, und musten hernach
dafür leiden. Lasset unsern Schaden euch zur Warnung dienen, und unternehmet nicht leicht etwas, ohne andere zu
fragen, wenn ihr nicht aus der Erfahrung wisset, daß es euch
nützlich ist. Zugleich könnt ihr noch immer vernünftiger
und klüger werden, wann ihr die Kunst lernet zu lesen, was
andere aufgeschrieben haben. Ihr kennt nur wenige Menschen, und die ältesten, die ihr kennt, haben kaum eine Erfahrung von sechzig oder siebenzig Jahren. Es können euch
tausend Fälle vorkommen, die allen euren Bekannten nicht
vorgekommen sind, und worinnen weder ihr noch sie euch
rathen können.

[Werdet redliche Bauern]

[15] Ihr seyd auf der Welt das Feld zu bebauen, und eure Haushaltung in Ordnung zu halten. Dadurch werdet ihr am glücklichsten; denn dadurch erhaltet ihr euch beym Leben. Das müsset ihr also immer eure Hauptarbeit seyn lassen. Ihr kennet den Barbier, der den Bauernhof des vorigen Schulzen gekauft hat. Der Mann liest und schreibt den ganzen Tag. Aber wie elend sieht es auf seinem Felde aus? Das Lesen und Schreiben macht nicht allein glücklich. Der Barbier weiß von Königen und Fürsten zu sprechen; es kommt keine neue Verordnung heraus, die er nicht untersuchen und beurtheilen sollte: und dem ohngeachtet steht er im Begriff Hunger zu leiden.

Sucht nicht mehr zu wissen, Kinder, als ihr braucht, um als redliche Bauern glücklich zu seyn. Ihr werdet es aber nie werden, wenn ihr, anstatt zu pflügen oder zu erndten, wenn es Zeit ist, da [16] sitzet und leset, was euch nichts angehet, und was ihr vielleicht doch nicht verstehet, Nur dann, wann ihr in eurer Haushaltung, und auf eurem Felde nichts mehr zu thun habt, nur dann mögt ihr lesen. Es wird euch recht gut seyn; und euer Pfarrer wird euch schon sagen, was ihr am besten lesen sollt. [...]

[Abgaben an den König]

[30] Legt euch euer König Abgaben auf, so denkt nur, wozu er sie anwenden muß. Er muß Soldaten erhalten, die euch vertheidigen; er muß Gerichte unterhalten, die euch gegen das Unrecht eurer Mitunterthanen schützen; er muß Leute unterhalten, die nachdenken, wie sie es machen, daß ihr und die ganze Gesellschaft immer im Ueberfluß lebt. Diesen Leuten habt ihr es zu danken, daß ihr bequem wohnt, daß ihr Kleider auf eurem Leibe habt, daß eure Mitunterthanen ehe im Stand sind euch zu vertheidigen, daß ihr vor Feuer-

und Wassersnoth sicherer werdet. Sie erfinden allerley Dinge, wodurch euer Feld besser benutzt wird, allerley Werkzeuge, wodurch euch die Arbeit erleichtert wird. Glaubt ihr, daß man von jeher Weberstühle oder Pflugschaaren oder Wagen, oder dergleichen hatte? Alles dieses haben diese Leute erfunden oder verbessert und nützlicher gemacht. Diese Leute sorgen, wie sie euch helfen, wann ihr krank seyd, wie sie eurem Vieh helfen, wann es siech ist. Sie schaffen euch tausend Vortheile, ohne die ihr elend leben müstet. – Würden sie dieses alles thun, wenn sie euer König nicht erhielte? Und wie kann er sie erhalten, wenn nicht jeder etwas dazu beyträgt? Seht, wann ihr das Jahr über zehn Thaler und noch zweymal so viel abgeben müsset, wie viel euch dadurch erspart wird. Von einem Theil eurer Abgaben werden die Wege verbessert, die Dämme befestigt, eure Kirchen bestellt und unterhalten. [...]

[Nutzen der Gesellschaft]

[31] Alles dieses kostet Geld. Wolltet ihr nichts dazu beytragen, so würden andere auch nichts beytragen, und die Gesellschaft würde bald getrennt seyn. Dann fielet ihr wieder in den vorigen Stand der Menschen, und würdet alle Augenblicke in Gefahr seyn, Leben, Freyheit und Haab und Gut zu verlieren. Dieser Gefahr entgeht ihr nun, wann ihr einen geringen Theil eures Vermögens zum Nutzen der Gesellschaft abgebt, und wann ihr dem König gehorcht, der euch nichts befiehlt, als was der Gesellschaft überhaupt nützlich ist, und also auch euch vor alle dem Unglück bewahrt, das über euch fallen müste, wenn die Gesellschaft getrennt oder verstört würde. Euer König bleibt dabey immer ein Mensch. Es kann seyn, daß er vielleicht manchmal die Gesellschaft noch glücklicher machen, oder wenigstens eben das mit geringern Kosten erhalten könnte! allein ihr seyd ja auch Menschen, und einen vollkommenen König könnt ihr nicht er-

warten. Euer König kann nicht alles sehen, alles verstehen;
er muß sich immer auf andere verlassen. [...] [32] Gesetzt
aber, er wäre auch noch so schlimm, so seyd ihr doch glücklicher, als wann ihr entweder auser der Gesellschaft wäret,
oder ihm nicht gehorchen wolltet. Wäret ihr jetzo unter eurem König nicht sicher, euer Leben und euer Vermögen zu
erhalten; so würdet ihr es alsdann noch weniger seyn, wann
ihr auser der Gesellschaft lebtet; denn itzo könnt ihr nur von
eurem König unrecht leiden, und greifft euch ein anderer an,
so hilft euch der König und die ganze Gesellschaft: seyd ihr
aber nicht mehr in der Gesellschaft, so kann euch ein jeder,
der nur stärker ist als ihr, oder der die Zeit abwartet, bis ihr
schlaft, oder bis ihr von Krankheit oder Alter entkräftet
seyd, euch so viel Unrecht thun, als er will. [...]

[Gehorcht dem König]

[33] Vor allen Dingen, Kinder, lernt dieß, daß ihr dem König
und denen, die er über euch gesetzt hat, gehorchen müsset,
wenn ihr glücklich seyn wollt. Laßt euch nicht von denen
verführen, die immer über den König und die Gesetze klagen. Ihr wisset nur so viel, daß es euch hauptsächlich glücklich macht, wenn die Gesellschaft, worinnen ihr stehet,
glücklich ist. Wodurch die Gesellschaft glücklich wird, das
wisset ihr nicht; das müst ihr also denen überlassen, die es
wissen, und die dazu bestellt sind es euch anzugeben. Wenn itzo
einer kommen und euch tadeln wollte, daß ihr eure Wiesen
nicht zu Kornfelder machtet, da doch jedes Stück Lands weit
bessere und theurere Früchte hervorbringt, als ein eben so
großes Stück Wiese, würdet ihr nicht lachen und sagen: wir
müssen aber auch für unser Vieh sorgen, das uns Milch und
Butter und Dunger giebt, und dessen Fleisch wir künftig
noch gebrauchen wollen. Wir wissen auch, daß uns die Wiesen nicht so viele Arbeit kosten. Eben so geht es dem König.
Wann einer sagen wollte, der König brauchte uns auch nicht

mit Abgaben zu beschweren, wir müssen für ihn arbeiten, und er sitzt stille: so würde ein kluger Mensch lachen, und dabey denken, der Thor! wenn er keine Abgaben entrichtete, so könnte der König keine Soldaten erhalten, keine Gerichte, keine Rathgeber besolden, keine Wege und Ufer bessern, und am Ende würde der Bauer, der itzo zwanzig Thaler abgiebt, keine zehn mehr erwerben können.

[57]   *(Glückseeligkeit des Landlebens.)*

Ihr seyd darinn vorzüglich glücklich, meine Kinder, daß ihr in einem Zustande gebohren worden seyd, wo ihr so wenig braucht, um ruhig und vergnügt zu leben. Ich muß immer lachen, wenn ich die Leute in der Stadt sagen höre, daß sie glücklicher und besser lebten, als wir hier auf dem Lande. Laßt euch, Kinder, wenn ihr je in die Stadt kommt, nicht durch den Schein verführen. Ich bin lange Zeit in der Stadt gewesen, und habe gelernt, wie es dort zugeht. Arbeiten muß man dort wie hier; aber was für ein Unterschied zwischen der Arbeit! Einige müssen in der Stadt, um ihr Brod zu verdienen, vom Morgen bis spät in die Nacht auf einem Stuhl sitzen, ohne sich zu bewegen, ohne frische Luft zu schöpfen, ohne sich umzusehen. Seht z. B. den Schneider, den Schuhmacher, den Uhrmacher und so viele hundert andere. [...]
[58] Andere müssen in dem Staub arbeiten, wo sie nie Athem schöpfen, ohne zugleich den Staub einzusaugen, der gewiß ihr Leben verkürzt; andere müssen den ganzen Tag über an dem feurigen Ofen stehen, und bey der Hitze des Sommers und des Feuers zugleich verschmachten. So hart und gefährlich diese Arbeiten sind, so viele Mühe müssen sich diese Leute noch geben, um nur Arbeit zu finden. Sie müssen sich vor dem stolzen Reichen demüthigen, sie müssen seinen Eigensinn, seinen Zorn, seine Dummheit ertragen. [...]
[59] Ich kann euch nicht die Hälfte von den Beschwehrlich-

keiten des Stadtlebens sagen. Aber dieses ist gewiß schon genug euch zu überführen, daß ihr weit glücklicher seyd. Eure Arbeiten schaffen euch alles, was ihr zum Leben braucht, und sind zugleich eurer Gesundheit überaus nützlich. Ihr seyd in einer beständigen Bewegung. Die frische Luft, die Wärme der Sonne, der Geruch der Wiesen und selbst der rohen Erde, ist angenehm und gesund. Selbst Winde und Regen sind gesund, sie härten den Körper, sie entfernen von ihm alle üble Ausdünstungen, und machen, daß ihr freyer athmet, und daß euer Blut besser lauft. Lebensgefahr habt ihr nie bey euren Arbeiten; nie braucht ihr länger zu arbeiten als bis an den Abend, und selbst euere Winterarbeiten sind so beschaffen, daß ihr dazu nie die Nacht zu Hülfe nehmen müsset. Ihr braucht niemand gute Worte zu geben, um Arbeit und Verdienst zu finden; euer Feld, eure Heerde giebt euch beydes. Ihr braucht nie zu befürchten, daß Geitz oder Ungerechtigkeit euch euren Lohn schmälert. Ihr [60] lohnt euch immer selbst; denn wie ihr arbeitet, so schenkt euch Feld und Garten und Heerde eure Belohnung, die ihr nur nehmen dürft. [...] Ihr werdet seltner von Reichen und Mächtigen gedrückt; denn ihr habt euer Verkehr meist mit Leuten eures gleichen, und um desto leichter erhaltet ihr euer Recht. Ihr seht, daß alles um euch schlecht und mit wenigem vergnügt lebet, und ihr lernt leicht auch so leben. [...] [65] Wenn eure Wiesen blühen, wenn eure Bäume die ersten Blätter herausstossen, wenn eure Felder keimen, wenn der Frühling eure Berge und Thäler mit Gras und Blumen überziehet, wenn die Sonne an einem schönen Morgen hervor strahlet, wenn der Abend oder der Schatten euch an einem schwülen Tage kühlet, wenn eure Heerden auf den Weiden springen, wenn eure junge Lämmer im Klee spielen, wenn eure Saaten reifen, wenn eure Gärten euch ihre Früchten anbieten, wenn euer Weinstock euch seine Trauben darreicht, – o Kinder! wo haben Städte, wo haben fürstliche Palläste ein Schauspiel, das so reizend, so schön, so angenehm ist? Freuet euch, Kinder, daß ihr zu

einem so glücklichen Leben gebohren worden seyd. Und
wollt ihr euer ganzes Glück recht genießen, so thut, was
ich euch bisher gelehrt habe, werdet kluge und gute Menschen. [...]

JOACHIM HEINRICH CAMPE

Sittenbüchlein für Kinder aus gesitteten Ständen

(1777)

[5] Vor nicht gar langer Zeit, meine lieben Kinder, lebte ein
recht verständiger Mann, der hieß *Gottlieb Ehrenreich.*
Alle, die ihn gekannt haben, können noch jetzt nicht von
ihm reden, ohne daß ihnen die Thränen dabey in die Augen
treten. Denn er war ein gar zu guter und rechtschaffener
Mann, der sein größtes Vergnügen darinn fand, andern Menschen wohl zu thun. [...] [6] Eine seiner liebsten Beschäffti-
gungen war, daß er seine eigene und seiner Nachbaren Kinder um sich her versammelte, und sie lehrte, wie sie gute und
glückliche Menschen werden könnten. Man hat auch nachher gesehen, daß es allen denen Kindern, welche seinen Unterricht annahmen, und seinem väterlichen Rathe folgten,
recht wohl gegangen ist.
Einstmals, da er schon siebenzig Jahr alt war, saß er an einem
stillen Sommerabend unter einer schattigten Linde, und
dachte seinem vergangenen Leben nach. Seine Augen, die er
oft dankbar gen Himmel richtete, funkelten von Freude,
indem er den köstlichen Gedanken dachte, daß er doch nicht
vergebens auf der Welt [7] gelebet habe; und bey jeder Erinnerung, an irgend eine gute That, die er in seinen verflosse-
nen Tagen verrichtet hatte, rollte die süßeste Freudenthräne
seine heitere Wange herab. Denn, o ihr guten Kinder, glaubt

es erfahrneren Tugendfreunden, bis ihr es einst selbst aus eurer eigenen Erfahrung wißt – *sich edler Thaten bewußt zu seyn, ist der Seligkeiten größte!*

Indem er nun so da saß und dieser Seligkeit genoß, kam sein ehrlicher Nachbar, *Andreas Gutwill,* und ließ sich bey ihm nieder, um ein lehrreiches Gespräch mit ihm zu führen. »So lange ich euch nun kenne, lieber Nachbar, sagte er zu ihm, indem er seine Hand auf die Hand des Greises legte, habe ich euch noch niemals recht mißvergnügt gesehen. Sagt mir doch, wie ihr das in aller Welt anfanget, daß ihr immer so ruhig seyd, so in euch selbst vergnügt und zufrieden? Das möchte ich nun alles gern von euch lernen.« Dazu kann Rath werden, wenn ihrs noch nicht wißt, antwortete *Ehrenreich,* und sah ihm dabey freundlich in die Augen. Aber erst holt mir unsere Lieblinge, eure und meine Kinder her, die da hinterm Garten ihr Spiel mit einander treiben. Es ist mir immer so wohl, wenn sie um mich sind; und ich wünschte, daß sie's auch hörten, wie mans anfangen muß, um glücklich zu seyn.

[8] *Gutwill* holte die Kleinen herbey. Sie hatten kaum gehört, daß Vater Ehrenreich mit ihnen plaudern wolle, als sie all ihr Spielzeug dahin warfen, in vollen Sprüngen herbey eilten, und sich dem freundlichen Greis an Hals und Arme hiengen. Da redete er sie mit folgenden Worten an: [...]

Kinder, Nachbar Gutwill wünscht von mir zu wissen, wie ichs angefangen habe, daß ich mein ganzes Leben hindurch bis auf diese Stunde, fast immer vergnügt gewesen bin? Hättet ihr etwa Lust, das auch von mir zu hören? – Ach ja, lieber Vater, ach ja! riefen alle, wie mit einem Munde, indem sie freudig in die Hände klatschten. Und der Alte fuhr fort:

Ich werde nun nicht lange mehr leben, ihr guten Kinder; und wenn ich auch noch lange lebte, so werde ich doch nicht immer bey euch seyn: denn ihr kommt vielleicht in einigen Jahren der eine hier, der andere dort hin. Dann werdet ihr euch selbst überlassen seyn, und seyd ihr dann nicht klug und keine gute [9] Menschen, so macht ihr euch gewiß selbst

unglücklich; entweder krank oder arm, oder bey euren Nebenmenschen verhaßt, oder misvergnügt. Und was nützt
euch dann alles auf der Welt? [...]

[Faulheit und Müßiggang]

[14] Auch die Faulheit macht euch krank. Nicht wahr, wenn
ihr einmal zu lange geschlafen habt: so geht ihr verdrossen
an eure Arbeit, und wenn ihr euch nicht bewegt habt, so
schmeckt euch das Essen und das Trinken lange nicht so gut,
als wenn ihr recht herum-[15]gesprungen seyd. Das ist schon
der Anfang einer Krankheit. Führet ihr nun fort, immer so
lange zu schlafen, und immer so zu faulenzen: so würde
diese Krankheit von Tage zu Tage stärker werden. Ihr würdet immer verdrüßlich, und endlich zu allen Arbeiten, ja
sogar zum Spielen, untüchtig seyn. [...]
[19] Und denket nicht, daß das Arbeiten etwas beschwerli-
ches sey: denn wenn man sich nur erst dazu gewöhnt hat, so
findet man so viel Vergnügen daran, daß man gar nicht mehr
ohne Arbeit leben mag. Aber der Müssiggang, das ist eine
beschwerliche Sache. Dabey hat man immer lange Weile,
und ist immer [20] verdrüßlich und mürrisch. Und wenn wir
dann gar nicht wissen, was wir thun sollen, so fangen wir
gemeiniglich an, zu diesem oder jenem Lust zu bekommen.
Wir essen ohne Hunger, wir trinken ohne Durst, und machen uns auf diese Art immer unglücklich, krank und elend,
meistens auch arm. Und dann hat kein Mensch mehr Mitleiden mit uns. Dann heißt es, der Müssiggänger könnte so
reich seyn, als ich, wenn er etwas hätte thun wollen. Er
verdient nicht, daß wir ihm helfen. O Kinder, die Arbeit mag
so sauer seyn, als sie will, das ist noch zehnmal unerträgli-
cher. [...]

[Elternliebe]

[103] Vornämlich aber sucht euch die Leute zu Freunden zu machen, und zu behalten, die mit euch unter einem Dache wohnen. Diese haben die meisten Gelegenheiten, euch zu dienen und zu helfen, und euch das Leben angenehm zu machen. Eure *Eltern* sind schon von selbst geneigt, euch zu lieben; aber wenn ihr sie nicht wieder liebtet, und ihnen nicht gehorsam wäret: so könnten sie auch anfangen, gleichgültig gegen euch zu werden; und wenn andere sehen sollten, daß ihr eure Eltern nicht liebtet, die euch so viel Gutes gethan haben: so würden sie euch, und zwar mit Recht, für undankbar halten, und dann würde euch kein Mensch mehr lieben können. Denn denket nur, wie sauer ihr euren Eltern bisher geworden seyd! Eure Mutter mußte [104] euch mit Schmerzen gebähren; mußte, so lange ihr klein waret, unbeschreiblich viel Ekel und Ungemach um eurentwillen ertragen; mußte, so wie euer Vater, beständig für euch wachen, damit ihr nicht zu Schaden kämet, und beyde mußten für euch arbeiten, um etwas zu erwerben, wovon sie euch speisen, kleiden und erziehen könnten. Wenn ihr nun für das alles sie nicht lieben wolltet: würde das nicht der größte Undank von der Welt seyn?

Aber nicht bloß Undank, sondern auch außerordentliche Dummheit wäre es, wenn ihr eure Eltern nicht recht herzlich lieben und ihnen folgen wolltet. Sie sind so viel älter, als ihr; sie haben so viel Erfahrung; sie können euch so manches Gute lehren; sie machen euer Glück zu dem ihrigen; und wer könnte sie zwingen, das alles für euch zu thun, wenn sie es nicht freywillig und aus Liebe thäten? Scheinen sie euch ein wenig hart zu seyn, indem sie euch etwas untersagen, oder euch strafen: so denket immer, daß sie das aus weiser Liebe thun, und daß sie euch gewiß kein Misvergnügen verursachen würden, wenn sie nicht überzeugt wären, daß es zu eurem Besten gehöre. Denn es ist unmöglich, daß Eltern ihren Kindern, ohne Ursach, etwas zuwider thun, oder sie

hassen sollten; und wenn ich es vor [105] Augen sähe, so
glaubt ichs nicht. Es wäre eben so viel, als wenn einer sich
selbst hassen wollte. [...]

[Gesinde]

[106] Habt ihr endlich auch *Gesinde*, so laßt sie vor allen
Dingen merken, daß ihr ihnen gern wohl thut. Ihr wißt, ihr
könnt nicht immer bey ihnen seyn. Verlaßt ihr euch bloß auf
den Lohn, den ihr ihnen gebt, so werden sie auch nur so viel
arbeiten, als nöthig ist, um zu verhindern, daß ihr sie nicht
abschafft. Sehen sie hingegen, daß ihr billig, mitleidig, gütig,
wohlthätig gegen sie seyd: so werden sie von selbst alles
thun, was zu eurem Besten gereicht. Denn da denken sie
gewiß: wird unser Herr noch glücklicher, noch reicher und
vergnügter, als er jetzt ist; so wird er uns auch immer mehr
wohl thun, da er schon jetzt so gut ist. In eurem Hauswesen
müsset ihr also vor allen Dingen euch überall durch Dienst-
fertigkeit, Güte, Wohlthätigkeit und Dankbarkeit Freunde
zu machen suchen; und auch [107] außer eurem Hause müßt
ihr jedermann zu gewinnen suchen, damit jedermann euch
wieder diene, wenn er kann.

Und glaubt nicht, daß das bloß die Reichen und Großen
können. Der *ärmste*, der *geringste* Bettler kann euch oft den
allerwichtigsten Dienst erweisen; und gemeiniglich pflegen
solche Leute noch erkenntlicher und dienstfertiger, als die
Reichen, zu seyn.

[Gott und die Unsterblichkeit der Seele]

[124] Vernehmt also mit Aufmerksamkeit und Freude – *es ist
ein Gott!* – Ein Gott, der uns, und alles was da ist, erschaffen
hat, und erhält; ein Gott, der alles weiß und alles sieht, was
wir denken und thun; ein Gott, der uns nie unglücklich

werden läßt, wenn wir uns nicht selbst unglücklich machen!
Das ist der Gott, der die schöne Sonne gemacht hat, die
unsere Erde so lieblich erleuchtet und erwärmet; der im
Frühlinge das Gras, die Blätter und die Blumen wachsen
läßt, im Sommer alle die herrlichen Früchte und Gewächse,
die uns ernähren und durch Wohlgeschmack er-[125]freuen;
der den Thau, den Regen und den Wind entstehen läßt, ohne
welche nichts wachsen, nichts gedeyen würde! Das der Gott,
der die Erde für uns und die andern Geschöpfe zu einem so
angenehmen Aufenthalte gemacht hat. [...]
Ein Gott, der uns so viel Gutes giebt, sollte der uns hassen,
uns unglücklich machen können? Nein Kinder, nimmermehr! Ihm also vertraut; und fürchtet nichts. Nichts geschieht ohne seinen Willen, und sein Wille ist, daß ihr glücklich seyn sollt, wenn ihr euch nicht selbst unglücklich macht.
Nun können wir, wenn wir gute Menschen sind, alle Wege
ruhig seyn, können ohne Furcht und ohne Sorgen uns an
jedem Abend schlafen legen; weil ein so mächtiges und so
gütiges Wesen für uns wacht, und uns beschützet. [...]
[137] Sollte aber auch nichts als Unglück über euch verhängt
seyn; solltet ihr im Elende sterben müssen: so wird euch,
seyd ihr nur ohne eure Schuld unglücklich, noch immer ein
Trost übrig bleiben, den nichts euch rauben kann. Ich muß
euch diesen Trost bekannt machen.
[138] Kinder, *wir sind unsterblich, wir vergehen niemals!*
Zwar dieser Leib von Fleisch und Knochen, der wird einmal
sterben und verwesen: aber wir selbst, die wir diese Leiber
bewohnen, werden alsdann in ein anderes Leben übergehen,
wo wir ganz glücklich, ohne Krankheit, ohne Schmerzen,
ohne Mangel, – ewig leben werden. Das hat uns Gott versprechen lassen, wenn wir hier alles thun, was wir können,
um recht gute Menschen zu werden. Diejenigen, welche das
nicht thun, werden zwar auch ewig leben, aber es wird ihnen
nicht wohl gehen, sondern sie werden da, wo sie alsdann
hinkommen, für alle ihre Untugenden die verdiente Strafe
leiden müssen. [...]

[139] Auch ihr, meine Kinder, auch ihr werdet einmal mir in dieses bessere, ewige Leben nachfolgen, wenn ihr euch bemüht, gute, rechtschaffene Menschen zu werden. Dann werden wir uns wieder sehen, uns wieder lieben, und die Freude über uns, über unser Glück, und über den lieben guten Gott, der uns wieder vereinigte, wird von unendlicher Dauer seyn.

Liebste Kinder! Laßt mich, o laßt mich diesen Trost mit in mein Grab nehmen; den Trost, daß ihr eurem alten Vater, eurem Freunde, der euch so treu, so zärtlich liebte, in allen Stücken gehorchen, und euch dadurch derjenigen Glückseligkeit würdig machen wollt, zu der ich nun bald voran gehe. Sagt, ihr theuren Lieblinge meines Herzens, sagt, kann ich mich darauf verlassen?

[140] Die Kinder stürzten wehmüthig sich in seine Arme; und drückten ihr Versprechen durch stumme Thränen aus. Da sagte *Ehrenreich* diese merkwürdigen Worte: *Wen Gott vorzüglich segnen will, dem giebt er fromme und gehorsame Kinder;* und die Herzen aller zerflossen in sprachloser Empfindung.

CHRISTIAN GOTTHILF SALZMANN

Moralisches Elementarbuch, nebst einer Anleitung zum nüzlichen Gebrauch desselben. Erster Theil.
(1782; neue, verb. Aufl. 1785)

[XXVII] Die Absicht des Buchs geht dahin, den Kindern eine gute Gesinnung zu verschaffen, oder, welches einerley ist, sie dahin zu bringen, daß sie gegen die ihnen bekannten Dinge die Zuneigung oder Abneigung, die sie verdienen, bekommen. Dieß geschieht, indem ihnen der wahre Werth jedes Dings, und das Vergnügen oder Misvergnügen, das es ihnen verschaffet, auf eine sinnliche Art vorgestellt wird. [...]

[Der Kaufmann Herrmann und seine Familie]

[1] In N. wohnte einmal ein reicher Kaufmann, der Herrmann hieß. Ein ehrlicher fleißiger Mann. Weil er die Arbeit frisch angrif, so hatte er sich so viel Geld erworben, daß er, außer den Sachen, die zur Erhaltung des menschlichen Lebens unentbehrlich sind, sich noch vieles zu seinem Vergnügen anschaffen konnte. Er konnte, wenn er wollte, Wein trinken, in Seide sich kleiden, in der Kutsche fahren, sich einen Lustgarten anlegen, und seine Zimmer mit Spiegeln, Gemälden, Tapeten und andern Sachen, aufputzen, die andere nicht bezahlen können. Deswegen nannte man ihn einen reichen Mann.

Aber unter den vielerley schönen Sachen, die er besaß, war ihm doch nichts so lieb, als – seine liebe Frau, Sophie, und Ludwig und Luise, seine beyden Kinder. Wann er von der Arbeit müde war, so erholte er sich allemal in [2] ihrer Gesellschaft, und ein freundlicher Blick von seiner Sophie, ein Kuß von seinen Kindern, machte ihm mehr Freude, als sein ganzer Bildersaal.

Er machte ihnen aber auch so viele Freude, als er nur konnte. Selten genoß er ein Vergnügen ohne sie. Wenn er an heitern Morgen, oder an schönen Sommerabenden, in seinem Garten, oder in dem Felde spazierte, wenn er reiste, so mußten gemeiniglich Frau und Kinder dabey seyn. Nur alsdann wurden die Kinder von den gemeinschaftlichen Vergnügungen ausgeschlossen, wenn sie unartig gewesen waren. Und dieß geschah selten: denn es waren wirklich gute Kinder, die zwar noch ihre Fehler hatten, die sie aber abzulegen suchten, und gern ihren lieben Eltern und allen Menschen Freude machten.

[Vom Wert der Gesundheit]

[11] Zehn Uhr Vormittags kamen sie auf Herrn Heilsberg Landgute an. [...] Der Bediente nöthigte sie hierauf in ein Zimmer zu gehen, Herrmann schlug aber einen Spaziergang in den
Garten vor. Und Sophie und Ludwig stimmten ihm bey.

Es war ein herrlicher Garten, nach englischer Art angelegt.
Indem sie durch die schlangenförmigen Gänge spazierten,
bekamen sie immer etwas neues zu sehen. [...]

[12] Hier! Hier, mein Lieber! sagte Sophie, laß uns nieder-
setzen, und unsre Augen weiden.

Und Herrmann setzte sich mit seinen beyden Lieben auf
eine Rasenbank.

Einige Zeit saßen sie ganz still, und thaten nichts, als daß sie
einander die Hände drükten, und eines um das andre sagte:
ach wie schön! wie schön!

Darauf fieng Herrmann an zu erzählen, was der Mensch für
ein vortrefliches Geschöpf sey, und wie er beynahe die ganze
Natur in seiner Gewalt habe. Durch seinen Fleiß verwandele
er eine unfruchtbare Gegend in einen Garten, bringe die
Gewächse aus allen Weltheilen zusammen, und pflanze sie
darein; zwinge den unfruchtbaren Stamm, schmackhafte
Birnen und Aepfel zu tragen, und nöthige das Wasser herauf
zu steigen.

Indem er so redete, rauschte etwas hinter der Hekke, an der
sie saßen. Alle spitzten die Ohren. Ludwig sprang auf, um
zu untersuchen, was es da gäbe? Da, da saß ein armer Tag-
löhner und verzehrte sein Mittagsbrod. Ein Käse, ein Stück
schwarzes Brod, nebst einem Kruge Wasser, war seine ganze
Mahlzeit.

[13] »Ey, lieber Vater! sagte Ludwig, da sitzt ein armer,
armer Mann, und hat nichts zu essen als Käse und Brod, und
trinkt Wasser dazu. Er dauert mich gar zu sehr.«

Und gleichwohl, antwortete Herrmann, ist er vielleicht ein
sehr glücklicher Mann. Kommt Kinder! wir wollen uns näher mit diesem Manne bekannt machen.

Moralisches Elementarbuch,

nebst

einer Anleitung

zum nüzlichen Gebrauch desselben,

von

Christian Gotthilf Salzmann.

Erster Theil.

Neue verbesserte Auflage.

Mit Römisch-Kaiserl. und Churfl. Sächs. allergnädigsten
Privilegiis.

Leipzig,
bey Siegfried Lebrecht Crusius.
1785.

Sophie und Ludwig folgten ihm. Da trafen sie einen Mann an, aus dessen Gesicht Ehrlichkeit und Zufriedenheit lachte.

Gott segne euch eure Mahlzeit, sagte Herrmann.

Ich danke, ich danke, antwortete Hans.

Wie geht es euch, mein Lieber? fragte Herrmann.

»Mir? antwortete Hans, mir geht es recht wohl. – Wenn es doch allen Leuten in der Welt so gienge, wie mir. Ich bin gesund, und *Gesundheit ist mir lieber, als ein ganzer Sack voll Gold.* So lange ich gesund bin, kann ich brav arbeiten, da vergehn die bösen Gedanken und alle Grillen, und wenn man denn so von fünf Uhr des Morgens bis zu Mittag hinter dem Grabscheide gestanden hat, [14] und kommt dann zur Mahlzeit – oh! da schmeckt es – wie Zucker! Glauben Sie mir! meinem Herrn schmecken seine Pasteten nicht so gut, als mir mein Käs und Brod. Und wenn man hernach in das Bette kommt, da schläft es sich so süß! Ich brauche keine Federn, ich kann, wenn ich sonst will, auf dem Fußboden schlafen. Sechs Jahr hab ich schon in diesem Garten gearbeitet, aber kein Mensch hat noch Klagen von mir gehört. Ich bin aber auch immer gesund gewesen, Gott sey Lob und Dank dafür! Ich bitte Gott täglich: lieber Gott! ich will gern mit Wasser und Brod zufrieden seyn, laß mich nur gesund!«

Hans wollte weiter reden, aber ein Bedienter meldete Herrmannen, daß Herr Heilberg aufgestanden sey und ihn erwarte.

Er gieng also mit seiner Familie, drückte dem guten Hans im Weggehen die Hand, und wünschte ihm, daß er lebenslang so glücklich seyn möge.

Nun gieng der Zug nach Herrn Heilbergs Hause zu. Das war ein prächtiges Haus! Kein Fürst hätte sich schämen dürfen in demselben zu wohnen. Alle Wände waren mit Bildern von [15] den berühmtesten Meistern behangen. Sie giengen vor der Küche vorbey, und ein Geruch von Braten, Wein und Gewürzen, dampfte ihnen entgegen. Ein Koch und vier

Mägde arbeiteten darinne, daß ihnen der Schweiß über die Backen floß, um Herrn Heilbergs Tafel recht gut zu besetzen. [...] Nun öfnete der Bediente das vierte Zimmer – da war – Herr Heilberg auf dem Kanapee. Blasgelb sah er aus, wie eine Citrone, seine Augen waren matt, seinen Kopf hatte er in die Hand ge-[16]legt, und da die Gäste in das Zimmer traten, richtete er sich mit vieler Mühe auf, und kam ihnen entgegen.

»Verzeihen Sie mir ja! sagte er, daß ich Sie nicht habe empfangen können. Ich habe gar eine elende Nacht gehabt. Kaum hab ich eine Stunde geschlafen. Ich dacht, ich wollte mir mit Schwitzen helfen, aber auch dieß hat mir nicht gelingen wollen. Mein Kopf! mein Kopf! der ist ganz wüste, und der Magen taugt nichts, und hier in der linken Seite, da ist es nicht richtig, da hab ich beständig Stechen.«

[...]

[18] Nach aufgehobner Tafel wurde Kaffee aufgetragen, und Herr Heilberg, Herrmann und Ludwig, tranken ihn an einem Fenster.

»Ey! sagte Herrmann, Herr Heilberg! sind Sie nicht ein glücklicher Mann? Sie haben ja alles, was das menschliche Herz nur wünschen kann – fürstlichen Garten, fürstliches Haus, fürstliches Zimmer, fürstliches Hausgeräthe, fürstliche Tafel, fürstliche Bedienung!«

»Ich? glücklich? antwortete Herr Heilberg, ich armer Mann! ich glaube nicht, daß es unter Gottes Sonne einen elendern Menschen giebt, als ich bin. *Was hilft mir denn alles, wenn ich nicht gesund bin?* Von allen diesen Speisen habe ich fast nichts genossen, alle meine Zimmer und Kostbarkeiten betrachte ich mit Widerwillen; komme ich in mein Bette, so kann ich nicht schlafen, und will ich in den Garten gehen, so kann ich selten die Luft vertragen. Lieber Freund! glauben Sie mir, ich wünsche mir oft an meiner Tagelöhner Stelle zu seyn: denn diese genießen doch ihr Leben. Sie essen, [19] sie trinken, sie lachen, sie scherzen, sie schlafen, aber ich – ich – armer Mann – –

Er sah gen Himmel, und ein Paar Thränen liefen ihm über die Bakken. [...]

[Die armen Leute]

[260] Sie kamen unter andern bey einer sehr armen Frau vorbey, die in einem Winkel des Gartens saß, und mit ihren drey Kindern Wolle spann. Luischen bemerkte sie zuerst, zeigte sie ihrer Mutter, und sagte: ey sehen Sie einmal die garstige Frau da, und die garstigen Kinder! sie haben ja alle zerrißne Kleider an, nicht einmal Strümpfe an den Füßen, und die Füße sind so schmutzig – Fi!

Sophie sagte ihr leise ins Ohr, du mußt diese guten Leute nicht sogleich verachten, liebes Kind! sie können doch wohl gut seyn, wenn sie auch gleich schmutzig sind und zerrißne Kleider tragen.

[261] Da Sophie mit ihren Gesellschaftern zu ihnen kam, stunden sie alle von ihren Rädern auf, und neigten sich sehr ehrerbietig.

Dieß scheinen, sagte Sophie zu Herrn Friedlieb, sehr gute Leute zu seyn.

Das sind sie auch, Frau Herrmannin! antwortete Friedlieb. Ich habe allemal eine Freude, wenn ich vor ihnen vorbey gehe. Da sitzet die Frau mit ihren Kindern fast den ganzen Tag und spinnt, um so viel zu erwerben, daß sie sich und die Ihrigen ernähren möge. Wenn sie vom Spinnen müde sind, so gehen sie in den Garten und arbeiten. Jedes Unkraut, das sie bemerken, raufen sie aus, jedes Blümchen, das sein Köpfchen hängt, binden sie an, und jede welke Pflanze begießen sie. [...] [262] Ich kann es daher durchaus nicht leiden, wenn man die armen Leute verachtet, und glauben will, man wäre mehr als sie, weil man bessere Kleider hat, und fettere Bissen als sie essen kann. Denn, lieber Gott! *was wollten wir denn anfangen, wenn wir die armen Leute nicht hätten?* Frau Herrmannin! so wahr ich ehrlich bin, wir müßten alle Arbeiten selber thun. Wer hat denn die Fäden zu meinem Kleide und Strümpfen gesponnen? wer hat sie denn gewebet? lauter arme Leute. Wenn die armen Leute nicht wären, so müßten wir ja wahrhaftig selbst spinnen und weben, und ich müßte die Hakke und das Grabscheid in die Hand nehmen und meinen Garten bearbeiten. Es ist wahr, ich habe ein ganz feines Vermögen, das habe ich aber alles von den armen Leuten. Da sitzen die armen Weiber und Kinder hinter ihren Rädern den ganzen Tag und spinnen, hernach bringen sie das Garn auf meine Stube, ich bezahle es ihnen, und verkaufe es wieder nach Schweden [263] und Holland, da verdiente ich an jedem Pfunde etwas.

Verzeihen Sie mir, Frau Herrmannin! daß ich so heftig spreche. Es ist mir der Verdruß noch immer im Kopfe, den ich heute mit meiner Tochter Friederiken gehabt habe. Können Sie wohl denken, das alberne Mädchen nennte diese armen Leute Lumpengesindel! Ich habe ihr aber den Kopf tüchtig dafür gewaschen. Was willst du Mädchen, sagte ich, von Lumpengesindel reden? Hast du dein Vermögen dir etwa selbst verschaffet? Wenn jener blessirte Soldat dein Vater wäre, wärest du nicht eben so arm, wie jene Kinder? Es ist wahr, sie gehen schmutzig und zerrissen. Wenn sie aber so viele Zeit wie du, auf die Reinigung ihres Körpers und ihren Anzug, wenden könnten, und sich nicht immer mit schmutziger Arbeit beschäftigen dürften, so würden sie auch wohl besser gekleidet seyn. Ich leugne es auch nicht, daß sie bisweilen unhöflich sind; wo sollen sie denn aber die Höflichkeit lernen, da sie niemals Gelegenheit haben, mit gesitteten Personen umzugehen? Wenn du vom Morgen bis zum Abend hinter [264] dem Spinnrade sitzen solltest, da wollte ich doch sehen, was du für eine Figur spielen würdest!

Sophie trat näher zu dieser Frau, ließ sich mit ihr in ein sehr liebreiches Gespräch ein, und erkundigte sich nach ihrem Manne, nach dem Alter ihrer Kinder, nach ihrer Haushaltung und andern dergleichen Dingen. Und die Frau war ausnehmend freundlich, und beantwortete weitläufig alle

Fragen. Luischen schämte sich, daß sie die guten Leute verachtet hatte, gegen die doch ihre Mutter sich so liebreich betrug, und von denen Herr Friedlieb so viel Gutes erzählet hatte. [...]

[265] »Hörten Sie, sagte Friedlieb, was diese Frau sagte? Ach liebe Frau! Dank! Dank! für das liebreiche Gespräch, das Sie mit dieser Armen gehalten haben. Sie haben ihr damit mehr Vergnügen gemacht, als wenn Sie ihr einen Speciesthaler geschenkt hätten. Es muß den armen Leuten eine erstaunliche Kränkung seyn, wenn sie sehen, daß die Reichen so vieles genießen, das sie entbehren müssen, und sich überdieß noch von ihnen müssen verachten oder wohl gar verspotten lassen. Und es wäre gar kein Wun-[266]der, wenn sie gegen sie erbittert würden. Aber ein freundlicher Blick, den man ihnen giebt, ein liebreiches Gespräch, das man mit ihnen hält, das erwirbt uns ihre ganze Liebe, und macht, daß sie etliche Tage die Beschwerlichkeiten ihres Zustandes vergessen.« [...]

[Die Reichen]

[331] Herrmann handelte vorzüglich mit wollenen Zeugen, wozu er die Wolle selbst spinnen, und die er durch viele Weber verfertigen ließ. Dadurch verschafte er vielen hundert Menschen Nahrung. Den Tag nach seiner Ankunft war es Sonnabend, da immer die Leute, die für ihn arbeiteten, zu kommen, und das Geld, das sie die Woche hindurch verdient hatten, abzuholen pflegten. Da es gegen zehn Uhr war, wurde es in seinem Hause so volkreich, als wenn es Jahrmarkt wäre. Herrmann setzte sich an einen Tisch, setzte einen großen Geldkasten vor sich, ließ eins nach dem andern kommen, ließ die Rechnung, die er mit ihm führte, vorzeigen, und zahlte ihm aus, was er verdient hatte. Die Leute, die das Geld empfiengen, betrugen sich auf gar verschiedene Art; einige giengen ganz unempfindlich fort, andere murreten, und sagten, das sey viel zu wenig, sie könnten damit

nicht auskommen; manche strichen es aber sehr freundlich
ein, dankten Herrmannen, und sagten, daß sie sich ihren
Lohn den morgenden Sonntag wollten gut schmekken lassen, und an ihn denken, wenn es [332] ihnen wohlgienge.
Ein gewisser Weber zog besonders Herrmanns Aufmerksamkeit auf sich. Er war einer der ersten, der in die Stube
trat, und ließ sich doch kein Geld geben. Er stellte sich vielmehr an Herrmanns Seite, legte den Zeigefinger der rechten
Hand an die Nase, und sahe sehr nachdenklich zu, wie Herrmann Geld auszahlte. Bisweilen lächelte er, bisweilen schüt-
telte er mit dem Kopfe.
Endlich fragte ihn Herrmann: Freund! was hat er denn für
Betrachtungen? Will er denn kein Geld haben?
»Ich will es schon erwarten, gab er zur Antwort, zahlen Sie
nur fort. Ich habe meine Freude an dem vielen Gelde, das Sie
auszahlen, und denke: *wie gut ist es, daß es reiche Leute in
der Welt giebt!* Da geben Sie nun so vielen Leuten Brod auf
die ganze Woche, manchem auch ein Brätchen. Ich wüßte
doch wahrhaftig nicht, was die Leute alle, wie sie hier sind,
anfangen wollten, wenn es nicht andere gäbe, die viel Geld
hätten. Wolle könnten sie sich nicht kaufen, und wenn sie
auch bisweilen ein Pfund auftrieben, so wäre niemand da,
der ihnen ihre Arbeit abnehmen wollte, und sie [333] würden es vielmal mit größtem Schaden verkaufen müssen. So
aber fehlt es ihnen nie, weder an Wolle noch an Arbeit, und
alle Sonnabende haben sie doch ihren gewissen Lohn.
Herrmann sahe ihn bedenklich an. Und da der Weber
merkte, daß ihm sein Gespräch gefiel, fuhr er fort: »Es giebt
freylich viel Leute, die den Reichen ihr Geld nicht gönnen,
und mit schelen Augen es ansehen, daß sie so schöne Häuser
und Kleider haben, und so einen guten Tisch führen. Ich
schmäle¹ aber allemal mit ihnen, und sage: Leute, ihr seyd
wunderlich! Die Reichen können ja das Geld doch nicht
essen; wenn sie sich schöne Häuser bauen, Gärten anlegen,

---

1 schmäle: drücke meinen Unwillen aus; milde Form des Scheltens.

gute Kleidung kaufen, und besser essen, als wir können, so müssen sie ja doch immer Geld dafür ausgeben, und da kömmt es immer wieder in andrer Leute Hände. Da bekömmt der Metzger, der Kellermeister, der Bekker, Zimmermann, Schreiner, Schlosser, Schmied, Glaser, Maurer, Tüncher und dergleichen, immer etwas zu verdienen. Wovon wollten denn diese Leute leben, wenn es nicht solche gäbe, die einen Thaler Geld könnten aufgehen lassen? Freylich giebt es auch Reiche, die niemanden [334] einen Kreuzer gönnen, die immer mehr Geld zusammen scharren, und es hernach verschließen, daß es niemanden etwas nützet. Zum Glück sind aber deren nicht gar viele.«

Herrmann bezeigte seine Verwunderung über diesen vernünftigen Mann, zahlte ihm sein Geld aus, und ermahnte ihn, daß er immer so denken solle, so würde ihm seine geringe Mahlzeit immer gut schmekken, und er würde weit glücklicher leben, als andere, die stets mit neidischen Augen das Glück der Reichen betrachten. [...]

KARL TRAUGOTT THIEME

Gutmann oder der Sächsische Kinderfreund. Ein Lesebuch für Bürger- und Land-Schulen
(1794)

[1]   *Gutmann der Kinderfreund.*

Gutmann war ein Freund aller Menschen, folglich auch ein Kinderfreund: denn Kinder sind auch Menschen. Er lebte auf seinem Landgute in der Gegend zwischen Leipzig und Altenburg. Daselbst trieb er seine Wirthschaft, erzog seine Kinder und that außerdem so viel Gutes, als er nur konnte. –

Dieser Mann hatte fünf Kinder, und, weil er einiges Vermögen besaß, so hatte er auch zwey Kinder seines verstorbenen Bruders zu sich genommen; welche er versorgte und erzog, wie seine eigenen. Alle diese Kinder liebte Gutmann sehr und gab sich viele Mühe, damit sie einst vernünftige Menschen werden sollten. Er hatte auch alle Hoffnung dazu: denn, die Kinder waren gewöhnt, guten Rath anzunehmen und immer so zu handeln, wie sie wußten, daß ihr lieber Vater es gern haben wollte. Gutmann mißbilligte es, so oft er sahe, daß manche Väter ihre Kinder, wenn sie Fehler begiengen, mit Scheltworten und Schlägen bestraften: denn, er wußte wohl, daß die Kinder dadurch nicht besser sondern schlimmer werden. Er schalt und schlug daher seine Kinder niemahls; sondern er ließ sie nicht [2] aus den Augen, beschäftigte und belehrte sie. Gutmann selbst gieng niemahls müssig, sondern that immer Etwas und zwar, so weit er es verstand, immer Etwas gutes. Sein Weib machte es eben so und auch die Leute, welche er bey sich im Hause und in seinen Diensten hatte, mußten stets etwas nützliches arbeiten. Daher sahen die Kinder immer Gutes, bekamen dabey auch guten Unterricht, folglich wurden es gute Kinder. Fehler begiengen sie freylich auch, sowohl als andere Menschen; aber auf liebreiche Vorstellungen erkannten sie ihre Fehler und gaben sich Mühe, den Fehler, den sie einmal bereuet hatten, nie wieder zu begehen. Auf diese Art waren die Kinder, so wie alle übrige Menschen in Gutmanns Hause, alle Tage froh und gutes Muthes: und diese Familie führte ein recht zufriedenes Leben, wie alle Menschen und alle Familien führen könnten, wenn sie nur ein vernünftiges Leben führen wollten.

Der Mensch.

Gutmann setzte sich fast alle Abende zu seinen Kindern und redete mit ihnen. Oft kamen auch die Kinder des Nachbars hinzu: denn Gutmann war ein freundlicher Mann und die Kinder waren gern bey ihm. Er fragte sie und sie fragten ihn. Durch dieses Fragen und Antworten wurden die Kinder klüger und der Vater freute sich darüber. Einmal brachte [3] sein kleiner Sohn Klaus die Frage vor: Vater, was ist wol das Schönste und Beste auf der ganzen Erde? Gutmann antwortete: [...] nach meiner Meynung ist ein *gesunder und vernünftiger Mensch* das schönste und Beste auf der ganzen Erde. Kein anderer Körper auf der Erde ist so künstlich gebaut und aus so mannichfaltigen Gliedern zusammengesetzt, als der Leib des Menschen. Kein Thier kann so vielerley Bewegungen machen, so vielerley Künste lernen, mit seiner Stimme so verschiedene und so reine Töne hervorbringen als [4] der Mensch. Kein anderes Wesen auf der Erde kann so viel Gutes erkennen und thun, oder seine Gedanken durch die Sprache so mittheilen. Ihr findet auch kein anderes Wesen auf der Erde, das uns Menschen zu seinen Diensten brauchte; aber wir Menschen können uns alle andere Dinge zu Nutze machen. Alle andere Dinge auf der Erde vergehen oder sterben; aber die vernünftige Seele des Menschen kann und wird nicht sterben. Sehet meine Kinder, darum glaube ich, daß der gesunde und vernünftige Mensch unter allen Dingen, die wir auf der Erde finden, das Schönste und Beste sey.

Obgleich die Kinder das nicht ganz so einsahen, wie Gutmann es vortrug, so meynten sie doch: der Vater hätte Recht.

Und der Alte setzte nun noch die Ermahnung hinzu: Sie möchten sich nur Mühe geben, erkennen zu lernen, was ein gesunder und vernünftiger Mensch sey: alsdenn, sagte er, würden sie wol eben so urtheilen, wie er, würden sich auch bemühen, selbst gesunde und vernünftige Menschen zu werden und zu bleiben. [...]

[186] *Abgaben und Frohndienste.*

Sonntags kamen bisweilen ein Paar gute Freunde zu Gut-
mannen: sie hießen Heinz und Kunz. Heinz war ein Bürger
und kam aus der Stadt; Kunz aber war ein Bauer und kam
vom nächsten Dorfe. Diese beyden Leute klagten einander
manchmal ihre Noth. Heinz erzählte, daß er jährlich sehr
viele *Abgaben* entrichten müßte. Ich habe ein eigenes Haus,
sagte er, das ist nicht gar groß. Ich kann nichts vermiethen:
denn, ich brauche es selbst zu meiner Haushaltung. Gleichwol kostet es mich jährlich Viel zu unterhalten: denn, es ist
beständig Etwas zu bauen. Bald sind die Fenster schadhaft,
bald sollen neue Ofen gesetzt werden. [...] [187] Ich möchte
Tag und Nacht arbeiten, um nur das alles aufzubringen, was
ich das Jahr lang zu geben habe; und am Ende muß ich doch
wol noch Schulden machen.

Ach, sagte Kunz, ihr Stadtleute habt es doch immer noch
besser, als wir armen Bauern. Wenn ihr arbeitet, so wißt ihr
doch, daß der Verdienst euer ist. Seyd ihr fleißig, so erwerbt
ihr Viel und, wenn der Abend kommt, könnt ihr überzählen,
wie viel ihr den Tag über verdient habt. Aber, ich – muß
arbeiten und habe Nichts dafür; auch nicht einen Dank. Ich
muß alle Wochen zwey Mal anspannen und das herrschaftli-
che Feld bestellen, muß über dieses auch noch alle Wochen
zwey Tage Handarbeit thun. Wenn ich mir eine Arbeit auf
meinem Felde oder in meiner Scheune vorgenommen habe;
so kommt der Voigt und bestellt mich *zu Hofe.* Meine Arbeit muß denn warten, sie mag so dringend seyn als sie will.
Dabey bin ich nicht etwa frey von Abgaben. Ich muß jährlich zwey Scheffel Korn und zwey Scheffel Hafer schütten,
muß einen halben Stein Flachs und drey Hühner zinsen,
muß über dieses auch noch Vier Thaler und Achtzehn Groschen Geld bezahlen. Ja gewiß, dazu gehört mancher saure
Tag, ehe ich das alles aufbringe.

Hier mengte sich Gutmann in das Gespräch und sagte: Ihr,
lieben Freunde, ich glaube wol, daß es euch sauer wird.

Aber, bedenkt nur, daß das [188] nicht anders seyn kann.
Der Landesherr hat noch viel mehr zu geben als wir: und,
wo sollte er Alles hernehmen, wenn der Unterthan keine
Steuern geben wollte? – Glaubt mir nur, daß ich von meinem
Hause und Hofe jährlich auch manchen Thaler abgeben
muß. Ich gebe es aber doch gern, weil ich weiß, daß das
Land sonst nicht bestehen kann. Wenn mir die Abgaben
stark zu seyn scheinen, so denke ich daran, daß es Länder
giebt, wo der Unterthan noch viel mehr abgeben muß als
wir. Und ihr, Freund Kunz, könnt euch damit trösten, daß
es Oerter giebt, wo der Unterthan leibeigen ist, wo er Tag
für Tag zu Hofe arbeiten muß und nicht viel besser gefüttert
wird als das Vieh.
O! lasset uns froh darüber seyn, daß wir eine gute Obrigkeit
haben, welche uns bey unserem Eigenthume schützt und
dafür sorgt, daß wir unser Leben in Friede und stiller Arbeitsamkeit zubringen können. [...]

[237]   *Theurung und Hungersnoth.*

Aber, meine Kinder, fuhr Gutmann fort zu erzählen, ich
habe auch noch andere traurige Zeiten erlebt. Vor ohngefähr
zwanzig Jahren war so *wenig Getraide im Lande,* daß Menschen und Thiere Mangel an Lebensmitteln litten. Ob so
wenig gewachsen war; oder, ob die Leute zuviel verkauft
und aus dem Lande geschafft hatten; das weiß ich nicht.
Genug, es fehlte. Daher das Wenige; was noch da war,
schrecklich theuer verkauft ward. Der Scheffel Korn, den
wir jetzt für Einen Thaler und Zwölf Groschen kaufen, kostete damahls Acht, und an manchen Orten Zehen Thaler.
So viel Brodt als man jetzt für einen Dreyer bekommt,
mußte man damahls mit Einem Groschen oder noch theurer
bezahlen. Die Reichen, welche Geld genug hatten, konnten
das wol aushalten; aber, die armen Leute konnten nicht so
viel verdienen, als sie brauchten, wenn sie sich mit ihren

Kindern satt essen wollten. Daher mußten sie Alles verkaufen, was sie hatten, Kleider, Betten, Hausrath, um nur das trockene Brodt bezahlen zu können. Bey Vielen aber reichte auch das noch nicht zu: sie mußten Krautstrünke, Brodt von Kleyen oder Baumrinde gebacken, gekochtes Heu [238] essen: und dennoch hätten sie für *Hunger* sterben müssen, wenn nicht andere barmherzige Menschen dafür gesorgt hätten, daß die ärmsten Leute und ihre Kinder mit Reis oder Graupen gespeiset, auch im Winter gewärmt wurden. –
Die Einwohner der angränzenden Länder hätten uns gern von dem Ihrigen mitgetheilt; aber, sie litten zum Theil selbst Mangel. Daher ließ die Obrigkeit Getraide aus weit entlegenen Ländern hohlen, damit nur die armen Menschen nicht verhungern sollten.
Dergleichen unglückliche Vorfälle, wie Krieg, Theurung und Hungersnoth, nennet man *Landplagen*, weil die Einwohner ganzer Länder darunter leiden müssen. Die Pest ist auch eine schreckliche Landplage. So nennet man eine ansteckende Krankheit, an welcher die Menschen in wenigen Tagen hinsterben. Diese habe ich nicht erlebt: und ich hoffe und wünsche, daß auch ihr, meine Kinder, sie niemahls erleben möget. [...]

Vermächtnisse, Väterliche Räte und Klugheits-regeln

Schon die Sittenbüchlein nahmen die Gestalt eines Väterlichen Rates an: ein lebenserfahrener Greis teilte den Kindern, die sich um ihn versammelten, seine Einsichten mit. Diese Situation radikalisiert sich, wenn in dem Augenblick, in dem der Greis an seinen baldigen Tod denkt, seine jugendlichen Zuhörer gerade vor dem Eintritt ins wirkliche Leben stehen. Die Sprache des Greises wird unruhiger und eindringlicher: Es hat den Anschein, als sei die Annahme des Vermächtnisses durch den Jugendlichen auch ein Richtspruch über das Leben des Greises selbst. Der größeren Eindringlichkeit der Situation entsprechen die neue Weite und Bedeutsamkeit der Themen: Kein Gegenstand muß und darf zugleich mehr ausgespart werden; es gilt ein umfassendes Resümee zu ziehen. So sind es denn auch die Väterlichen Räte, in denen die Jugendbuchautoren der Aufklärung am gewichtigsten Position beziehen: Campes Theophron etwa rechnet mit dem ganzen Jahrhundert ab, mit den Empfindsamen, den Schwärmern und den Genies; Niemeyers Greis warnt eindringlich vor der Revolution. Daß das Vermächtnis aus dem Mund einer vordergründig wenigstens noch unerschütterten Autorität kommt, hat den predigthaften Ton zur Folge. Auch bleibt Kleon, der Jüngling und Adressat, eigentümlich schemenhaft; Einspruch ist von ihm nicht zu erwarten. Mit Widerspruch rechnet am ehesten noch Niemeyer. Die Wendung jedenfalls, die der Erzieher Jean-Jacques Rousseau auf dieser Stufe vollzieht – er sucht seinem Zögling Emile ein Freund zu werden –, findet in den hier angeführten Autoren keine Nachahmer. – Befreit von der Eindringlichkeit und auratischen Weihe, die zum besonderen Charakteristikum der Vermächtnisse und Väterlichen Räte gehören, ist die Übermittlung von Klugheitsregeln für das richtige gesellschaftliche Verhalten. Eine Rahmenhandlung fehlt hier denn auch zumeist.

JOACHIM HEINRICH CAMPE

Theophron, oder der erfahrene Rathgeber für die unerfahrne Jugend

(1783)

[3] Nahe bey W*** lebte noch vor einigen Jahren auf einem kleinen Landsize der alte – *Theophron* nenn' ich ihn, weil sein wahrer Nahme nichts zur Sache thut; ein Man von Verdiensten, der in wichtigen Geschäften grau geworden war. Den Abend seines gemeinnüzigen Lebens hatt' er einer philosophischen Ruhe und dem Wohl seiner kleinen Familie gewidmet. Er hatte einen einzigen Sohn, dessen Wohlergehn ihm so sehr am Herzen lag! Wir wollen ihn *Kleon* nennen.
Die Zeit nahete jezt heran, daß dieser den Schooß seiner Familie verlassen, und in öffentliche Geschäfte treten solte. Sein junger Geist [4] war mit den nöthigsten Kentnissen ausgeschmükt, sein Herz vol der edelsten Gesinnungen: aber es fehlte ihm noch – woran es jungen Leuten immer fehlt – an Erfahrung. Sein guter Vater wolte nun diesen Mangel – so weit das möglich ist – durch seinen Rath ersezen; und dieser macht den Inhalt der folgenden Blätter aus.

Es war an einem schönen Sommerabend, den die Natur recht eigentlich dazu gemacht zu haben schien, die Gemüther der Sterblichen zu stillen, heilsamen Betrachtungen einzuladen. Alles schwieg; nur daß in dem nahen Gebüsch ein Paar Nachtigallen das Glück ihres Daseins und ihrer Liebe durch süße Lieder feierten. Die Sonne hatte ihren Lauf vollendet; schenkte ihrer lieben Erde eben noch die lezten Abschiedsblikke, und jezt sank sie almählig hinter das westliche Gebirge hinab.
Da sezte *Theophron* sich mit seinem Sohne auf einer kleinen Anhöhe nieder, von welcher sie die große herliche Gegend übersehen konten. […]

[5] Mein guter Sohn, sagt' er, indem er sich die Augen
wischte, die Zeit ist nun da, daß wir uns trennen müssen. Du
wirst die gefahrvolle Wanderschaft des Lebens allein antreten, ohne fernerhin deinen väterlichen Freund zum Gefährten und Führer zu haben. Aber mein Geist sol mit Liebe,
Rath, und guten Seegenswünschen beständig bei dir sein,
wohin der Weg, den die Vorsehung dir nun anweisen wird,
auch immer führen mag. [...]
[6] Kleon flog mit Inbrunst in seine Arme, und lange hielten
sie sich in wehmüthiger, sprachloser Rührung um-
schlungen.
Endlich ermante sich der Vater, und fuhr folgendermaßen
fort.
Mein Sohn, du stehst in Begrif, ein unsicheres Meer zu be-
fahren, wo es der Klippen, der Sandbänke und der Stürme
viele gibt. Ich habe diese Fahrt vor dir gethan; lief oft Gefahr, bin aber endlich, Gott sei Dank! noch ziemlich unver-
sehrt, und mit mancherlei Erfahrungen bereichert, in diesem
kleinen stillen Hafen glüklich vor Anker gekommen. Da ich
ausfuhr, hatte ich keinen, der mir guten Rath gewährte; ich
[7] mußte alle meine Erfahrungen auf eigene Kosten, oft
theuer genug, einkaufen. Aber nun ich sie habe, sollen sie
nicht mit mir ins Grab gelegt werden; sie sollen mein Vermächtnis sein, welches ich dir, mein Einziger, hinterlassen
wil. O freue dich, du hast eine reiche Erbschaft gethan, wenn
du sie zu nüzen weißt! [...]

[Regeln beim Eintritt in das geschäftige Leben]

[14] Es sind aber hiebei vornehmlich vier Regeln zu beobachten, die ich dir mittheilen wil.
Die erste und wichtigste unter allen ist diese: *wolle, indem
du auf die Schaubühne des geschäftigen Lebens tritst, nicht
glänzen, sondern nüzen und glüklich sein!* O eine goldene
Regel, deren Beobachtung Zufriedenheit, deren Vernachlä-

ßigung unausbleibliches Elend zum Gefolge hat! Und doch, wie selten wird sie befolgt! [...]

[21] Die zweite besondere Regel, welche aus jener algemeinen, die ich dir empfohlen habe, gleichfals abfließt, ist diese: *laß deinen moralischen Wirkungskreis anfangs nur auf diejenigen eingeschränkt sein, welche dir die nächsten sind, und rükke die Grenzen desselben nur in dem Maaße almählig weiter, in welchem du deine Absicht bei diesen schon erreicht hast, und nun noch Kräfte zu ausgedehnten Wirkungen übrig fühlst.* [...]

[Die Autorseuche]

[25] Es ist eine der gefährlichsten Seuchen, an der unser Zeitalter vorzüglich krank liegt, daß jeder unbärtige Knabe, der so eben erst der Ruthe seines Lehrmeisters entsprungen ist, sich nun schon für fähig und für berufen hält, ein Lehrer des menschlichen Geschlechts zu werden. Hat er einige Romane und Gedichtchen, einen Wust sogenanter gelehrten Zeitungen und Bibliotheken gelesen; hat er ein Paar Duzend schönklingender neumodischer Phrasen und affektirter Wendungen [26] aufgeschnapt: husch! ist das gelehrte Närchen am Schreibpult, um sie dem lieben Publikum, welches mit dergleichen süßlichen und faden Zeuge sich den Magen schon so oft überladen hat, vielleicht zum tausendsten male aufgewärmt und angewässert, von neuem wieder aufzutischen. Es würde ein unausstehlicher Anblik sein, wenn ein Maler eine Versamlung ehrwürdiger Greise mahlte, und vor ihnen einen Ourang Outang in geheiligtem Ornat, als Lehrer, auftreten ließe, der die Geselschaft mit Grimassen unterhielte: und diesen ärgerlichen Anblik müssen wir gleichwohl mit jeder neuen Messe wohl hundert und mehrmahl in Natura ertragen. –

Hüte dich, mein Sohn, vor dieser eben so lächerlichen als schädlichen Autorseuche. Wisse, daß das fürchterliche An-

Vermeide die Landstrasse

Theophron,

oder

der erfahrne Rathgeber

für

die unerfahrne Jugend,

von

J. H. Campe.

Ein Vermächtniß

für seine gewesenen Pflegesöhne,

und

für alle erwachsenere junge Leute,

welche Gebrauch davon machen wollen.

Inter opus monitusque maduere genae.
Et patriae tremuere manus.
Ouidius.

Erster Theil.

Hamburg 1783
bei Karl Ernst Bohn.

schwellen der Búcher und die damit verbundene *Lesewuth,* welche táglich weiter um sich greift, eine Folge und zugleich mit eine Ursache der immer grósser werdenden Verderbniß unserer Sitten und der ganzen Menschheit ist. Man schreibt und lieset, nicht um zu bessern, nicht um gebessert zu werden, son-[27]dern jenes um zu glánzen, um Geld und Ruhm zu erwerben, ohne etwas Gemeinnúziges und Ruhmwúrdiges *thun* zu dúrfen, dieses um die zerstreute, von aller núzlichen Thátigkeit abgewandte Sele noch mehr zu zerstreuen, in den Schlaf der Vergessenheit aller háuslichen und búrgerlichen Pflichten noch tiefer einzuwiegen. Man lehrt und schreibt, um nicht lernen und denken zu dúrfen; man liest, um aller Arbeit úberhoben zu sein, und doch nicht Langeweile zu haben. [...]

[Jeder stehe auf seinem Posten]

[47] Ich seze námlich voraus, daß du dich nie einer Bescháftigung widmen werdest, welche nicht auf eine oder die andere [48] Weise das Wohl deiner Nebenmenschen zugleich mit dem deinigen befördern hilft. Nun mag eine solche Arbeit auch noch so eingeschránkt und dúrftig sein: so hat sie dennoch ihre guten Folgen, und diese wiederum die ihrigen, und zwar in immer wachsendem Strome, bis in die Ewigkeit. Denn alle Weltbegebenheiten, auch die kleinsten, hángen unzertrenlich zusammen, und wálzen sich, wie die Wassertropfen in einem Flusse, bestándig fort ins Unendliche. [...] Dieser Gedanke, auch bei der kleinsten guten Handlung recht ins Auge gefaßt, gibt unserer Sele einen Schwung zu denken und zu handeln, dessen sie sonst nicht fáhig wáre. Wir sehen uns námlich in solchen seeligen Momenten als die Quelle an, aus welcher nach und nach ein breiter Seegensstrom sich in die Ewigkeit ergießt, und den unermeßlichen Ozean des Guten, zum Genuß der Geisterwelt bestimt, vergrößern hilft. Mags doch anfangs auch nur ein armseeliges

Båchlein [49] sein: haben die gewaltigsten Landströme, welche den Reichthum ganzer Königreiche auf ihrem Rükken tragen, wohl einen andern Anfang genommen, wenn man bis zu ihrer Urquelle zurükgeht? Aus den kleinsten Ursachen können oft die größten Folgen entstehen.

Nie müsse daher eine Arbeit, welche dein Beruf mit sich bringt, und welche auf irgend eine Weise nüzen kan, dir verächtlich vorkommen; gesezt auch, daß du in dem Augenblikke, da du sie verrichten solst, dich zu etwas Grösserem fähig fühltest, welches ausserhalb dem Wirkungskreise läge, den die götliche Vorsehung dir anzuweisen nun einmahl für gut befunden hat! Jeder von uns hat seinen angewiesenen Posten in der Welt. Den laßt uns zu behaupten suchen, unbekümmert, was etwa um und neben uns geschehen könte. [...] [50] Denn es ist eine gewöhnliche Thorheit der meisten Menschen, daß sie ihre eigentlichen Berufsgeschäfte, als etwas Geringschäziges, verabsäumen, und sich lieber mit Dingen befassen, welche gemeiniglich ganz ausser ihrer Sphäre liegen. Der Landprediger wirft seinen Hirtenstab dahin, und wühlt, um sich berühmt zu machen, in alten Handschriften herum; der Richter spizt Singedichte zu, indes die unterdrükte Unschuld ihm vergebens ihre Leiden klagt; der Krämer macht Romane, stat daß er die Welt [51] von denen, die schon da sind, befreien solte; der Arzt jagt Schmetterlingen nach, und läßt seine Kranken ächzen, so viel sie wollen; der Schuster endlich läßt die Leute barfuß gehn, und seine Kinder hungern, um in der Schenke die Zeitungen zu lesen, Krieg und Frieden zu beschließen, und die Könige nach Gefallen ein- und abzusezen.

Vornehmlich reißt diese Thorheit, zum großen Nachtheil der menschlichen Geselschaft, immer mehr und mehr unter jungen Leuten ein. [...]

[52] Jezt treten sie in die große Welt, den Kopf vol Schöngeisterei, das Herz von Hochmuth aufgeblasen; man vertrauet ihnen Aemter an, weil es entweder an bessern Subjekten mangelt, oder weil sie Mittel fanden, hier die kabalirende

Frau eines vielvermögenden Mannes, dort das intrigante
Kammermädchen einer vielvermögenden Dame, bald auf
diese, bald auf jene Weise zu ihrem Vortheil einzunehmen.
Nun sol gearbeitet werden; aber kaum haben sie ihre Berufsgeschäfte mit den Lippen berührt, so scheinen sie ihnen
schon unerträglich ekelhaft zu sein. Sie glauben Fähigkeit
und Beruf zu etwas Höherem in sich zu fühlen [...] [53] –
und die natürliche Folge davon ist, daß sie ihr Amt, welches
sie verachten, oder für eine Galere ansehn, äusserst nachlässig und mismüthig verwalten, selbst äusserst elend sind, und
alle, welche von ihnen und ihrer Laune abhängen, äusserst
elend machen. O mein Sohn, ich prophezeihe unserm ausgearteten Vaterlande schlimme Zeiten, wenn nicht bald, bald
Anstalten getroffen werden, unserer Jugend auf Schulen und
Universitäten mehr Geschmak an ernsthaften sogenanten
trokkenen Beschäftigungen einzuflößen, und ihre Leiber
und Selen mänlicher, härter, arbeitsamer und ausdaurender
zu machen!

[Die Menschen]

[93] *Von Natur*, mein Sohn, *sind die Menschen fürwahr! ein
gutartiges Geschlecht.* Wären sie das nicht, und hätten diejenigen, welche uns die Menschheit, so wie sie noch jezt aus
den Händen ihres Schöpfers komt, mit so traurigen und ge-
hässigen Farben schildern, recht gesehn: wie wär' es doch
möglich, daß bei so vielen geselschaftlichen Einrichtungen,
welche gradezu darauf abzielen, uns zu verschlimmern, von
guten Menschen noch gehört würde, halbgute Menschen
wirklich so häufig noch zu finden wären? Dis allein, daß die
Menschen noch nicht alle Teufel sind, welche leiden und
Leiden machen, da in kultivierten Staaten [94] doch so vieles
darauf abzwekt, solche verworfene Wesen aus ihnen zu machen, ist ein sicherer Beweis, daß der Stof, aus dem wir
geformt sind, ausnehmend gut, und einer gänzlichen Verderbniß so leicht nicht ausgesezt sein müsse. Damit stimt

denn auch die philosophische Zergliederung unserer ursprünglichen Eigenschaften, sogar die Auflösung unserer Laster in ihre lezten Bestandtheile, vollkommen überein. Die Aeusserungen unserer Kräfte und Neigungen mögen in ihrem Ausflusse noch so trübe sein: man gehe bis zur Quelle zurük, und man wird sie rein und lauter finden. [...]

[97] Wenn es wahr ist, – und das ist es, bei allem was heilig heißt! – daß die Vermehrung der Bedürfnisse eine unläugbare Hauptursache der Verschlimmerung der Menschheit, ein unläugbares Haupthinderniß unserer Glükseeligkeit ist: was müßten die Vormünder der Menschheit, wenn es ihnen nicht sowohl um Vergrösserung ihrer Finanzen, als vielmehr um Verminderung des algemeinen Elendes, um Beförderung jeder schönen Tugend, und um Beglükkung ihres Volks zu thun wäre, zu ihrer ersten und wichtigsten Sorge machen? Dieses, was so leicht kein Finanzminister seinem Fürsten rathen wird – durch eine kräftige Einschränkung des Luxus, und durch Veranstaltung einer natürlichern und einfachern Erziehung, der Bedürfnisse weniger zu machen, und den ausgetretenen Strom der menschlichen Begierden wieder in sein ursprüngliches Bet zurükzuführen. [...]

[Natürliche und feine Erziehung]

[99] Ich habe Sorge getragen, daß deine Erziehung so einfach und natürlich wäre, als der Einfluß vieler Dinge, welche nicht in meiner Gewalt standen, es nur immer erlauben wolte. Du hast gelernt, vieler Sachen ohne Misvergnügen zu entbehren, welche andere Menschen zu den Nothwendigkeiten des Lebens rechnen, und manches kleine Ungemach ohne Murren zu ertragen, worunter andere Menschen sich in hohem Grade elend fühlen würden. Gern wär' ich hierin noch strenger, oder richtiger gesagt – noch gütiger gegen dich gewesen; hätte gern dein ganzes körperliches und geistiges Wesen zu noch einfachern Bedürfnissen herabgestimmt:

allein ich hab' es nicht gekont, weil ich kein Mittel fand,
mein Haus zu einer Insel zu machen, dich selbst vor jedem
schädlichen Einflusse von aussen her satsam zu verwahren.
Aber, wenn du dich selbst liebst; wenn du leichter, sor-[100]
genfreier, gesunder und froher, als andere, durch dis Leben
einherzugehen wünschest; wenn du vor der traurigen Nothwendigkeit, vielvermögenden Thoren zu schmeicheln, und vor
mächtigen Schurken zu kriechen, dich auf immer verwahren
wilst; wenn du die Pflicht, niemandem zu nahe zu treten,
dir erleichtern, die Gelegenheiten zu verdrieslichen Kollisio-
nen mit andern vermindern, und dich selbst in den Stand sezen wilst, bei allen deinen Unternehmungen auf grader Straße,
und mit festen zuversichtlichen Tritten ruhig einherzugehn:
o so laß es doch ja dein vorzüglichstes Geschäft sein, deine
ganze Lebensart, alle deine Triebe und Bedürfnisse noch
mehr zu vereinfachen, immer mehrerer Dinge zu deiner Glükseeligkeit entbehren zu lernen, und dich immer mehr und
mehr an dem zu halten, was der unverderbten menschlichen
Natur genüget, und was jeder gesunde und arbeitsame
Mensch sich in jedem Stande leicht erwerben kan. [...]
[105] *Alle Menschen*, mein Sohn, *welche das Unglük hatten,
einer feinen Erziehung zu genießen, und zu den eiteln Künsten, wie zu den armseeligen Freuden der sogenanten großen
Lebensart eingeweiht zu werden, sind mehr oder weniger
entnervt an Leib und Sele.* Wie könt' es anders sein, da bei
jener Erziehung und bei dieser Lebensart fast alles auf ein
unnatürliches Verdrehen, Spannen und Hinaufschrauben
unserer körperlichen und geistigen [106] Kräfte, fast alles auf
einen unnatürlichen Kizel unserer Nerven und auf ein unab-
läßiges Reiben an unserm ganzen Wesen, um ihm Politur
und Glanz zu geben, angesehen ist? Das meiste von dem,
was er täglich sieht, hört, fühlt und thut, das allermeiste von
dem, was seine Ergözlichkeiten ausmacht, nagt wie ein
Wurm an der Wurzel seiner Kräfte, macht sie schlaf durch
Ueberspannung, und lähmt sie durch übertriebenes Ge-
schmeidigmachen.

[Die aufgeklärte Gegenwart]

[139] Denn noch nie, nie sind die Menschen, im [140] Ganzen genommen – gleichviel aus was für Ursachen – ihrem gegenseitigen Betragen nach, menschlicher gewesen, als jezt; noch nie hat man für seine Ruhe, für sein Eigenthum und für sein Leben selbst, von Ungerechtigkeit und zügelloser Gewaltthätigkeit weniger zu besorgen gehabt; nie ist der Umgang der Menschen unter einander sanfter, stiller und friedlicher gewesen; nie ist der gesittete Mensch dem Muthwillen und der Grobheit eines rohen ungesitteten Pöbels weniger ausgesezt gewesen, als bei uns; nie hat man der unterdrükten Vernunft und dem gefesselten Gewissen von den ihnen geraubten natürlichen Rechten mehr wieder einzuräumen sich bequemt; nie sind die Hierarchie, der Aberglauben und der mit beiden unzertrenlich verbundene Verfolgungsgeist, im Ganzen genommen, eingeschränkter, schwächer und also auch unschädlicher gewesen; nie hat die Welt einer grössern und ausgebreitetern Duldung genossen; nie ist es dem Weisen und Patrioten vergönt gewesen, seine Stimme gegen öffentliche Misbräuche, gegen schädliche Vorurtheile, ja sogar gegen die Eingriffe der mächtigsten Despoten [141] mitten in ihrem eigenen Lande, freier, lauter und nachdrüklicher zu erheben; nie hat die Freiheit der Presse, und das damit verbundene Recht, an die ganze jeztlebende Menschheit und an die Nachwelt zu appelliren, die Gewaltigen der Erde in der Anmaßung einer unbefugten Macht, im Ganzen genommen, behutsamer und vorsichtiger gemacht [...] [142] nie ist man an die Erziehung der Jugend mit so viel Kentniß der menschlichen Sele, mit so viel Rüksicht auf die dermalige Lage der Menschheit, mit so viel Aufopferung an eigener Gemächlichkeit, mit so viel Trozbieten gegen verjährte Mißbräuche, mit so viel eigener Befreiung von herschenden Vorurtheilen und mit so viel äusserlicher Freiheit gegangen, als jezt; nie sind die Kräfte und Fähigkeiten des menschlichen Geistes in einem solchen Grade und von so vielen Seiten

zugleich geübt worden; mit einem Worte: nie und nirgends
ist man der wahren Bestimmung der Menschen – der gleich-
zeitigen und proporzionierten Ausbildung, Stärkung und
Veredelung aller unserer geistigen und körperlichen Natur-
kräfte – im Ganzen genommen näher gekommen, als grade
jezt, und grade hier in unserm deutschen Vaterlande.

[143] Habe Dank, du algütige Vorsehung, daß du meine
Tage in diese Morgenröthe einer grössern öffentlichen
Glückseeligkeit der Menschen fallen ließest! Dank, Dank,
daß das Leben meines Sohns in dieser Morgenröthe began,
und nun – o der freudigen Hofnung! – dem hellen Tages-
lichte entgegen reift!

[Warnung vor den Empfindsamen]

[186] Die zweite hierhergehörige Klasse von Menschen, welche für den gefühlvollen Jüngling gleichfals ungemein viel
Anziehendes haben, ohne daß sie zu einer wahren und dauerhaften Freundschaft geschikt sind, ist die *Klasse der Empfindsamen.* So nent man eine Art unglüklicher und für die
Welt unbrauchbarer Menschen, deren körperliches und geistiges Empfindungsvermögen durch eine weichliche Erziehung und durch Lesung faselnder Modebücher, zum Schaden ihrer Vernunft und ihrer ganzen phisischen Natur, über
die Gebühr verfeinert und reizbar geworden ist; welche da-
neben höchst irrige Begriffe von unserer [187] Bestimmung
hienieden, von der wahren Würde der menschlichen Natur,
von unsern Pflichten und von dem, was gut und edel genant
zu werden verdient, eingesogen haben; und welche endlich,
durch überspante Hofnungen und Erwartungen ohn’ Unterlaß getäuscht, die Welt für ein Jammerthal halten, in der man
nichts bessers thun könne, als girren, seufzen, weinen und
jammern. Leute dieser Art gehen in ihren Empfindungen, in
ihrem Urtheile, in ihren Ausdrükken und Handlungen nie
die Mittelstraße; alles was auf ihre empfindlichen Nerven

einen Eindruk macht, ist ihnen entweder herlich, himlisch, götlich, oder über allen Ausdruk abscheulich und entsezlich; selbst die Menschen, je nachdem sie mit ihren hohen überirdischen Gefühlen entweder simpathisiren oder antipatisiren, sind in ihren Augen entweder Engel oder Ungeheuer. Dabei sind sie in hohem Grade mitleidig gegen Bedrengte und Nothleidende, es sei Mensch oder Thier, König oder Betler, Elephant oder Ungeziefer; nur Schade, daß ihr Mitgefühl nicht selten unthätig bleibt, weil das Uebermaaß [188] ihrer gewaltigen Empfindungen ihnen oft die Kraft benimt, sich hülfreich zu beweisen! [...]

[189] Es mag indes der Grund des Karakters dieser Leute auch noch so gut und edel sein: so muß ich dir dennoch rathen, dich in keine enge Vertraulichkeit mit ihnen einzulassen, weil ich mit mehr, als bloßer Wahrscheinlichkeit, voraussehe, daß eure Verbindung entweder nicht dauerhaft sein, oder zu deinem Schaden ausschlagen würde. [...]

[190] Hierzu komt, daß Leute dieses Schlages zu den gewöhnlichen Geschäften des Lebens, besonders wenn sie eine etwas anhaltende Strebsamkeit erfordern, und von der Art sind, daß sie auf der Bühne oder in einem Romane nicht gut figuriren können, durchaus unfähig und unwillig befunden werden; und daß also auch jede Verbindung mit ihnen zu gemeinschaftlicher Betreibung solcher Geschäfte unmöglich dauerhaft oder von guten Folgen sein kan. [...]

[Warnung vor den Schwärmern]

[192] Ich komme zu einer dritten mit der vorhergehenden sehr nahe verwandten Art von Menschen, vor der ich dich gleichfals warnen muß; ich meine *die Klasse der Schwärmer und Enthusiasten.* Aber vernim erst, was für Leute unter diesen Nahmen eigentlich begriffen werden. [...] So wie nun die proporzionierte Ausbildung aller dieser Anlagen unsere Bestimmung, und das dadurch bewirkte Ebenmaaß aller un-

serer körperlichen und geistigen Kräfte unsere möglichste
Volkommenheit ausmacht: so kan auch jede einseitige
Uebung und Stärkung einzelner Fähigkeiten und das dadurch entstehende Uebergewicht der einen über [193] die
andern nicht anders, als nachtheilig für die Vervolkomnung
des ganzen Menschen sein. Dis ist nun der Fal bei denen,
welche man Enthusiasten und Schwärmer nent, und deren
Hauptkarakter in einem schädlichen Uebergewichte der Einbildungskraft, der Fantasie und des Empfindungsvermögens
über Vernunft und Beurtheilungskraft besteht. Aber höre
nun auch, wie dieses Uebergewicht sich zu äussern pflegt.
Der Schwärmer sieht an allen Gegenständen seiner Vorstellungen gemeiniglich nur eine Seite, und zwar diejenige, welche ihm grade zugewandt, ihm grade die nächste ist. Auf
diese heftet sich sein ganzer Selenblik; für alle andere Seiten
eben desselben Gegenstandes hat er von Stund an weder
Auge noch Ohr. Diese Einengung seiner Vorstellungen auf
einen einzigen Flek ist der Funke, der auf den Zunder seiner
Einbildungskraft fält. Augenbliklich steht dieselbe in hellen
Flammen, welche ein magisches Licht über den ganzen Gegenstand verbreiten. Und nun ist er ein Seher, ein Fantast,
ein aus allen natürlichen und wirklichen Verhältnissen Ent-
rükter, der Dinge hört [194] und sieht, oder vielmehr zu
hören und zu sehen wähnt, welche kein Auge gesehn, kein
Ohr gehört hat, und welche in keines andern Menschen
Herz gekommen sind. [...]
[195] Gemeiniglich ist jeder Schwärmer auch zugleich ein
Fanatiker, das heißt, ein Schwärmer in religiösen Dingen.
Und das ist sehr natürlich: denn nirgends findet seine wilde
Fantasie ein weiteres Feld, als grade hier, sobald sie nur erst
über die engen Grenzen einer vernünftigen und aufgeklärten
Religion in den unendlichen Raum des Aberglaubens hin-
übergesprungen ist. Da ist das eigentliche Klima der Schwär-
merei; da wachsen Schimären und Hirngespinste, wie
Schwämme an sumpfichten Orten, mit einer Leichtigkeit
und Geschwindigkeit hervor! Da gibt es in orientalischen

Metaphern, Gleichnißreden, dunkeln oder verstümmelten Schriftstellen, der Veranlassungen zu Träumereien, der Scheinbeweise zur Unterstüzung auch der allerwidersinnigsten Grillen so viele! [...]

[196] Vernunft und Erfahrung – siehe da, mein Sohn, die beiden Erbfeinde der Schwärmerei überhaupt, und des Fanatismus insonderheit! Siehe da einen untrüglichen Probierstein, woran du diese leztern beiden ganz unfehlbar wirst erkennen können! So oft du nemlich noch zweifelhaft bist, ob jemand deiner Bekantschaft von dieser gefährlichen Selenkrankheit wirklich angestekt sei oder nicht, laß nur, wie aus Nachläßigkeit, das Wort *Vernunft* fallen, und fasse deinen Man ins Auge. Siehst du, daß er darnach trit, indem seine Blikke sich röthen, seine Lippen sich zusammenpressen: so höre auf zu zweifeln, und besorge länger nicht, daß du ihm zu viel thun mögtest. [...]

[Warnung vor den Genies]

[208] Ich verlasse diese verabscheuungswürdige Klasse von Menschen, um dich mit einer andern bekant zu machen, welche das Produkt der leztverflossenen zwölf Jahre, und hoffentlich nur eine vorübergehende Erscheinung war, die künftig blos in der Geschichte unserer Litteratur und unserer Sitten existiren wird. Es traten nemlich plözlich einige junge Männer von glühender Einbildungs-[209]kraft, von lebendigen und starken Dichtergefühlen auf, welche unsere bisherige Sprache für ihre Empfindungen, unsere bisherigen Regeln der Kunst für ihre Fantasien, die Welt selbst für die elastische Kraft ihres, keine Einschränkung duldenden Geistes, zu enge fanden. Was thaten sie also? Sie brachen, wie ein reissender Bergstrom, durch jede Verzeunung, welche Sprachgebrauch, Regel und Konvenienz dem Drange ihrer algewaltigen Empfindungen entgegenstelten; schufen sich eine neue Sprache, sezten ihr jedesmaliges Gefühl an die

Stelle der Regeln, zauberten sich eine Welt ohne Ordnung, ohne Geseze und Einschränkungen, und bevölkerten sie mit Menschen, wie sie sich dazu schikten. Diese neue Schöpfung ward durch Werke angekündiget, welche in der That mit dem Stempel ungemeiner Talente bezeichnet waren, welche daher auch ein algemeines Aufsehn, und eine algemeine Gährung unserer Litteratur verursachten. [...]

[210] Das ungewöhnliche Feuer jener Geister verbrante vielen jungen Leuten das Gehirn, daß sie in eine Art von Wuth ge-[211]riethen, in welcher sie sich, wie Verrükte zu thun pflegen, über alle andere Sterbliche weit hinwegsezten; sich für außerordentliche Wesen hielten, denen übermenschliche Gefühle und eine unerhörte Wirkungskraft beiwohnte; alle Fesseln des Wohlstandes und der guten Sitten, nicht blos in ihren Büchern, sondern auch im Umgange mit andern zerbrachen; eine rohe, plumpe, ungesittete Natürlichkeit affektierten; von nichts als hohen Gefühlen, Kraft, Genie und innerem Drange redeten. [...] Das Uebel grif um sich; Knaben und Männer, Jungfrauen und Weiber wurden davon angestekt; man suchte sogar die Großen mit ins Spiel zu ziehen, und es entstand in kurzer [212] Zeit eine ordentliche Sekte, eine Art von Maurerei daraus, die ihre geheimen Simbolen und Unterscheidungszeichen hatte. Man nante sie die *Sekte der Genies;* und von der Zeit an ist dieses Wort, welches vormahls die fähigsten und größten Sterblichen bezeichnete, zu einem Ekelnamen worden. [...] [213] So kont' ich es nicht für überflüssig halten, dich vor Leuten dieser Art, fals du jemahls dergleichen auf deinem Wege antreffen soltest, ernstlich zu warnen. Denn, daß sie weder zu einer vernünftigen und dauerhaften Freundschaft, noch zu irgend einer anhaltenden gemeinschaftlichen Wirksamkeit tüchtig sind, wohl aber auf der andern Seite in allen ihren Geschäften und Verbindungen nichts als Verwirrung, Unordnung und Zwiespalt erregen müssen, wirst du aus der Beschreibung, die ich dir von ihnen gemacht habe, schon von selbst abnehmen.

Ueberhaupt, mein Sohn, drenge dich nie zu einem engern Verhältniß mit Virtuosen, Sehern, schönen Geistern und Dichtern, bevor du nicht aus langer Beobachtung, und aus vielen übereinstimmenden Thatsachen zuverlässig weißt, daß sie zu den seltnen Ausnahmen gehören, deren Kopf über dem Rauchfasse des Lobes, welches ihnen thörichter Weise so nahe unter die Nase gehalten wird, nicht schwindlicht, und deren Herz durch die Einbildung, daß sie eine eigene, über alle andere weit erhabene Klasse von Geistern ausma-[214]chen, nicht verdreht worden ist. [...]

[Abschied]

[269] Und nun, mein Guter – fuhr hierauf Theophron fort, indem er aufstand, und seinem Sohne die Hand reichte – glaub' ich, dir den Weg, den du wandeln mußt, mit den meisten seiner Abwege und schlüpfrigen Stellen, deutlich genug bezeichnet zu haben. Denn was dir sonst noch etwa zu wissen nöthig ist, hab' ich dir aus einem Buche abgeschrieben, wo es zu zerstreut und mit zu vielen andern minder zwekmäßigen Vorstellungen vermischt lag, als daß ich dich darauf hätte verweisen können. Laß uns nunmehr beide, gestärkt durch die freudige Hofnung des Wiedersehns in einem Lande, wo ewiger Friede und volkomnere Glükseeligkeit unser redliches Bestreben nach Tugend und Rechtschaffenheit lohnen werden, unsern Weg antreten; du, [270] mein Theurer, den durchs Leben; und ich – o wünsche mir Glük zur Vollendung meiner Wanderschaft! – den Weg zum Grabe.

Kleon lag bei diesen Worten in seinen Armen, und schluchste laut; indes der Greis in stiller Wehmuth seine Augen gen Himmel richtete, und den Liebling seines Herzens, von dem er sich nun trennen solte, der alwaltenden götlichen Vorsehung übergab.

FRIEDRICH SPACH

Ein sterbender Greis an seinen Sohn. Vorschläge für Jüng-
linge sich Kenntnisse, Ehre und Glück zu erwerben. Auch
einige, der Beherzigung des schönen Geschlechts würdige
Gedanken.

(1787)

[6]   *Innigst geliebter Sohn!*

Schon hat mein Geist sich hinaufgeschwungen in die Sfären
der Seligen, und der Augenblick, der mich mit deiner
Mutter vereinigen sol, steht ohne aufhören vor meiner
Sele.
Ich hoffe zu deiner Liebe gegen mich, mein Sohn! daß du
mir diese Wonne nicht misgönnen, daß du meinen Schlaf in
der Gruft nicht stören wirst durch Klagen. – Ich weis, du
gönnest deinem Vater eine Ruhe, die auf dieser Welt nicht
für ihn war. Ich trage also kein Bedenken, dir zu sagen, daß
in dieser Stunde dein Vater *zum leztenmal* mit dir sprechen,
zum leztenmal [7] seine Sele gegen dich ausschütten, *zum*
leztenmal dich segnen wird.
O könnt' ich dich nur noch einmal sehen, mein Sohn! nur
noch einmal dich an mein Vaterherz drücken, eh' ich hin-
überschlummre in das Reich der Wonne, könnt' ich dir doch
die Ermanungen, die du hier schriftlich lesen wirst, in deinen
Armen entgegenstammeln, dir meinen Segen auf die Lippen
küssen; mein Tod müßte süs sein, süsser, als mein ganzes
Leben war! Du würdest meine halb gebrochne Augen vollends zudrücken, und über meinem Leichnam dem Ewigen
geloben, meinen väterlichen Rat zu befolgen. – Aber du bist
zu weit von mir entfernt, wirst diese Zeilen vielleicht erst
lesen, wenn dein grauer Vater schon vor dem Trone des
Almächtigen um deine Wolfart betet. – Doch es sei! – Mit
dem Trost überschicke ich dir diese Blätter, daß der Innhalt

derselben dir eben so heilig sein wird, als wenn du aus meinem Munde ihn gehört hättest. – [...]

[Trunksucht und Wollust]

[32] O! der Laster, den der *übermäsige Weintrinker* unterworfen ist, sind *unzälige*, lieber Sohn! *Rasend* wird oft der beste Mann in dieser Lage und der Freund nicht selten der *Mörder* des Freundes. In beständiger Verwirrung ist der Schwelger von dieser Klaße und nie zu nüzlichen Geschäften tauglich. Wie kan er seine Pflichten gegen GOtt, seinen Mitmenschen und sich selbst ausüben, wenn sein Gehirn mit den Dünsten des Weins angefüll't, und seine Sele *moralisch* tod ist? Wie unglüklich ist das Weib, das Kind eines solchen Mannes! [33] das Leben der erstern wird eine Qual sein, und dieses wird den Grund zu seinem Verderben dadurch legen, daß es sich frühzeitig gewönen wird an die Laster seines Vaters. Und kommt es auch endlich zu reiferer Ueberlegung, dann wird eine Beßerung sehr schwer, öfters gar nicht erfolgen, denn das Gift hat schon zu weit um sich gegriffen, die Sele ist umnebelt und aller Kräfte beraubt. – Fluchen wird es aber noch am Rande seines frühen Grabes dem schändlichen Vater, deßen Beispiel ihm den Weg bante zum Verderben, der, statt mit Leren der Weisheit sein Herz zu bilden, es hinein stürzte in die Grube der Laster. –
Und wie nahe verknüpft mit dieser unnatürlichen Ausschweifung, ist nicht die Wollust mit *dem andern Geschlecht,* die Unzucht mit den verworfensten Geschöpfen auf *GOttes Erde!* Die Dünste des Weins verwirren nicht allein das Gehirn und betäuben die Sele; sie sind auch ein Stachel, der zur Befriedigung *körperlicher* Begierden [34] reizt. O mit tränenden Augen beschwör' ich dich, teuerster Karl! vergiß deine Bestimmung nie so weit, daß dir *feile Dirnen* notwendig werden, fliehe sie, wie die tobende Pest, sie sind ein Greuel für die Menschheit. Kein Gift richtet schneller und

elender zu Grunde, wie diese Mörderinnen, keine Quelle
ist so reichhaltig an Verderben, wie diese Auswüchse der
Schöpfung. Fliehe die *Berauschung des Weins,* fliehe die
Bulerinnen, liebster Sohn! wenn dein Leben dir lieb ist,
wenn du nicht einst mit Zagen in die Ewigkeit schreiten und
mit fürchterlicher Angst vor den Richterstul GOttes treten
wilst. – [...]

[Schauspiele]

[50] *Schauspiele* wurden von jeher als ein unschädlicher Zeitvertreib angesehen. Schon seit jartausenden sind sie eine
Lieblingsergözung von einem *großen* Teil der Nazionen gewesen, Griechen und Römer besuchten sie einst mit eben
dem Vergnügen, womit die heutige Welt ihnen anhängt, när-
ten eben den Entusiasmus für die Büne, mit dem jeder den-
kende Kopf von ihr spricht und ihre Vorzüge schätzt. –
Ueber *keine* Kunst ist je so viel gestritten worden, wie über
diese, aber auch über *keine weniger* entschieden. – [...]
[51] Ich würde meinen Endzweck verfelen, lieber Sohn!
wenn ich dir all' die Gründe, die zu ihrem Vor- und Nachtheil gewönlich angeführt werden, niederschreiben wollte.
Genug, wenn ich dich auf deine eigne Beurteilungskraft zu-
rückweise, oder dir einen Mann nenne, der unwidersprechlich bewiesen hat, welch grosen Nutzen eine stehende Büne
gewärt. Lese die vor der kurpfälzischen teutschen Gesellschaft zu Mannheim von dem um die teutsche Schauspiel-
kunst so verdienten *Schiller* gehaltene Rede über diesen
Punkt, prüfe seine Sätze und du wirst finden, daß sie auf
eben so viel Warheit gebaut, als mit Beredsamkeit vorgetragen sind. – Wo [52] wird der Mann – vorher über seinen
matematischen, oder medizinischen Quartanten ganz gegen
alles um ihn herum gefüllos – mehr mit teilnemenden Empfindungen hingerissen, wie in der Büne, wo lernt er sein
eignes Herz, seine Mitmenschen besser kennen, wie hier?
Was sein Studium gleichsam aus seinem Gedächtniß ver-

bannt hat, wird hier wieder vor seine Sele gerufen, er wird
aufgewekt zu Empfindungen, für die er in seiner frostigen
Studirstube tod ist. Näher bekannt gemacht mit dem Elend
seines Nächsten, weint er ihm eine Träne des Mitleids, fült
einen innern Drang, der ihn laut anruft um Hilfe für solch
einen Unglüklichen, und ist sein Herz noch menschlicher
Empfindungen fähig, so sucht er wol gleich nach Endigung
der Vorstellung die Hütte eines Armen, eines Verunglük-
ten, um seinen morschen Knochen durch ein Stükchen Metal
Kräfte zu schenken, und sein Elend, wenigstens auf einige
Zeit, von seinem Lager zu bannen. – Wo wird der menschlichen Torheiten *mehr* und mit weniger Zurückhaltung ge-
spottet, ihren Lastern *unparteiischer* Verachtung entgegen-
gelacht, wie auf der Büne? wo Fürsten und Königen mehr
Warheit gesagt, wie hier? Was Geseze billigen müßen, und
die Gerechtigkeit zu anden sich scheut, wird öffentlich in
Schauspielen verworfen. [...]
[54] O wie manche Lere im Hause Gottes müste ohne Wirkung sein, wenn die *Sitlichkeit* [55] *des Predigers* ihr den
Ausschlag geben sollte! Und vielleicht eifert mancher nur
deswegen gegen dis Vergnügen, weil er – welches doch war-
lich in unsern Tagen sollte aufgehoben sein – nicht Antheil
daran nemen darf. *Menschenkenntniß, richtige Deklama-
zion,* die solchen Männern fast durchgängig fel't, würden sie
hier lernen, und deswegen wär' eine gesellschaftliche Büne
von jungen Studirenden besonders für die aus dem teologi-
schen Fache sehr vortheilhaft, wenn nicht zu befürchten
wäre, daß *nüzlichere* Geschäfte dadurch vernachläßigt würden. Ich erlaube dir aus dem Grund weiter nichts, wie zu
Zeiten das Teater in deinem izigen Standort zu besuchen; du
wirst dort Narung für deinen Geist finden, wirst zu allen
Tugenden aufgemuntert und vor jedem Laster gewarnt werden. [...]

[Keine Romane lesen]

[60] Du kónntest den lezten Augenblick meines Lebens mir nicht schwerer machen, als wenn ich erfúre, daß du *Romanen* lesest. Solche Bücher dir in die Hand, und du bist für diese Welt nichts mehr, wie eine Last, der man sich schämt, und sie doch nicht von sich abwerfen kan! Wäre dis das einzige Elend, womit Künste und Wißenschaften die Menschheit geiseln, es würde ihren Wert schon tief heruntersezen. – Kein Jüngling ist bedauernswerter, kein Mädchen unglüklicher, wie solche, deren Lieblingslektüre Romanen sind. Ihre Selen sind angefüllt mit den abgeschmacktesten Bildern, mit Idealen, die sie für die menschliche Gesellschaft ganz und gar untauglich machen. Was sie um sich her erbliken, paßt nicht für die Welt, in der sie zu leben glauben, denn ihre Phantasie ist durch diese verworfne Lektüre bis zum Unsinn hinaufgeschraubt. Bilder, die blos zur Sinnlichkeit reizen, den Verstand berüken, und die Sele umnebeln, sind der Hauptinnhalt derselben. Mädchen, die onehin einen höhern Grad von Reizbarkeit besitzen, [61] werden halb ihrer Sinnen beraubt, sehen in jedem Verfürer einen, vor Liebe schmachtenden, Adonis, und stürzen aus übertriebener, falschangebrachter Zärtlichkeit – damit ihr Herzallerliebster sich ja nicht durch eine werterische Kugel von seinen Leiden zu befreien gezwungen ist – in's Verderben, und verwünschen dann – aber freilich zu spät – ihre Verblendung. Männer werden zu allen soliden und nüzlichen Geschäften untauglich. Nirgends finden sie Ideen, die mit den ihrigen *homogen* sind, nirgends die Menschen, mit den sie simpatisiren können. *Empfindelei* wird ihre Haupteigenschaft, und alle *Standhaftigkeit*, die *wahre* Tugend fordert, stirbt nach und nach hin, je tiefer sie bekannt werden mit solchen siegwartischen und herfortischen Tändeleien. – *Menschenliebe* ist ihnen onbekannt, denn sie werden nur welche gegen diejenigen fülen, die von *gleicher* Schwärmerei hingerissen und von *gleichen* Torheiten geplagt sind. [...]

[63] Wie manches Mâdchen wûrde der Marter ûberhoben sein, von bestândigen Vapeurs, von ewiger Migraine geplagt zu werden, wenn sie die Romane, womit ihre Toilette besâ't ist, aus ihrem Zimmer und Gedâchtnis bannte, statt dieser ein nûzlicheres Buch zu ihrer Bildung wâlte, wie manches wûrde ihre Bestimmung weniger verfelen, weniger auf Mittel fallen, ihre erhizten Leidenschaften zu befriedigen, wenn sie nicht gezwungen wûrde durch das schleichende Gift der Romane, so môrderischen Kunstgriffen nachzuspûren! – Aufsuchen solte sie jeder Stat, mit Gewalt sie wegnemen und an Kâseweiber verkaufen, das Geld davon an arme Untertanen schenken, oder sie verbrennen lassen in der Dûrftigen Hûtten, damit diese bei strenger Kâlte ihre Glieder erwârmten, und dann erst wâre der Vorteil, den sie gewâren, entschieden. – [...]

[Vom Umgang mit Frauen und vom Heiraten]

[106] Hâtten wir *eine beßere Sittenschule*, wie den Umgang mit Frauenzimmern, so wolt' ich dir sagen, meide diese, damit du dich nicht der Gefar aussezest durch sie unglûklich zu werden. So aber mus ich dir zurufen: suche ihre Gesellschaften, um deinem Karakter die Politur zu geben, die du sonst nirgends so gut erlangen kannst. *Hier* ist die Schule, wo der Jûngling sich an *gute Sitten* gewônen und *Lebensart* am *wirksamsten* erreichen wird. *Hier* der Zirkel, in welchem das *Rauhe, Unpolirte* des Mannes in *zârtlichere* Gefûle hinûberschmilzt. *Hier* wird der *âdle* Jûngling das *heilige* Gelûbde thun, mit Drang zu arbeiten, damit er einst auf den Besitz eines holden, unverfâlschten Mâdchens Anspruch machen und an ihrer Seite seines [107] Daseins sich freuen kan. Aber, auch Gott! auch *hier* ist die Grube wo mancher, der sein Herz nicht sorgfâltig beobachtete, in *unabsehbaren* Kummer sich senkte und unglûklich wûrde auf immer und ewig! O noch einmal, mein Sohn! hânge dein Herz an kein Mâd-

chen, so lang deine Geisteskräfte noch *vereinigt* wirken müßen, dich ihres Besitzes würdig zu machen, unterdrüke *jede*
Leidenschaft der Liebe, so lang du ihr noch nicht nachhän-
gen darfst. Du bist sonst ein unglüklicher Jüngling, wirst
deine *besten* Kräfte verträumen und untauglich sein zu jedem Geschäfte. Der Schatten deiner Geliebten wird dich
verfolgen ohn' Unterlaß, wird vor dir stehen, wenn du arbeiten solst, und deine Gedanken verdrängen, wird bei *Tag* in
ewigem Schmachten nach dem geliebten Gegenstand dich
hinhalten, und bei *Nacht* dich umlagern bald in süsen, bald
in fürchterlichen Träumen. – Beobachte dein Herz, Karl!
und laß ihm nie die Herrschaft über deine Vernunft. [...]

[111] Kenn'st du ein Mädchen, nach deßen Besiz deine Sele
geizet, bei deßen Anblik dir dein Herz sagt: die ist's, mit der
du glüklich sein wirst, o so traue den ersten Regungen nicht
zu viel, vergiß nicht, zu untersuchen, ob vielleicht Begierde
nach *sinnlichem Genus* dich zu ihr hindrängt, oder ob es ihre
warhaft schöne Sele ist, vergiß nicht, vorher auch ihre Neigungen zu studiren, auszuforschen, ob die Leidenschaften
derselben mit den deinigen harmoniren, ob sie gebietrisch,
oder nachgebend ist. [...]

[122] Liebst du ein Mädchen, teuerster Sohn! so suche vorher ihre Gegenliebe zu erhalten eh' du dich an ihre Aeltern
wendest. Entweder hat sie ihr Herz schon verschenket, und
kan dich nicht erhören, oder sie besizt es noch, findet aber,
daß du der Mann nicht bist, mit dem sie eine Reihe von
Jahren glücklich sein könnte. In *beiden* Fällen wär' es *schändlich*, wenn du ihre Hand *erzwingen* und sie in Elend stürzen
woltest. – Ich weis, daß dis dennoch sehr oft geschieht, daß
manche Bedauernswürdige in Ketten der Sklaverei ihr trauriges Schiksal beweint, weis, daß manches Mädchen dem Interesse ihres Vaters, öfters aber der Eitelkeit ihrer Mutter
aufgeopfert wird, weil sie ihm einen Gatten aufzwingen, für
den es keine Neigung fülte.

[123] O ich beklage euch alle, ihr unglücklichen Schlachtop-
fer! die ihr euern Naken wider Willen unter das Joch der

Ehe beugen, die ihr vor Gott schwören müßet, einen Mann zu lieben, mit dem eure Sele nicht übereinstimmen kan. Euer Leben ist euch eine gräßliche Qual, und das Bett euers Gatten eine schauervolle Gruft! Fluchen solte man dem Niederträchtigen, der es wagen kan, eure Gunst zu *ertrozen*, und mit *Gewalt* zu rauben, was ihr *freiwillig nicht* zugestehen könnet.

Hüte dich, bester Sohn! nach dem Besiz eines Mädchens zu schmachten, die deine Leidenschaft nicht erwiedern kan; suche sobald, wie möglich, ihre Neigung gegen dich zu erforschen, und ist sie nicht zu deinem Vorteil, o so sei' ein Mann, und reiß' dein Herz wieder an dich, eh' dieser Schritt durch Länge der Zeit dir onmöglich wird. Hofnungslose Liebe ist ein nagender Wurm der das Innerste des Menschen durchwühlt, daß er hinwelkt, wie die Rose, vom Winde [124] dahingerissen. *Hofnungslose* Liebe ist Gottes Fluch, und keine Marter auf Erden ihr gleich. [...]

GEORG FRIEDRICH NIEMEYER

Der Greis an den Jüngling.

(1793)

[1]   *Einleitung.*

Nahe am Rande des Grabes, und in der Abenddämmerung meines Lebens, mögte ich noch gerne meine Handlungen, wovon sich der Gedanke nicht wegzuwenden braucht, mit einer einzigen krönen: mögte gerne noch einen guten Jüngling auf immer zur Tugend gewinnen, und dann mein Haupt ruhig hinlegen und sterben. [...]
[4] Ich weiß, daß die Unterhaltung mit einem Greise weni-

gen Júnglingen angenehm ist; sie verweilen lieber in den Cirkeln ihrer jungen Zeitgenossen, wo die Gespräche nicht so ernsthaft, und mehr nach ihren Neigungen geformt sind. Der flúchtigste Júngling kann sich indessen der Überzeugung nicht erwehren, daß es durchaus vortheilhaft fúr ihn sey, dann und wann seine Rastlosigkeit zu ernsten Gegenständen hinzulenken; denn in den Augenblicken, da er dies thut, gewinnet seine Denkkraft neue Stårke, und eine freyere Bahn; Vorurtheile werden aus dem Wege geräumt, und dem forschenden Blick des Geistes eine hellere Aussicht verschaffet.

[5] Es ist ein thórigtes Vorurtheil vieler junger Leute, wenn sie glauben, daß man durch Betrachtung ernster Gegenstände die jugendlichen Freuden des Lebens verderbe; ich wenigstens bin weit entfernt, mich davon zu úberzeugen, und behaupte vielmehr, daß sie den frohen Genuß des Júnglingsalters erhóhen. [...]

[7] Ich kenne die Methoden, die man itzt wåhlt, um Tugend einzuflößen. Man kleidet die Sittenlehren in das gefällige Gewand eines Romans, um sie der jungen Welt liebenswúrdig zu machen; ich kann mich aber nicht dazu bequemen, und finde dies auch nicht nóthig, da ich weiß, daß du stark genug bist, meine Lehren ohne Langeweile anzuhóren, wenn ihnen gleich ein romanhaftes Gewand mangelt. Ich will mich ganz wie ein vertrauter Freund mit dir unterhalten; ich will dir nichts sagen, was ich nicht selbst recht lebhaft fúhle, bey allen meinen Gesprächen will ich nur den einzigen Zweck, dich glúcklich zu sehen, vor Augen haben. Ohne Kunst will ich dir meine Gedanken mittheilen, und dir meine Begriffe úber die wichtigsten Angele-[8]genheiten dieses Lebens unverholen entdecken. Ich werde die gewåhlten Gegenstände so behandeln, daß dir zum eigenen Denken noch genug úbrig bleibt; erschópfen werde ich keinen, sondern um deines eigenen Vortheils willen, fúr deine Gedanken manche Lúcke zwischen dem Zusammenhange meiner Ideen unausgefúllet lassen.

Du mußt nun aber nicht glauben, daß ich mich durch das Ansehen eines Greises berechtigt halte, auf Untrüglichkeit meiner Worte Anspruch zu machen; ich überlasse es deiner eigenen Überlegung, aus meinen Gesprächen das Gute zu behalten und das Fehlerhafte zu verwerfen. Keine menschliche Gewalt hat das Recht, unserm Geiste die Gränzen seiner Gedanken zu bestimmen, und ihm das, was er glauben soll, vorzuschreiben, denn durch diesen Zwang würden alle aufkeimenden Früchte des Verstandes erknickt werden. In keiner Lage deines Lebens kann dir jemand [9] eine Lehre als positiv, und unwidersprechlich aufbürden, sobald deine innere Überzeugung sich dagegen sträubet. Du magst in der Stille meine Worte sorgfältig prüfen; ich werde mich freuen, wenn du einige findest, die dich rühren, und nicht zürnen, wenn du über den Innhalt anderer dich besser belehrt glauben wirst. [...]

[Warnung vor der Revolution]

[111] Wir finden fast allenthalben Heere von Menschen, die sich Patrioten nennen. Die Vornehmsten und Anführer unter ihnen sind Leute, die wild und ausschweifend leben, die weder durch eheliche Bande noch durch Vaterpflicht gefesselt werden; sie setzen also bey ihren ungestümen und gewaltsamen Maaßregeln nichts aufs Spiel, als ihre unbedeutende Persohn. Um den Pöbel zu gewinnen, deklamiren sie gegen die Vornehmen ihres Vaterlandes, und nennen sich Patrioten. Aber worin besteht ihr Patriotismus? Wird er etwa durch uneigennützige Aufopferungen sichtbar? Keinesweges. – Gewöhnlich sind es Leute, die ihre Güter verschwendet haben, und was können diese dem Staate für Opfer darbringen? Nur Neue-[112]rungen sind es, womit sie ihr Vaterland zu beglücken suchen! Griechen und Römer Tugenden, die sie selbst nur den Nahmen nach kennen, wollen sie in einem Boden aussäen, wo seit vielen Jahrhunderten

nur Früchte durch die mächtig würkenden Begriffe von Ehre
hervorgebracht werden konnten. Die Macht und das Ansehen ihres Fürsten, Rang, Volksklassen, und Titel betrachten
sie wie Unkraut, das sie aus dem Lande vertilgen müssen,
welchem sie nach ihrem ausgedachten System eine neue Gestalt geben wollen. So behandeln wenigstens die patriotti-
schen Männer in Frankreich ihr Vaterland: sie wollen für die
Geschichte der Menschheit ein ganz neues Schauspiel darstellen, und eine Monarchie, wo der gänzliche Verfall der
Sitten schon seit langer Zeit nur noch durch Ehrengesetze
verhindert werden konnte, in eine Republik verwandeln, zu
deren Erhaltung nie gekannte [113] menschliche Vollkommenheiten nöthig sind. Das Experiment ist neu – es mislingt
aber gewiß, und die Folge davon wird vielleicht der politische Tod eines ganzen Staats seyn.
Handlungen, die dem Betragen unserer modernen Patrioten
gleich kommen, sind also nicht mit Vaterlands-Liebe verwandt. Es wäre überflüssig, dir dies zu sagen, wenn nicht
selbst kluge Männer jenen Staatsverbrechern für ihre Kühn-
heit Beyfall zugejauchzet, und dadurch viele Nachbeter verleitet hätten, diese Brut den erhabensten Griechen und Rö-
mern gleich zu stellen.
Ächte Vaterlands-Liebe äußert sich selten auf eine geräusch-
volle Art: sie bestehet in dem stillen Fleiß, der, von der ruhig
überlegenden Vernunft geordnet, dem allgemeinen Besten
wesentlich nützlich ist, und in der großmüthigen Uneigen-
nützigkeit, nach welcher ein Mann, wenn er seine nothwendigen Be-[114]dürfnisse befriediget und seine Familie für
Mangel gesichert hat, den Begierden Gränzen setzt, und
dann nicht allein die überflüssige Zeit, sondern auch einen
Theil seines Vermögens dem Staate, worin er lebt, aufop-
fert. [...]
[121] In unsern Tagen wird Patriotismus vorzüglich bey den
Unternehmungen bewiesen, wodurch der National-Reich-
thum vermehrt, und den ärmern Volks-Classen Unterhalt
ver-[122]schafft wird. Es ist jetzt selten mehr davon die

Rede, wie wir unsere Wohnungen gegen auswärtige Feinde am besten sichern können: es kommt nur darauf an, wie wir die Zeit unseres Lebens vergnügt und ohne Mangel darin zubringen, und jeden Kummer, der aus Armuth entstehet, davon abwenden mögen. Unter den neuern Völkern haben sich die Engelländer hierin am mehrsten ausgezeichnet: sie haben ihre großmüthigen Aufopferungen und Bemühungen für den Wohlstand ihres Vaterlandes so weit getrieben, daß sie deswegen von allen fremden Nationen bewundert werden. [...]

[Tugend und Schönheit]

[205] Ich habe oft bemerkt, daß Jünglinge, die von Natur eine glückliche Bildung erhalten hatten, in Ansehung der Cultur ihrer höhern Anlagen denen nachstanden, die entweder hinkend, oder bucklicht, oder heßlich von Gesichtsbildung waren. Nach dem Grundsatze, daß in einem schönen Körper auch ein schöner Geist wohne, kann man die Ursache davon nicht auf natürliche Geistes-Vorzüge des Heßlichen schieben; ich finde sie vielmehr darin, daß der von der Natur am Körper Verwahrlosete seine Zeit mehr zur Erlangung der Eigenschaften verwendet, die nicht allein seine körperlichen Gebrechen ersetzen, sondern ihn auch über den schönen Jüngling erheben, der die Anlagen zu eben diesen Eigenschaften [206] vernachlässigt. Beyfall der Menschen ist uns in unserm Jünglings-Alter immer sehr angenehm. [...] Im Umgange mit Menschen ist die äussere Bildung des Jünglings das erste, wornach Zuneigung oder Widerwillen für ihn bestimmt wird. Der Heßliche muß auf die Hoffnung Verzicht thun, bey seinem Eintritt in die Welt durch seine Gestalt seine Zeitgenossen zu fesseln; er flieht deswegen zur Einsamkeit, und erzwingt sich durch gut genutzte Stunden und durchwachte im Umgange mit den Gedanken großer Männer hingebrachte Nächte die Liebe der Welt, die ihm

wegen seiner abschreckenden Gestalt versagt wurde. Der
schöne Jüngling, wenn er Gewandheit besitzt und mit den
[207] Phrasen des Ceremoniels bekannt ist, würkt, sobald er
erscheint, allenthalben zu seinem Vortheil. Man frägt nicht
erst: Ob er höhere Verdienste besitze? Ihn sehen und lieben
ist eins! Aber dies ist auch sein Unglück. [...]

[209] Kein Gegenstand in der großen Schöpfung rührt mehr
als Schönheit, die durch Weisheit und Tugend belebt wird.
Die glückliche Vereinigung dieser Eigenschaften bilden einen Character, der um desto mehr unsere Hochachtung verdient, weil er hienieden sehr selten angetroffen wird. Schade,
daß der Jüngling, welcher uns schon beym ersten Anblick
überzeugt, daß die Natur ihm im Lächeln das Daseyn gab,
durch diesen Vorzug so leicht berauscht und eitel gemacht
wird, daß er so gern dem sorgenlosen Kinde gleicht, welches
sich um sein Glück nicht zu kümmern braucht, weil die
lieben Eltern keine größere Freude kannten, als ihm Schätze
aufzuhäufen. O ich bitte dich, mein junger Freund, keinen
Stolz über die Vorzüge zu unterhal-[210]ten, die du nicht
deinen Verdiensten zu danken hast, und die wir in jedem
guten Gemählde antreffen können. Tugend und Weisheit
werden deine Schönheit noch liebenswürdiger machen, und
in Vereinigung mit denselben wird deinen Zeitgenossen in
dir die Weisheit weiser und die Tugend erhabener scheinen.
[...]

[Warnung vor den republikanischen Unholden]

[253] Gleiche nicht den republikanischen Unholden, die alles
verachten, was nicht in ihr ausgebrütetes System von allgemeiner Menschengleichheit paßt. Damit du nicht unter diese
Zunft gerathen, noch ihre Begriffe lieb gewinnen mögest,
und auch Maaßregeln für den Umgang mit ihnen nehmen
kannst, will ich dir eine Schilderung davon machen: Gekränkt durch die äussern Vorzüge und durch das Glück an-

derer, das sie gerne selbst besitzen mögten, gehen sie von dem Grundsatz aus, daß die Natur alle Menschen gleich gemacht habe, und hierauf bauen sie ihre ganze Lebensweise. Da ihr Grundsatz aber nur ein Phantom, oder deutlicher gesagt, eine Lüge [254] ist, so wird es natürlich, daß das Gebäude, welches sie darauf bauen, von selbst über den Haufen stürzt und ein Gegenstand der Verachtung wird. Wie verschieden sind nicht die Menschen in eben demselben Staate, wie verschieden in Fähigkeiten, Temperamenten, Neigungen und Begriffen. Nun kann man doch wol behaupten, daß die Mutter Natur dabey die stärkste Hand im Spiele habe, und daß es nicht möglich sey, ihrer allmächtigen Würkung durch ohnmächtige Paradoxe zu widerstehen. Bey einer Heerde Schaafe, die in stiller Eintracht auf der fetten Weide bey einander lebet, können die Begriffe von allgemeiner Gleichheit sehr gut Statt finden, denn die Natur hatte sie bey der Bildung der Schaafe selbst vor Augen: bey Menschen hingegen sind sie unanwendbar, so lange die Natur nicht alle mit Schaafsköpfen begabte. Die Liebhaber der Menschengleichheit affectiren, um ihre aus der Finsterniß geflossenen [255] Grundsätze in ein gefälliges Gewand zu hüllen, den republikanischen Geist der Griechen und Römer, und stiften in dem Staate, worin sie leben, gewöhnlich nur Unheil. Oft sind sie bey ihrem Hochsinn äusserst roh in ihren Manieren, ungebunden frech, wenn sie ihre ausgearteten Begriffe von Freyheitssinn verletzt glauben; schmutzig wie Diogenes in ihrer Kleidung; harsch unangenehm und unanständig in ihren Gesprächen; mit grimmiger Wuth verdammen sie die Thorheiten, wodurch das Leben so angenehm wird; sie sind geschworne Feinde der Großen; sie hassen jede Conversation, die durch Anstand und Feinheit des Ausdrucks sich auszeichnet; sie wollen nach ihrem ausgeheckten System alles reformiren, alles bauen oder zerstören; dadurch werden sie widerlich und der Edeldenkende meidet sie wie die Pest. Ich halte es um so nöthiger, dich auf deinem Wege durch die Welt für diese Leute zu warnen, weil [256]

ein feurig zur Tugend hinstrebender Jüngling durch die
pompösen Phrasen von Vaterlands-Liebe, uneigennützigen
Aufopferungen und dergleichen, welche sie beständig im
Munde führen, gar leicht von ihnen hingerissen werden
kann, an ihrer schändlichen Sache Theil zu nehmen. [...]

JOHN TRUSLER

*Anfangsgründe der feinen Lebensart und Weltkenntniß,
zum Unterricht für die Jugend beiderlei Geschlechts,
auch zur Beherzigung für Erwachsene. Aus dem Englischen übersetzt von Karl Philipp Moritz.*

(1799)

[1] Alle junge Leute bedürfen bei ihrem Eintritte in die Welt
einer erfahrnen und freundlichen Hand, sie einzuführen und
sie mit Weltkenntniß zu versehen. Ich glaube daher der her-
anwachsenden Generation keinen größern Dienst leisten zu
können, als wenn ich die Schritte des jungen Mannes leite,
und ihn lehre, wie er sich seinen Weg durch das Gedränge
bahnen soll. Ich setze voraus, daß derselbe schon in den
ersten Grundsätzen der Religion unterrichtet, und von der
Nothwendigkeit moralisch gut zu handeln überzeugt sey,
weil sonst die Haupt-Grundlage seiner Glückseligkeit fehlt;
und mache [2] sofort, in einer Reihe von Kapiteln unter
besondern Ueberschriften, auf die Eigenschaften aufmerksam, welche ihm allein eine gute Aufnahme in der Welt verschaffen können, und ohne welche er nicht erwarten darf,
seine Rolle darin, weder seinen eigenen Wünschen, noch den
gesellschaftlichen Pflichten gemäß zu spielen.
Bescheidenheit ist der Grundstein ihrer aller: Bei ihr fange
ich an.

Bescheidenheit.

Bescheidenheit ist der Schmuck, und gemeiniglich die Begleiterin des Verdienstes. Sie ist im höchsten Grade einnehmend, und gewinnt uns die Herzen aller derer, die uns kennen. Da hingegen niemand in Gesellschaft mißfälliger ist, als der Unverschämte und der Hochmüthige.

Gegen den Menschen, welcher bei jeder Gelegenheit sich selbst lobt, und Gutes von sich spricht, [3] empfinden wir einen natürlichen Widerwillen. Wer sich im Gegentheile bemüht, seine eignen Vorzüge zu verbergen, wer den Verdiensten anderer Gerechtigkeit widerfahren läßt, nur wenig von sich redet, und das immer mit Bescheidenheit; der macht einen günstigen Eindruck auf diejenigen, mit denen er umgeht, fesselt ihre Herzen und gewinnt ihre Hochachtung.

Dem ungeachtet ist Bescheidenheit sehr von jener tölpischen Blödigkeit verschieden, welche eben so sehr zu tadeln, als diese zu loben ist. Blödigkeit hält man allenthalben für Dummheit, ob sie es gleich meistentheils nicht ist, sondern bloß aus Mangel an Erziehung und Umgang in guten Gesellschaften herrührt. Sie ist eine unzeitige Schaam, durch welche viele sehr verlieren, da sie dadurch weit unter sich selbst erniedrigt werden. Ein junger Mensch aber muß im Stande seyn, bei seinem ersten Eintritt in das Zimmer, ohne die geringste Verlegenheit die Gesellschaft anzureden. Ausser Fassung zu seyn, wenn man angeredet wird, und keine Antwort in Bereitschaft zu haben, ist im höchsten Grade lächerlich. *La Bruyere* sagt und es ist [4] viel Wahrheit darin: daß man in der Welt nur so viel gilt, als man gelten will, denn in diesem Stück haben die Menschen viel Nachsicht, und schätzen uns beinahe ganz nach dem Werth, den wir selbst uns beilegen, es sey denn, daß er gar zu übertrieben wäre. [...]

[18]   *Feine Lebensart.*

Feine Lebensart ist die Kunst, alle Menschen, mit denen wir
umgehen, mit sich selbst und mit uns zufrieden zu stellen.
Stolz, böses Herz und Mangel an Verstand, sind die großen
Quellen der groben Lebensart.
Von feiner Lebensart entblößt, wird jede andre gute Eigenschaft, unvollkommen, schmucklos, und gewissermaßen unnütz seyn.
[19] Da nun aber feine Lebensart das Resultat eines guten
Kopfes und guten Herzens ist, so muß man sich billig wundern, daß es Leuten, die das eine besitzen, so oft am andern
fehlt. Die Form derselben, welche nach Person, Ort und
Umständen verschieden ist, kann freilich nicht anders, als
durch Zeit und Beobachtung erworben werden; aber die
Sache selbst bleibt beständig und allenthalben dieselbe.
Was gute Sitten im Allgemeinen für die Gesellschaft sind, das
sind gute Manieren für die besondern Gesellschaften: ihr
Band und ihre Sicherheit. Von allen Gefühlen ist, nächst dem
von der Vollbringung einer guten That, das Bewußtseyn,
eine Höflichkeit vergolten zu haben, das angenehmste.
[...]
[26] Gesittete Frauenzimmer gehören unter die nothwendigen Ingredienzen guter Gesellschaft. Die Aufmerksamkeit,
welche man ihnen bezeigt, (ein Tribut, den jeder wohlerzo-
gene Mann ihnen gern entrichtet) dient dazu, den Ton der
Wohlanständigkeit zu unterhalten, und macht die gute Lebensart zur Ge-[27]wohnheit; dahingegen Männer, welche
unter sich in Gesellschaften, ungemildert von dem sanfteren
Geschlechte leben, leicht sorglos, nachlässig, und rauh gegen
einander werden. Nichts ist auch so geschickt, die letzte
Hand an die Bildung des Jünglings zu legen, wie der
Umgang mit gesitteten Weibern; da werden die sanften
Tinten in den Charakter eingetragen; da wird, durch mil-
dere und feinere Züge, manche rauhe Härte gemäßiget. Endlich ist es der Ausspruch der Frauenzimmer, der dem Rufe

eines Mannes in Ansehung der Lebensart den Stempel aufdrückt. [...]

[31] Kurz, Wissenschaft und Gelehrsamkeit ohne feine Lebensart ist langweilig und pedantisch. Ein ungezogener Mensch ist eben so wenig geschickt zu guter Gesellschaft, als er darin willkommen ist: Ja, er schickt sich eben so wenig zu Geschäften, als zur Gesellschaft. Mache daher die feine Lebensart zu einem wichtigen Gegenstande deiner Gedanken und Handlungen. Sey besonders aufmerksam auf das Betragen und die Manieren derer, welche sich durch ihre feine Lebensart auszeichnen, und bemühe dich, sie nachzuahmen; endlich sey versichert, daß feine Lebensart allen weltlichen Eigenschaften eben das ist, was Menschenliebe den christlichen Tugenden: sie schmückt das Verdienst und verbirgt oftmals dessen Mangel. [...]

[70]   *Weltkenntniß.*

Weltkenntniß, vermittelst eigener Erfahrung und Beobachtung ist so nöthig, daß wir ohne dieselbe sehr ungereimt handeln, und oft Anstoß geben werden, wo wir es am wenigsten vermuthen. Alle Ge-[71]lehrsamkeit und Talente werden uns hiergegen nicht sichern können. Ohne Bekanntschaft mit der Welt kann jemand sehr gute Sachen sagen, dieselben aber so zur unrechten Zeit und so an den unrechten Mann anbringen, daß er weit besser gethan, wenn er still geschwiegen hätte. [...]

Ein Neuling in der Welt, der wenig mehr von den Menschen weiß, als was er aus Büchern zusammenträgt, legt die Maxime zum Grunde, daß [72] die meisten Menschen Schmeicheleien lieben, um also zu gefallen wird er schmeicheln, aber wie? Ohne Umstände noch Veranlassung in Erwägung zu ziehen. Statt jener feinen Züge, jener sanften Tinten, welche die Schönheit des Gemäldes erhöhen, trägt er seine Farben mit schwerer Hand auf, und bekleckt, was er verschönern will; mit andern Worten: er wird seine Schmeicheleien so sehr zur unrechten Zeit, und zugleich so wenig fein anbringen, daß er in Verlegenheit setzt und beleidigt, indem er zu gefallen denkt. Im Gegentheil kennt ein Weltmann, jemand der die Welt selbst zu seinem Studium gemacht hat, die Macht der Schmeichelei, so gut, wie dieser; aber er weiß auch, wann und wie er sie anbringen soll; er nimmt die Gelegenheit dazu in Acht und thut es gewandsweise, durch Schluß, durch Vergleichungen, durch Winke. [...]

[83] Die Erfahrung lehret uns, obgleich alle Menschen aus einerlei Stoff gemacht sind, wie ich schon vorher bemerkt habe, so sind doch wegen der Verschiedenheit ihrer Verhältnisse nicht zwei Leute sich völlig gleich: wir sind einer von dem andern, und selbst zuweilen von uns selber verschieden, das ist, wir thun zuweilen Dinge, die mit dem Hauptton in unserm Charakter gar nicht übereinstimmend sind. Der Weiseste wird zuweilen etwas schwachsinniges [84] nehmen, der Stolzeste etwas niedriges, der Ehrlichste etwas böses und selbst der Gottloseste etwas gutes. Aus dem Grunde muß unser Studium des Menschen nicht zu allgemein seyn; wir müssen häufig Individua beobachten; und ob wir gleich, im Ganzen genommen, aus der herrschenden Leidenschaft, oder dem Hauptzuge seines Charakters, einen Menschen beurtheilen können, so wird es doch der Klugheit gemäß seyn, nicht eher etwas sicher zu bestimmen, bis wir erst auf eine Gelegenheit gewartet haben, die Wirkungen seiner untergeordneten Begierden und Launen zu bemerken. [...]

[86] So wie ich nun nicht wünsche, daß man einem Menschen zu unbedingt vertraue, weil ihm die Welt einen guten moralischen Charakter beilegt, so muß ich doch verzüglich vor denjenigen warnen, welche gut von sich selber sprechen. Man halte überhaupt diejenigen für verdächtig, die sich vorzüglich einer Tugend vor allen andern rühmen, oder den Schein davon annehmen, denn sie sind gemeiniglich Betrüger. Es gibt gleichwohl Ausnahmen von dieser Regel; denn man hört von Spröden, die wirklich keusch, von Großspre-

chern, die wirklich tapfer, und Heiligen, die wirklich fromm
gewesen sind. Erwäge nur, wohin deine eigene Be-[87]ob-
achtung dich leiten wird; gieb nicht allein Acht darauf, was
man sagt, sondern auch, wie man es sagt; und wenn du nur
einigen Scharfsinn besitzest, wirst du die Wahrheit leichter
durch das Auge, als durch das Ohr, herausfinden; kurz,
nimm niemals die Wahrheit eines Charakters von dem Gerücht auf Treu und Glauben an, sondern suche ihn selber zu
erforschen; denn das Gerücht, ob es gleich überhaupt Recht
haben mag, irrt sich doch in den besondern Umständen. [...]

Elementarbücher, Enzyklopädien und Kinderlogiken

Daß enzyklopädische Lehrbücher auch für Kinder schon verfaßt werden, entspricht der Ansicht der Aufklärung, daß mit dem Unterricht nie zu früh begonnen werden könne. Die Lehrbücher suchen zumeist alle Wissensgebiete zu umfassen. Die vorphilanthropischen Kinderenzyklopädien nehmen häufig die katechetische Form von Frage und Antwort an: Das Wissen erscheint in knapp gefaßten Antworten, die auswendig zu lernen sind. Um die Erweiterung des Gedächtnisses also geht es. Erst die philanthropische Bewegung wendet sich unter dem Einfluß Rousseaus gegen die übertriebene Früh- und Vielwisserei. Zudem kommt es ihr nicht auf die bloße Gedächtnisleistung, sondern auf einen wirklichen Verstehensprozeß bei den Kindern an. Diese Absicht läßt sie zu neuen Vermittlungsformen greifen: Basedows Elementarwerk, das am enzyklopädischen Anspruch festhält, sucht das Prinzip anschaulichen Lernens zu verwirklichen. Zu jedem Abschnitt gehört eine Kupfertafel, die, auf Pappe aufgezogen, im Unterricht aufgestellt werden soll. Auch der Text ist aufgelockert und besteht z. T. aus Kindergesprächen und -unterhaltungen. Campes »Selenlehre« ist das klassische Muster einer sokratischen Unterredung, wie sie die Philanthropen sich vorstellen; auch sie arbeitet mit Kupfertafeln. – Ein Abschnitt aus den enzyklopädischen Lehrbüchern erscheint häufig in selbständiger Gestalt: Es ist der über Verstand und Vernunft des Menschen, über seine Erkenntnis- und Empfindungsvermögen. Solcherlei Werke heißen »Seelenlehre« oder »Kinderlogik«. Sie wollen keine bloße Denkschule sein; sie wollen vielmehr die Kinder durchaus an einer kritischen Selbstreflexion des Denkens teilnehmen lassen. – Die Lehrbücher können sich an Kinder im ersten Schulalter oder sogar an noch jüngere richten (Palairet, Thieme), für ältere Kinder gedacht (Los Rios) oder ein steter Begleiter vom Anfangsun-

terricht bis ins akademische Alter sein (Basedow). Ebenso können die Seelenlehren für Kinder (Campe) oder für Jugendliche geschrieben sein (Villaume, Kirsten).

JEAN PALAIRET

Kurzer Inbegrif aller Wißenschaften zum nützlichen Gebrauch eines Kindes von drey bis sechs Jahren. Zweyte Auflage.

(1759)

[3]   *Vorbericht.*

Was ist wohl erstaunender und zugleich wahrhafter, als die grobe Unwissenheit, in welcher die meisten Kinder leben? Man sehe sie in einer Gesellschaft, wo die bekanntesten Sachen vorkommen; so wird man bemercken, daß sie große Augen machen, und gantz bestürtzt scheinen. Warum? Weil sie weder verstehen, was man spricht, noch dasjenige, worauf man in dem Gespräche zielt. Gegenwärtiger Auszug kann sie, wenigstens im Großen, in den Stand setzen, alles dasjenige leicht zu erlernen, was ihnen anfänglich zu wißen am nöthigsten ist, um sich nicht so gar fremde zu bezeigen. [4] Ich ersuche übrigens diejenigen, welche dieses kleine Werckchen mit einem critischen Auge ansehen könnten, selbiges aus dem Betracht zu schonen, weil ich selbst noch sehr jung, und erst 14 Jahre alt, bin. Mein fleißiges Lesen, wie ich selbst mit Vergnügen sagen kann, hat vieles zu meinem Entschlusse beygetragen, diesen *kurtzen Inbegrif* einem Buchhändler anzubieten, und dadurch die jungen Kinder aus einer albern Unwissenheit zu ziehen, aus welcher sie zu reissen, sich die Eltern selbst nicht die Mühe geben wollen. [...]

[19]   *Siebenter Abschnitt.*
                        Fortsetzung der Historie.

Frage. Welches sind die erhabensten Stuffen nach der Königl. Würde?

Antw. Die Churfürsten, sodenn die Ertz-Hertzoge, die
Hertzoge, die Marggrafen, die Fürsten, die Grafen,
die Marquis, die Freyherren, und endlich die Edelleute.

Frage. Welches sind die Stände, die hierauf unmittelbar
folgen?

Antw. Der Bürger, und der Bauer.

Frage. Welcher von diesen Ständen ist in dem gemeinen Leben am nöthigsten?

Antw. Der Bauer.

Frage. Warum?

Antw. Weil er durch seiner Hände Arbeit zu der Nahrung
und dem Ueberflusse aller andern Stände beyträgt.
[...] [20]

Frage. Was ist eine Republick?

Antw. Eine Regierung, die von verschiedenen Mitgliedern,
welche man Senatores heißt, geführt wird.

Frage. Wie viele sind Republicken?

Antw. Sieben.

Frage. Nennt sie noch einmahl.

Antw. Holland, die Schweitz, Venedig, Genev, Genua,
Lucca, und Ragusa.

Frage. Welches ist der merckwürdigste Theil der Welt?

Antw. Asien.

Frage. Warum?

Antw. Weil der erste Mensch allda gebohren ist, und weil
unser Heyland das große Geheimniß unserer Erlö-
sung daselbst bewirckt hat. [...]

[43]   *Sechszehnter Abschnitt.*

Ob es gleich nur wenige und selbst betagte Leute giebt, welchen die
Namen der nåchsten Anverwandten ihres Souverains bekannt sind; so
deucht mir doch, daß es eine Schande sey, solche Sachen gar nicht zu
wissen, und eben dadurch bin ich bewogen worden, noch vier Abschnitte davon hier anzuhången. Ein jeder kann so viel hinzufügen, als
ihm beliebt.

Von dem Königl. Hause Preußen.

Frage. Ist der König vermåhlt?
Antw. Ja.
Frage. Und wie alt ist Er?
Antw. Er wird bald sieben und vierzig Jahre alt seyn.
              Es lebe der König hundert Jahre!
Frage. Wie heißt die Königin?
Antw. *Elisabeth Christina*, Printzeßin von Braunschweig-
       Wolfenbüttel.
Frage. Wie hieß die Königliche Frau Mutter?
Antw. *Sophia Dorothea*, Printzeßin von Hannover.
Frage. Wie viele Brüder hat der König?
Antw. Zwey.
Frage. Nennt sie?
Antw. Printz *Friedrich Heinrich Ludewig*, und Printz *Au-
       gust Ferdinand.* [44]
Frage. Ihr habt den Printzen *von Preussen* vergessen?
Antw. Ja! Weil Er gestorben ist.
Frage. Wie hieß Er? Und wenn starb Er?
Antw. Er hieß *August Wilhelm*, und starb den 12ten Junius
       im 36sten Jahre seines glorreichen Alters.
Frage. War Er vermåhlt?
Antw. Ja.
Frage. Wie heißt die Prinzeßin von Preussen?
Antw. *Louise Amalia*, Printzeßin von Braunschweig-Wolf-
       fenbüttel. [...]

CHARLOTTE MARIE DE LOS RIOS

Das Buch für Kinder, Aus dem Französischen der Mademoiselle Los Rios übersetzt, und mit deutschen Zusätzen vermehrt.

(1773)

[185] *Allgemeine Begriffe,*
und Beschreibungen der Dinge, wovon Kinder unterrichtet
werden sollen. In Fragen und Antworten.

Von dem, was man zu wissen nöthig hat.

Wovon soll ein Mensch vorzüglich eine Erkänntniß haben?

Vornemlich von dreyerley Dingen. 1. Soll er eine Erkänntniß von sich selbst, 2. von Gott, als seinem Schöpfer, 3. von den Geschöpfen, die dem Menschen zum Besten geschaffen sind, zu erlangen suchen.

Wie lernet der Mensch sich selbst erkennen?

Wenn er nachdenket: 1. Aus was er bestehet. 2. Woher er entstanden ist. 3. Warum er in der Welt ist. 4. Wie sein Zustand nach diesem Leben beschaffen seyn wird.

[186]   Wie erlangt der Mensch eine Erkänntniß
von Gott?

Theils aus dem Lichte der Vernunft, theils aus dem Lichte der Offenbarung.

Wo findet er das Licht der Offenbarung?

In der Bibel, oder Heil. Schrift, das ist, in den heiligen Büchern, welche von Gott selbst eingegeben sind.

Wie werden diese Bücher eingetheilet?

In die Bücher des Alten Testaments, oder diejenigen, die vor Christi Geburt durch die Propheten unter Eingebung Gottes sind aufgezeichnet worden, und in die Bücher des Neuen Testaments, welche nach Christi Geburt von den Aposteln unter göttlicher Eingebung geschrieben worden sind.

Wodurch bekommt der Mensch eine Erkänntniß von den übrigen Geschöpfen?

Durch die Erfahrung, oder den eigenen Gebrauch der Geschöpfe, durch den Umgang mit gelehrten und andern vernünftigen Leuten, und endlich durch Erlernung der Wissenschaften, welche ihm einen Unterricht von demjenigen geben, was in der Welt ist. [...]

[246]   *Von den Gesetzen, besonders von dem Natürlichen.*

Welches Geschöpf ist unter allen das Vorzüglichste?

Der Mensch, weil er nicht nur mit einem Körper, der vor den Thieren viele Vorzüge hat, sondern auch mit einer vernünftigen Seele beschenket ist.

Wie verhält sich der Mensch seinem Vorzuge gemäß?

Wenn er seine Vernunft recht gebrauchet, und die Pflichten beobachtet, die ihm in den Gesetzen verordnet sind.

Wie vielerley sind die Gesetze?

Dreyerley: Natürliche, göttliche und menschliche Gesetze.

Was heißt man natürliche Gesetze?

Solche Gesetze, die in der Natur des Menschen ihren Grund haben, und durch die bloße Vernunft, ohne eine göttliche Offenbarung, erkannt werden.

[247]   Was treibt den Menschen zu der Beobachtung derselben an?

Das Gewissen, welches ein Trieb der Natur ist, nach welchem der Mensch über sich selbst ein Urtheil fällt, ob er recht oder unrecht gehandelt hat, und vermöge dessen er im ersten Falle mit sich selbst zufrieden, im andern Falle über sich selbst mißvergnügt ist, und sich für strafbar erkennet.

Welches sind die vornehmsten Naturgesetze?

Die Verehrung Gottes, die Pflicht sich selbst zu erhalten, und die Pflicht seinen Nächsten zu lieben.

Warum ist die Verehrung Gottes ein Naturgesetz?

Weil die Natur den Menschen lehret, denjenigen zu verehren, der ihn erschaffen hat, erhält, und täglich mit Wohltaten überhäuft.

Wer handelt wider dieses Gesetz?

Diejenigen, die statt des wahren Gottes falsche Götter anbeten, als die Heyden, und die Götzendiener; Ferner die Atheisten oder Gottesläugner, die keinen Gott erkennen wollen; Und endlich diejenigen, die zwar mit dem Munde Gott bekennen, aber einen solchen Lebenswandel führen, als ob kein Gott über ihnen wäre, der von ihnen Rechenschaft fordern könnte.

[248]   Was gebietet das Gesetz der Selbsterhaltung
dem Menschen?

Daß er seinen Leib mit Speise und Trank ernähret, für seine Kleidung und Wohnung sorget, und Krankheiten abwendet. [. . .]

[249]   Worauf beruhet die Pflicht, seinen Nächsten
zu lieben?

Hauptsächlich auf der Regel: Was du willst, das dir die Leute thun sollen, das thue ihnen auch, und was du willst, das dir die Leute nicht thun sollen, das sollst du ihnen auch nicht thun.

Wie beweiset man die Liebe gegen den Nächsten?

Wenn man ihm nichts zu Leide thut, sondern vielmehr Gutes erweiset.

[250]   Wie kann man jemanden etwas zu Leide thun?

Man kann ihm theils an seiner Ehre, theils an seinem Leibe, theils an seinem Haab und Gut Schaden zufügen.

Wie verletzt man seine Ehre?

Wenn man ihm mit Schimpfreden begegnet, oder übel von ihm redet, und ihn bey andern Leuten verächtlich zu machen trachtet.

Wie thut man ihm Schaden an seinem Leibe?

Wenn man ihn schläget, stößet, verwundet, oder gar tödtet, wie die Meuchelmörder.

Wie schadet man ihm an Haab und Gute?

Wenn man ihm das Seine mit Gewalt nimmt, wie die Straßenräuber, Diebe, Mordbrenner, u. s. w. oder mit falscher Waare bevortheilet, oder den Lohn, den er verdienet hat, ihm nicht bezahlet, oder was man ihm abgeborget hat, nicht zu rechter Zeit, und so wie man es bekommen hat, wieder giebt, und endlich wenn man ungerechte Processe wider ihn führet. [...]

[253]   *Von den menschlichen Gesetzen.*

Was sind menschliche Gesetze?

Diejenigen Gesetze, welche Menschen andern Menschen auflegen.

Wer hat das Recht, solche Gesetze zu geben?

Ein jeder, der das Recht hat andern zu befehlen, als Aeltern für die Kinder, Herrschaften für das Gesinde, besonders aber Fürsten und Obrigkeiten für die Unterthanen.

[254]   Wie müssen die menschlichen Gesetze
beschaffen seyn?

Sie dürfen den göttlichen Gesetzen nicht widersprechen.

Sind sie denn überall einerley?

Nein, sie sind nach der Verschiedenheit der Länder von mancherley Beschaffenheit.

Was soll denn ihre Hauptabsicht seyn?

Vornemlich, die Wohlfahrt sowohl der ganzen menschlichen Gesellschaft, als auch einzelner Länder und Oerter zu erhalten.

Wie kann man sie überhaupt eintheilen?

In allgemeine Gesetze, welche alle Völker angehen, und insgemein das allgemeine Völkerrecht genennet werden; Und in besondere, die einen jeden Staat oder Ort besonders verbinden. Ferner auch in geschriebene, und in solche Gesetze, die durch lange Gewohnheit eingeführt sind.

Was ist besonders darinnen enthalten?

Dasjenige, was die Bürger eines Staats gegen den Landesfürsten sowohl, als gegen das Vaterland und ihre Nebenbürger zu beobachten haben.

Was muß der Bürger gegen den Fürsten beobachten?

Er muß ihn gebührend als seinen Oberherrn ehren, und die Abgaben entrichten, die der Fürst zur Wohlfahrt und Sicherheit des Landes ihm abfordert.

[255]   Was muß er gegen das Vaterland beobachten?

Er muß dessen Wohlfahrt und Wachsthum befördern, und sich hüten, daß er es nicht an die Feinde verrathe, wodurch er als ein Landesverräther den Todt verdienen würde.

Was soll er gegen seine Nebenbürger in Acht nehmen?

Er soll mit ihnen in Ruhe und Friede leben, und durch seinen Fleiß ihre Vortheile und Bequemlichkeit zu erhalten und zu vermehren sich bemühen. [...]

Des Elementarwerks Erster Band. Ein geordneter Vorrath aller nöthigen Erkenntniß. Zum Unterrichte der Jugend, von Anfang, bis ins academische Alter, Zur Belehrung der Eltern, Schullehrer und Hofmeister, Zum Nutzen eines jeden Lesers, die Erkenntniß zu vervollkommnen.

(1774)

Des Elementarwerkes zweytes Buch, für Lehrende und Lernende. Von Mancherley, Besonders von dem Menschen und der Seele.

[131] *Tab. V. Von Spielen und Vergnügungen.*

Diese Jungfern spielen Kegel. Dabey sollten sie nicht so geputzt seyn, und keine so lange Schleppe haben. Der Knabe da bey den Kegeln ist der Aufsetzer. Es scheint sich zu wundern, daß auch Jungfern Kegel spielen. Denn sehr gewöhnlich ist es nicht. Aber das Spiel ist gesund, und befördert die Geschicklichkeit der Glieder. Der Aufsetzer spielt nicht, sondern arbeitet. Er verdient einen Lohn dafür. – Seht in der Mitte drey bewaffnete Knaben, den Trommelschläger, den Grenadier und den Pfeifer. Die Kinder vergnügen sich, im Spielen das nachzumachen, was sie an Erwachsenen sehen, wenn sie auch nicht wissen, warum dieses und jenes zu geschehen pflegt. Der Grenadier hat das Gewehr auf der rechten Schulter. Er muß nicht bemerkt haben, daß man es immer auf der linken trägt. – Sehet, wie dieser mit einem [132] Bogen, der auch eine Armbrust heißt, nach dem Vogel zielt. Er will denselben durch den Pfeil tödten, welchen die zurückgespannte und hernach losgelassene Seite weg-

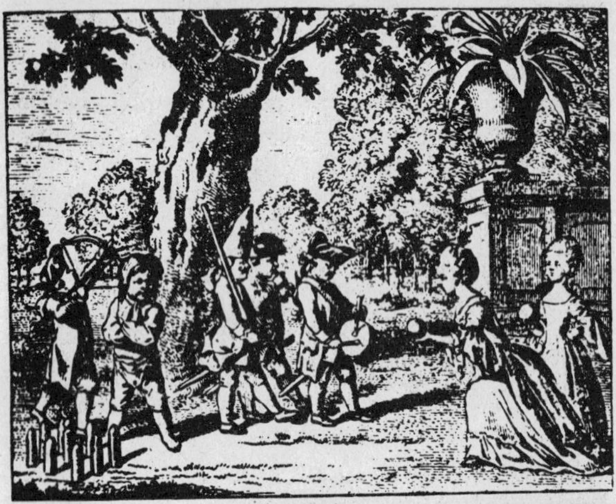

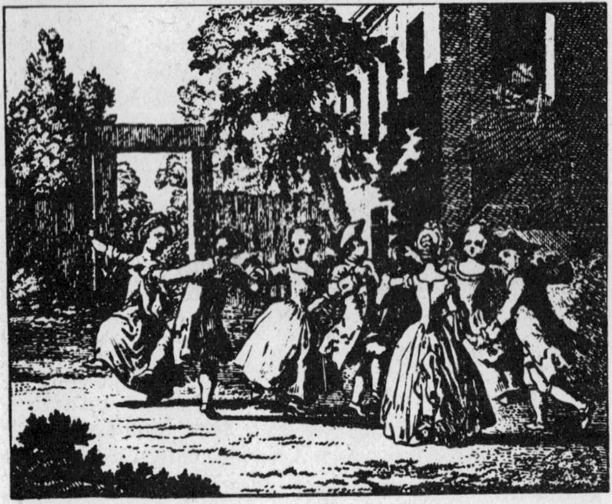

schnellt. – Seht dort in der Höhe eine Wase mit Erde, worinnen Aloe wächst, auf dem Postemente. Nun zum zweyten Quartiere. Hier wird lustig gefahren, geritten und geschaukelt. Seht, so müssen die ältern Kinder die jüngeren vergnügen, wie dies Mägdchen ihren Bruder, den sie fährt und zurück sieht, ob er Schaden nehme. Aber eben darum muß auch das jüngere Geschwister dem ältern folgsam seyn. Der auf dem Steckenpferde kömmt weiter, als der Andre auf dem Schaukelpferde. Ich habe euch solche leblose hölzerne Pferde neulich gewiesen. Carlchen, wenn du einmal in einer Woche zehn gute Dinge thust, die Papa für würdig hält, in *das weisse Buch* geschrieben zu werden; so will ich dir ein Schaukelpferd schenken, nicht zu deinem Gebrauch, weil du schon zu groß dazu bist, sondern daß es dein eigen sey, um es zu verleihen. Dann kannst du deinen jüngern Brüdern, oder ihren fremden Gespielen oftmals einen Gefallen dadurch thun. Noch etwas von dem Kinde in der Schaukel. Ihr Kinder sollt euch einander nicht in der Schaukel schwingen. Denn ihr versteht es nicht so zu machen, daß kein Schade geschehe. [...]

[133] Weiter zum vierten Quartier. Glaubet nicht, daß die Kinder da auf dem Tabourett Thee oder Caffee haben. Es ist alles nur Spielzeug. Aber sie verderben doch vielleicht das Tabourett mit Wasser. Alsdann folgt auf Spiel Verdruß. Davor müßt ihr euch hüten, Kinder. – Ey, Mama, da seh ich Kinder mit Puppen spielen. – Richtig, du und alle kleine Mägdchen spielen gern damit. Aber ihr müßt euch gewöhnen, mit den Puppen und mit ihrem Anzuge eben so umzugehen, als ihr seht, daß die Wärterinn mit den kleinen Kindern thut. So werdet ihr bald geschickt, kleiner Kinder, ohne ihre Gefahr, zu warten, sie anzukleiden *und* zu vergnügen, und alsdann könnt ihr den Müttern und Muhmen helfen, wenn sie etwa keine Zeit haben, bey den kleinen Kindern zu bleiben. [...]

[185]   *Sinnlichkeit, Wißbegierde, Nachahmung,*
                   und Lebenstrieb, Tab. XIII.

Diese Tafel stellt euch vier Instinkte der Menschen vor, 1) zu
gewissen sinnlichen Empfindungen, oder die *Sinnlichkeit*, 2)
die Wißbegierde, 3) *den Trieb zur Nachahmung*, 4) *den*
Trieb zum Leben.

Der eine Knabe auf dem ersten Felde blickt mit Vergnügen
nach der Sonne. Der Sinn un-[186]sers Gesichts ist so eingerichtet, daß wir an gewissen Farben und Gestalten mehr, an
andern weniger Vergnügen finden.

Drey Knaben hören mit Vergnügen einen Waldhornbläser
an. Der Sinn unsers Gehörs ist so eingerichtet, daß uns einige
Töne mehr oder weniger gefallen, andre aber sogar unangenehm sind.

Noch ein Knabe bemüht sich sehr, an der hängenden Citrone zu riechen. Der Sinn unsers Geruchs ist so eingerichtet, daß einige Ausdünstungen für uns wohlriechend sind,
andre aber stinken.

Der dritte Knabe dort hat grosse Begierde, einen Apfel zu
essen, welchen er von dem niederhängenden Aste abreißt.
Der Sinn des Geschmacks ist so eingerichtet, daß uns einige
Speisen mehr oder weniger wohlschmecken, andre aber einen übeln Geschmack verursachen.

Der Knabe da bey den Dornbüschen hat sich gestochen.
Diese Art der Berührung gefällt ihm gar nicht. Er wird
sich künftig wohl hüten. Der Sinn des Gefühls ist so eingerichtet, daß uns gewisse Berührungen mehr oder weniger
gefallen, andre aber mißfallen oder schmerzhaft sind. Dieses sind lauter Exempel von dem *Instinkte der Sinnlich-*
keit. [...]

[190] Betrachtet auf dem dritten Felde den spielenden Lehrer
mit der grossen Perüke. Er macht die Gebärden eines Red-
ners, und lehrt laut, daß es alle hören. Der Stuhl ist seine
Kanzel, aber um hoch zu stehn, hat er Bücher untergelegt.
Wenn diese nur nicht verdorben werden! Kinder mögen

wohl spielen, aber müssen guter Sachen dabey schonen.
Seht! wie die andern Kinder, auf Stühlen und Schemeln sit-
zend, sich stellen, als wenn sie in einem Hörsaal wären, und
fleissig Achtung geben. Einer stellt sich gar, als wenn er
schon die schöne Schreibkunst verstünde.
Ahmt die Alten und grössern Kinder nicht nach in sol-
chen Handlungen, von welchen ihr hört, daß sie fehler-
haft sind, oder sich wenigstens für euch nicht schicken. Es
ist lieblos, jemanden nachzuahmen, um seiner zu spotten,
oder um zu zeigen, welche unangenehme Leibesgebrechen
er habe.
[191] Ihr kennt nun schon drey menschliche Instinkte, die
Sinnlichkeit, die Wißbegierde und den Trieb zur Nachahmung. [...]

[193]   *Vorerinnerung an Kinderfreunde.*

Nicht wenigen Eltern, Hofmeistern und Hofmeisterinnen,
und überhaupt Lesern und Beurtheilern, wird es mißfallen,
folgende Abschnitte von dem Ursprunge des M--- in dem
Elementarbuche zu finden. Daß bey einigen tausend Familien der Beyfall und der Gebrauch dieses Buches dadurch
verhindert werde, kann ich aus der verfeinerten Scheintu-
gend unserer Zeiten, aus dem Ueberbleibsel der uralten Unwissenheit in der Erziehungskunst und in der Bildung des
menschlichen Verstandes und Herzens, ferner aus dem stei-
fen Sinne gewisser Stände, die am meisten um Rath gefragt
werden, wie auch aus den schon eingezogenen Erfahrungen
als gewiß voraussetzen. Also habe ich folgende Abschnitte
nicht aus Eigennutz und Eitelkeit, nach mancher empfange-
nen Warnung, sondern darum in dieser neuen Ausgabe stehen lassen, [194] weil mein Gewissen die wichtigen Gründe,
welche in *des Methodenbuchs Hauptstücke* von der *Erzie-*
hung No. 9. angetroffen werden, noch immer wahr und
wichtig findet. Und ich schäme mich fast vor mir selbst, daß

ich mich durch Zureden habe bewegen lassen, viele Wörter
nur zu punctiren, und dadurch das Ganze der Jugend unverständlich zu machen. [...]

[196]   *Vom Ursprunge des menschlichen Lebens*
          durch den Geschl...tr...

Ein jeder erwachsener Mensch war ein Säugling, und vorher
aus dem L... seiner Mutter geb..., woselbst sein Leib
9 Monate nach und nach angewachsen ist. Während dieser
Monate, nach deren Endigung, (wenn seltne Zufälle keine
Veränderung wirken,) eine Frau ein K... geb.. wird, heißt
sie schw .... Bey dem Anfange der Schw.... (dieses weis
man durch die Anatomie) ist der Embryo, woraus nach und
nach ein menschlicher Leib anwächst, so klein, und wie es
scheinet, so ungeformt, daß man sich sehr wundern muß,
wie der Leib eines Kindes daraus wird, der nach wenigen
Monaten schon alle menschliche Glieder und sinnliche
Werkzeuge hat.
So lange der Embryo in dem L... der M... ist, wird er ohne
andre Nahrung durch das Blut der M ... genährt, welches
vermittelst der N.–S. in den Leib des Embryons kömmt; und
daselbst die nährenden Theile abgiebt, daß er erhalten werde
und wachsen könne.
[197] Die Geb... des Kindes aber geschicht mit grossen
Schmerzen der M..., die davon krank wird. In der Geb...,
und in der darauf folgenden Krankheit verlieren manche
Mütter ihr Leben. Alles dieses ist höchst merkwürdig und
sehr wunderbar*.
Es wird aber kein Weibsen sch... ohne von einem M... mit
einer solchen Vertraulichkeit berührt zu werden, welche
sonst beyden Geschlechtern höchst schändlich ist, aber bey
Ehefreund und Ehefreundinn erlaubt und lobenswürdig

---

* Anmerk. Das Folgende kann, wenn man will, später hinzugefügt werden.
  Nicht ich konnte es trennen.

wird. Es sind aber Ehefreund und Ehefreundinn zwey Personen, die schon Kinder ernähren und erziehen können, und von welchen es öffentlich bekannt ist, daß sie beyderseits bey einander Lebenslang bleiben, gemeinschaftlich Kinder haben, und für derselben Leben und Bestes sorgen wollen. Eine *Jungfrau* ist eine solche, die niemals mit einem Mannsen den vertraulichsten Umgang gehabt; und ein *Junggeselle* ein solcher, der ihn mit keinem Weibsen gehabt hat.

Der V... eines K... ist derjenige Mann, der mit seiner M... dasselbe erzeugt hat, d.i. durch dessen vertraulichsten Umgang sie in den Zustand derjenigen Sch..schaft kam, welche sich mit [198] der Geb... dieses K... endigte. Ein *Verlobter* und eine *Verlobte* heissen diejenigen, von denen es öffentlich bekannt ist, daß sie Ehefreunde werden nicht nur wollen, sondern auch dürfen. Die *Hochzeit* ist der Tag, woran öffentlich erklärt wird, daß sie nach demselben Eheleute sind. Wenn einer der Ehefreunde stirbt; so heißt der eine ein *Wittwer*, oder die andre eine *Wittwe*. [...]

[212]   *Von der Neigung der Geschlechter.*

Wenn ein junger Mann Erfahrung und Weisheit genug hat, der Ehefreund einer Frau, und der Vater von Kindern zu seyn, und wenn er mit seiner Arbeit eine Familie nähren kann: so ist es Zeit, daß er sich eine Freundinn zu seiner Braut aussuche, die er vorzüglich liebt, von welcher er vorzüglich geliebt wird, und welche seine Ehefrau werden will, um mit ihm Kinder zu zeugen und zur Tugend und Glückseligkeit zu erziehn. Es ist Sorge und Beschwerlichkeit mit diesem Stande verbunden, aber sie wird ersetzt durch das Vergnügen der vollkommensten Freundschaft. Auch hat ein Geschlecht zum andern eine natürliche Neigung, so daß die Meisten wünschen, mit einer Person des andern Geschlechts gemeinschaftlich zu leben und Kinder zu zeugen. Aber wer diese Neigung ausübt, ohne Geschicklichkeit und Vorsatz, ein Ehemann oder eine Ehefrau, ein Hausvater oder eine Hausmutter zu werden, der macht sich und Andern einen unsäglichen Kummer. Dieses Laster ist *Unkeuschheit* oder *Unzucht,* und verderbt mehrentheils die Glückseligkeit des ganzen Lebens. Höchst glücklich hingegen ist die Liebe der Eheleute. [...]

[293]   *Von den verschiedenen Altern.*

Die Kindheit (etwa bis ins 10te Jahr) ist anfangs gänzlich, hernach etwas weniger unerfahren, und an sich selbst hülflos. Ihr größtes Vergnügen ist Liebe und Lob von den Eltern und andern Erwachsenen, die mit den Kindern umgehen; ferner die Erfahrung, daß sie täglich grösser, [294] stärker, erfahrener, klüger und den Alten ähnlicher werden, indem sie nach und nach lesen, schreiben und arbeiten lernen; drittens häufige Bewegung besonders in Spielen, oder in Nachahmung der Alten; endlich Essen und Trinken.

Die erste Jugend, vom 10ten bis ins 16te Jahr, ist viel erfahrner als die Kindheit, aber in Vergleichung mit den Alten noch unerfahren, leichtsinnig und unbedachtsam. Wenn also die erste Kindheit und erste Jugend nicht Eltern und Vorgesetzte hätten, denen sie gehorchen müßten, und die ihnen gern Belehrung und Rath mittheilten: so würden sie sich in mancherley Unglück stürzen, und niemals kluge, lobenswürdige und zufriedne Menschen werden. Viele ihrer Vergnügungen sind den Belustigungen der Kindheit ähnlich. Aber von Tage zu Tage wird ihr Verlangen grösser, sich von der Kindheit zu unterscheiden und den Alten ähnlicher zu werden.

Die zweyte Jugend vom 16ten bis ins 20 oder 24 Jahr fühlet vorzügliche Kräfte, hegt mancherley abwechselnde Hoffnungen, unter den Menschen Vorzüge zu erlangen; viel auszurichten; vornehm, vielbedeutend oder reich zu werden; unternimmt gern Vieles mit Verwegenheit und unbedacht-

samer Ausgabe, um Gebrauch von der grössern Freyheit
dieser Jahre zu machen, und sich den Ruhm des Muthes und
der Freygebigkeit unter den eben so Unverständigen zu erwerben; endlich trachtet sie nach dem Rechte, sich zu ver-
heirathen, und eine Familie zu stiften. [...]

KARL TRAUGOTT THIEME

Erste Nahrung für den gesunden Menschenverstand

(1776; dritte, viel verb. Aufl. 1795)

[56]   *Von den Gesellschaften und Lebens-
arten der Menschen.*

Viele Dinge wachsen zwar in, aus und auf der Erde, ohne
daß sich die Menschen darum Mühe geben; aber doch nicht
so viel, als sie brauchen. Darum müssen sie sie anbauen,
einsammeln und zubereiten: und, was Einer nicht selbst er-
bauen und machen kann, das muß er von Andern kaufen,
oder sie bitten, es ihm zu schenken. Alles, was die Menschen
dieserhalb thun, heißt *Arbeit*. Die Arbeit wird leichter und
geht geschwinder von statten, wenn ein Mensch dem Andern hilft. Darum leben sie nicht einzeln, jeder für sich,
sondern in *Gesellschaft.*
Ein Mann lebt bei einer Frau. Diese Verbindung heißt die
Ehe, oder der *Ehestand*. Haben [57] sie Kinder und Gesinde,
so ist das eine kleine Gesellschaft und heißt eine Familie.
Dazu gehören Hausherr, Hausfrau, Kinder, Knechte und
Mägde. [...]
[59] Die Leute, welche in den Städten wohnen, nennet man
gewöhnlich *Bürger* und ihre Arbeiten [60] heissen *Handwerke* und *Künste*. Sie machen aus den Mineralien, wie auch

aus den Theilen der Pflanzen und Thiere alle die Sachen, welche ich und andere Menschen zur Nothdurft und Bequemlichkeit, wie auch zum Vergnügen des Lebens brauchen.

Für unsere Nahrung arbeiten der Müller, der Becker, der Fleischer, der Brauer, der Essigsieder, der Brandweinbrenner, der Salzsieder, der Zuckersieder, der Koch oder die Köchinn. [...]

[62] Einige Leute schaffen die Sache herzu, die bei uns nicht wachsen oder nicht gemacht werden und verkaufen sie hernach denen, die sie brauchen. Wer dieses Geschäft treibt, heißt ein *Kaufmann*, ein Kramer, ein Händler. Kaufen und Verkaufen heißt so viel als Tauschen. – Der Kaufmann giebt mir Etwas und ich gebe dem Kaufmann Etwas anderes dafür. Das, was mir der Kaufmann giebt, heißt Waare: und das, was ich dem Kaufmann gebe, heißt Geld.

Das Geld wird aus Gold, Silber oder Kupfer geprägt und besteht aus runden Stücken, welche auf beiden Seiten ein Zeichen haben und Münzen genennet werden.

Die Waaren werden auf Schiffen oder auch auf Wagen und Karren fortgeschafft. Jenes besorgt der Schiffer, dieses der Fuhrmann und Kärner. An manchen Orten braucht man Lastthiere, um die Waaren fort zu schaffen. Sind es aber leichte Sachen, so kann sie auch ein Bothe tragen.

Wenn viele Waaren zusammen auf einen Platz gebracht und in Buden feil geboten werden; so nennet man das einen Markt: Wochenmarkt, Jahrmarkt, Messe. Eine Waare, wofür man viel Geld bezahlen muß, heißt theuer; wofür man aber wenig giebt, wohlfeil. [...]

[137]   *Freiheit: Zwang.*

Kind. Ei, siehe doch, Lieber Vater, – einen Vogel! einen Vogel! *V.* Wo ist der Vogel? *K.* Hier habe ich ihn, die Köchinn hat mir ihn gegeben. Ich habe eine große Freude

darüber. *V.* Was willst Du damit machen? *K.* Ich will
damit spielen. *V.* Ich dächte, Du gäbst ihm lieber seine
Freiheit. *K.* Aber, wie soll ich das machen? – ich habe
keine Freiheit. – Ach! da fliegt mein Vogel aus der Hand!
Geschwind, Sophie, das Fenster zu, daß er nicht hinaus
fliegt: – ach! da war er hinaus! – *V.* Siehe her, da sitzt er
gegen über auf dem Dache: er ist munter und lustig und
freuet sich darüber, daß er wieder in Freiheit ist. *K.* Lieber
Vater, ist denn dort die Freiheit, wo der Vogel sitzt? *V.*
Nein! mein Kind; aber, der Vogel kann nun fliegen, wohin
er will, und das heißt Freiheit. Da Du ihn aber in der Hand
hieltest, konnte er nicht fliegen, wohin er wollte: denn Du
hieltest ihn, und das heißt man *Zwang*. *K.* Aber, Lieber
Vater, er flog ja doch fort, wenn ich ihn gleich in der Hand
hielt. *V.* Das macht, weil *Du* ihn nicht fest genug hieltest:
Darum machte er sich los und suchte seine Freiheit: denn,
diese ist ihm lieber. *K.* Warum ist sie ihm denn lieber? *V.* Wenn ist Dir besser: wenn Du beständig hier in
der Stube eingesperrt bist, [138] und niemals heraus darfst;
oder, wenn Du kannst gehen wohin Du willst? *K.* Wenn
ich kann gehen, wohin ich will. *V.* Welches willst Du lieber – daß Dich Jemand nöthigt beständig Etwas zu thun,
was Du nicht gern thust: oder, daß Dir erlaubt wird zu
machen, was Du willst? *K.* Daß ich darf machen, was ich
will. *V.* Wenn wir mit einander auf den Wiesen spatzieren
gehen: bist Du vergnügter, wenn ich Dich beständig an der
Hand führe? – oder, wenn Du laufen kannst, wohin Du
willst? *K.* Wenn ich laufen kann, wohin ich will. *V.* Nun
siehe, wenn man thun und lassen kann, was man will, so ist
man in Freiheit. Wenn man aber durchaus Nichts anders
thun darf,. als, was andere Leute befehlen; wenn man sich
nicht eher rühren oder bewegen darf, als, bis es andere Leute
erlauben; so heißt man es Zwang. So wie Dir nun die Freiheit lieber ist als der Zwang; so ist sie es auch dem Vogel und
jedem Thiere und jedem Menschen. [...]

[177]   *Aussprache.*

Kind. Lieber Vater, ist denn das recht, wenn man spricht: *Köft'r keene Båsen?* *V.* Wer hat denn so gesagt? *K.* Ein Bauer rufte so zur Thüre herein. *V.* Das muß man solchen Leu-[178]ten nicht übel nehmen: denn, sie haben es nicht besser gelernt. Damit Du aber besser sollst reden lernen, so bekommst Du ordentlichen Unterricht in der reinen *Aussprache.* *K.* Was ist denn das: die Aussprache? *V.* Das ist die Art seine Töne und Worte auszusprechen. Du wirst also gemerkt haben, daß die Bauern auf dem Dorfe und auch manche Leute in der Stadt ganz anders sprechen als wir. *K.* Ja! Lieber Vater, das habe ich gemerkt. Denn, da Du einmal einen Bauer fragtest: wie viel er für seinen Ochsen gegeben hätte? so sagte er: *Sibben Toler:* und die Frau Muhme hatte einmal eine Magd, die sagte immer: sie wollte *Fåffer un Soalz uf'n Tisch setzen.* *V.* Sprichst Du denn nicht auch so? *K.* Nein! Lieber Vater, ich spreche Pfeffer und Salz. *V.* Und anstatt Sibben Toler? *K.* Spreche ich Sieben Thaler. *V.* Nun siehe, das kommt daher, weil Du die reine Aussprache gelernt hast. Wärest Du aber, so lange Du lebst, nur immer bei Bauern gewesen; so würdest Du Dich auch an ihre grobe Aussprache gewöhnt haben. Du wirst am besten thun, wenn Du die Worte allezeit so aussprichst, wie Du sie mich und Herr Ernsten sprechen hörst. [...]

JOACHIM HEINRICH CAMPE

Kleine Selenlehre für Kinder
(1780)

[19] Eine Geselschaft kleiner Menschen, die schon vor Jahr und Tag eben das von ihrer Sele gehört hatten, was *Lotte*, die Jüngste unter ihnen, in den *Gesprächen mit ihrer Mutter* lernte, war oft sehr begierig, noch mehr davon zu hören. Der Vater hatte ihnen auch zuweilen den Gefallen gethan, ihnen bald dieses, bald jenes davon zu erzälen, so wie die Gelegenheit es eben mit sich brachte. Aber das war ihnen immer noch zu wenig. Sie wolten gar zu gern ihre und an-[20]derer Menschen Selen noch etwas besser kennen lernen, und des Fragens war daher kein Ende.

Da sagte endlich der Vater: »Nun, Kinder, weil ihr denn so sehr verlangt, mit eurer Sele, oder, welches einerlei ist, mit *euch* selbst bekanter zu werden: so sol es mir auf ein Duzend halbe Stunden, die wir dazu nöthig haben werden, eben nicht ankommen. Aber das sage ich euch voraus, es wird viel, viel Aufmerksamkeit erfodert werden, wenn ihr alles so recht verstehen und begreifen wolt.«

Kinder. O wir wollen so stille sein, wie ein Mäuschen; Vater sol nur sehn!

Vater. Wohl dan! – Nichts hält uns ab, jezt gleich anzufangen. Lagert euch! [...]

[Die Seele]

[21] So viel, meine Lieben, habt ihr doch alle wohl schon längst gewußt, daß nicht dieser unser Leib, sondern vielmehr unsere Sele es sei, die da lebt und *thut* alles, was wir vornehmen; nicht?

Johannes. O ja! – Wenn die Sele aus dem Leibe heraus ist,

so liegt er ja da, als ein Klumpen Fleisch, und kan sich gar nicht mehr bewegen.

Vater. Ganz recht; aber wie werden wir es denn nun wohl anfangen, um die Sele, die in diesem Leibe verborgen ist, kennen zu lernen? – Wie? wenn einer von euch so gut sein wolte, sich den Leib vom Kopf bis zu den Füßen aufschneiden zu lassen, damit wir Andern hinein [22] sehen und bemerken könten, was für ein Ding seine Sele wohl eigentlich sein mag?

Alle. Ei, großen Dank! Das Schneiden thut weh.

Diderich. Ja, und was würd' es uns auch helfen? Die Sele kriegten wir ja doch nicht zu sehen! Die kan ja nicht gesehen werden.

Vater. Woher weißt du denn das so zuverlässig?

Diderich. Sind nicht oft Leute dabei gewesen, wenn einer starb, oder wenn einem der Kopf mitten entzwei gehauen wurde? Na, da ging doch die Sele des Menschen heraus aus dem Körper: aber hat sie wohl jemahls einer gesehen?

Vater. Hast Recht, Diderich! Das beweiset freilich wohl, daß man die Sele mit Augen nicht [23] sehen könne. Aber woher mag denn das wohl kommen, daß man sie mit Augen nicht sehen kan?

Nikolas. Ja, sie muß nicht so wie andere Dinge beschaffen sein! [...]

[31] Vater. Wohlan! so laßt uns denn einmahl versuchen, ob wir unsere Sele nicht etwa auf der That ertappen können, indem sie grade etwas macht. – (Mit leiser Stimme) Seid alle ganz stille, damit wir sie nicht stören. Sch! [32] Sch! – Nun werden wir gleich etwas von ihrer Arbeit zu sehen bekommen. – (Den Hund rufend) *Spadille!* (Er nimt den Hund und sezt ihn auf den Tisch) Da seht ihn alle einmahl recht an! Nun macht alle die Augen fest zu; so! – Und nun versucht einmahl, ob ihr euch Spadillen wohl wieder vorstellen könt, ohne daß ihr die Augen aufmacht. Könt ihr das?

Alle. O ja! O ja! Es ist ordentlich, als wenn wir ihn noch mit Augen sähen.

Vater. Ihr kónt euch also, auch mit verschlossenen Augen, ein Bild von etwas machen, euch etwas vorstellen; nicht?

Alle. Ja das kónnen wir.

Vater. Und wer sind denn die *Wir's*, die das kónnen? Sind es eure Leiber?

[33] Nikolas. Ah! das wird wohl unsere Sele sein, die das thut!

Vater. Und wer kónt' es sonst auch wohl sein? Daß unser Leib für sich selbst nichts zu thun vermöge, wissen wir ja; alles also, was wir thun, das muß ja wohl nothwendig unsere Sele thun. Also auch wenn wir uns etwas vorstellen, wer thut es, unser Leib oder unsere Sele?

Alle. Unsere Sele!

Vater. Nun, Johannes, scheint es dir nun noch so, als wenn unsere Sele gar nichts sei?

Johannes. Nein! Wenn sie etwas thun kan, so muß sie selbst ja auch wohl etwas sein.

Vater. Wenn nun aber jemand wissen wolte, was unsere Sele denn eigentlich sei, was kónten [34] wir, nach dem, was wir jezt von ihr erkant haben, ihm antworten?

Johannes. Die Sele ist ein Ding, das sich etwas vorstellen kan.

Vater. Ein solches Ding pflegen wir eine *Vorstellungskraft* zu nennen.

Johannes. Nun, also ist unsere Sele eine *Vorstellungskraft*. [...]

[Phantasie]

[138] Gotlieb. Vater, was bedeutet denn das Pferd mit Flügeln, das da auf dem Bilde vorgestelt ist?

Vater. Es sol blos eine Zierde des Ofens sein, auf den man es gesezt hat.

Gotlieb. Giebt es denn wohl solche geflügelte Pferde?

Vater. Nein! Der Kûnstler, der es machte, hat sich blos eingebildet, daß es dergleichen gâbe.

Gotlieb. O kan man sich denn wohl so was einbilden?

Vater. Warum nicht? – Ich kan mir ja einbilden, daß ich dich auf einen Truthan reitend durch die Luft fliegen sehe.

[139] Gotlieb. Ah! das solte mahl schön gehn! – Aber das ist doch nicht wahr?

Vater. Nein! Aber unsere Sele kan sich auch etwas vorstellen, das wirklich nicht ist. Z. E. kanst du dir nicht vorstellen, wie das aussehen würde, wenn ich eine Nase hätte, die von hier bis an die Wand reichte?

Gotlieb. *(lachend.)* O ja!

Vater. Und wilst du wissen, wie man diejenige Kraft unserer Sele nent, womit sie sich solche Vorstellung macht?

Gotlieb. Nu?

Vater. Man nent sie die *Phantasie*, und die wunderbaren Vorstellungen, welche sie sich damit macht, die nent man *Phantasien*.

[140] Gotlieb. Sol ich auch einmahl eine Phantasie machen?

Vater. Immerhin!

Gotlieb. Na, ich bilde mir ein, wie das aussehen würde, wenn der Puterhan eine Perruk mit einem großen Haarbeutel trüge, und wenn er den Hut unterm Flügel und einen Degen an der Seite hätte.

Vater. Das müste eben so närrisch aussehen, als wenn seine Frau, die Truthenne, wie eine Dame frisirt wäre und Pariser Taschen trüge.

Gotlieb. Sieh! da hat Vater ja auch eine Phantasie gemacht.

Vater. Ganz recht; ich habe, so wie du, mir etwas vorgestelt, das wirklich nicht ist. Wißt ihr, welche Leute ihre Phantasie am meisten brauchen?

[141] Alle. Nein!

Vater. Die Dichter, die Mahler und die Bildhauer. – Könt ihr euch nicht gleich an ein Gedicht erinnern, worin eine Phantasie vorkomt?

Johannes. Ach, ja! in dem von unserm *Claudius* – wie heißt es doch? – ich glaube *der Frühling*.

Vater. Nun, was für eine Phantasie ist denn darin enthalten?

Johannes. I, da stelt er sich ja den Frühling als einen Man vor, der sich mit Blumenkränzen bewunden hat, und dem die Nachtigallen auf den Schultern sizen.

Vater. Richtig!

> Denn er komt mit seiner Freudenschaar,
> Heute aus der Morgenröthe Hallen;
> Einen Blumenkranz um Brust und Haar
> Und auf seiner Schulter Nachtigallen.

[142] Wenn wir künftig in unserer *Kinderbibliothek* lesen, und es komt denn wieder einmahl so eine Phantasie vor, so sagt mir's doch.

Alle. Gut; das wollen wir nicht vergessen.

Gotlieb. Vater, sol ich nun mahl vorsagen?

Vater. Laß sehen, ob du kanst.

Gotlieb. O ja, ich hab's mir wohl gemerkt! – *Unsere Sele hat auch Phantasie.*

Vater. Nun, und was heißt das?

Gotlieb. Ja, sie *kan sich so etwas vorstellen, was nicht ist.*

Vater. Gut! ich hätte kaum geglaubt, daß du mir das so ordentlich sagen köntest. [...]

[Mitgefühl]

[197] Vater. Merkt ihr nun wohl, daß das wieder von Gott komt, daß der unsere Selen so eingerichtet hat, daß sie sich freuen müssen, wenn's andern Menschen wohl [198] geht, und daß sie sich betrüben müssen, wenn ihnen was schlimmes wiederfährt?

Alle. Ja, das ist wahr!

Vater. Seht, Kinder, das nent man den *Instinkt des Mitge-*

fühls, oder der algemeinen Menschenliebe. Den hat der liebe
Gott unser aller Selen deswegen einverleibt, weil er wolte,
daß wir alle als Brüder, als Kinder eines Vaters mit einander
leben, einander lieben und helfen solten, wo und wie wir
könten. Seht ihr es nun nicht noch einmahl so deutlich ein,
daß dieser gute Gott ein Gott der Liebe sein müsse, weil er
uns selbst zur Liebe geschaffen hat?
Alle. Ach ja!
Vater. Und begreift ihr nun nicht auch, daß man diesem
guten Gott ohnmöglich wohlgefallen [199] könne, wenn
man nicht gegen alle Menschen liebreich und gütig ist?
[...]

[Geiz]

[275] Vater. Hier hab' ich wieder ein Bild; seht es an, und
dan möget ihr selbst errathen, an welcher Leidenschaft die
Sele des Mannes, der hier vorgestelt ist, krank lieget.
Mathias. Der gräbt ja ein Loch in die Erde!
Gotlieb. Da hat er ja auch einen Kasten neben sich stehen;
was mag er denn darinn haben?
[276] Vater. In dem Kasten hat er Geld; und das wil er hier
in die Erde graben.
Gotlieb. In die Erde? J, warum denn das?
Vater. Weil er keine Lust hat, es zu etwas Gutem anzuwen-
den, und weil er ohne Ursache besorgt ist, daß es ihm mögte
genommen werden.
Johannes. Ah! ich weiß schon, was der für einen Affekt
hat.
Vater. Und was denn für einen?
Johannes. *Den Affekt des Geizes.*
Gotlieb. Fi! ein Geizhals!
[277] Vater. Ja, Kinder; es ist ein Geiziger, den ihr da sehet.
– Aber woran erkantest du ihn denn, Johannes?
Johannes. I, daran, daß er das Geld so lieb hat!
Vater. Er hat also eine Begierde, Reichthümer zu erwerben

– Ist denn das nicht recht, wenn man sich etwas zu erwerben, und das, was man erworben hat, hûbsch zu Rathe zu halten sucht? Ich meine, das thâten die *Sparsamen* auch, und die Sparsamkeit ist doch gewiß nichts Bôses?

Johannes. Ja, aber – man muß doch nicht gar zu gierig nach dem Gelde sein.

Vater. Du meinst also der Unterschied zwischen dem Geizigen und dem Sparsamen bestehe blos [278] darin, daß jener eine gar zu große, dieser eine mäßige Begierde habe, sich etwas zu erwerben?

Johannes. Ja!

Vater. Hast nicht Unrecht; aber ich glaube doch, es giebt noch einen andern Unterscheid zwischen beiden, der noch sichtbarer ist, als dieser. – Wozu wûnscht sich denn wohl der Geizige das Geld? Etwa dazu, um es zu seinem und zu anderer Menschen Besten anzuwenden?

Johannes. Der da gewiß nicht! Er grâbt's ja in die Erde.

Vater. Also blos dazu, um es zu *haben,* um es zu *verwahren,* ohne irgend einen guten Gebrauch davon zu machen. – Wozu bemûht sich aber der Sparsame etwas zu erwerben?

[279] Diderich. Um es zu gebrauchen.

Vater. Und wozu?

Diderich. Zu seinem und zu Anderer Besten. [...]

[280] Vater. Kônt ihr mir nun sagen, was der Geiz eigentlich sei? Ich wil's gleich aufschreiben. Johannes!

Johannes. *Der Geiz ist eine Begierde nach Reichthûmern, nicht um sie gut anzuwenden, sondern blos um sie zu verwahren.* [...]

*Versuch einer kleinen praktischen Kinderlogik welche
auch zum Theil für Lehrer und Denker geschrieben ist*

(1786, 2. Aufl. 1793)

[3] Fritz war ein unordentlicher Knabe. Wenn er sich des
Abends auszog, so warf er den einen Schuh unter'n Ofen,
den andern setzte er unter's Bette.

Das eine Strumpfband steckte in der Rocktasche, und das
andere hing unter'm Spiegel. Rock und Weste lagen oben
und der Hut lag unten. [...]

[5] Da nun Fritzens Eltern fast alle Hoffnung aufgaben, daß
sie selbst je im Stande seyn würden, ihn wieder zur Ordnung
zu gewöhnen, und auch leider! wegen vieler andern Geschäfte nicht Zeit genug hatten, sich so viel als nöthig war,
mit der Erziehung ihres Sohnes zu beschäftigen, so sahen sie
sich nach einem Mann um, dem sie das wichtige Geschäft der
Erziehung ihres einzigen Sohnes auftragen könnten, und sie
waren so glücklich einen solchen zu finden, der alle ihre
Wünsche und Erwartungen übertraf.

Die vorzüglichste Bitte der Eltern an ihn war gleich im Anfange; er möchte doch ihren Sohn, wo möglich, zur Ordnung zu gewöhnen suchen – weil nun Fritz auch erst vier-
zehn Jahr alt war, so sagte Stahlmann, (dis war der Nahme
des jungen Mannes) habe er noch alle Hoffnung, einen ordentlichen Knaben aus ihm zu ziehen. [...]

[8] Um nun aber seine Aufmerksamkeit auf alle Weise zu
reizen, und ihm die große Wissenschaft des Eintheilens und
Ordnens, die er ihn lehrte, noch angenehmer zu machen,
schafte Stahlmann sieben Kupfertafeln an, wovon jede wieder eine Anzahl kleiner Kupfertafeln enthielt, die fast nichts
mit einander gemein hatten, als daß sie auf einer Platte abge-
druckt waren. Diese kleinen Kupfertafeln stellten allerlei
ganz von einander verschiedene Gegenstände dar, die man

nun ohngeachtet ihrer großen Verschiedenheit hier dicht neben einander erblickte.

[9] Ob nun gleich diese Kupfertafeln zu einem andern Behuf verfertiget waren, so glaubte Stahlmann doch, sie könnten auch dazu dienen, seinen Zögling die große Kunst des Eintheilens und Ordnens des Vergleichens und Unterscheidens, worauf die ganze Glückseligkeit des vernünftigen Menschen beruhet, dadurch auf eine angenehme und spielende Art zu lehren. [...]

[18] Wir haben also erstlich eine große Grenzlinie gezogen:
zwischen
Dem Lebenden und Leblosen
zweitens zwischen
Dem Vernünftigen und Unvernünftigen.
Mensch   und   Thier.
drittens zwischen
Natur   und   Kunst
viertens zwischen
lebender Natur   und   lebloser Natur
lebender Kunst   und   lebloser Kunst

Bey dem lesenden Knaben, schreibenden Mann, pflügenden Bauer, und das Netz einsenkenden Fischer [19] sehe ich die Kunst in der Ausübung oder im Leben – Das Buch, die Feder, der Pflug, und das Netz sind bloße todte Werkzeuge, deren sich die lebende Kunst bedient; sie gehören also zu der leblosen, jene hingegen zu der lebenden oder thätigen Kunstwelt –

Der Esel, der Hund und das Pferd gehören zu der lebenden, der Baumstamm und der Strauch aber zu der leblosen Naturwelt –

Allein die vor den Pflug gespannten Pferde sind schon gewissermaßen in die Kunstwelt mit hinübergezogen worden, so wie der gepflügte Erdboden.

Man schlage aber den Pflug, und den Tisch und Stuhl in Stücken, so bleibt nichts, als Stein und Eisen übrig, und was vorher zur Kunstwelt gehörte, gehört nun wieder zur leblosen Naturwelt.

Man sieht also daß die ganze Kunst nur in der Zusammensetzung besteht; denn sobald man das Zusammengesetzte wieder auseinander nimmt, so ist die bloße Natur wieder da. [...]

[Das Schöne und das Nützliche]

[23] Der Anblick der reinen und unverfälschten Natur ist wohlthätig und erquickend – darum ist ein Spaziergang ins freie, aus dem Gewühl der Stadt so angenehm – Man sieht da so viele Dinge, die alle ohne des Menschen Zuthun da sind. Man ergötzt sich an der schönen Gestalt der Aeste und Zweige auf den Bäumen; man findet an dem Anblick eines Blättchens Vergnügen, das vom Winde hin und her bewegt wird. [...]

[24] Es scheint aber, als ob selbst die Natur einen gewissen Unterschied in der Hervorbringung ihrer Werke beobachtet habe, indem sie einige mehr zum Nutzen, und andre mehr zum Vergnügen gebildet zu haben scheint. – An dem was weniger nutzt, hat sie desto mehr Schönheit verschwendet, um uns gleichsam schadlos zu halten. [...]

[25] Die Natur macht also selbst einen Unterschied zwischen dem Schönen und Nützlichen; das Schöne ist gemeiniglich weniger nützlich, und das sehr Nützliche ist gemeiniglich weniger schön.

Diesen Unterschied hat auch der Mensch in den Künsten nachgeahmt, die deswegen in die schönen und nützlichen Künste zerfallen.

Zu den schönen Künsten rechnet man z. B. die Mahlerei, die Musik, die Bildhauerkunst, u. s. w.

Zu den nützlichen z. B. die Maurerei, das Tuchweben; den Ackerbau, die Viehzucht u. s. w.

Nun kann man aber weit leichter ohne Gemählde und

Statůen, als ohne Obdach, Brodt und Kleider sich behelfen.

Hat man aber Brodt und Kleider und ein festes Obdach, so macht es einem auch Vergnůgen, Gemåhlde und Statůen zu betrachten.

[26] Dies mag noch zur Erklårung dienen vom Unterschiede zwischen dem *Nůtzlichen und Schönen.*

[138]   *Staatsverfassung.*

Die vereinigten Kråfte mehrerer Menschen bringen viel Gutes und viel Böses hervor –

Das Böse besteht vorzůglich darinn, daß der einzelne Mensch zu sehr darůber vernachlåssiget und vergessen wird, indem man ihn nicht mehr selbst als ein Ganzes, sondern als einen untergeordneten Theil eines größern Ganzen betrachtet, und der einzelne Mensch zu håufig bloß Hand und Fuß seyn muß, da er doch auch der Bestimmung der Natur gemåß, zugleich Kopf seyn, und über sich und die Verhåltnisse in der Welt zu denken Freiheit und Gelegenheit haben sollte. –

Bei der Vereinigung mehrerer menschlicher Kråfte zu einem Zweck geht es nun so zu, daß die körperlichen Bewegungen mehrerer Menschen, durch die lenkenden Gedanken eines einzigen eine gewisse Richtung erhalten, wovon sie nicht abweichen důrfen, wenn das Werk, was man hervorbringen will, zu Stande kommen soll –

Diejenigen, welche z. B. einmal zum Herzureichen der Materialien bei Errichtung eines Gebåudes bestimmt sind, můssen immer Materialien zureichen, und důrfen sich nicht einfallen lassen, ihrer thåtigen [139] Kraft eine Richtung auf etwas anders zu geben, weil sonst die ganze Sache in Unordnung gerathen wůrde –

Die jedesmaligen Zutråger der Materialien můssen also, so lange, bis das Gebåude fertig ist, auf jeden andern freywilligen Gebrauch ihrer thåtigen Kråfte Verzicht thun –

Dies Verzichtthun ist vorzüglich bei jener Vereinigung mehrerer menschlicher Kâfte nothwendig – und es würde ohne dasselbe nichts von dem großen menschlichen Werke zu Stande gekommen seyn – [...]

[140] Wie ist das möglich, daß der einzelne Mensch seine freie Selbstthätigkeit so aufgiebt;

Daß sich alle seine Bewegungen den ganzen Tag über, um kein Warum in seinem eignen Kopfe, sondern um das Warum in dem Kopfe eines andern drehen –

Es würde nicht möglich seyn, wenn den einzelnen Menschen nicht ein Zweck untergeschoben würde, weswegen er eine Zeitlang das Band zwischen Geist und Körper gleichsam zerreißt – indem er jeder seiner Bewegungen nicht durch seinen eignen, sondern durch die Gedanken eines andern ihre Richtung vorschreiben läßt –

Der Zweck, der seiner Denkkraft listiger Weise, untergeschoben wird, ist, es müsse er dieß thun, [141] weil er sonst seine körperlichen Bedürfnisse nicht würde befriedigen, seinen Hunger nicht stillen, seinen Körper nicht bedecken können –

Der listigere und verschlagnere Theil der Menschen hat nehmlich Mittel gefunden, dem ehrlichen und gutmüthigern, seine nothwendigen Bedürfnisse auf gewisse Weise zu entreissen und abzuschneiden, um sie ihm nur unter der Bedingung wieder zufließen zu lassen, daß er eine Zeitlang auf die natürliche Verbindung seiner Geistes- und Körperkräfte Verzicht thut – und wie eine bloße Maschine durch die Gedanken eines andern seinen Arm ausstrecken, und seinen Fuß emporheben läßt, wie der Soldat auf das Kommandowort thun muß –

Ein anders ist, wenn z. B. eine Gesellschaft von Menschen in Verbindung tritt, von denen jeder einzelne mit den übrigen ein großes Haus zu bewohnen wünscht, daß aber durch die Kräfte eines einzigen nie würde hervorgebracht werden können –

Diese Anzahl von Menschen wählen einen unter sich, durch

dessen Gedanken sie ihren Arm nach einer gewissen Richtung ausstrecken, und ihre Füße nach einer gewissen Richtung wollen emporheben lassen –

[142] Hier ist allen der Zweck gemeinschaftlich – allen ist daran gelegen, daß das Haus fertig werde – Einer denkt zwar für alle, aber er denkt für sie nur die Art der Erreichung des Zwecks, nicht den Zweck selber –

Wenn er den Zweck etwa erst für sich allein hatte, so war er genöthigt, etwa vorher eine Rede an die übrigen zu halten, wodurch er seinen Zweck erst in die Köpfe verpflanzen mußte, ehe er nur daran denken durfte, von den Armen und Füßen eines einzigen zur Erreichung seines Endzwecks Gebrauch zu machen –

Hier findet also nichts Gewaltsames, keine Beraubung der natürlichen Freiheit, kein Zerreissen der Verbindung zwischen Gedanken und Bewegung statt – niemand ist hier ganz Maschine –

Jeder bewegt Hand und Fuß, weil er will – das Warum steht in seiner eignen Seele, und nicht in der Denkkraft eines andern –

Nur die Art und Weise wie, und die Richtung, nach welcher er Hand und Fuß, zur Erreichung des gemeinschaftlichen Endzwecks, bewegt, läst er sich freiwillig durch die Gedanken eines andern vorschreiben –

[143] Denn er hat diesen Gedanken eines andern gleichsam zu seinem eignen Gedanken gewählt –

Denken wir uns nun unter dem Hause die Einrichtung eines Staats, in sofern dieselbe von einem einzigen oder von allen Mitgliedern desselben abhängt – so haben wir den Unterschied zwischen

Monarchie und Republik.

In der Republik müssen von dem denkenden Theile, der sich die Erreichung grosser Endzwecke vorsetzt, erst Reden an das Volk, oder dessen Repräsentanten gehalten werden, um diesen Endzweck in die Köpfe der einzelnen Mitglieder des Staats zu verpflanzen, ehe diese sich willig finden lassen, durch Vereinigung und Unterordnung ihrer Körper und Geisteskräfte dieselben befördern zu helfen –

Die einzelnen Mitglieder eines wirklich republikanischen Staates wählen sich selbst die Gedanken, durch welche sie gelenkt werden wollen, in ihren Obrigkeiten und Regenten –

In einem monarchischen Staate ist es nicht nöthig, daß Reden an das Volk oder dessen Repräsentanten gehalten werden, um die Endzwecke desjenigen, der sich für alle übrigen zu denken unterfängt, [144] erst in die Köpfe derselben zu verpflanzen, ehe ihre Arme und Füße und selbst ihre untergeordneten Geisteskräfte, zur Beförderung dieser Endzwecke in dem Kopfe eines einzigen gebracht werden – denn alle einzelne Mitglieder eines solchen Staats haben gleichsam einen Bund zusammen gemacht, daß warum aller ihrer Handlungen, Bewegungen in politischer Rücksicht, nicht in ihren eignen Köpfen, sondern in dem Kopf eines einzigen existiren zu lassen; dessen Gedanken sie nicht einmal aus ihrem eignen Mittel zur Lenkung ihrer Kräfte zu gewissen Endzwecken, gewählt, sondern ihn schon in Mutterleibe, da er noch keinen Gedanken gedacht, als den künftigen gewissen Lenker aller ihrer politischen Bewegungen anerkannten – und dieß alles bloß wegen des höchstzufälligen Umstandes, daß derjenige, der ihn zeugte, gerade ein Fürst war, welcher das Glück gehabt hatte, auch wieder von einem Fürsten gezeugt zu werden –

Da nun bei den Menschen nichts zufälliger ist, als die Geburt desselben – so scheint eine ungeheure Menge von Menschen seit undenklichen Zeiten ein Bündniß miteinander gemacht zu haben – [...]

PETER VILLAUME

Practische Logik für junge Leute die nicht studieren wollen

(1787)

[8] §. 9.

Die Wahrheit ist nicht leicht zu finden. Sie ist aber von der
grösten Wichtigkeit, denn der Irrthum ist immer schädlich.
Daraus folgt, daß man sich bemühen, und sehr vorsichtig
seyn muß, wenn man nach Wahrheit sucht.
Es folgt auch noch daraus, daß man einige Kunst anwenden
muß, um die Wahrheit zu finden, und den Irrthum zu
meiden.
Diese Kunst wird man in diesem Buche finden. –
Man nennt diese Kunst *die Logik*.
Um diese Kunst recht zu lehren, werde ich alle die Hülfsmittel, wodurch wir Vorstellungen erhalten, untersuchen; ihre
Fehler, und wie sie uns in Irrthum verleiten, bemerken; Mittel angeben, diese Fehler und die daraus entstehenden Irr-
thümer möglichst zu vermeiden; und endlich selbst die
Werkzeuge, wodurch wir Vorstellungen erlangen, zu verbessern. [...]

[Die inneren Sinne]

[14] §. 16.

Wir haben auch mehrere innre Sinne.

§. 17.

Erstlich das innre Gefühl, das wir schlechtweg so nennen,
wodurch wir unsern Zustand, unsre Gesundheit oder
Krankheit, unsre Empfindungen, Ruhe der Seele, Zufriedenheit, Mißvergnügen, Begehren, Zorn, Furcht, und unsre

Vorstellungen gewahr werden. Ich fühle, daß ich denke, daß
ich froh bin etc.

§. 18.

Zweitens – das Gefühl, wodurch ich das Schöne und Gute,
von dem, was schlecht und unangenehm ist, unterscheide.
Das kleinste Kind wird lieber eine Rose, als ein trocknes
Blatt haben; es findet also die Rose schöner; es *fühlt* die
Schönheit derselben, denn es kann nicht sagen, warum sie
ihm gefällt.
Dieses Gefühl wird verschiedentlich genannt, nach der Ver-
schiedenheit der Dinge, die es wahrnimmt.

[15]   §. 19.

Es fühlt die Schönheit in den Dingen, als z.B. in einer Rose,
in einem Gesicht, in einem Gebäude, in einer Schrift, in
einem Zeuge; oder die Schicklichkeit einer Handlung, ob sie
lächerlich ist oder nicht. – Dann heißt dieses Gefühl *Geschmack.*

§. 20.

Wenn es das Gute von dem Schädlichen, das Recht von dem
Unrecht in den Handlungen des Menschen unterscheidet,
dann heißt es *Moralischer Sinn* oder *Moralisches Gefühl.*
Z.B. Ich sehe, daß ein Mensch den andern schlägt, ohne
Recht und Ursach dazu zu haben; das ist mir unangenehm;
ich fühle, daß diese That unrecht ist.
Ich fühle ganz anders, wenn ich sehe, daß der Vater seinen
unartigen Sohn bestraft, daß der Wundarzt einem Kranken
Schmerzen verursacht, um ihn zu heilen. – Angenehm ist mir
die Sache nicht, aber ich fühle doch, daß sie gut ist.

§. 21.

Ich fühle auch von meinen Handlungen, die ich thun will,
oder schon gethan habe, daß sie gut oder schlecht, recht oder
unrecht sind. Dieses unterscheidende Gefühl des Rechts und
Unrechts heißt das *Gewissen.*

[16]   §. 22.

Wenn das Gewissen zukünftige Handlungen unterscheidet, mit Lust für gute Handlungen, und Widerwillen gegen böse vergesellschaftet ist, so daß es zum Gutesthun ermuntert und vom Bösesthun abhält, nennt man es auch – ein *gutes Herz.* [...]

[Die Verstellung]

[232]   §. 243.

Zu diesen Hindernissen allen gesellet sich die *Verstellung.* [...] Ich spreche von der reellen Verstellung, welche ein andres Betragen äußert, als das, was die Gesinnungen heischen.

Diese Verstellung ist sehr gemein. Wir bedürfen des Wohlwollens, der Freundschaft Andrer, wir wollen ihre Liebe und Achtung gewinnen, wir suchen uns ihnen auf einer vortheilhaften Seite zu zeigen; und dieses zwingt uns manches ab, daß wir ohnedieß nicht thun würden. Wir verbergen unsre wahre Gesinnungen.

§. 244.

Und zwar ist diese Verstellung nicht immer absichtlich und willkührlich, geschweige denn [233] betrügerisch und böse. So bald der Mensch mit Andern, mit denen er nicht ganz vertraut ist, sie mögen ihm gleichgültig seyn oder nicht; sobald, sage ich, der Mensch mit Andern zusammenkommt, so hat die Gegenwart der Andern auf ihn eine solche Kraft, daß sie ihn einschränkt, manche Gedanken und Triebe bei ihm unterdrückt, manche Aeußerungen seines Characters, ohne sein Wissen und Wollen, zurückhält. Mit einem Wort – vor Andern ist der Mensch ein andrer, als in der Einsamkeit und mit seinen Vertrauten. Und selbst gegen seine Vertrauten zeigt er sich sehr selten ganz bloß.

Dahin zielt die ganze feine Bildung für die Welt; sie lehrt ihn alle Affecten, die etwas widriges oder unbequemes haben möchten, in seinem Herzen verbergen; sie lehrt jeden Ausbruch der Leidenschaften mildern; sie lehrt gefällige Neigungen äußern, man mag sie wirklich haben, oder nicht; sie lehrt die Stärke der besten Empfindungen mäßigen – Denn selbst Freundschaft und Liebe dürfen den Zwang der eingeführten Anständigkeit nicht abwerfen. Dieser Firniß der Gefälligkeit, des Anstandes und der Mäßigung macht den Umgang mit den Menschen bequemer, schöner und gefälliger, aber unsicherer. Man darf sich auf die Versicherungen der feinen Welt nicht verlassen.

[234] Es ist also schwer, sich der Neigungen der Menschen, und des, was sie thun und lassen werden, zu versichern. Der Freund gefällt mir, seine Liebe erfreut mich, sein Verhalten ist gut, noch hat er mir keine Untreue bewiesen – Allein, wer weiß,*ob er derselbe bleiben wird; wer weiß, ob nicht ein andrer ihn mir abwendig machen kann? [...]
Ihr jungen Freunde! für Euch besonders ist diese Lehre. Euer empfindungsvolles Herz, das noch kein Mißtrauen kennt, glüht leicht von dem Feuer der Freundschaft – es öffnet sich geschwind, und verschwendet sein Vertrauen. Dadurch ist mancher unter Euch ins äußerste Elend gestürzt worden. Sehet Euch vor. Nur eine lange und scharfsichtige Beobachtung kann Euch einige Sicherheit geben. [...]

[Kritik des Erzählens und der Geschichtsschreibung]

[268]   §. 267.
Vornemlich mit den Erzählungen hat es seine sonderbare Bewandtniß. Wenige Leute haben die Gabe, recht zu sehen, was sie sehen. Dieses hängt zum Theil von den Irrungen der Sinne, des Gedächtnisses, und von dem Mangel an einem treuen Gedächtniß, ab; theils rührt es von den Absichten und den Leidenschaften, die man beim Sehen und Erzählen hat, her. Wenn hundert Menschen ein und dasselbe Schauspiel gesehen haben, kann man sicher darauf rechnen, daß

man hundert verschiedene Erzählungen von Augenzeugen haben wird. [...]

[271]   §. 269.

Einbildung und Leidenschaften tragen das Ihrige bei, der Sache ein andres Ansehen zu geben. Beim Erzählen erhitzt sich die Fantasie und mahlt die Scenen lebhaft aus. Der eine will loben, der andre tadeln; und dadurch setzen sie die Sache in ein neues Licht. Mancher nimmt an der einen oder der andern Partei Theil, erhebt das Betragen und die Vortheile des einen, schwärzt an und verkleinert alles, was den Andern angeht. Wenn Krieg ist, darf man nur die Manifeste und Zeitungen der beiden Parteien lesen, oder zwei Personen ihre Zwistigkeiten erzählen hören, um zu lernen, wie viel die Leidenschaften der Wahrheit schaden.

§. 270.

In der Erzählung sieht die Sache immer etwas anders aus, als in der That. Z. B. man lese den Plan einer Erziehungsanstalt. Es ist ausgemacht, daß der Leser eine weit höhere und angenehmere Idee von der Sache daraus nehmen wird, als aus der Anschauung der Anstalt selbst. In der Geschichte sind die Begebenheiten auffallender, als in der That. [...]
[272] Die Geschichte erzählt nur große Begebenheiten, die kleinen läßt sie weg. Sie sagt: *Hier siegte unser Held.* Sie erzählt aber nicht jedesmal, was der Sieg kostete, sie kann uns die Angst, das Blutbad nicht vorstellen; und so denken wir nur Muth, Tapferkeit, Kriegeskunst, Siegesgeschrei – lauter angenehme Bilder. Oftmals verschweigt die Geschichte die Fehler ihres Helden, und machts wie jener Mahler, der seinen Helden, der nur Ein Auge hatte, von der Seite dieses Auges mahlte.
Der Plan sagt die Hauptsachen, den Zweck, die vornehmsten Mittel. Die Schwierigkeiten, den Verdruß, das ganze Detail sagt er nicht. Er sagt, was man *thun will* – und das ist [273] zuweilen etwas andres, als was man thut. So lauert uns die Täuschung überall auf. [...]

[285]   §. 288.
Noch mißlicher ist die eigentliche Geschichte. Kaum kann
man die Wahrheit einer ganz simpeln Geschichte mit Zuver-
lässigkeit erfahren, die in unsrer Straße vor einer Stunde geschehen ist. Wie kann man sich versprechen, die Wahrheit
einer zusammengesetzten Geschichte zu erfahren. [...]

[288]   §. 290.
Die Geschichtschreiber haben, sowol als die Philosophen,
ihre Lieblingsideen – sie haben ihr Interesse, Furcht oder
Hoffnung, Liebe oder Haß – nach diesem müssen die Begebenheiten sich bequemen.
Voltaire, wenn man ihm seine Untreue in der Geschichte
vorhielt, soll geantwortet haben [289] – *Wenn es nicht so
gewesen ist, so hätte es doch so seyn sollen.* Dieser Grundsatz giebt keine wahre Geschichten.

                         §. 291.
Man kann also die Geschichte nicht mit Vertrauen auf das
Zeugniß ihrer Autoren lesen; man muß dabei immer auf
Wahrscheinlichkeit sehen, und prüfen, ob die Erzählung
glaubwürdig ist.
Was wird das aber helfen? – das Glaubwürdige ist nicht
immer wahr. [...]
Manches ist unwahrscheinlich in der Erzählung, und ist
doch geschehen. Manches scheint nur unwahrscheinlich,
weil einige Umstände ausgelassen sind, die die Sache ins
rechte Licht setzen.
Und zuletzt – wir finden unwahrscheinlich, was von unsern
Sitten, Gebräuchen und Einrichtungen abgeht. Z.B. viele
Könige der alten Zeit waren kaum heutige Dorfjunker. Es
war nicht schwer, mit einiger Mannschaft ein Paar derselben
zu überwinden. [...]

JOHANN FRIEDRICH ERNST KIRSTEN

Seelenlehre für die Jugend nach den Grundsätzen der Kantischen Philosophie, in dialogischer Form. Zum Gebrauch für die höheren Klassen in Gymnasien und Schulen. Nebst einem Anhange für Leser, die sich bloß von dem unterrichten wollen, was die kritische Philosophie lehrt.

(1800)

[37]   *Von der Zeit.*

Hegio. Der Raum ist also etwas, was wir bey allen Menschen voraussetzen können, weil er gleichsam eine Eigenschaft der menschlichen Natur ist, und dadurch auch eine nothwendige Eigenschaft aller Dinge außer uns wird, weil wir uns dieselben nur unter dieser Form vorstellen können. Wie kommen aber diese Vorstellungen von Dingen außer uns zu unserm Bewußtseyn? Können wir uns mehrere Dinge, z. B. den Tisch, das Buch, den Ofen, auf einmal vorstellen, oder entstehen nicht vielmehr diese Vorstellungen in einer Folge auf einander in unserm Gemüthe?

Pythias. Wir stellen uns die Gegenstände nach einander vor.

Hegio. Dieses ist der Begriff *der Zeit.* Sie besteht *in einem vor- und nach einander seyn.*

Pythias. Die *Zeit* wird also auch durch eine Einrichtung unsers Gemüths erzeugt?

[38] Hegio. Ohne Zweifel. Dieß bestätiget auch der Sprachgebrauch. Dann sagen wir sey Zeit verflossen, wenn mehrere Vorstellungen und Veränderungen unsers Gemüths auf einander gefolgt sind. Es schlägt jetzt Ein Uhr; wir haben eine Vorstellung davon. Es wird dadurch unser Gemüth verändert. Wir hören hernach die Uhr zwey schlagen. Wir bezie-

hen diese beyden Veränderungen auf einander, und sagen, es sey Zeit verflossen.

Pythias. Die Zeit wird also vom Gemüthe erzeugt. Sie entsteht durch die ursprüngliche Einrichtung unsers Empfindungsvermögens, daß wir alles nur *vor und nach einander,* uns vorstellen können. Es müßte daher auch der Grund, warum wir jetzt Ein Uhr und hernach zwey Uhr schlagen hören, von unserm Gemüthe abhängen. Und dieß kömmt mir sehr unnatürlich vor, davon kann ich mich unmöglich überzeugen.

Hegio. Du mußt einen Unterschied machen zwischen der Zeit überhaupt und zwischen einer *bestimmten Zeit.* Die bestimmte Zeit von Ein bis zwey Uhr, die wir eine Stunde [39] nennen, ist freylich etwas willkührliches, und wird von Dingen außer uns bestimmt; daß es aber Zeit überhaupt giebt, dieß ist eine Folge von der Einrichtung unsers Gemüths, das nur für Vorstellungen *nach einander* Empfänglichkeit hat.

Pythias. Wenn nun aber der Raum und die Zeit von unserm Gemüthe an den Dingen hervorgebracht werden, so haben ja wohl die Dinge an und für sich, wenn wir sie uns nicht vorstellen, eine andere Beschaffenheit?

Hegio. Die Dinge sind nur da, in wie ferne wir sie empfinden. Ein unterirdisches Feuer z. B., von welchem niemand sich eine Vorstellung machte, wäre kein Ding, nicht einmal etwas denkbares. Man kann daher gar nicht von wirklichen Beschaffenheiten der *Dinge an sich* sprechen, weil eigentlich die *Dinge an sich,* Dinge, die sich keine Seele vorstellt, Dinge, von denen kein Auge etwas gesehen, kein Ohr etwas gehöret hat, gar keine Dinge sind.

Pythias. Also wären alle Dinge, z. B. auch der [40] Stuhl, auf dem ich sitze, nur in meiner Vorstellung vorhanden?

Hegio. Das nicht. Wenn ich behaupte dieser Stuhl ist nur vorhanden, wenn ich eine Empfindung davon habe, oder mir ihn vorstelle; so wird dadurch nicht behauptet, daß er nur in meiner Vorstellung vorhanden wäre, daß er gar nichts außer mir wäre. Es kann gar wohl etwas außer mir seyn, das aber, weil ich auf keine Weise etwas davon empfinde oder denke, *für mich* so viel als = o ist. Gesetzt aber auch, die Dinge *an sich* wären als etwas wirkliches außer uns vorhanden, so könnten wir von ihrer Beschaffenheit gar nichts wissen, weil sie nur unter den bestimmten Eigenschaften des Raums und der Zeit uns erscheinen können. Man schreibt deßwegen auch der Seele ein bestimmtes Vermögen zu, die äußern Dinge zu empfinden und uns vorzustellen. Dieses Vermögen heißt die *Sinnlichkeit,* und die sinnlichen Empfindungen nennt man Anschauungen. [...]

[66]   *Vom Begriffe eines Objectes,
eines Dinges überhaupt, und seinem Ursprunge.*

Hegio. Warum geben wir diesem schwarzen Körper, den wir in der Anschauung wahrnehmen, eine besondere Benennung?

[67] Pythias. Um ihn von andern Dingen zu unterscheiden.

Hegio. Wie wird er durch das Wort *Ofen,* von andern Körpern unterschieden?

Pythias. Das weiß ich nicht.

Hegio. Was denkst du, wenn ich das Wort *Ofen* ausspreche?

Pythias. Ich denke an den Ofen, an den Körper von dieser bestimmten Größe, Figur und Beschaffenheit, wie ich ihn hier sehe.

Hegio. Warum unterscheiden wir aber diesen Körper von andern, die mit ihm in Verbindung stehen, z. B. von der Wand, mit der er genau zusammenhängt?

Pythias. Der Ofen hat eine andere Gestalt, eine ganz andere Farbe, als die Wand.

Hegio. Wodurch wird also der Ofen zum beson-[68]dern, von allen übrigen unterschiedenen *Dinge,* oder Objecte?

Pythias. Dadurch, daß wir uns seine, von allen übrigen, was wir wahrnehmen, verschiedenen Eigenschaften, denken.

Hegio. Was wird aber erfordert, wenn wir wahrnehmen sollen, daß der Ofen von allen übrigen Anschauungen verschiedene Eigenschaften habe?

Pythias. Wir müssen die Eigenschaften des Ofens mit den übrigen Anschauungen vergleichen.

Hegio. Ist diese Vergleichung ein Werk der bloßen Wahrnehmung?

Pythias. Nein, es wird vielmehr eine besondere Kraft der Seele dazu erfordert.

Hegio. Kann nun wohl in der bloßen Wahrnehmung, bey welcher noch keine Vergleichung des Verschiedenen statt findet, der Ofen, Ofen seyn? Kann er in der bloßen Wahrnehmung ein besonderer Gegenstand seyn?

[69] Pythias. Auf keine Weise.

Hegio. Was wird also zu der bloßen Wahrnehmung des Ofens für ein Merkmal von uns noch hinzugebracht, wenn wir uns den Ofen denken?

Pythias. Das Merkmal des *besondern Dinges oder Gegenstandes.*

Hegio. Das ist außer allen Zweifel. Das Merkmal eines *Dinges* finden wir in keiner Wahrnehmung, da nun aber außer uns lauter Dinge sind, so muß unser *Gemüth* diese Dinge geschaffen haben, so wie es Raum und Zeit außer uns hervorbringt.

Pythias. Ich habe bisher geglaubt, Gott hätte alle Dinge geschaffen; aber auf diese Weise wird ihm diese Ehre von unserm Gemüthe streitig gemacht. Das kann ich doch noch nicht ganz begreifen.

Hegio. Wenn wir erwiesen haben, daß unser Gemüth das Merkmal eines *Dinges* hervor-[70]bringt, und also die Gegenstände (Objecte) außer uns schafft, so kann nur der Widerstreit, in welchem diese Wahrheit mit einem alten Glauben steht, uns veranlassen, die Gründe dieser Wahrheit noch einmal zu prüfen. Finden wir bey wiederholter Prüfung die

Gründe für eine Wahrheit ausreichend, so muß der alte Glaube, der neuen Wahrheit weichen. – Aber hier in diesem Falle, wenn es uns bloß darum zu thun ist, die Ehre Gottes zu retten, haben wir nicht nöthig vor dem Satze: daß unser Gemüth die Objecte in der Sinnenwelt erschafft, zu erschrecken. Denn das Wort *Ding* oder *Object* ist eigentlich nur eine leere Form. Wenn eine Bleykugel entstehen soll, so muß wirkliches Bley in die Form hineingegossen werden. Sollen wirkliche Dinge in der Sinnenwelt vorhanden seyn, so muß etwas wahrgenommen werden, was unser Gemüth als Ding oder Object denkt, ohne etwas außer uns, was nicht von uns abhängig ist, würden keine Dinge da seyn.

Kinderlieder und -gedichte

Die Kinderlyrik der Aufklärung besteht zu einem großen Teil aus Anleihen bei der ›Erwachsenenliteratur‹ – in einem größeren Ausmaß jedenfalls, als dies – die Fabel ausgenommen – bei anderen Gattungen der Fall ist. Gedichte und Lieder, die ursprünglich gar nicht für Kinder bestimmt waren, werden in die moralischen Lese- und Unterhaltungsbücher, in die Zeitschriften, Almanache und Kalender für Kinder aufgenommen und finden so ihr jugendliches Publikum. Die Anleihen werden bei den verschiedensten Autoren gemacht: bei Hagedorn, Gellert, Gleim, Ramler, Musäus u. a. und natürlich bei Matthias Claudius. In den siebziger und achtziger Jahren gewinnt die Lyrik des Göttinger Hain eine größere Bedeutung für die Lesebuch-Herausgeber: Verstärkt finden sich Lieder und Gedichte von Hölty, Bürger, Voß und den Stolbergs. Der Kinderlyriker Christian Adolf Overbeck steht in Verbindung mit dieser Schriftstellergruppe. Die Lyrik der genannten Autoren ist heute leicht zugänglich, und noch jüngst haben Herbert Heckmann und Michael Krüger Lieder und Gedichte zusammengetragen, die in die Kinderliteratur eingegangen sind (siehe Literaturhinweise). So mag es an dieser Stelle genügen, wenn der beschriebene Anleihevorgang anhand eines Falles nur dokumentiert wird: am Beispiel nämlich der wohl berühmtesten Kinder-Anthologie der Aufklärung, der Campeschen »Kleinen Kinderbibliothek«. – Zur Sprache kommen soll hier die speziell und ausdrücklich für Kinder und Jugendliche produzierte Lyrik, die 1766 mit Christian Felix Weisses »Liedern für Kinder« einsetzt. Ob diese ›spezifische‹ Kinderlyrik beim jugendlichen Publikum mehr geschätzt wurde, ob sie die bessere Kinderpoesie oder ob ihr Kindbezug mehr eine Pose ist, mag dahingestellt sein. Die Auswahl jedenfalls will nicht nur die »schönsten« Kindergedichte zusammenstellen.

CHRISTIAN FELIX WEISSE

Lieder für Kinder.
(1766; 2. Aufl. 1767)

[5]
Das Veilchen.

Warum, geliebtes Veilchen, blühst
Du so entfernt im Thal?
Versteckst dich unter Blättern, fliehst
Der stolzern Blumen Zahl?

Und doch voll Liebreiz duftest du,
So bald man dich nur pflückt,
Uns süße Wohlgerüche zu,
Als manche, die sich schmückt.

Du bist der Demuth Ebenbild,
Die in der Stille wohnt,
Und den, der ihr Verdienst enthüllt,
Mit frommen Dank belohnt.

[7]
Der May.

Es lächelt aufs neu
Der fröhliche May
In buntem festlichen Kleide.
Von Höhen und Thal
Tönt überall
Die süße Stimme der Freude.

In Wiesen und Flur
Giebt uns die Natur
Die schönsten Blumen zu pflücken.

Drum will ich zum Tanz
Mit einem Kranz
Die blonden Haare mir schmücken.

Doch sollt ich nicht den,
Der alles so schön
Erschuf, erst brünstig erheben?
Durch Jubelgesang
Preis ihn mein Dank,
Doch mehr: mein künftiges Leben!

[16]   *Die kleinen Leute.*

In Lilliput, ich glaub es kaum,
Doch Swift erzählts, sind Leute
So groß, als ungefähr mein Daum:
Man denk erst in der Weite!
Da müssen sie gewiß so klein,
Als bey uns eine Mücke seyn.

O wär ich dort, wie groß wär ich!
Man nennte mich den Riesen,
Und mit den Fingern würd auf mich,
Wo man mich säh, gewiesen!
Dort, sprächen sie, dort gehet er!
Und vor mir gieng das Schrecken her.

Doch wenn ich nun nicht klüger wär,
Als itzt; sie aber wären
Gesitteter, verständiger,
Wie! würden sie mich ehren?
Ich glaube kaum. Sie würden schreyn:
Groß an Gestalt, am Geiste klein!

Lieder

für

Kinder.

Leipzig,

bey M. G. Weidmanns Erben und Reich.

1767.

[29]   *Der arme Mann.*

                  Bruder und Schwester.

                       Schwester.
              Bruder! sieh den armen Mann
              Doch nicht in der Näh so an!
              Wie verhungert! wie zerrissen!
              Nein, mich schaudert hinzugehn! –
              Aber du? – so möcht ich wissen,
              Was du willst an ihm ersehn!

                        Bruder.
              Laß mich immer näher gehn,
              Und sein ganzes Elend sehn!
              Man lernt nie sein Glück erkennen,
              Wenn man nicht das Elend kennt,
              Noch für den voll Dank entbrennen,
              Der uns dieses Glück gegönnt.

[43]   *Der Seiltänzer.*

              Ich hab ihn gesehen,
              Den künstlichen Mann,
              Auf einem Seile gehen,
              So gut ichs auf der Ebne kann.

              Ich muß es wohl sagen,
              Das fordert viel Müh:
              Doch möcht ich etwas fragen:
              Die seltne Kunst – was nützet sie?

FRIEDRICH JUSTIN BERTUCH:

Wiegenliederchen.

(1772)

[13]   *Die Jugend.*

Süß ist des Lebens Morgenröthe
Die, Kind, auf deinen Wangen glüht,
Süß wie die Rose, die erst späte
Im Herbst am Stocke lächelnd blüht,

[14]   Sanft schlummerst du dem Tag entgegen
Der unenthüllt noch vor dir liegt;
Genieß des Himmels reinsten Seegen
Jetzt, und wenn man dich nicht mehr wiegt.

Gesundheit schütze deine Wiege
Die dir den holden Schlaf versüßt,
Sie glänz’ aus jedem deiner Züge
Wenn zärtlich dich die *Mutter* küßt.

Verschlummre manche trübe Stunde
Die dir, als Mensch, das Leben droht;
Jetzt lächelt mit dem Rosenmunde
Dir noch sein schönes Morgenroth.

[15]   Süß, wie der weiche Ton der Flöte
Der sich durch Abend-Fluhren zieht,
So ist des Lebens Morgenröthe,
Die, *Kind,* auf deinen Wangen glüht.

[18]   *Der Schmetterling.*

Es war einmahl ein hůpsches Ding
Von Farbe und Gestalt,
Ein kleiner bunter Schmetterling
Erst wenig Stunden alt.

Sein breit und doppelt Flůgel Paar
War purpurroth und blau,
Gesåumt war es mit Golde gar,
Das trug er recht zur Schau.

[19]   Zu allen Blumen flog er hin,
Und, wie mein Måhrchen spricht,
Rief er, »Seht doch wie schön ich bin,
Gefall ich euch denn nicht?

Gewiß kein Mådchen ist so schön
So schön wie ich geputzt,
Kein junger Herr, ihr můßt's gestehn,
Der ganz in Golde stutzt,

Gleicht mir.« Hier traf von ohngefåhr
Der kleine bunte Mann,
Im Klee, von süßer Beute schwer,
Ein Bienchen saugend an.

[20]   »Weg Biene! schrie er, packe dich!
Wie håußlich siehst du aus!«
»Thor! låchelte sie, kennst du mich?
Komm erst und sieh mein Haus.

Verdienst nur ist es, glaube mir,
Womit man stets gefållt.
Wo aber giebt dein Putz es dir?
Was nůtzt dein Putz der Welt?«

[34]   *Das Vogelnest.**

In einem dichten Busche hatte
Ein Vôgelchen sein Nest gebaut,
Und froh sang ihm sein lieber Gatte
Manch Liedchen eh' der Tag noch graut.

Bald waren Junge in dem Neste.
Nun trug es ohne Rast und Ruh
Aus allen Gegenden das beste
Zu ihrer Nahrung liebreich zu.

[35]   Nichts glich der Freude und dem Glûcke
So unser Vôgelchen empfand,
Wenn es zu seinem Nest zurûcke
Kahm und die sûße Brut noch fand.

Doch bald entriß ein bôser Junge
Ihm unbarmherzig Ruh und Lust;
Er kahm und nahm in vollen Sprunge
Das Nestgen so er lângst gewust.

»O Râuber! schrie es, meine Kleinen!
Gieb, gieb mir die geliebte Brut!
Kannst du so hart, so grausam, meinen
Daß mir dein Raub nicht wehe thut?«

[36]   Taub, bey des armen Vogels Klagen,
Nahm er das Nest und sprang davon.
Doch kaum hatt' er es weggetragen,
So starb das Vôgelchen auch schon.

O sûßes Kind! bey Andrer Schmerzen
Fûhlt edles Blut Barmherzigkeit.
Stets glûh' in deinem weichen Herzen
Heiß das Gefûhl der Menschlichkeit.

* Nach dem Spanischen des *Villegas:* Yo vi sobre un tomillo etc.

GOTTLOB WILHELM BURMANN

Kleine Lieder für kleine Mädchen, und Jünglinge.

(1777)

[12]   *Empfindungen der Kindheit.*

Kindheit! Frühling meines Lebens,
Laß mich deiner würdig seyn!
Mein Erziehn sey nicht vergebens
Denn sonst bleib ich immer klein;
Früh verschöne mich die Tugend
Früh verfeinre mich Verstand:
Und in meiner ersten Jugend
Sey mir Gott und Welt bekannt.

Lasse mich bey Spiel und Freuden
Sittsam und verständig seyn;
Himmel mache mich bescheiden,
Mache meine Seele fein,
Daß ich nie den Puppen gleiche,
Welchen Geist und Seele fehlt:
Daß ich eine Pracht erreiche,
Die der Engel selber wählt.

[13]   Lasse mich der Eltern Freude
Und der Tugend Ehre seyn;
Kein Gepränge mit dem Kleide:
Nur ein schönes Herz sey mein!
Würdig vor dem Himmel wandeln,
Kröne jeden Augenblick:
Edel denken, edel handeln,
Dies sey meines Lebens Glück!

[44]   *An die Puppen.*

    Ihr niedlichen Puppen
    Ich hab euch geputzt;
Doch sagt mir: wozu ihr was nutzt?
Ihr niedlichen Dinger, ihr Puppen!

    Wohin ich euch trage
    Da bleibet ihr stehn;
So lernet doch denken und gehn
Und folgt mir: und thut, was ich sage!

    Ihr kläglichen Puppen
    So prächtig ihr gleißt:
Fehlt dennoch euch Leben und Geist,
Ach Mädchen, ach werdet nicht Puppen!

[96]   *Der wilde Knabe.*

Ach, wie der kleine Jacob schwitzt!
    Er hat mit Gassen-Jungen
Sich außerordentlich erhitzt
    Und ist herumgesprungen!
Wenn ihn nun sein Papa wird sehn,
    Was wird wohl dieser sagen?
Betroffen wird er vor ihm stehn,
    Die Augen zugeschlagen!

[97]   Nein, Freude seh Papa an mir!
    So will ich ihn nicht grämen,
Und Wohlgezogenheit von dir
    Das muntre Wesen nehmen;
Stets will ich mich als Knabe freun
    Und scherzen, spielen, singen,
Doch niemals ungezogen seyn:
    Und wie ein Wildfang springen.

[118]   *Arbeit.*

Arbeit macht das Leben süß
Macht es nie zur Last;
Der nur hat Bekümmerniß,
Der die Arbeit haßt.
Kräfte gab uns die Natur
Zu Beruf und Pflicht;
Faule Müßiggänger nur
Gähnen, leben nicht.

[119]   Arbeit ist der Menschheit Loos
Ohne Müh und Fleiß
Ist kein Mensch auf Erden groß;
Ehre fordert Schweiß!
Bey Gebet und Arbeit nur
Lebt man menschlich schön:
Keinen Staub in der Natur
Sieht man stille stehn!

Arbeit und Betriebsamkeit
Geben Ruhm und Brod;
Müßiggang und Schläfrigkeit
Sind schon halber Tod!
Bey Geschäften wird man alt;
Hat uns Jeder lieb;
Einen Faulen nennt man bald
Einen Tagedieb.

[120]   Etwas handeln muß der Mensch
Wenn er Mensch will seyn!
O ich will, als junger Mensch
Schon geschäftig seyn –
Unbeträchtlich sey mein Thun,
Ich thu was ich kann:

Nach der Arbeit ist gut ruhn,
Arbeit macht zum Mann!

Nervt den Leib, giebt frohen Muth
Und zufriednen Sinn:
Schafft im Körper rasches Blut
Wuchert mit Gewinn!
O mir kleinem Knaben sey
Früh schon Arbeit Lust;
Müßiggang und Tändeley
Schimpft die Knabenbrust!

CHRISTIAN ADOLF OVERBECK

Frizchens Lieder.

(1781)

[19]   *An den May.*

Komm, lieber May, und mache
Die Bäume wieder grün,
Und laß mir an dem Bache
Die kleinen Veilchen blühn!
Wie möcht' ich doch so gerne
Ein Blümchen wieder sehn!
Ach lieber May, wie gerne
Einmal spaziren gehn!

In unsrer Kinderstube
Wird mir die Zeit so lang;
Bald werd' ich armer Bube
Für Ungeduld noch krank.

Ach, bey den kurzen Tagen
Muß ich mich oben drein
Mit den Vokabeln plagen,
Und immer fleissig seyn.

[20]   Mein neues Steckenpferdchen
Muß jezt im Winkel stehn,
Denn draussen in dem Gärtchen
Kann man für Schnee nicht gehn.
Im Zimmer ists zu enge
Und stäubt auch gar zu viel,
Und die Mama ist strenge,
Sie schilt aufs Kinderspiel.

Am meisten aber dauret
Mich Lottens Herzeleid;
Das arme Mädchen lauret
Auch auf die Blumenzeit.
Umsonst hohl' ich ihr Spielchen
Zum Zeitvertreib heran;
Sie sizt in ihrem Stühlchen,
Und sieht mich kläglich an.

[21]   Ach, wenns doch erst gelinder
Und grüner draussen wär!
Komm, lieber May, wir Kinder
Wir bitten gar zu sehr!
O komm, und bring vor allen
Uns viele Rosen mit;
Bring' auch viel Nachtigallen,
Und schöne Kukuks mit!

[66]   *An meine Bûcher.*

Die ihr mit meiner Nase,
Und meinem Augenpaar,
Wie mit dem Deckelglase
Mein Kupferstich-Husar,
Im engen Bûndniß stehet,
Und mir wohl dann und wann
Das Kôpfchen so verdrehet,
Daß ichs kaum stûzen kann:

Ihr steht da schôn und niedlich
Auf meinem grûnen Pult,
So ruhig und so friedlich,
Mit reiner Lammsgeduld.
Was treibt ihr denn fûr Wesen,
Und fûr Gelârm mit mir,
Wenn ich in euch muß lesen;
Ihr bôsen Bûcher, ihr?

[67]   Da nehm ich euch zu Hânden;
Poz! augenbliklich wird
Mirs eng in den vier Wânden,
Und Kôpfchen ist verwirrt.
In Garten denn hinunter!
Ach lieber Himmel, ach!
Da werd' ich gar zu munter,
Und denk' an Blum' und Bach.

Nur zur Mama ins Zimmer;
Ja, ja! da hângt nun gar
Ein Bildchen, das mich immer
Anzieht mit Haut und Haar.
Und, ist die muntre Lotte
Nun vollends selber dort,
Troz eurem ganzen Spotte,
All mein Latein ist fort!

[68]   Wie wird es mit uns gehen?
         Die Schwierigkeit ist arg.
         Doch muß ich auch gestehen,
         Ihr löhnet gar zu karg.
         Hab' ich mich nun gezwungen,
         Bin, wie die Kaz' im Thon,
         Durch Schwarz und Weiß gedrungen,
         Was ist denn nun mein Lohn?

         Ein Haufen dürre Sachen,
         Womit ich noch zur Stund
         Gar wenig weiß zu machen;
         Nicht schädlich, nicht gesund.
         Mit Schwizen und mit Pressen
         Heut mühsamlich erjagt,
         Und morgen schon vergessen,
         Wie mein Präzeptor sagt.

[69]   Mag mein Präzeptor sagen!
         Wenn er mir für den Fleiß
         In diesen schönen Tagen
         Nur Rath zu schaffen weiß.
         Das Bildchen in dem Zimmer
         Muß fort, das merk' ich schier;
         Denn sonsten wird wol nimmer
         Ein Cicero aus mir.

[113]   *Feldlust.*

         Hinaus ins Feld! und Lauf und Sprung
         Getrieben sonder Scheu!
         Es giebt der stillern Tage gnung,
         Da sizt man auf dem Ey.

Doch so wie heute sizt man nicht,
Man rent so weit man kann,
Mit freudehellem Angesicht,
Feldein und Berghinan.

Und dünket sich ein Kerl, ein Held,
Der sich zu tummeln weiß,
Der, wenn er aus dem Gleise fált,
Sich wieder schwingt ins Gleis.

Gottlob, daß ich ein Junge bin,
Der nichts zu schnüren hat!
Denn Lotte selbst, die Lieblingin,
Sie daurt mich in der That!

[114]   Sie kann doch lange nicht so rasch
Im muntern Lauf sich drehn;
Und gehts nur irgend etwas basch,
Muß sie von ferne stehn.

Gottlob, daß ich ein Junge bin,
Mit Hosen angethan,
Der seinen frohen freyen Sinn
Lebendig machen kann!

Willkommen, Feld und Busch und Thal!
Willkommen schóner Baum!
Ihr kleinen Sánger alzumal
In jenes Wipfels Raum!

Gebt Acht, ich klettre zu euch hin,
Und mach' ein Lied mit euch;
Denn weil ich nun ein Junge bin,
Seht ihr, so geht das gleich.

[115]   Kömt Lotte dann von ungefähr,
             Und suchet Schatten hier,
             Und sieht nach Blumen sich umher –
             Mit einmal piep' ich ihr.

             O Wunder! was ist das für Klang?
             Sie sucht, und weiß nicht wie?
             Dann fall' ich plötzlich mit Gesang
             Darein, und schrecke sie.

             Doch gleich ist alles wieder gut,
             »Will er herunter, er?« –
             Dann schick' ich erst ihr meinen Hut,
             Und mich selbst hinterher.

[138]   *Der Abend.*

                 Der Abend ist gekommen,
                 Die Welt ist ohne Licht;
                 Mein Täubchen sizt beklommen,
                 Und kent die Gegend nicht.
                 Es möchte gern in Schlummer
                 Sein Aeuglein decken zu:
                 Doch eines macht ihm Kummer,
                 Und gönt ihm keine Ruh.

                 Sein Mänchen ist geflogen
                 Wol über manches Haus,
                 Ist viel umher gezogen;
                 Und bleibt noch immer aus.
                 Das Täubchen kann nicht rasten,
                 Das Täubchen sizt beklemt;
                 Es wird so lange fasten,
                 Bis Mänchen wiederkömt.

[139]   Ach, wie dem armen Täubchen,
          So ist auch mir zu Sinn!
          Mir fehlt ein kleines Weibchen;
          Ach, Lotte floh dahin!
          Und Frizchen kann nicht rasten,
          Und Frizchen sizt beklemt;
          Er wird so lange fasten,
          Bis Lotte wiederkömmt!

JOACHIM HEINRICH CAMPE (Hrsg.)

Kleine Kinderbibliothek

(1779–1785)

[Bd. 1, S. 103]   *Täglich zu singen.*

    Ich danke Gott, und freue mich,
        Wie's Kind zur Weihnachtsgabe,
    Daß ich bin, bin! Und daß ich dich,
        Schön menschlich Antliz, habe;

    Daß ich die Sonne, Berg und Meer,
        Und Laub und Gras kan sehen,
    Und Abends unterm Sternenheer
        Und lieben Monde gehen;

    Und daß mir dan zu Muthe ist,
        Als wenn wir Kinder kamen,
    Und sahen, was der heil'ge Krist
        Bescheert' und wir dan namen.

Ich danke Gott mit Saitenspiel
    Daß ich kein König worden;
Ich wår geschmeichelt worden viel,
    Und wår vielleicht verdorben.

[104]   Auch bet' ich ihn von Herzen an,
    Daß ich auf dieser Erde
Nicht bin ein großer reicher Man,
    Und auch wohl keiner werde.

Denn Ehr' und Reichthum treibt und bläht,
    Hat mancherlei Gefahren,
Und vielen hat's das Herz verdreht,
    Die weiland wakker waren.

Und al das Geld und al das Gut
    Gewährt zwar viele Sachen;
Gesundheit, Schlaf und guten Muth
    Kan's aber doch nicht machen.

Und die sind doch, bei Ja! und Nein!
    Ein rechter Lohn und Seegen!
Drum wil ich mich nicht groß kastei'n
    Des vielen Geldes wegen.

Gott gebe mir nur jeden Tag
    So viel ich darf zum Leben.
Er gibts dem Sperling auf dem Dach,
    Wie solt' ers mir nicht geben?

                                        Claudius.

[Bd. 2, S. 94]   *Abendlied.*

    Der Mond ist aufgegangen,
    Die goldnen Sternlein prangen
        Am Himmel hel und klar;

Der Wald steht schwarz und schweiget,
Und aus den Wiesen steiget
    Der weisse Nebel wunderbar.

Wie ist die Welt so stille,
Und in der Dämrung Hülle
    So traulich und so hold,
Als eine stille Kammer,
Wo ihr des Tages Jammer
    Verschlafen und vergessen solt!

Seht ihr den Mond dort stehen?
Er ist nur halb zu sehen,
    Und ist doch rund und schön.
[95] So sind wohl manche Sachen,
Die wir getrost belachen,
    Weil unsre Augen sie nicht sehn.

Wir stolze Menschenkinder
Sind doch recht arme Sünder
    Und wissen gar nicht viel;
Wir spinnen Luftgespinste
Und suchen viele Künste,
    Und kommen weiter von dem Ziel.

Gott, laß dein Heil uns schauen,
Auf nichts Vergänglichs trauen,
    Nicht Eitelkeit uns freun!
Laß uns einfältig werden,
Und vor dir hier auf Erden,
    Wie Kinder, from und frölich sein!

Wolst endlich sonder Grämen
Aus dieser Welt uns nehmen
    Durch einen sanften Tod;

Und wenn du uns genommen,
Laß uns in Himmel kommen,
   Du lieber treuer frommer Gott!

[96]   So legt euch denn, ihr Brüder,
In Gottes Namen nieder!
   Kühl ist der Abendhauch.
Verschon uns, Gott, mit Strafen,
Und laß uns ruhig schlafen
   Und unsern kranken Nachbar auch!

                 Claudius.

[Bd. 2, S. 113]   *Der alte Landmann
             an seinen Sohn.*

Ueb' immer Treu und Redlichkeit
Bis an dein kühles Grab;
Und weiche keinen Fingerbreit
Von Gottes Wegen ab.

Dan wird die Sichel und der Pflug
In deiner Hand so leicht!
Dan singest du beim Wasserkrug,
Als wär' dir Wein gereicht;

Dan wirst du, wie auf grünen Aun,
Durchs Pilgerleben gehn;
Dan kanst du sonder Furcht und Graun
Den Tod ins Auge sehn.

[114]   Dan suchen Enkel deine Gruft
Und weinen Tränen drauf;
Und Sommerblumen, vol von Duft,
Blühn aus den Tränen auf.

                 Hölty.

[Bd. 3 S. 124]   *Aufmunterung*
                        zur Freude.

      Wer wolte sich mit Grillen plagen
      So lang uns Lenz und Jugend blühn?
      Wer wolt' in seinen Blüthentagen
      Die Stirn in düstre Falten ziehn?
      Die Freude winkt auf allen Wegen,
      Die durch dies Pilgerleben gehn;
      Sie bringt uns selbst den Kranz entgegen,
      Wenn wir am Scheidewege stehn.

[125]   Noch rint und rauscht die Wiesenquelle;
      Noch ist die Laube kühl und grün;
      Noch scheint der liebe Mond so helle,
      Wie er durch Adams Bäume schien;
      Noch macht der Saft der Purpurtraube
      Des Menschen krankes Herz gesund;
      Noch labt uns in der Abendlaube
      Ein Kuß auf treuer Freunde Mund.

      Noch tönt der Busch vol Nachtigallen
      Dem Jüngling hohe Wonne zu;
      Noch strömt, wenn ihre Lieder schallen,
      Selbst in zerrißne Selen Ruh.
      O wunderschön ist Gottes Erde,
      Und wehrt, darauf vergnügt zu sein;
      Drum wil ich, bis ich Engel werde,
      Mich dieser schönen Erde freun.

                                Hölty.

[Bd. 5, S. 20]   *Das Dörfchen.*

      Ich rühme mir
      Mein Dörfchen hier!

Denn schönre Auen,
Als rings umher
Die Blikke schauen
Sind nirgends mehr.

[21]   Hier Aehrenfelder,
Dort Wiesengrün,
Dem blaue Wälder
Die Gränze ziehn.
An jener Höhe
Die Schäferei;
Und in der Nähe
Mein Sorgenfrei:
So nenn' ich meine
Geliebte, kleine
Einsiedelei;
Worin ich lebe,
Zur Lust verstekt;
Die ein Gewebe
Von Ulm und Rebe
Grün überdekt.
Dort kränzen Schlehen
Die braune Kluft;
Und Pappeln wehen
In blauer Luft.
Mit sanftem Nieseln
Schleicht hier gemach
Auf Silberkieseln
Ein heller Bach;
Fließt unter Zweigen,
Die über ihn
[22]   Sich wölbend neigen,
Erfrischend hin;
Und läßt im Spiegel
Den grünen Hügel,
Wo Lämmer gehn,

Des Ufers Büschchen
Und selbst die Fischchen
Im Grunde sehn.
Da gleiten Schmerlen
Und blasen Perlen.
Ihr schneller Lauf
Geht bald hernieder
Und bald herauf
Zur Fläche wieder.

Nein, schönre Auen,
Als rings umher
Die Blikke schauen,
Sind nirgends mehr!

                              Bürger.

[Bd. 5, S. 24]   *Ein Frühlingsliedchen.*

Ihr Freunde des Lenzen,
Erfreuet euch hier!
Umwindet mit Kränzen
Die Schläfe, wie wir.

Uns grünet die Weide,
Uns blühet der Hain;
Uns ladet zur Freude
Die Nachtigal ein.

Dem Hasser der Tugend
Nag' Unmuth die Brust:
Unschuldiger Jugend
Gebühret nur Lust.

Ja, Tugend und Freude
Sind ewig verwandt;

Es knüpfet sie beide
Ein himlisches Band.

[25]   Drum, Freunde der Tugend,
Erfreuet euch hier;
Genießet der Jugend
In Unschuld, wie wir.

Gleim.

[Bd. 10, S. 137]   *Zuruf an die Jugend.*

O Jugend, Jugend, schone des Gefühls
Für alles, was da gut und edel ist!
Erhalt die schöne Glut im Herzen rein,
Und zittre, wan das blaue Flämchen wankt!
Es wankt vor jedem Hauche, ders nicht facht.
So lang es hel im Herzen lodert, wärmt
Es durch und durch den ganzen Menschen, glüht
In edlen Worten und in edler That.
Walt mit dem Lebensblut ins Antliz auf,
Und strahlt, wie Mondschein aus dem Blik.
Der schönen Jungfrau gibt es höhern Reiz
Und kräftiget des Jünglings starken Arm.
Wie Jungfraun wachten bei der Vesta Heerd,
So wacht die edle Schaam bei dieser Glut,
In weissem Schleier, mit gesenktem Blik
Und sanfterröthend vor dem schönen Strahl;
Wan diese schlummert, so erlischt das Feur.
[138]   Zu glüklich noch, wenn nicht die falsche Schaam
Der wahren Stelle nimt, die Asche schürt,
Und wilde Flammen in dem Herzen nährt.
Ach! die erlöschen nicht so leicht. Es facht
Von aussen jeder Wind der Welt sie an;
Sie nährt das Vorurtheil der losen Zeit,
Die höhnelnd ihren Gift in Lächeln hült.

Fr. Leop. Graf zu Stolberg.

[Bd. 10, S. 166]   *Kartoffellied.*

Pasteten hin, Pasteten her,
    Was kümmern uns Pasteten?
Die Kumme hier ist auch nicht leer,
Und schmekt so gut, als bonne chere
    Von Fröschen und von Kröten.

Und viel Pastet und Lekkerbrodt
    Verdirbt nur Blut und Magen.
Die Köche kochen lauter Noth,
Sie kochen uns viel eher todt;
    Ihr Herren, laßt euch sagen!

Schön röthlich die Kartoffeln sind
    Und weiß, wie Alabaster!
Sie dåu'n sich lieblich und geschwind,
Und sind für Man und Frau und Kind
    Ein rechtes Magenpflaster.

                        Claudius.

[Bd. 10, S. 168]   *Ein Lied,*
                hinterm Ofen zu singen.

Der Winter ist ein rechter Man,
    Kernfest und auf die Dauer;
Sein Fleisch fühlt sich wie Eisen an,
    Und scheut nicht süß noch sauer.

[169]   War je ein Man gesund, ist ers;
            Er krankt und kränkelt nimmer;
        Weiß nichts von Nachtschweiß noch Vapeurs,
            Und schläft in kaltem Zimmer.

Er zieht sein Hemd im Freien an,
    Und läßts vorher nicht wärmen;

Und spottet über Flůß im Zahn,
Und Kolik in Gedårmen.

Aus Blumen und aus Vogelsang
Weiß er sich nichts zu machen,
Haßt warmen Drang und warmen Klang
Und alle warme Sachen.

Doch wenn die Fůchse bellen sehr,
Wenn's Holz im Ofen knittert,
Und um den Ofen Knecht und Herr
Die Hånde reibt und zittert;

Wenn Stein und Bein vor Frost zerbricht,
Und Teich und Seen krachen,
Das klingt ihm gut, das haßt er nicht;
Dan wil er sich todt lachen.

Sein Schloß von Eis liegt ganz hinaus,
Beim Nordpol an dem Strande;
Doch hat er auch ein Sommerhaus
Im lieben Schweizerlande.

[170]   Da ist er denn bald dort, bald hier,
Gut Regiment zu fůhren;
Und, wenn er durchzieht, stehen wir,
Und sehn ihn an, und frieren.

                                        Claudius.

[Bd. 12, S. 9]   *An meinen Schuzengel.*

Du, mein Schuzgeist, Gottes Engel,
Weiche, weiche nicht von mir;
Leite mich durchs Thal der Mängel
Bis hinauf, hinauf zu dir!

Laß mich stets auf dieser Erde
　　Deiner Führung würdig sein,
Daß ich stündlich besser werde,
　　Nie ein Tag mich darf gereun!

[93]　Gehe zärtlich mir zur Seite,
　　Wan mir manche Schwachheit winkt;
Gib mir dan auch das Geleite,
　　Wan mein müdes Leben sinkt.

Sei in einer Welt vol Mängel
　　Stets mein Schild, und mein Panier!
Du, mein Schuzgeist, Gottes Engel,
　　Weiche, weiche nicht von mir!

　　　　　　　　　　　Burmann.

RUDOLPH CHRISTOPH LOSSIUS

*Lieder und Gedichte, ein Etui auch Weihnachtsgeschenk
oder Angebinde für Kinder.*
(1787)

[40]　　　　*Der arme Junge.*

Vater vom Stege
　　Fiel sich zu tod.
Mutter am Wege
　　Bettelt sich Brod.

Hab keine Hütte,
　　Niemand mich kämmt.
Gebt mir, ich bitte,
　　Gebt mir ein Hemd.

[63]   *Der Storch.*

Frau Suse spricht: Der Storch kâm bald,
      Wolt uns was kleines bringen,
Sie habe ihn schon dort im Wald
      Ein Liedchen hôren singen.
Doch lach ich ihr ins Angesicht.
Ich weis, die Stôrche singen nicht.

[64]   Ich glaub ihr nicht, denn wenn das wâr,
      Wo kâmen denn die Kinder,
Die Jungen und die Mâdchen her
      Im Herbste und im Winter?
Da sind die Stôrche lange fort
An einen andern wârmern Ort.

Frau Suse macht mir so was vor.
      (Sie kan erschrecklich lûgen)
Ich schreib mirs aber hinters Ohr,
      Einst will ich sie schon kriegen,
Und wenn sie mir den Storch nicht weißt,
Ein Schelm, der sie nicht Lûgnern heißt.

Nun immerhin, das mag drum seyn
      Vom Storche oder Teiche.
Man schûttelt sicher nicht so klein
      Uns von der Tann und Eiche,
[65]   Das merk ich alles herrlich, hum,
Mach eins nur nicht den Wilhelm dumm.

Komm bald, du liebes Kleines, komm,
      Will wiegen dich aufs beste;
Will singen dir, sey auch hûbsch fromm,
      Vom Vôgelchen im Neste,
Vom Lâmmchen mit dem lahmen Bein.
He, steck auch Zuckerdeiten ein.

[68]   *Der deutsche Knabe.*

Ich bin ein deutscher Knabe.
    Mein Mut wird stark, wie meine Hand,
    Ich lobe mir mein Vaterland,
Das Wäldchen und die Hütte.

Du bist kein deutscher Knabe.
    Mit deinem krausen Haar, du trügst,
    Ist nicht Natur, pfui, geh, du riechst
Nach Moschus und Lavendel.

Ich bin ein deutscher Knabe.
    Um meinen Nacken kräuselt nur
    Die Locke mütterlich Natur,
Nicht Schöpsentalk noch Eisen.

[69] Du bist kein deutscher Knabe.
    Du schlürfst in Punsch, Koffee und Wein
    Den Tod in langen Zügen ein;
Sieh deine blasse Wange.

Ich bin ein deutscher Knabe.
    Siehst du, dort rieselt mir so hell
    Mein Labetrank aus klarer Quell;
Da trink ich rothe Wangen.

Wie, du ein deutscher Knabe?
    Siehst jeden deutschen Biedermann,
    Der nicht französch parliren kan,
Verächtlich an, du Thore!

Ich bin ein deutscher Knabe.
    Nicht frech, nicht furchtsam ist mein Blick,
    Und jedem edlen Freunde drück
Ich herzlich Hand und Lippe.

[70] Du bist kein deutscher Knabe.
      Dem Spiegel machst du oft Besuch,
      Und ungelesen liegt das Buch
Bestäubt auf deinem Pulte.

Ich bin ein deutscher Knabe.
      Itzt lern ich, übe den Verstand,
      Zu dienen einst dem Vaterland,
Und dem betrübten Bruder.

Wärst du ein deutscher Knabe,
      Was reisest du in fremdes Land,
      Kennst du denn schon dein Vaterland
Von innen und von außen?

Ich bleib ein deutscher Knabe.
      Das Land, das mir mein Leben gab.
      Giebt mir ein Plätzchen einst zum Grab.
Am blauen Veilchenhügel.

Fabeln und Gedenksprüche

Nicht erst seit dem 18. Jahrhundert gehören Fabeln zum Schulstoff und zur Kinder- und Jugendlektüre. Es gibt kaum eine Fabelsammlung, die nicht einen Hinweis darauf enthielte, welchen Nutzen doch die Jugend aus ihr ziehen könne. Wenn die Jugend nicht als Adressat im Titel genannt wird, so ist damit noch lange nicht ausgemacht, daß die Fabelsammlung nicht doch in ihre Hände gelangt ist. Diesen jahrhundertealten Konsens bezüglich der Fabel hat erst Rousseau ins Wanken gebracht: Im »Emile« bestreitet er bekanntlich, daß die Fabel eine geeignete Kinderlektüre sei, und zerpflückt Wort für Wort eines der klassischen Muster der Gattung, Lafontaines Fabel vom Raben und dem Fuchs, um dies zu beweisen. Erst für den reiferen Jüngling gewinne die Fabel an Wert. Rousseaus Verdikt gegen die Fabel bleibt nicht ohne Wirkung unter den deutschen Jugendschriftstellern. Zwar folgt kaum einer Rousseau so weit, die Fabel als Kinderliteratur gänzlich zu verwerfen. Doch schärft sich der Blick für Fabeln, die wirklich kindgemäß sind, und für solche, die sich dem kindlichen Fassungsvermögen entziehen. Auch suchen neue Fabelbearbeitungen in stärkerem Ausmaß Rücksicht auf den jugendlichen Leser zu nehmen: So kleiden etwa Weisse und Meißner die Lehre der Fabel selbst noch einmal in eine kleine Kindergeschichte ein, und Campe nützt Kinderfabeln zum Lernen des ABC. Einige solcher Versuche, Fabeln kindgemäßer abzufassen, sollen hier dokumentiert sein – wie gelungen sie auch immer erscheinen. Die Fabelliteratur des 18. Jahrhunderts dagegen bedarf hier keiner Vorstellung mehr – mit Ausnahme vielleicht der deutschen Fassung von Richardsons Fabeln, von der so bekannt noch nicht ist, daß sie von Lessing stammt. Wenn Fabeln also in dieser Sammlung in relativ geringer Anzahl vertreten sind, so ist der Schluß hieraus falsch, es handele sich nicht um eine bedeutende Gattung der Jugendliteratur. Sie ist es auch und gerade im 18. Jahrhundert noch.

SAMUEL RICHARDSON

Sittenlehre für die Jugend in den auserlesensten äsopischen Fabeln, mit dienlichen Betrachtungen zur Beförderung der Religion und der allgemeinen Menschenliebe. [Übers. von G. E. Lessing]

(1757; 6. Aufl. 1783)

[10]   *Der Löwe mit andern Thieren*
                     auf der Jagd.

Ein Löwe, ein Wolf, ein Bär und ein Fuchs giengen einsmals mit einander auf die Jagd; und es ward ausgemacht, das sie alles, was sie fangen würden, in gleiche Theile unter sich theilen wollten. Sie rissen einen Hirsch nieder, und sogleich ward er in vier Theile getheilet; als aber ein jeder nach dem seinigen greifen wollte, rief der Löwe: Gemach! Dieses Theil gehört mir, in Betrachtung meiner Würde; dieses gehört mir, weil ich die meiste Mühe dabey gehabt; dieses gehört mir, weil ich mir es nehmen darf, wenn ich es haben will; und wer mir das Vierte abzustreiten gedenkt, der wird vorher einen Tanz mit mir wagen müssen. Auf diese Weise ward seinen Bundesgenossen allen der Mund gestopft, und sie giengen davon so stumm, als Fische.

Lehre.

Ungleiche Verträge und Bündnisse muß man überhaupt vermeiden; denn wer das Messer hat, das ist, die Gewalt in seiner Hand hat, der wird sich bey dem Vorschneiden gewiß am besten bedenken.

Betrachtung.

Der Arme und der Schwache sind allezeit der Gnade des Reichen und Gewaltigen überlassen: [11] sie haben sich daher wohl vorzusehen, ehe sie mit Leuten, die für sie zu mächtig sind, gemeine Sache machen. *Erdenke etwas,* sagt der Günstling bey Hofe, zu seinem unterthänigen Diener; dieser thut es, und wenn er glücklich ist, so behält der Hofmann den Fund für sich selbst. Denn jetziger Zeit ist es zu einer Staatsklugheit geworden, mit Wasserraben zu fischen. Mit einem Ringe um den Hals, lassen die mächtigen ihre Clienten unter das Wasser tauchen, und gönnen ihnen an dem, was sie heraufbringen, auch nicht den geringsten Antheil. Wenn denn am Ende der Nutzen und Verlust, bey dem Handel oder Anschlage, den Macht, Eigennutz und Gefälligkeit, mit einander gehabt haben, berechnet werden soll, so mag der Wagehals zufrieden seyn, wenn er weiter nichts, als seine Mühe, dabey verlieret. Kurz, alles, was der Löwe in diesem Beyspiele sagt und thut, ist weiter nichts, als was die Mächtigen, in tausend andern Fällen, auszuüben pflegen.

[283]   *Der Schwan und der Storch.*

Ein Storch, der den Gesang eines sterbenden Schwans mit anhörte, sagte ihm, daß es wider alle Natur sey, in solchen Umständen zu singen, und war begierig, die Ursache davon zu wissen. Da ich jetzt, antwortete der Schwan, in einen Stand treten soll, in welchem ich weder dem Hunger, noch den Gefahren der Verfolgung länger ausgesetzt seyn werde, kann ich wohl anders, als mich über eine so glückliche Veränderung freuen?

Lehre.

Der Tod ist die gewisse Befreyung von allen Beschwerlichkeiten, Leiden und Gefahren des Lebens.

Betrachtung.

Es ist eine große Thorheit, das zu fürchten, was man unmöglich vermeiden kann; noch eine weit größere Thorheit aber ist es, die Befreyung von allem Uebel zu fürchten; denn der

244	*Fabeln und Gedenksprüche*

Tod erlö-[284]set uns von allen Krankheiten, und entladet uns aller Sorge. Doch ist es auch eine eben so große Thorheit, uns auf ein unvermeidliches Schicksal nicht vorzubereiten. Wir müssen eben so gewiß wieder aus der Welt, als gewiß wir herein gekommen sind; und nichts, als das Bewußtseyn eines guten Lebens, ist uns in den letzten Stunden zu trösten vermögend. Die Erdichtung von dem Sterbeliede des Schwans soll, nach ihrer versteckten Bedeutung, nichts als eine Aufmunterung seyn, unser Ende so heiter und vergnügt seyn zu lassen, als es nur möglich ist, und dabey zu bedenken, wenn der Tod, als eine Befreyung von den Sorgen, Beschwerlichkeiten und Gefahren eines unruhigen Lebens, auch schon den Thieren angenehm ist, für was für einen weit größern Segen ihn jeder Tugendhafte zu halten habe, welcher nicht allein von allen Versuchungen, Fallstricken und Zerstreuungen einer bösen Welt dadurch erlöset, sondern auch zugleich in den Besitz eines ewigen Friedens, und in den Genuß unvergänglicher Freuden, versetzt wird.

CHRISTIAN FELIX WEISSE

Neues A, B, C, Buch, nebst einigen kleinen Uebungen und Unterhaltungen für Kinder.

(1773)

[21]	*Gedenksprüche.*

Wenn deine Aeltern dir was ernstlich untersagen:
So folge, ohne sie, warum? vorher zu fragen.

Sprich nicht eh, als du denkst, und schweige sittsam still,
So bald ein Aelterer und Klügrer reden will.

Die Wahrheit rede stets, und wag es nie zu lügen:
Du kannst den Menschen zwar, doch niemals Gott betrügen.

[...]

[22] Verspotte, liebes Kind, nie Armuth und Gebrechen;
Gott könnt' es einst an dir durch gleiches Unglück rächen.

[...]

Du ladest jedermann zu deinen Spielen ein,
Und zankst, so bald du spielst. Geh' Zänker, spiel allein!

Du kletterst gern, bedenk': Was sind gesunde Glieder
Für Glück? Man bricht sie leicht und heilt sie selten wieder.

[...]

[23] Gieb auf dich Acht, und flieh' des Pöbels grobe Sitten:
Wer, wie er, denkt und spricht, ist nirgends wohl gelitten.

[...]

[24] Verschmäh den Armen nicht, er sey auch noch so klein,
Er ist ein Mensch wie du: braucht er was mehr zu seyn?

Es wohnt ein schlechtes Herz oft unter Gold und Seide:
Aus Thaten schließe bloß, nicht aber aus dem Kleide.

[...]

[25] Flieh' nicht gemeine Kost: doch meide Leckereyn,
Dieß kann dir zum Verderb, nie jene schädlich seyn.

[...]

Kömmt auch im Anfang dir die Arbeit sauer an:
Gedoppelt süße schmeckt die Ruh, ist sie gethan.

Laß nie den Müßiggang dir deine Zeit verzehren:
Der Faule kommt zu nichts, der Fleißige zu Ehren.

CHRISTIAN FELIX WEISSE

Lieder und Fabeln für Kinder und junge Leute.

(1807)

[217]   *Der Frosch und die Nachtigall.*

Ein Laubfrosch, der auf einer Weide saß,
Fieng an aus vollem Hals zu schreyen,
Um Dorchen, die dort Wiesenblümchen las,
Durch den Gesang, wie er vermeinte, zu erfreuen.

Allein sie blieb in guter Ruh
Und suchte fort. – Indeß ließ sich dem Lenz zu Ehren
Die Nachtigall im nahen Busche hören.
Gleich eilte sie vergnügt ihr zu,
Und stund und horcht' und war ganz Ohr,
Bis sie zuletzt sich in Gedanken so verlor,
Daß sie das Schürzchen mit den Blumen allen,
Die sie gesammelt, ließ aus ihrem Patschchen fallen.

Der Frosch war nachgehitzscht, und voller Neubegier,
Setzt er das gute Kind zur Rede: –
»Gar wunderseltsam dünket mir
Itzt dein Erstaunen, Jungfer Spröde!
Ich sang vorhin und mein Geschrey,
So lieblich es gewiß geklungen,
Flog unbemerkt dein Ohr vorbey?
Itzt stehst du vom Gefühl der Wonne ganz durchdrungen,
[218] Und horchest auf die Gurgeley,
Des Dideldum und Dudeldey
Des Dinges? – Ha! als ob, bey meiner Ehre!
Der Unterschied nicht Kleinigkeit nur wäre.

Nur Kleinigkeit? sprach Dorchen voll Verdruß,
Daß er sie ihrer Lust entrissen;
So möcht' ich, mein Herr Quacker, wissen,
Wo man die Aehnlichkeit bey dir wohl suchen muß?

Und ich, sprach Meister Frosch – ich möchte wissen,
Worin ich nicht dem Vogel ähnlich bin?
Er kehret mit dem Frühling wieder;
Ich auch: den Tag bringt er im Stillen hin;
Ich auch: singt nur des Nachts gern seine Lieder;
Ich auch: läßt gern sich im Gesträuche nieder;
Ich auch: nährt von Insckten sich;
Ich auch. Doch schwatzest du vielleicht vom Kleide,
So bitt ich: sieh die Nachtigall und mich!
Mein's grasegrün, weich wie die schönste Seide,
Und glänzend, wie ein Musenalmanach:
Sein's weißgrau, wie ein Regenfrack.
Und ihr Gesang vor allen Dingen? –
Auch hier – welch große Aehnlichkeit!
Sie singet kurze Zeit, ich quacke kurze Zeit,
Um schön zu quacken, ich; und sie, um schön zu singen.
[219] Und wenn sie singt, ich quack; ist dieß nicht Kleinig-
keit? –
Bey dir mag es wohl seyn, sprach Dorchen unter Lachen:
Allein wir blöden Menschenkinder machen
Noch zwischen Philomelens Lied
Und einem Froschgequack den größten Unterschied.
Ein Frosch bleibt Frosch, es quacke seine Kehle
Kurz oder lang, Tag oder Nacht:
Glaubt er, er sey drum Philomele,
So wird er billig ausgelacht.

*   *

*

Meint Fritz, wenn er vor einem Buche sitzet,
Mit seinem Arm sein Köpfchen stützet,
Er sey gelehrt wie sein Papa:

Und Hannchen, wenn sie einen Schlepprock träget,
Ihr Püppchen schilt und mit der Ruthe schläget,
Sie sey so klug, als die Mama;
So steht das ganze Kind in seiner Einfalt da.
Doch sollten welche seyn, die, weil sie so gebohren,
Wie andre sind, den Kopf *so* drehn,
So liegen, sitzen, oder gehn,
Wie sies an großen Männern sehn,
In sich selbst große Männer sehn;
So sind sie Kindern ähnlich – Thoren.

ERNST CHRISTIAN TRAPP

Tägliches Handbuch für die Jugend.

(1784)

[86]   Durch Tugend müssen wir des Lebens würdig
werden.
Und ohne Tugend ist kein dauernd Glück auf Erden.
Mit ihr lebt niemand unbeglückt.
Der Lasterhafte nur ist elend, arm, verachtet,
Auch wen er glücklich heist, und sich vom Raube
schmückt,
Und jüdisch ganze Länder pachtet.

[...]

[100]   Adler fangen keine Fliegen.

Alzuscharf macht schärtig.

Auf der Neige ist nicht gut sparen.

Auf halbem Wege ist gut umkehren.

Erkenne dich selbst.

Besser arm mit Ehren, als reich mit Schanden.

Bete und arbeite.

Böse Augen sehen nichts Gutes.

Der Jugend Fleis ist des Alters Ehre.

Der Milde gibt sich reich, der Geizhals nimt sich arm.

Der mus früh aufstehen, der es Allen recht machen will.

Eigner Heerd ist Goldes wert.

[...]

[101] Faule haben immer Feiertage.

Gebrante Kinder scheuen das Feuer.

Faule Herren, träge Knechte.

Gleich sucht sich, gleich findet sich.

Guter Wein braucht keinen Kranz.

Hilf dir selbst, so hilft dir Gott.

Hochmut kömt vor dem Fal.

Hüte dich vor der That, der Lügen wird schon Rath.

Hundert Jahr unrecht ist keine Stunde recht.

[...]

AUGUST GOTTLIEB MEISSNER

Aesopische Fabeln für die Jugend.

(1791)

[33]   *Der Pfau und der Kranich.*

Der Pfau stritt sich einst mit dem Kranich: Wer von ihnen
der vorzüglichere Vogel sei?
»Dein Eigendünkel, brach endlich der Pfau aus, ist doch
unbegreiflich. Vergleiche nur meine Federn und die deinigen
zusammen, und ich hoffe: die Größe, die Farbe, der Glanz
der meinigen muß dich belehren —
»Alles gut! unterbrach ihn der Kranich: nur Schade, daß
diese herrlichen Federn zu einer einzigen Sache viel weniger
als die meinigen taugen!
»Und zu welcher?
»Zum Fliegen! Oder folge mir, wenn du kanst, bis zum
Wolken nach!« – Der Kranich stieg empor; der Pfau schämte
sich und blieb zurück, weil er – muste.

*   *

*

[34] Daß doch niemand stolz auf kleinere Vorzüge sei, so
lange noch die größern ihm gebrechen!
Man kann unmöglich schöner sein, als Charlotte war. Oft
überhob sie sich deßen gegen ihre Gespielen.
»Aber verstehst du auch ein Buch zu lesen? Oder der Wirthschaft dich anzunehmen? Oder in welcher andern weiblichen Tugend hast du dich vorzüglich geübt?«
So fragte sie einst eine andre, die weit minder schön war,
doch innere Verdienste desto reichlicher besaß. Da schwieg
Charlotte beschämt; die Gesellschaft lachte; ein braver
Mann wählte diejenige, welche gefragt hatte, zu seiner Ge-
malin; Charlotte mochte noch warten.

[206]   *Die Gluckhenne und die Ameise.*

Eine Gluckhenne, indem sie ihre Küchlein führte, fand einen kleinen Ameishaufen. – »Hieher, hieher, meine Kinder! rief sie: diese schwarzen, nichtsnüzzigen Thiere können euch zu einer süßen Nahrung dienen.« – Die Küchlein folgten ihrem Rathe, und einige hundert Ameisen fanden gar bald ihr Grab.

Doch indem die Henne ihre Brut in so frölicher Laune sah, fiel ihr plözlich ein ganz andrer Gedanke ein.

»Ach seufzte sie, ich suche so treulich Futter für euch; und warum? damit ihr fein bald für den leckern Gaumen der Menschen reift! Vielleicht wird bald der Grausame, der Unersättliche euch mir entreißen! Wird – o Schande, o Ungerechtigkeit, daß [207] ein so mörderisches Wesen, als der Mensch, von der Natur geduldet werden kann!

Eine Ameise, die von jenem zerstörten Haufen auf einen nahen Baum sich geflüchtet hatte, hörte dieses Selbstgespräch. – »Wie, Unverschämte, strafte sie die klagende Henne, du schiltst den Menschen grausam? Und zwar in eben den Augenblick, wo du ein ganzes Volk unschuldiger Thiere vernichtet hast! Thut er deinen Kindern wohl größere Gewalt an, als du meinen Brüdern?

*   *
*

Franz und Karl bekamen Aepfel vom Vater. Es entstand ein Streit unter ihnen, und Franz nahm alle die schönsten für sich hin; denn er war der ältere und stärkere.

Indem er sie verzehren wolte, kam des Nachbars Sohn. Er war noch stärker. Franzens Aepfel gefielen ihm. Er nahm sie mit Gewalt. Franz lief zum Vater und weinte bitterlich.

[208] »Des Nachbars Sohn hat freilich Unrecht gethan, entschied der Vater, aber dir ist eigentlich kein Unrecht wiederfahren. Denn man handelte gegen dich, wie du vorher ge-

handelt hattest. Und nur auf diejenige Billigkeit hast du von andern Anspruch zu machen, die du selbst andern erzeigest.

CONRAD PAUL FUNKE

Neue Kinderklapper.

(1800)

Sprüchwörter und Denksprüche.

[112] Nach gethaner Arbeit ist gut ruhen.

Aller Anfang ist schwer.

Das Werk lobt den Meister.

Thue keine vergebliche Arbeit.

Böse Arbeit, schlechter Lohn.

[...]

[114] Wer Andern Gruben gräbt, fällt selbst hinein.

Unrecht Gut gedeihet nicht.

Es ist besser Unrecht leiden, als Unrecht thun.

Treue Hand geht durchs ganze Land.

Ehrlichkeit währt am längsten.

Wie gewonnen, so zerronnen.

[...]

[115] Uebermuth thut niemals gut.

Hochmuth kommt vor dem Fall.

Man kann nicht fliegen, ehe die Federn gewachsen
sind.

Hoffarth muß Zwang leiden.

Wer hoch steigt, der fållt tief.

Es ist nicht Alles Gold, was glånzt.

[...]

[120] Gute Sprůche, weise Lehren,
muß man ůben nicht blos hören.

JOACHIM HEINRICH CAMPE

Abeze- und Lesebuch.

(1807; Vierte Gesamtausgabe der letzten Hand, 1831)

[61]   *dēr akkerman und dēr affe.*

akkerman.
was gafst du, affe, so mich an?

affe.
gelt, freund, du bist ein bauersman?

akkerman.
zu dinen; und wēr bist den du?

affe.
ein af und süser her dazu.

W

akkerman.

ist eins so lang wis andre breit;
hābt in der stat wol festtag heut?

affe.

für affen und für feine leut
gēt jeder tag wi festtag hin.

akkerman.

gūt gūt, das ieh ein bauer bin!

[107]   *der wiedehopf und das windspiel.*

wiedehopf.

du! gleicht mir nicht das bunte wesen da,
das so im federschmuck einherstolzt und sich blähet?

windspiel.

und kommt nicht auch das andre thierchen da,
das neben ihm sich krümmt und drehet,
mir selber fast an wuchs und feinen sitten nah?

wiedehopf.

man mus gestehn, die menschen treibens wirklich weit;
[108] und werden, gehts so fort, an zierlichkeit
noch endlich unser einem völlig gleichen.

windspiel.

doch sicherlich von aussen nur;
am innern werden sie uns immer weichen;
denn machwerk ist ihr thun, das unsrige natur!

Moralische Erzählungen und kleine Romane

Daß eine moralische Unterweisung der Kinder nicht in der Vermittlung bloß abstrakter Grundsätze und Regeln bestehen dürfe, gehört zu den Grundeinsichten aufklärerischer Pädagogik. Der Moralunterricht bleibt für sie ohne Wirkung, wenn die sittlichen Lehren nicht in Anschauung umgesetzt und in Erzählungen eingekleidet werden. »Die moralischen Regeln«, so heißt es in Basedows »Methodenbuch«: »wenn sie nicht durch Erzählung bestätiget werden, beschäftigen nur den Verstand, aber nicht zugleich die Einbildungskraft. Solche Vorstellungen aber haben in der Seele weder eine starke noch eine dauerhafte Wirkung; sie werden leicht vergessen [...] Hingegen, wenn die Regeln durch Erzählungen bestärket werden: so finden sie leichtern Eingang in die Tiefe der Seele, in das Herz des Menschen.« *Zudem gehört die Erzählung neben dem Spiel zu den angenehmsten Unterhaltungen der Kinder; sie ermöglicht es, die moralische Unterweisung spielerisch zu gestalten. Die Entwicklung und formale Ausgestaltung des Mediums der Kindererzählung gehören denn auch zu einer der wichtigsten Leistungen aufklärerischer Kinderliteratur, auch wenn sie hierin den Rahmen didaktischer Gebrauchsliteratur kaum überschreitet. Der Struktur nach handelt es sich stets um moralische Beispielerzählungen, die ihre Vorläufer sowohl in den »Exempeln« der antiken Rhetorik wie in den biblischen Gleichnissen und den Predigt-Märlein des späten Mittelalters finden. Stets geht es um die leicht durchsichtige Veranschaulichung eines praktischen oder moralischen Grundsatzes, der häufig noch in Spruchform nachgereicht wird, wenn er nicht schon in der Überschrift steht. Rätsel also geben diese Stücke nicht auf – wollen sie auch nicht, ebenso wie es ihnen nicht um die Gestaltung plastischer, konkreter Individuen geht. Sie gehen ganz in der Funktion der Veranschaulichung vorgegebener Maximen auf. Dennoch zeichnen sich weiterführende Ten-*

denzen ab: *Bisweilen wird ein »Laster«, um dessen Veran-*
schaulichung es geht, in der Biographie eines Menschen psy-
chologisch differenzierter verankert, so daß die Erzählung
schon Züge eines kleinen Entwicklungsromanes annimmt
(Adolf, der Lügner). Auch kann hier der Durchbruch zu
einer stärker realistischen Erzählweise gelingen.

JOHANN CHRISTOPH ADELUNG (Hrsg.)

Leipziger Wochenblatt für Kinder.

(1773)

[115]   *Der tugendhafte Straßenräuber.*
                 Eine Erzählung

In Frankreich liegt an der stolzen Seine eine Stadt, die durch
ihre Artigkeit und durch ihre beliebten Moden alle Völker
unumschränkt beherrscht; Paris heißt ihr entzückender
Name, den der nachahmende Deutsche eben so willig als der
Franzose anbetet. In dieser Stadt, dem Aufenthalte der Ueppigkeit, gieng einst ein großer [116] Gelehrter zur Zeit, als
das heisere Horn des Nachtwächters die einsamen Gassen
durchtönete, um sich aus einer Gesellschaft guter Freunde
nach Hause zu begeben. Ein einziger Diener begleitete ihn.
Plötzlich setzte ihm ein unbekannter Mensch das Pistol auf
die Brust, unter der Bedrohung, sein Geld herzugeben, oder
zu sterben. Freund! hub der Gelehrte unerschrocken an, ihr
kommt unrecht an, bey mir werdet ihr nicht reich werden.
Ich besitze nur drey Pistolen, und die will ich euch gerne
geben. Er gab sie, und jener gieng ohne ein Wort zu sagen
fort. Johann, sagte unser Gelehrter, geht diesem Menschen
heimlich nach, ich muß wissen, wo er wohnt; er versteht sein

Handwerk sehr schlecht, er zitterte, da er mir das Pistol auf die Brust setzte, und ich las in seinem Gesichte die deutlichste Verwirrung. Johann gieng. Der Räuber zufrieden mit seinem Gewinn, nichts weniger besorgt, als daß man ihm nachstellte, kreuzte einige Gassen durch, und kaufte bey einem Becker Brod. Er nahm sein gekauftes Brod unter seinen durchlöcherten Mantel, stieg in einem alten Hause vier Treppen unters Dach, wo in einer elenden Stube vier unerzogene Kinder entkräftet auf dem Boden lagen, und ihre weinende Mutter, die auf den Knien lag, und gegen Himmel rief, um Brod anschrien, sie vom Tode zu retten. Erbärmlicher Anblick? Da, sagte er, und warf mit edlen Unwillen das Brod auf die Erde, da eßt, stillt euren Hunger, aber morgen werdet ihr mich hängen sehen. Euere Klagen durchschnitten mir das Herz; euer Elend zwang mich, ein Straßenräuber zu werden; euch das Leben zu fristen, muß ich das Leben verlieren. Ach Gott, wie schaudert mein Herz! Schöpfer der Menschen, warum läßt du mich so tief in den Staub fallen, daß ich ein Lasterhafter werden muß! Jetzt denke ich mir meine That in ihrer ganzen Schande. Soll ich noch mein elendes Leben durch einen entsetzlichen Tod beschimpfen?

Johann sahe diese rührende Scene, gieng voll Wehmuth fort und erzählte seinem Herrn die gesehene Geschichte. Kaum brach der Tag an, als dieser großmüthige Mann unter Anführung seines Johanns zu dem Hause kam, wo der Räuber wohnte. Er stieg mühsam die Treppen hinauf, klopfte an, und gieng plötzlich hinein. Der Räuber saß auf einem hölzernen Schemel und flickte Schuh. Nichts ist schrecklicher als ein böses Gewissen. Ein rauschendes Blatt – und es zittert; wie heftig muß es nicht bey dem seyn, der es noch nicht [118] unterdrückt hat, mit dem es noch kämpft? Bey dem Anblicke dieses Gelehrten überfiel ihm Todesangst; er ward blaß, kalt, seine Knie wankten, das Blut verließ ihn, und er warf sich beschämt zu seinen Füßen. In dieser Person sahe er den Tod, den schrecklichsten Tod und alle Schande der Erde

vor sich stehen. Gnädiger Herr, fieng er schamroth an, erbarmen Sie sich meiner, oder wenigstens meiner elenden
Kinder! Ich entsetze mich vor dem Laster, das ich, ich Gott-
loser unternahm, aber unternehmen mußte. Ach meine zu
bejammernden Kinder! da lagen sie um mich herum, ausge-
mergelt vor Hunger, den bleichen Tod auf ihren Gesichtern,
und schrien um Brod und Rettung ihres Lebens. Wenn Sie
ein Vater sind, wenn Sie die Macht der Liebe, das Entsetzli-
che des Hungers kennen, so werden Sie meinen Schmerz
ganz fühlen. Denken Sie sich in meine Lage, und denn urtheilen Sie. Ich gieng, verfluchter Gang! ich gieng, von den
quälenden Vorwürfen meiner Frau getrieben, durch das jäm-
merliche Geschrey meiner Kinder erweicht, mir Unterhalt
zu verschaffen, und zwar, wenn es nicht anders seyn könnte,
auch mit Gewalt, um nur noch einige Tage ein kümmerliches
Leben zu fristen, das ich nun schimpflich beschliessen muß.
Wenn Bitten Sie erwei-[119]chen können, so schenken Sie meinen elenden Kindern, meiner verlaßenen Frau, ihren Versorger
und ihren Vater! Hier fielen ihm alle weinend zu Fuße. Länger konnte sich der Gelehrte nicht halten. Das Mitleiden
bestritt ihn zu heftig. Steht auf, mein Freund, fieng er an,
steht auf, meine Kinder und lebet. Ich sehe noch einige Reste
der Tugend in euch, und diese verdienen Unterstützung. Ich
komme nicht euch unglücklich, sondern glücklich zu machen. Nehmt, sagte er, und warf einige Louisdor auf den
Tisch, nehmt, sagte er, dieses Geld, kauft euch Leder und
arbeitet. Gebt euren Kindern durch euer Leben kein böses
Beyspiel, zieht sie zur Tugend, zu redlichen Bürgern auf.
Bittet Gott um Vergebung, und lebt künftig als ein ehrlicher
Mann. Dadurch könnt ihr den Schandfleck wieder auslöschen, den ihr eurem Namen eingebrannt habt. An mir sollt
ihr den verschwiegensten Menschen finden. Lebt wohl, befolgt meinen Rath, so werdet ihr glücklich werden. Er gieng
– der Mörder stand auf, versprach Besserung, und dankte
ihm mit weinenden Augen.

JOHANN AUGUST EPHRAIM GOEZE

*Zeitvertreib und Unterricht für Kinder vom dritten bis
zehnten Jahr in kleinen Geschichten.*

(1783)

[26]   *Der Klapperstorch.*

Christianchen kam neulich zu Dorchen, und sagte: der
Klapperstorch hat mir ein kleines Schwesterchen gebracht.
Wer hat dir denn, antwortete Dorchen, solch Zeug weiß
gemacht? Kann denn ein Vogel Kinder und Menschen bringen? Unsere Cathrine, sagte Christianchen, hat mirs so vor-
gesprochen. Aber glaubst du denn das, erwiederte
Dorchen?
Höre zu, ich will dirs wieder sagen, wie michs Våterchen
gelehrt hat. Die kleinen Kinder sitzen nicht im Teiche oder
im Wasser, wie die Frösche. Der Klapperstorch bringt sie
auch nicht. Das ist ein Vogel mit langen Füßen und Schnabel, daß er im Wasser gehen, und die Frösche und Fische von
unten herauf holen kann. Man spricht uns [27] Kindern das
nur so vor, weil sichs nicht für uns schickt, und wir es auch
noch nicht verstehen, wie die kleinen Kinder in die Welt
kommen.
Der liebe Gott, als der Schöpfer und Erhalter aller Kreatu-
ren, sagte mein Vater, läßt sie als Menschen von Menschen
geboren werden, und schenkt sie den Aeltern. Die Mutter
giebt ihnen die erste Nahrung aus ihrer Brust. Die haben wir
auch bekommen, da wir noch so einfältig und hülflos wie die
jungen Hunde waren. Ach du lieber Gott, was sind wir jetzt
schon, da wir stehen, hören, gehen, reden, uns besinnen, und
unser Butterbrod fordern können! Ich fühle es recht sehr,
wie sauer wir den Aeltern werden, und wie viel Gutes sie
von unserm ersten Anfange an, da wir noch elender dran
waren, als die jungen Thiere, an uns täglich [28] gethan ha-

ben und noch thun. O Christianchen! laß uns das ja erkennen.

Wie gut hat das der liebe Gott für uns eingerichtet, daß er
uns den Aeltern gegeben hat, und wir ihre Kinder sind? Wer
würde sich sonst unserer annehmen, und uns kleiden, speisen, versorgen und erziehen?

Ha! ha! sagte Christianchen. Das ist ein ganz ander Ding,
Dorchen, was du mir da sagst. Ich habe das vom Klapperstorch auch gar nicht begreifen können. Es hat mir gar nicht
in den Kopf gewollt. Ich weiß nun genug: der liebe Gott hat
es so eingerichtet, daß Menschen von Menschen geboren
werden. Ja! ja! anders kanns auch nicht seyn. Denn wenn
unsere Marie dem Huhne Eyer unterlegt; so kommen die
jungen Küchelchen heraus, und keins sagt, daß sie der Klapperstorch bringe.

[29] Du hast Recht, mein Kind, erwiederte Dorchen. Ein
jedes in der Welt bringt seines gleichen hervor, wie wir vor
Augen haben. Keine Gans einen jungen Hund, und kein
Sperling eine Katze. Laß uns nur nicht zu vorwitzig nach
solchen Dingen fragen, die wir noch nicht verstehen. Es
schickt sich für uns noch nicht, da wir Kinder sind, und
noch viel zu lernen haben. Nur müssen wir uns auch nichts
falsches und lächerliches vorsagen lassen.

CHRISTIAN GOTTHILF SALZMANN

Moralisches Elementarbuch. Zweyter Theil.

(1783, 2., verb. Aufl. 1787)

[138]   *Wie wohl ein Kind thut,*
wenn es seinen Eltern und Vorgesetzten gehorsam ist.

Rudolph war ein gutes Kind. Seine Eltern hatte er lieb, und wurde auch wieder von ihnen geliebt. Er hatte einen kleinen Nachbar, welcher Wilhelm hieß. Dieser bat ihn nun, so oft er ihn sah, daß er ihn doch besuchen möchte, versprach auch, daß er wieder zu ihm kommen wollte. Da wollten sie mit einander spielen und recht vergnügt seyn.
Rudolph hatte große Lust der Einladung zu folgen, und bat seinen Vater sehr oft, ihm den Umgang mit Wilhelm zu erlauben. So oft er ihn aber bat, so oft erhielt er auch abschlägige Antwort. Nun hätte er gern wissen mögen, warum ihm nur der Vater nicht erlauben wollte, mit einem so stillen und freundlichen Kinde umzugehen. Er konnte es aber niemahls erfahren. Der Vater sagte allemahl: Du weißt, Rudolph, daß ich dich lieb habe, und nichts von dir verlange, als was dir gut ist, und dir nichts verbiete, als was dir Schaden thut. Du kannst also gewiß glauben, daß ich auch meine guten Ursachen dazu habe, warum ich dich mit Wilhelmen nicht will umgehen lassen.
Dabey beruhigte sich denn Rudolph, und gehorchte dem Vater. Wenn ihn Wilhelm zu sich bat, oder sagte, daß er zu ihm kommen wolle, so gab er ihm allemahl zur Antwort: »es geht nicht an, lieber Wilhelm, der Vater erlaubt es mir nicht.«
Da ließ er ihn endlich zufrieden.
[139] Nach etlichen Jahren spürte man eine sehr merkliche Abnahme an Wilhelms Kräften. Sein Wachsthum hörte auf, seine Wangen wurden bleich, er bekam blaue Ringe um die

Augen, ja man merkte sogar deutlich, daß seine Geisteskräfte abnahmen: indem er auch die leichtesten Sachen nicht begreifen konnte.

Rudolph hingegen wuchs empor und wurde schlank, wie eine junge Tanne; sein Gesicht blühte, wie eine Rose; jedermann bewunderte seinen Verstand. Da merkte er nun wohl, daß der Vater es gut mit ihm gemeint habe, als er ihm den Umgang mit Wilhelm verbot.

Im zwanzigsten Jahre schrumpfte Wilhelm gar zusammen, und starb unter großen Schmerzen. Und Rudolph wurde ein gesunder und schöner Mann. Er erfuhr nun auch, daß Wilhelm durch heimliche Sünden seinen Leib geschwächt und seine Gesundheit zerstört habe, und daß er von diesen Sünden ebenfalls würde angesteckt worden seyn, wenn ihm der Vater erlaubt hätte, den elenden Knaben zu besuchen.

Da wurde er so gerührt, daß er weinen mußte. Er suchte seinen lieben Vater auf, umarmte ihn, und weinte an seinem Halse. »O mein Vater! mein Erretter! sagte er: wie lieb hast du mich gehabt, und wie redlich für mich gesorgt! Was für ein elendes Gerippe würde ich jetzt seyn, wenn du mich von dem Umgange mit dem unglücklichen Wilhelm nicht abgehalten hättest! Ach, oft war es mir schwer, dir zu gehorchen, oft, vergieb es mir, oft bin ich auch auf dich deshalb unwillig gewesen. Aber nun – nun [140] bin ich durch deine Güte so gerührt, daß ich lebenslang dafür dankbar seyn werde.« Ach, wenn doch alle Kinder glaubten, daß es ihre Eltern gut mit ihnen meinten! wenn sie ihnen doch alle gehorchten!

Von dem großen Werthe eines guten Verstandes.

[29] Der Herr von Biedermann ging oft in die Schule, in welcher die Kinder seines Dorfs unterrichtet wurden, und erkundigte sich nach ihrem Fleiße und ihrer Aufführung. Der kleine Hans zog vorzüglich seine Aufmerksamkeit auf sich, denn [30] er war sehr fleißig und sittsam, und beant-

wortete die Fragen, die ihm der Schulmeister vorlegte, immer besonders gut. Das gefiel dem Herrn von Biedermann so wohl, daß er sich entschloß, ihn mit seinem eigenen Sohne erziehen, und von dem Hofmeister, den er für jenen hielt, unterrichten zu lassen. Sein Vater, ein armer Tagelöhner, war damit sehr wohl zufrieden: denn er hatte viele Kinder, und konnte kaum so viel erwerben, als er zu ihrer Erhaltung nöthig hatte.

Bey dem Unterrichte betrugen sich nun die beyden Kinder sehr verschieden. Der Junker Biedermann gab sich nicht die geringste Mühe etwas zu erlernen. Wenn ihm der Hofmeister dieß verwies, so pflegte er immer zu sagen: »Was habe ich denn nöthig mir über den Büchern den Kopf zu zerbrechen? ich bin ja ein Edelmann. Mein Stand gibt mir Ehre genug, und von meinen Gütern habe ich überflüssiges Einkommen. Wenn ich reiten und jagen und meinen Namen schreiben kann, so habe ich genug gelernt.«

Den armen Hans verachtete er, nannte ihn einen dummen Bauerjungen, und konnte nur durch vieles Zureden dahin gebracht werden, daß er sich neben ihn setzte.

Je mehr nun Hans verachtet wurde, desto mehr Mühe gab er sich, immer verständiger zu werden. Er merkte auf alles, was ihm der Hofmeister sagte, las fleißig in Büchern, und wenn er etwas nicht verstand, so bat er den Hofmeister, es ihm zu erklären.

[31] So wurde Hans verständig; der Junker Biedermann aber blieb unverständig.

Am Ende starb der Herr von Biedermann, und der Junker übernahm die schönen Güter, die ihm sein Vater hinterlassen hatte. Da er aber seine Vernunft nicht ausgebildet hatte, so wußte er nicht, was er damit anfangen sollte. Er ließ die schönsten Holzungen aushauen, und verschwelgte das daraus gelösete Geld in liederlicher Gesellschaft. Die schönsten Wiesen gingen nach und nach zu Grunde, weil er sich nicht darum bekümmerte, daß die Graben offen erhalten wurden, die sein Vater durch dieselben hatte ziehen lassen. Die Gebâude wurden schadhaft, und fielen nach und nach zusammen, weil er nicht verstand, wie ein Gebâude muß erhalten werden. Seine Einkünfte reichten nicht mehr hin, seinen großen Aufwand zu bestreiten: er mußte Schulden machen, die am Ende so betrâchtlich wurden, daß die Glâubiger seine Gûter wegnahmen.

Da war er nun zwar noch Herr von Biedermann, aber er hatte weder Ehre noch Brod. Eine Zeit lang besuchte er die benachbarten Edelleute und zehrte mit ihnen; diese wurden seiner aber auch bald überdrüßig, und ließen ihn abweisen, wenn er sich anmelden ließ. So wurde er ein Bettler.

Hans hingegen brachte es durch seinen ausgebildeten Verstand so weit, daß ihn jedermann liebte und hochachtete. Er bekam eine eintrâgliche Amtmannsstelle, die er so gewissenhaft verwaltete, daß alle rechtschaffen denkenden Bauern des Dorfes ihn liebten. Dabey erwarb er sich so viel, daß er immer [32] mehrere Aecker ankaufen, Gârten anlegen, Teiche ausgraben lassen und Hâuser bauen konnte. Und doch behielt er noch so viel übrig, daß er im Stande war, dem Herrn von Biedermann monatlich einen Louisd'or Almosen zu geben.

[C. G. Salzmann]

[298]   *Wie hoch Lehrer zu achten sind.*

In einem gewissen Dorfe wohnte der Herr von *Windhausen*, ein reicher Edelmann, der über das ganze Dorf zu befehlen hatte. Dieser war von Jugend auf Soldat gewesen, und konnte die Gelehrten nicht leiden. Darum gab er auch seinem Sohne *Anton* keinen Hofmeister, sondern ließ ihn unter den Bedienten und Mâgden aufwachsen. Diese nannten ihn *liebes Junkerchen* und gnâdiges Herrchen, und thaten und gaben ihm alles, was er gern hatte. Niemand verwies ihm seine Unarten [299] und übeln Gewohnheiten, oder hielt ihn dazu an, etwas Nützliches zu lernen. Der Jâger sagte sogar oft zu ihm: »das Lernen gehört für des Pastors Kinder; ein reicher Edelmann, wie Sie, braucht nicht zu studiren oder zu arbeiten.«

Junker Anton that also den ganzen Tag nichts, als essen, trinken, herumlaufen, reiten, fahren, jagen, Fische und Vögel fangen, und mit einem schwarzen Ziegenbocke spielen, den ihm sein Vater geschenkt hatte. Die Hunde waren seine besten Freunde.

Da nun *Junker Anton* groß war, war er unwissend und hochmüthig, auch grob und ungezogen dabei: deßwegen lachte man ihn überall aus, wo er hinkam, und niemand wollte etwas mit ihm zu thun haben. Einmahl schickte ihn sein Vater an den Hof eines benachbarten Fürsten, daß er sich daselbst bekannt machen sollte: da blieb er, beym Eintreten in des Fürsten Zimmer, mit dem Degen zwischen der Thür stecken; und als ihm der Kammerherr, der ihn einführte, losgeholfen hatte, scharrte er bey der Verbeugung, die er dem Fürsten machte, so ungeschickt mit dem Fuße hinten aus, daß er den Kammerherrn gegen das Schienbein trat.

Seiner Familie wegen ließ ihn der Fürst doch zur Tafel einladen. Wenn er da nach etwas gefragt wurde, war seine Antwort: *»ich weiß nicht«*, oder, *»was gehts mich an!«* Einmahl wollte er von seinem Ziegenbock etwas erzählen: da stotterte er so sehr, daß es niemand verstand. Was Andre sprachen, darauf gab er nicht Achtung, sondern [300] spielte indeß mit den Füßen, und trat sich einen Schuh nach dem andern aus, und zog ihn wieder an: wie er es immer während des Essens zu thun pflegte.

Unglücklicher Weise bemerkte dieses ein leichtfertiger Page. Der stahl ihm kurz zuvor, ehe man von der Tafel aufstand, einen Schuh weg, und setzte ihn aufs Kamin. *Junker Anton* wurde todtenblaß, als er seinen Schuh nicht wieder fand: aber ehe er sich darnach umsehen konnte, stand man schon auf, und ein Bedienter zog den Stuhl hinter ihm weg. Da stand *Junker Anton* mit Einem Schuh. Die Gegenwart des Fürsten konnte das laute Gelächter nicht hindern, in welches die Gesellschaft ausbrach. Der Page bekam zwar einen Verweis, aber dem *Junker Anton* gab der Fürst zu verstehen: er möchte erst bessere Sitten lernen, ehe er wieder an den Hof käme.

In andern Gesellschaften kam *Junker Anton* fast nie ohne Zank und Streit weg, wurde auch einigemahl ausgeprügelt, da ers zu grob gemacht hatte. Zu Hause hatte er immer lange Weile, weil er nicht arbeitete, und auch an den unschuldigen Vergnügungen des Landlebens keinen Geschmack fand.

Als endlich sein Vater gestorben war, heyrathete er ein Fräulein aus einer der ältesten Familien. Alle Vernünftige sagten, daß er sehr schlecht gewählt habe. Die Braut war in einer großen Stadt erzogen, liebte das Vergnügen und die Pracht, und nahm den Junker Anton nicht deßwegen, weil sie ihn lieb hatte, sondern um sich von seinem Gelde mit ihren guten [301] Freunden lustig zu machen. Von seiner Hochzeit an wurde nun sein Haus nicht leer von Fremden, die man aufs Herrlichste bewirthete. Im Winter mußte Anton in der Stadt wohnen, und alle Tage schmausen. Seine Frau machte alle neue Moden mit. Ihre vornehmen Vettern borgten ihm Geld ab, und bezahlten es nicht wieder. Weil nun der bedauernswerthe Junker nicht Rechnen gelernt hatte, also nicht einmahl recht wußte, wie weit seine Einkünfte reichten, und da er so einfältig war, alles zu thun, was seine Frau haben wollte: so wurde er nach und nach immer ärmer, und machte so viele Schulden, daß ihm die Gläubiger zuletzt sein Gut wegnahmen, und er sich nun jährlich mit 500 Thalern behelfen mußte, da er zuvor 5000 gehabt hatte. Seiner beiden Söhne erbarmte sich noch der Fürst, und nahm sie ins Cadettenhaus auf, wo sie zu Soldaten erzogen wurden.

So gings dem armen Anton von Windhausen, weil er in der Jugend keinen Freund und Lehrer gehabt hatte, der ihm sagte, wie mans machen müsse, wenn man vergnügt und glücklich in der Welt leben wolle. Er wäre sonst wahrscheinlich ein guter Mensch geworden: denn sein Gemüth war gar nicht boshaft.

[Rudolph Zacharias] Becker

Christian Gotthilf Salzmann

*Die Reichen sind sehr nützlich, besonders wenn sie ihr Geld
gut anwenden.*

[345] In einem Städtchen legten ein Paar kluge Bürger Fabriken von wollenen Zeugen an, und viele [346] hundert Menschen fanden darin durch ihre Arbeit Nahrung. Einige kämmten die Wolle, andere spannen sie, noch andere webten, und etliche färbten die Zeuge. Alle diese Arbeiten wurden ihnen bezahlt, und sie konnten sich von dem Gelde, das sie verdient hatten, Speise, Kleidung und Feuerung kaufen.
Aber freylich hatten die beyden Bürger, die die Fabriken angelegt hatten, den mehresten Gewinn davon: denn sie verkauften die Zeuge, die sie hatten verfertigen lassen, und bekamen dafür immer etwas mehr, als sie ihnen kosteten, und wurden auf diese Art immer reicher.
Dieß gönnten ihnen nun die Armen nicht, murrten wider sie, und sagten, sie könnten sich unmöglich durch erlaubte Mittel ihren Reichthum erworben haben.
Nach einiger Zeit entstand ein Krieg, in welchem diese Bürger viel einbüßten. Die Kaufleute, die ihnen hätten zahlen sollen, verarmten und bezahlten nicht; sie selbst mußten einigemahl starke Contribution an die Feinde zahlen, und ein Wagen voll Waare, den sie zur Messe schickten, wurde ihnen weggenommen. Dadurch verloren sie so viel, daß sie nicht im Stande waren, die Fabriken fortzusetzen, sondern sie eingehen lassen mußten.
Dadurch entstand denn unter Allen, die für sie gearbeitet hatten, große Noth. Es war nun niemand mehr da, der ihnen Arbeit gegeben, und sie bezahlt hätte: folglich litten sie an den allernothwendigsten Dingen Mangel. Sie mußten Kleidung, Betten und Hausgeräthe verkaufen, um [347] nur Brod zu bekommen. Und da sie nichts mehr zu verkaufen hatten, zerstreuten sie sich; einige ließen sich als Soldaten, andere als Colonisten nach Rußland anwerben, und manche mußten sogar den Bettelstab ergreifen.
Diese sagten oft: »ach! damals war noch gute Zeit, da die

zwey reichen Bürger bey uns wohnten! da hatten wir beständig unser Brod; aber nun, da diese verarmt sind, ist es mit uns gänzlich aus.

[C. G. Salzmann]

JOHANN CARL AUGUST MUSÄUS

Moralische Kinderklapper für Kinder und Nichtkinder.
Nach dem Französischen des Herrn Monget

(1788)

[67]   *Harmonie*

Der Amtmann Reinhard ist doch ein kreuzbraver Mann; aber seine Kinderzucht taugt in der Wurzel nichts. Woran gebrichts? Er hätschelt Hannchen, sieht dem Mägchen in den Mund, wie in einen güldnen Kelch. Die Mutter machts mit Fiekchen eben so, und zieht, wenns nicht bald anders wird, ein ganz verdorbnes Kind aus ihr.
»Im Hause giebts stets Zank und Hader, die Klunten* leben unter sich, wie Hund und Kater. Der steht die Mutter bey, und der der Vater. Mein Gott! und das sind Amtmannstöchter und Geschwister!!!«
[68] So eiferte mit Recht Herr Strunk, zuweilen bey dem Abendtrunk, der Freund vom Hause und im Dorfe Küster.
Zum Kirchweyhfeste kam, von ungefähr, Frau Tante aus der Stadt, und sah mit Mißbehagen, den üblen Haushalt an. Sie schämte sich der Unart ihrer Nichten, und strafte sie mit Glimpf, ließ es auch nicht an reichlicher Vermahnung fehlen.

---

* Ein niedriges Provinzialwort, so viel, als liederliche Dirnen.

Jedoch die treflichsten Moralen, sind bey der Jugend Nullen
ohne Zahlen.

> Vergebens predigte sie Einigkeit,
> Die Mådchen hatten steten Streit;
> Und was das schlimmste war dabey,
> An dieser argen Zånkerey,
> Nahm Herr und Knecht und Magd Parthey.

> Frau Tante sprach: gehts immer so,
> So wird man bey euch nimmer froh.
> Gehabt euch wohl, mit euren Basilisken,
> Ich scheid' davon.
> Doch folgt ihr gutem Rathe,
> So thut die Kinder unter meine Zucht,
> Vielleicht låßt sich durch mein Bemůhn,
> Aus ihnen noch was gutes ziehn.

[69]   Die Proposition ward willig angenommen,
       Die Mådchen packten ihre sieben Sachen ein,
       Und schienen sich darüber zu erfreun,
       Ein wenig in der Stadt zu haußen,
       Sich da zu divertiren und zu schmaußen.

Frau Tante führte sie bald in Gesellschaft ein. In ihrer Straße
wohnten auch zwo Schwestern, mit jedem Reiz der Jugend
ausgeschmůckt, sanft wie das erste Morgenlicht am Frühlingshimmel, schön wie der Tag, gefållig, sittsam, bieder,
durch Sympathie mehr als durch die Geburt verschwistert,
ein Herz und eine Seele, wie man spricht.

> Die Dörferinnen wurden bald bekannt,
> Und ließen sich den Thee und Zwieback schmecken;
> Doch fiengen sie dabey sich an zu nåcken,
> Indem die eine stets der andern widersprach,
> Was Hanchen Nacht war, das war Fiekchen Tag.

Moralische
Kinderklapper

für
Kinder und Nichtkinder.

Nach dem Französischen des Herrn Monget,
von

J. C. Musäus.

Gotha, 1788.

bey Carl Wilhelm Ettinger.

Die Tante mußte die Dispûten
Zulezt mit strengem Ernst verbiethen

Um diesen Mißlaut artig zu bedecken, erfand die schlaue
Wirthin Rath, sie sezte sich [70] voll Anmuth ans Klavier,
die jûngre Schwester folgte ihr, und beyde zauberten dem
Ohr, in Mozarts schmelzenden Akkorden, die reizendste
Sonate zu vier Hânden vor. In sûßer Harmonie verband sich
Geist Herz, mit jeder schwanweissen Hand, die bald
in schnellen Wechselgângen, bald im melodischen Verein des
Kûnstlers Notenschrift vom Blatt gelâufig übersezten.
Seht da ein Beyspiel gleichgestimmter Seelen, und fûhlt die
Wirkung schwesterlicher Harmonie, so redete Frau Tante
nach vollendeter Parthie. Die Eintracht war die Schôpferin
der Silbertône, die euch und mich entzûckten, sie allein be-
seelte Lottchens Hand, regierte Gustgens Finger. Wo aber
Zwietracht die Tangenten rührt, da giebts Gequeil[1]: denn sie
gebiert nur eitel Dißonanzen und schwerlich lâßt nach dieser
rauhen Melodie, sichs singen oder tanzen.

Die beyden Nichten sahn
Beschâmt einander an,
[71]   Sie stunden da betroffen,
Und ließen Beßrung hoffen.

Exâmpel wirken mehr,
Als Unterricht und Lehr.
Moralen machen immer
Den Starrkopf nur noch schlimmer.

[93]   *Uebermuth.*

Vor eines großen Mannes Thûr,
Ich kenn ihn wohl, es ist ein wackrer Kavalier,

1 Gequeil: Geheul.

Versammelten sich eines Tags die Knaben,
Die, wenn sie keine Schule haben,
Und der Präceptor sie nicht bakulirt[1],
Gleich Müßiggang und Langeweil zu Uebermuth
verführt.

Hört an, sprach einer aus dem Haufen, hier ist ein freyer
Platz, laßt uns Soldaten spielen; wir machen von Papier uns
eine Fahne, und Junker Wilhelm leiht uns seine Trommel,
das giebt euch eine Fürstenlust. Sind unsrer nicht genug zur
Wachparade, so werben wir Rekruten an. Ich habe Geld zu
Obst, und auch Kredit beym Becker, wir geben jedem Jungen eine Semmel und eine saftge Birn zum Handgeld, so
werden wir wohl Zulauf haben.

Der Vorschlag fand Gehör,
Die junge Mannschaft trat frohlockend ins Gewehr,
[94] Marschirte auf mit gleichem Schritt und Tritt,
Und schulterte und präsentirte,
Und schwenkte sich und manövrirte
So gut, ich sag es ungelogen,
Wie unsre Landmiliz.
Sie ließen auch die Trommel hören,
Und machten groß Getöße,
Doch legte sich kein Nachbar drein,
Es wurde Niemand drüber böse;
Man ließ sie trommeln, jauchzen, schreyn,
Um ihre Kinderfreude nicht zu stöhren.
Der Herr vom Hause sah in Ruh
Dem Spiel zum Zeitvertreibe zu,
Er mußte selbst der Possen lachen,
Und ließ die Knaben, was sie wollten, machen.
Doch bald ward Ernst aus diesen Kindereyn,
Die Herrn Spartaner theilten sich in zwo Partheyn,
Und rauften sich nun öffentlich,

1 bakulirt: mit dem Schulstock, dem Bakel, schlägt.

Sie boxten, schlugen, balgten sich,
Und trieben frey am hellen Mittag vor den Leuten
Die größten Ungezogenheiten.
Da wurd der Ehrenmann des Wesens müde,
Und rief zum Fenster raus:
Ihr Kinder haltet Friede,
Wo nicht, so geht nach Haus;
Was soll der Lårm und Unfug hier
[95] Das leid ich nicht vor meiner Thür,
Lernt eure Lektion dafür.
Die Uebermüthler achteten das wenig,
Und hattens ihren Spott.
Sobald sie ihn nicht mehr am Fenster sahn,
Gieng gleich der Lårm von neuem an,
Sie fielen ohne Schaam und Scheu sogar
Dem Junker Wilhelm, ihrem Spielgenossen,
Als wenn er ihres Gleichen wår, ins Haar,
Und zaußten ihn ganz unverdrossen.
Das ward dem Herrn durch seine Leute hinterbracht
Die all zusahen dieser Knabenschlacht.
Allein er ist kein Freund von allzugroßer Strenge;
Schafft meinen Vetter nur, sprach er, aus dem Gedrånge,
Und sagt den Buben, daß sie ruhig seyn,
Ich wehrt es ihnen nicht, vor meiner Thür zu spielen,
Nur ohne Lårm in friedlichem Verein,
Hört ich sie wieder zanken oder schreyn.
Hått ich befohlen alle die spektakeln
Alsbald vorm Hause wegzubakeln.

Die Botschaft dünkte der unbåndigen Schaar gar ungerecht;
die Rådelsführer wollten nicht pariren, und fiengen an zu
råsonniren: [96] Was kümmert sich an einem fremden Ort,
um unsern Zwist ein edler Lord, hat er hier zu gebiethen?

   Er sizt doch nicht im Rath,
   Ist auch nicht Bürgermeister in der Stadt,

> In seines Eigenthums vier Pfåhlen
> Mag er auf seine Leute schmålen[1],
> Dort kann er herrschen und befehlen.
> Doch außerhalb der Thür
> Sind wir so gut wie er
> Und er nichts mehr als wir.
> Braucht er Gewalt das Spiel zu ståhren,
> So stehen wir får einen Mann
> Und wollen uns wohl wehren.

Die Ausgelassenheit der ungeschlachten Rotte nahm immer zu, daß es Mylord nicht långer dulden konnte; er schickte Låufer und Heyducken unter sie. Potz Element, wie fegten die die freche Gassenbrut zusammen, auf ihres Herrn Geboth.

Nun war, wie's Sprichwort sagt, Holland in Noth; der bårt-ge Kutscher Hannibal, ließ tånen seiner Peitschen Knall, da fielen sie bey Haufen, da lief wer konnte laufen, und alle Nachbarn blieben stehn, zur Lust die Jagd mit anzusehn, und klatschten in die Hånde; so nahm das Spiel ein Ende.

> Was merkst du dir zur Lektion.
> So frug Papa, aus diesem Måhrchen?
> Es war, antwortete der kleine Sohn,
> Dånkt mich, ein fein Histårchen,
> Daraus die goldne Lehre fließt,
> Daß Uebermuth durch Rippenstöße bůßt.

---

1 schmålen: seinen Unwillen ausdrücken; milde Form des Scheltens.

Neues Wochenblatt für Kinder und Kinderfreunde

(1789)

[33]   *Empfindsamkeit und Empfindeley.*

Amalie gieng mit ihrem Bruder vor einem jungen starken
Bettler vorbey, der sie um eine Gabe ansprach. Er schmei-
chelte ihr, nannte sie liebes schönes Mamsellchen; log ihr
etwas vor, das, wenn man ihn nur einigermaßen betrachtete,
ohnmöglich Wahrheit seyn konnte, und suchte durch seine
betrügerische klägliche Stimme ihr Mitleiden zu gewinnen.
Sie gab ihm ihren ganzen Beutel, und scholt ihren Bruder
hart, daß er ihrem Beyspiel nicht nachfolgte.
Der arme Mensch! klagte sie: aber siehst du, Bruder Heinrich, das kömmt von deinem Schmetterlingshaschen; da
marterst, da quälst du die armen Thierchen, wie kann es
anders kommen, als daß dein Herz hart und unempfindlich
werden muß.
Nein Schwester! du bist strafbar, antwortete er ihr, daß du
diesem Menschen etwas gabst; ein so junger Bettler kann
arbeiten. Durch Gutmüthigkeit, die ihm nicht gehört, [34]
wird er verwöhnt, und wird ein Taugenichts. Laß ihn den
Hunger zwingen, daß er arbeiten lernt.
Amalie. Ja arbeiten!
Heinrich. Allerdings. Wer arbeiten *will*, findet überall etwas zu *thun*, und es ist keine Arbeit so klein, sie nährt ihren
Mann. Schwesterchen! Schwesterchen! im Vertrauen, du
hast keinen geringen Ansatz zur Empfindeley, die gemeiniglich eine bloße Ziererey, öfters auch wenig Ueberlegung,
und bis weilen nichts mehr als – Eitelkeit verräth.
Amalie wurde unwillig; Amalie *klagte* ihren Bruder – die
empfindsame Amalie klagte ihren Bruder bey dem Vater
an.

Der Vater ließ Heinrichen im ganzen Hause herum suchen;
man fand ihn nicht. Endlich besinnt sich einer von den Leuten im Dienst des Vaters, daß er in eine kleine Hütte, nicht
weit von seinem Hause, gegangen wäre. Der Vater erschrickt, denkt seinen Sohn in übler Gesellschaft; geht selbst
hin. Hier findet er aber seinen Heinrich, wie er den Kindern
eines armen Mannes das Lesen lernt, und unermüdet sie mit
dem bekannt macht, was er kann. Der Alte fiel Heinrichs
Vater zu Füßen und sprach mit zitternder Stimme: Herr,
was für einen Sohn haben sie! Er ist manchmal, ja meistentheils mein Erretter gewesen, wenn wir aus Hunger nicht
wußten, wie wir leben sollten.
Still, still, lieber Heimbach, fiel ihm Heinrich ins Wort, ich
weiß gar wohl, daß ich ihm weit mehr thun müßte, wenn ich
ihm alles vergelten sollte. Seine Geschichten, die er mir erzählt, und die er selbst erlebt hat, sind sehr lehrreich für
mich, geben mir bald Warnung, bald lernen sie mich die
wunderbaren Wege der Vorsehung erkennen und verehren.
Entzückt von dem edlen Wetteifer umarmt der Vater den
alten ehrwürdigen Greiß bald, bald wieder seinen Sohn, und
ließ auf seine Wange eine Thräne des Seegens und der Freude
fallen. Er sorgte für die arme Familie, ließ die Kinder in der
Gesellschaft der seinigen erziehen, und freute sich der schönen Früchte, die seine Unterstützung hervorbrachte. Wer
empfindelte hier, und wer war empfindsam? – Leser urtheile,
Leser entscheide du!

[44]   *Nicht Schönheit allein,*
sondern die Nützlichkeit giebt einem Dinge in der Welt den
wahren Werth.

Herr Kohlmann gieng mit seinem Sohn in das offne Feld.
Als sie so die Flur hingiengen, kamen sie auf eine Gegend,
wo rechts Tabackspflanzen und links Erdäpfel standen. Die

Tabackspflanzen haben eine reizende Blüthe, ihre Farben wirken sehr lebhaft auf das Auge; kein Mahler mahlt sie so schön. Auch auf den Kleinen machten sie einen schnellen Eindruck; er sah nur auf dieses glänzende Beet, und hatte kaum Worte genug, sein Vergnügen auszudrücken. Aber die Erdäpfelgesträuche, denen es nun freylich an dieser Schönheit mangelte, blieben unbemerkt vor ihm.

Mein Sohn, sprach der Vater, bist du nun bald von deinem Staunen zurück? Es ist mir lieb, daß ich auch bey dieser Gelegenheit dir eine sehr nüzliche Lehre geben kann, die dir bey der Betrachtung eines jeden Gegenstandes wohl zu statten kommen muß. Schönheit allein, ohne andre übrige gute Eigenschaf-[45]ten hat nur ihren Werth für eine sehr kurze Zeit; man bewundert sie nur flüchtig; wo aber sich mit der Schönheit Nüzlichkeit verbindet, da ist eine dauernde Würde der glückliche Erfolg. Siehe mein Sohn, diese niedern Gesträuche mit ihrer weniger gefallenden Blüthe verkennst du ganz, und erniedrigst sie auf Kosten ihrer Nachbarn. Ihre Früchte aber nähren mehr als Millionen Menschen, wovon ein großer Theil wohl Hungers sterben müßte, wenn er ihre Nahrung nicht hätte. Laß dirs nur der Mutter erzählen, wie mannichfaltig man sie in der Küche zubereiten kann, daß sie durch diese Abwechselungen immer einen gewissen Reiz der Neuheit behalten. Aber wozu dienen jene? – Zu nichts, als daß sie, wenn ihre Blätter angezündet sind, einen Dampf machen, den man durch eine Pfeife in die Luft bläst. Das ist denn eine Gewohnheit geworden, in die sich auch schon manche sehr junge Menschen zu ihrem größten Schaden verliebt haben. Dieser verderblichen Mode hat mancher schon seine Gesundheit aufgeopfert; ihr haben viele die gelben Gesichter und die Verhinderung ihres Wachsthumes zu verdanken. Sieh also, daß der bloße äußerliche Schein nicht allemal den innern Werth einer [46] Sache bestimmt. – Von diesen Blüthen mache dir eine Hauptregel für alle Gegenstände, die um dich herum sind; wende sie selbst auf deine Mitmenschen an, und lerne an ihnen die höhern Eigenschaften schät-

zen. Gute Eigenschaften des Herzens, vorzügliche Talente
des Geistes sind unendlich mehr werth, als bloße körperliche
Schönheit.

JOHANN HEINRICH RÖDING

*Beschäftigungen für junge Leute zum Nutzen zur Lehre und
zum Vergnügen.*

(1790)

[46]   *Der Mittelstand ist der glücklichste.*

So lange Carolinchen nur eine Puppe und einige Stückchen
Spielzeug hatte, war sie in ihrem Sinn so reich, so vergnügt
und zufrieden, als manche Königin nicht ist. Mit Engel-
freude in ihren Blicken saß sie da auf ihrem kleinen Stuhl,
mit ihrer Puppe auf dem Schooß, und sah dann auf sie mit
herzlichem Entzücken; kleidete sie aus und an. Dann zählte
sie wieder die Stückchen ihres Spielgeräths, und glaubte, daß
kein Kind reicher und glücklicher sey als sie. Carolinchen
bekam nun für die kleine Puppe eine größere, und ihr Spielzeug wurde mit einer Menge schönere Sächelchen, als sie
vorher besaß, vermehrt. Mit allem dem aber kam Sorg und
Bekümmerniß in ihren kleinen Busen, und mit der zurückge-
legten Puppe flog ihre Zufriedenheit hin. Oft betrachtete sie
ihre Schätze mit großem Kummer und war immer besorgt,
ihre neidischen Brüder mögten [47] die besten Stücke mit
ihrer räuberischen Hand wegnehmen. Einstmals spielte sie
mit großer Behutsamkeit mit ihren kleinen porcelain Thee-
tassen, mit Topf u. Milchkanne, da stieß der muthwillige
Bruder ihr an den Arm, boms! da lag die Tasse. Jetzt sah
man Caroline zum erstenmal bey ihrem Spielzeuge weinen.

Sie wünschte, daß sie nie solche Kostbarkeiten von ihren Eltern bekommen hätte, so dürfte sie jetzt den Verlust nicht beweinen.

Trachtet nicht nach vielen Schätzen und nach einem hohen Stande, meine Geliebten, so werdet ihr nicht befürchten dürfen, oft einen Verlust zu beweinen. Der Mittelstand ist der glücklichste.

JOHANN BAPTIST STROBL

Folgen unrichtiger und verwahrloßter Erziehung. Ein Lesebuch für Jünglinge und Mädchen von reiferem Alter.

(1794)

[129]   *Von den Jugendsünden.*

Ich bin vor Kurzem mit einem unglücklichen Vater bekannt geworden, welcher mir eine traurige Geschichte von seinem Sohne erzählte, die ich, da sie mir für erwachsene Jünglinge von nicht geringer Wichtigkeit, und vorzüglich lehrreich schien, hier wieder zu erzählen um so weniger Bedenken trage, als vielleicht viele derselben dabey an ihr Herz fühlen, und ausrufen werden: *Gott! was habe ich gethan! Auch meine Krankheit, auch meine Schwäche, auch meine Hinfälligkeit hat diese Sünde zur Mutter.*

Wir kamen unter andern auf unsere Kinder zu sprechen. Als ich ihm sagte, wie meine Söhne und Töchter von Gesundheit strotzen, munter, blühend, und behänd zu allen Geschäften wären, und wie ich so eine herzliche Freude daran habe, daß sie, wie saftvolle Bäume im May mit hoffnungsvollen Blüthen bedeckt um mich herstehen, so rief er aus: »*O wie glücklich sind Sie! Ich hatte auch einen Sohn, er war meine* einzige Hoffnung und Freude; alles lebte an ihm, Geist und Körper zeigten so ein Ebenmaaß der Fähigkeiten, daß eines dem andern wechselseitiges Aufkommen darzubieten schien, und ich glaubte, beyde hätten auch bey einer mittelmäßigen Erziehung zu einer nicht geringen Vollkommenheit gelangen können; allein nun sind Hofnung, Freude, Geist und Körper, kurz alles an ihm verlohren; er ist abgewelkt, wie ein Baum, dem man an der Wurzel seine [130] Kräfte genommen; wie ein Greis hat er in seinem nun vier und zwanzigsten Jahre schon alle Gebrechen des Alters an sich; wenn er mit mir spatziren gehet, so bin ich in meinem sechs und fünfzigsten Jahre ein Riese gegen ihm; er kann mir nicht nachkommen, klagt alle zehn Schritte über Mattigkeit, und sehnt sich wieder nach einem Orte, um ausruhen zu können; mitten im Frühling, mitten unter Blumen und Wohlgerüchen empfindet er nichts, nimmt keinen Antheil an der ganzen Natur, an dem Wohl oder Wehe der Menschen; zu Hause sitzt er oft Stunden lang dumm und steif da, weißt sich mit nichts ernstlich zu beschäftigen, fängt vieles an, und endet nichts. Für einen gesunden Tag hat er immer wieder zwey kranke, an denen er von Aengstigkeiten und verschiedenen Schwachen und Schmerzen gemartert wird. Kurz er ist nur zum Hospital und nicht mehr für diese Welt brauchbar.

Aber was ist denn Schuld an dieser seiner so frühen Hinfälligkeit? sagte ich.

Niemand, als er selbst, war die Antwort, hören Sie die ganze Geschichte: da ich an meinem Sohne so viele Fähigkeiten, so viel Feuer und Lebhaftigkeit entdeckte, so schickte ich ihn, als er zwölf Jahre alt war, in das Erziehungsinstitut nach St**, wo, wie bekannt, die Jugend in allen Wissenschaften sehr wohl unterrichtet wird. Mein Vermögen war nicht so groß, daß ich ihm zu Hause alle nothwendige Lehrer und Meister hätte halten können, und ich wollte doch auch den [131] Buben nicht verwahrlosen, sondern ihn alles lernen lassen, was er Lust hätte. Dazu schien mir denn jenes Institut vorzüglich geschickt zu seyn, meinen Zweck ohne große

Kosten zu erreichen. Noch denke ich mit Schmerzen an den Augenblick zurück, als er dahin abreißte, und ich ihm den väterlichen Seegen mit auf den Weg gab. O wie kraftvoll, und blühend sah er damals aus! wie lebhaft und feurig waren seine Augen! wie gesund und viel versprechend sein ganzes Wesen! Welche Hofnungen wurden nicht damals von ihm in mir rege! wie freute ich mich nicht, ihn nach etlichen Jahren auch mit Kenntnissen und Wissenschaften bereichert wieder noch viel gesünder und stärker in meine Arme schließen, und auf den Weg des Lebens hinführen zu können, wo er zum nützlichen Bürger herwachsen, einst die Freude meines Alters, und nach meinem Tode, die Stütze seiner Mutter und Schwester und selbst ein glücklicher Vater, und thätiger Mann werden sollte! – Allein diese meine Freude und Hofnung, wie wurde sie mir nicht verbittert! – Er war sechs Jahre in diesem Institute (denn so lange wurde ein Zögling darinn behalten, wenn ihn nicht die Eltern selbst früher abforderten,) und ich erhielt weiter keine Nachricht von ihm, als solche, die er selbst, oder bisweilen einer seiner Lehrer mir schrieb. Diese waren denn immer von so tröstlichem Innhalte, daß ich mir von der Verwandlung, welche während der Zeit mit ihm vorgieng, nicht das geringste träumen ließ. Endlich als das sechste Jahr zu Ende gieng, schrieb er mir, daß ich dahin reisen, [132] und ihn abholen sollte. Ich hatte um diese Zeit eben sehr wichtige Geschäfte, die mir eine so weite Reise zu unternehmen nicht erlaubten, und ich schickte ihm daher so viel Geld, um mit einem eigenen Lehenwagen hieher kommen zu können. [...]

Endlich kam der Tag, an welchem er eintreffen sollte. Es wurden im ganzen Hause Zubereitungen gemacht, ihn recht freudig zu empfangen. [...] Auf einmal hieß es: Karl kommt, Karl kommt, und ein Wagen rollte durch den Hof herein. Schwester, Mutter und ich standen in dem Zimmer, [133] worinn wir vor sechs Jahre von ihm Abschied genommen hatten, und erwarteten bis er heraufkommen würde. Himmel! wie erschrack ich, als er zur Thüre hereintrat. Eine

gelbe schuppichte Haut hieng über seine Wangen, die Augen
waren erloschen, und blöde, sein Körper gebeugt und seine
Schenkel und Füße dünne und mager. Bist du mein Karl! rief
ich ihm entgegen. Gott! von welcher Krankheit bist du erst
aufgestanden? – Von keiner, lieber Vater! war seine Antwort, ich bin erfreut, sie alle wieder gesund zu sehen. Der
Ton, mit dem er das sagte, war eben so matt, als die Empfindung, welche dabey aus seinem Herzen kam; er wollte sich
zwingen, froh, erfreut und munter zu thun; aber seine Seele
war kalt, und erstorben für sanfte und süße Gefühle. Während er seiner Mutter und Schwester Hände küßte, welche
vor Freude, ihn zu sehen, auf seiner Stirne die Verwirrungen
seines Herzens nicht lasen, stellte ich bey mir selbst zwischen ihm und seinem Portraite, welches ich vor sechs Jahren hatte mahlen, und im Zimmer aufhangen lassen, meine
Betrachtungen und Vergleiche an. Bey jedem fremden Zuge
in seinem dermaligen Gesichte überlief mich ein heimlicher
Schauer, und ich konnt mein Erstaunen über seine Veränderung nicht länger verbergen. Karl! sagte ich, ums Himmels
Willen, wie siehst du aus, wie unähnlich bist du dem Bilde
geworden, das uns hier noch deine Gestalt, die dich vor
sechs Jahren schmückte, vorzeigt! Wie blühend war damals
noch die Farbe deines Angesichts, und wie verwelkt und
leblos ist sie jetzt! Schaue einmal [134] in den Spiegel dort
oben, und betrachte dein Portrait, welches ich noch vor du
von uns abgereißt bist, von einem geschickten Maler habe
verfertigen lassen. [...]
Liebster Vater! mir fehlet ja nichts; antwortete er erschrok-
ken und stotternd, das viele Studieren hat vielleicht in etwas
meinen Rücken gebeugt, und meine Augen blöde gemacht;
auch bin ich älter geworden, und mein ehemaliger Kindes-
kopf hat sich in einen männlichern Jünglingskopf verwandelt. Das alles macht, daß ich nun freilich nicht mehr so
aussehe, wie vor sechs Jahren.
Damit, versetzte ich, magst du wohl diejenigen täuschen,
welche dich entweder vorher nicht kannten, oder welche

nicht wissen, daß ein gesunder jugendlicher Baum, wenn er gleich Blüthen und Früchte tragen muß, doch alle Jahre zunehme, und stärker, aber nicht schwächer werde. Mich wirst du mit dieser Entschuldigung nimmermehr hintergehen; denn du bist mir vom Kopfe bis zum Fuße ein lebendiges Buch, aus dem ich ganz andere Dinge lese. Doch es ist jetzt nicht Zeit, hierüber mit dir zu sprechen; du bist müde von der Reise, und bedarfst Erholung und Ruhe.

Ich hielt von dem ersten Augenblick an, da ich meinen Sohn wieder sah, ihn in dem Verdacht einer heimlichen Sünde; nur mangelte es mir noch an den gehörigen Beweisen. Ich ließ also von der Zeit an keine Gelegenheit unbenützt, ihm auf die Spur zu kommen. Auch ließen mich schon in den ersten Tagen, daß er wieder unter meinen Augen lebte, einige Bemerkungen, die ich von Zeit zu Zeit an ihm machte, nichts anders vermuthen, als jenes verderbliche Laster. Ich prüfte ihn in seinen Wissenschaften, und er mußte mir über dieses und jenes seine Gedanken niederschreiben. Das geschah denn so matt und langweilig, und mit so weniger Ordnung und geringem Zusammenhange der Gedanken, daß ich deutlich sah, er habe bereits, wenn er die andere Seite schrieb, schon vergessen gehabt, was er auf der ersten gesagt hatte. Er mußte mit mir fechten; auch da unterlag er seiner Schwäche, konnte keinen festen Fuß halten, und ermüdete in etlichen Augenblicken schon so sehr, daß ihm die Schweistropfen von der Stirne fielen. Mit dem Tanzen war es eben so. Ueberdieß klagte er fast täglich bald über den Kopf, bald über die Brust, bald über die Eingeweide, bald über den Magen, und die nahrhaftesten Speisen waren für ihn gerade die unverdaulichsten. Dann war er immer nicht recht munter, mußte oft seufzen, und konnte nicht lange stehen; sondern seine Knie fiengen zu zittern an, und er war [136] genöthigt, sich um einen Stul umzusehen. Sie können leicht denken, was ich selbst bey diesen Beobachtungen litt, und wie es mich schmerzen mußte, ein Zeuge von der Hinfälligkeit meines eigenen Kindes zu werden. Ich war nun so viel,

als überzeugt, daß er sich durch eine lasterhafte Gewohnheit
selbst zerstöret hatte.

Mir war nichts angelegner, nichts wichtiger, als ihn noch zu
retten, wenn er zu retten wäre, und von seinem verworfnen
Laster zurücke zu bringen. Ich rief ihm also eines Tags in
mein Zimmer, und sagte: Lieber Karl! Du bist mein einziger
Sohn, den mir der Himmel gelassen hat; warst auch von
jeher meine einzige Freude, und Hofnung; mein ganzes
Vermögen wollte ich darum geben, wenn ich dich wieder
zwölf Jahre alt machen, und so gesund, munter, blühend,
und tugendhaft vor mir sehen könnte, als ich dich damals
sah. Sieh mich einmal aufrichtig an, wenn du kanst; ich bin
nicht nur dein Vater; ich bin auch dein Freund; gewiß! besser kann es niemand mit dir meynen. Sage mir, wer hat dich
verführet? – –

Karl. Mich? Niemand – Sie irren sich, mein Vater! Ich weiß
gar nicht, was Sie meynen.

Ich. O du verstehst mich ganz wohl! In deinem Alter ist
kein Mensch so viel Kind mehr, daß er nicht wüßte, was ich
meyne, wenn ich von Verführung rede. Ich will also deutlicher werden. Ich sage dir, Karl! Du bist ein erschrecklicher
Verbrecher; das Laster, das du treibst, steht nicht [137] nur
auf deiner Stirne geschrieben, leuchtet nicht nur aus deinen
Augen; sondern es hat selbst deine Knochen schon angegriffen, deinen Wachsthum gehemmet, deine Nervensäfte vergiftet, und das Mark der Gesundheit in deinen Gebeinen
aufgelöset.

Karl. Was denken Sie von mir, liebster Vater!

Ich. Nichts, als was ich von jedem Sünder denke, der, so
lange er nicht bekennet, auch keiner Besserung fähig ist. Mir
hättest du, glaube ich, wohl dein Vertrauen schenken, und
deinen Fehler bekennen dürfen, von dem ich schon überzeu-
gende Proben in den Händen habe.

Karl. Welche Proben? Was habe ich denn Böses gethan, das
nicht jeder Mensch wissen darf? –

Ich. Unglücklicher! du frägst noch? Bist du dich keiner

Handlungen bewußt, die du unter eines Menschen Augen, die du in meiner Gegenwart z. B. nicht wagen würdest? –
Karl. Ich wüßte nicht – –
Ich. Du bist noch unverschämt genug, zu läugnen! Also hat dich das Laster schon verhärtet! Ich habe also keine Hofnung deiner Besserung mehr! O ich unglücklicher Vater! – Geh aus meinen Augen, Elender! sage nicht mehr, daß ich dein Vater, sage nicht mehr, daß du mein Sohn bist. Ich will dich vor der Welt zu Schanden werden lassen, will dich nicht mehr hören, wenn auch späte Reue dein Herz mit tausend Quaalen foltern sollte. Geh, sage ich, aus meinen Augen! – [138] Diese Strenge wirkte endlich so viel, daß er mir zu Füssen fiel, und folgendes Geständniß ablegte:
Verzeihen Sie mir, liebster Vater! verstossen Sie Ihren unglücklichen Karl nicht! ich will Ihnen alles offenherzig bekennen.
Ich. Nur damit wirst du mich wieder besänftigen.
Sage mir also, wie lange treibest du jenes unnatürliche Laster, das ich vor Abscheulichkeit gar nicht nennen mag, schon mit dir selbst?
Karl. Vier Jahre.
Ich. Gott! vier Jahre! und du lebst noch? – Wer hat dichs gelehrt? –
Karl. In dem Institute waren mehrere, die das thaten, und die haben michs gelehrt.
Ich. Schrecklich, schrecklich! Weißt du auch, was du thatst? –
Karl. Ich glaubte über meinen Körper sey niemand Herr, als ich selbst, und ich könnte wohl damit thun, was ich wollte. Ich meynte, nichts Böses zu thun.
Ich. Und doch thatst du das Böseste, was ein Mensch thun kann. Du arbeitetest an deinem eigenen Verderben. Daher kommt ein kränkliches, mageres, bleiches Gesicht, und deine Todtenfarbe; daher dein schwacher Magen, deine Abgezehrtheit, und die andere übeln Zufälle. Du hast deinem Körper die Säfte des Wachsthums geraubt, da er sie am mei-

sten bedürfte. Mit ihnen schwand dein Gedächtniß, dein
Verstand, dein Muth und [139] deine Fähigkeit zu allem
dahin. Deine schlaffe Seele hat so wenig Muth zum Guten,
und Edeln, als dein matter Körper Kraft, etwas zu unternehmen oder auszuführen. Und doch bist du erst in einem Alter,
in dem die gesunden tugendhaften Jünglinge von der Natur
zum Genusse des Vergnügens gerufen werden. Für dich,
unglücklicher Sohn! wird aber des Vergnügens auf dieser
Welt sehr wenig mehr seyn. Dein eingeschrumpftes Herz
wird kalt seyn – Man wird dich nicht lieben können, weil du
jetzt schon zur Zeit der Blüthe und der Kraft ein Gerippe
bist. Vaterfreuden sind für dich dahin! Und solltest du ja
Vater werden, so wird dein Kind statt dich durch seine Munterkeit zu erfreuen, durch sein Elend dich betrüben; sein
blasses Gesicht, seine matten Glieder werden dir für sein
Leben Kummer, und über deine Jugendsünden Vorwürfe
machen, die dein Herz zernagen. Und ich, ich werde keine
Enckel, keine Nachkommenschaft in dir sehen; mit dir wird
mein Name verlöschen, wenn du anders mich alten Mann
überleben solltest; aber das wirst du nicht; du bist mehr
Greis, als ich; auch hat noch kein Sünder deiner Art ein
männliches Alter erreicht; sondern in der Blüthe ihres Lebens sanken sie in die Grube. Schrecklich! daß ich dir alles
das sagen muß! ein jeder Blick auf dich ist mir ein Dolchstich
durch mein Herz, das dich so väterlich liebt.

Karl. Ich will mich ja bessern, liebster Vater! ich will alles
anwenden, dieser Gewohnheit zu entsagen.

[140] Ich. Das wird das einzige Mittel seyn, wenn du nicht
willst, daß ich dir noch dieses Jahr mit zur Leiche gehe. Aber
hälst du es denn für so leicht, dich zu bessern? Wirst du wohl
im Stande seyn, einer Gewohnheit zu entsagen, die seit
4 Jahren schon Wurzel geschlagen hat? – O das ist sehr
schwer! – Höre einsweilen einige Lehren, die ich dir mit-
gebe, und befolge sie. Vor allem sieh mich, deinen Vater, für
deinen Vertrauten an; komm zu mir, wenn dich deine Begierde überwältigen will, und scheue die Einsamkeit, wie

eine Môrderinn. Mache dir immer eine Beschâftigung, und suche keine Minute müßig hinzubringen, denn der Müssiggang ist die Pflegerinn der Unzucht. Kôrperliche Arbeit also, wenn sie nicht bis zur Erschôpfung, bis zum Schweiße getrieben wird, soll dir herrliche Dienste thun; studieren darfst du mir nun schon gar nicht; eben so wenig viel sitzen, und lesen, um deine Phantasie vor allen Bildern zu bewahren, welche das alte Laster wieder in dir erwecken kônnten. Du sollst künftig in meinem Zimmer schlafen, und wie du erwachst, dein Bett verlassen. Deine Mutter, sie würde untrôstlich seyn, will ich noch mit der erschrecklichen Nachricht verschonen, was für ein abscheulicher Wollüstling du bist. Sehe ich aber keine Besserung von dieser Stunde an, so sollen Mutter und Schwester deine Schande erfahren; ich will dich ihnen denn vorführen, und sagen: Mutter! sieh da deinen Sohn; Tochter! sieh hier deinen Bruder, den Schânder seiner selbst. [...]

[142] Mein Sohn versprach alles; denn er fühlte die Schrecknisse seiner Vergehungen in ihrer ganzen Fülle; auch konnte ich über seine Gesundheit keinen sorgsamern Wächter stellen, als ich selbst war; er kam Tag und Nacht selten von meiner Seite; er mußte mit mir in dem Garten arbeiten; ich verordnete ihm eine zuträgliche Diät, und kurz ich that alles, ihn wieder zu rechte zu bringen. Meine Bemühungen haben auch nicht gânzlich fehlgeschlagen; ich habe ihn glücklich von seiner bôsen Gewohnheit abgebracht: aber seine einmal verlohrnen Jugendkräfte, und hingeschwundenen Seelenfähigkeiten konnte ich bis jetzt noch nicht wieder ganz erwekken. Er ist seit den sechs Jahren, die er jetzt unter meinen Augen lebt, um keinen Strich gewachsen; seine Augen und sein Kopf sind schwach, und wenn er lesen will, so wird er gleich schwindlich, als ein Betrunkner. Er kann, wie ich Ihnen schon gesagt habe, nicht einmal in die Lânge einen Spaziergang aushalten; sondern ermüdet eher, als ich alter Mann. Die Munterkeit seiner Seele will auch nicht wiederkehren; er lacht oft eine ganze Woche nicht, und empfindet

in seinem Gewissen so bittere Vorwürfe, daß er manchmal in
Thränen ausbricht. [...]

[143] Jünglinge! die ihr dieses leset, zweifelt nicht an der
Wahrheit dieser Geschichte. O daß ihr noch so unschuldig
wäret, jenes Laster nicht einmal zu ahnden, welches Karln zu
Grunde richtete! Besitzet ihr diese glückliche Unwissenheit,
dieses reine und süße Gefühl der Unschuld noch, o welchen
Himmel traget ihr in eurem Herzen! Ihr seid Engel in Men-
schengestalt, und euer Leben ist Seligkeit! Um diese Unschuld, dieses süße Gefühl, diese himmlische Seligkeit zu
erhalten, höret und befolget meinen Rath. [...]

ANONYM

Kleine Romane für Kinder.

(1782)

[65]   *Adolf, der Lügner.*

Lügen ist ein Laster, welches man mit einem Schneeballen an
einem Berge vergleichen kann; dieser ist anfangs klein, er
gehet nur einen Schritt weiter, so ist schon sein Umfang
grösser. Er betriegt gleichsam allen um ihn liegenden, indem er nur über ihn wegzulaufen scheint, und ihn mit
sich ins Unglück reißt. Er wird grösser, je mehr er sich
umwälzt, seine Schwere und Grösse nimmt Stauden und
kleine Bäume mit, bis er endlich an einem alten Stamm
seine Macht zerschellet, und nun zu Grunde geht. Der
Lügner ist immer unbedeutend, wenn er seine Rolle zu spielen anfängt. Oft ist es eine Stecknadel, die ihn reizt. Er
nimmt sie, und läugnet es. Die Lüge geht durch, und erregt
grössere. Er ist im Begriff, entdeckt zu werden, und er

muß lügen, um sich zu helfen. Er verläßt die Menschen, die ihn schon kennen, und für ihn war-[66]nen. Um sich bey andern Zutrauen zu machen, muß er die Wahrheit, die jene sagen, durch Lügen wider sie verdunkeln, bis er auch entdeckt, und von jedermann verachtet wird. Adolfs Beyspiel wird uns eine Warnung vor dieses Uebel seyn.

Adolf war ein Sohn vornehmer und rechtschaffener Eltern. Allein sie starben ihm zu früh, und er kam unter die Aufsicht einer alten Tante, die ihn nur zu viel liebte, und ihm allen Willen ließ; sie hatte noch zwey kleine Nichten bey sich, und diese drey Kinder waren einst Erben ihres ganzen Vermögens. Es wäre billig gewesen, wenn sie diese alle gleich geliebt hätte, allein sie war wirklich unbillig, und zog Adolf den Uebrigen vor. Er war ihr Augapfel, und wenn sie etwas Besonders hatte, so mußte er es haben, es mochte nun in einem Spielwerke oder in einer Näscherey bestehen. [...]

[67] Adolf war artig und wohl gezogen. Man konnte ihm nicht den geringsten Mangel an Lebensart schuld geben. Er wußte sich einzuschmeicheln, und wo er zuerst hin kam, da nahm man ihn mit ofnen Armen auf. Adolf aber wollte immer mehr glänzen, und war nicht mit dem zufrieden, was er als Wahrheit erzählen konnte. Er erdachte also immer etwas, und da seine Erfahrung in der Welt sich eben noch nicht weit erstreckte, so giengen diese Erfindungen immer auf seine Bekanntschaft. Er wußte diesem kleinen Knaben eine Unart nachzureden, die er in einer öffentlichen Gesellschaft gesagt, und jenes Mädchen war um einer abgeschmackten Antwort willen, die sie auf eine Frage gegeben, ausgelacht worden. Wenn nun diese Kinder es wieder erfuhren, so konnte er sich, wenn es ihm vorgehalten wurde, nicht anders helfen, als daß er entweder dreist auf seine Lüge bestand, und jene durch seine freche Stirn roth machte, daß man sie für schuldig hielt, oder wenn der Beweis gar zu klar war, daß es sich nicht so verhalte, so gab er einen andern an, der nicht so

frech war, wie er, und den er dadurch in die äusserste Verwirrung sezte. [...]

[78] Er war ein einziges Kind, und ob man schon von seinen
Eltern gar nicht sagen kann, sie verzärtelten ihn, so liebten
sie ihn doch sehr, und dies gab immer dazu Gelegenheit, daß
sie [79] Manches mit einer Art von Nachsicht betrachteten,
was sie allerdings an ihm hätten bestrafen müssen. Wäre er
aber älter geworden, und die Kleinigkeiten hätten sich in
grosse Unarten verwandelt, so hätte er gewiß die strengste
Zucht von seinem Vater erfahren. Er soll in seinen ersten
Jahren ein artiges Kind gewesen seyn, und alle Fremde, die
ins Haus kamen, liebkoseten ihm, und sagten ihm tausend
Schmeicheleyen vor, die dem Kinde gewiß den ersten Grund
zu dem Stolze legten, den er hernach von sich blicken ließ.
Sie wollten, daß alles, was das Kind verlangte, geschehen
sollte, und wenn sie gewußt hätten, wie manches Unglück
sie ihm dadurch zubereiteten, so hätten sie es gewiß unterlassen. Der Bediente, der hernach bey dem Edelmann war, war
damals bey seinen Eltern, und dieser ist es, welcher glaubte,
daß ein kleiner Umstand den Grund zu den Lügen des Knaben gelegt. Maria, so hieß ein Mädchen, die die Aufsicht über
Adolf hatte, hatte einmal, da er schon etwas sprechen
konnte, ein Stückchen Kuchen zum Nachmittagsbrod für
ihn von ihrer Frau bekommen. Aber sie war näschigt, aß es
selbst, und gab ihm ein Butterbrod. Das war schon oft geschehen, und eben heute wurde Adolf von seiner Mutter
gefragt, wie der Kuchen geschmeckt. [80] Da kam es heraus,
daß ihn das Mädchen gegessen, und Adolf bekam ein ander
Stück. Nach einigen Tagen wurde wieder Kuchen gegeben,
und Adolf bekam ihn, er schmeckte aber so gut, daß er mehr
wünschte, und er war schon listig genug, das vorigemal zum
Beyspiel zu nehmen, und er bekam wirklich ein ander Stück,
und das Mädchen viele unschuldige Verweise. Aber ausser
dem Fehler, daß sie gern naschte, hatte das Mädchen keinen,
und sie war sehr blöde. Wenn man einmal auf einem fahlen
Pferde ertappt ist, so glaubt einem so leicht niemand, und so

vertheidigte sich Marie nicht anders, als durch Thränen. Aber in ihrem Herzen dachte sie schon, das würde ein böses Kind werden. Den nächsten Tag war der Kuchen schlechter. Marie nahm schon Johann dazu, um ihn sehen zu lassen, daß sie dem Kinde den Kuchen gegeben, und so war es gut. Es giengen acht Tage ohne Klage hin. Nun aber hatte die Mutter ein Stück schöne Kirschtorte gegeben, und die hatte Adolf so gut geschmeckt, daß er gar zu gern noch mehr gehabt hätte. Er hätte seine Mutter nur bitten dürfen, und es wäre ihm gewiß nicht abgeschlagen worden, aber der Eindruck der ersten gut abgelaufenen Lüge war in ihm, und da dies ihm ein sicherer Weg schien, so sagte er, er hätte [81] sie nicht bekommen. Diesmal war Marie, da sie einen Zeugen hatte, nicht bestürzt, und Johann wurde herzugerufen. Aber Adolf wußte das recht gut, und flisterte der Mutter ins Ohr, daß Marie und Johann den Kuchen unter sich getheilt. Die Leute erschracken zwar über diese unerwartete Beschuldigung, allein sie vertheidigten sich. Adolf aber weinte, betheuerte, es wäre wahr, und da man in dem Kinde so viele Falschheit nicht suchte, so wurde Johann und Marie abgeschaft.

Adolf gelang noch manche kleine Lüge, und der erste Grund seines Verderbens auf Zeitlebens bestand also in einer unersättlichen Begierde, seinen Geschmack zu befriedigen. Er kam nachher weiter. Er gieng in die Schule. Da bekam er Geld, und auch zuweilen Eßwaaren mit. Es war niemand, dem immer so viel gestohlen wurde, als Adolfen, und wenn denn keiner sich dazu bekennen wollte, so bekamen sie alle Schläge, denn man wollte Adolfen, dessen Eltern gut bezahlten, nicht gerne vor den Kopf stossen. Zu Hause bekam Adolf sein Geld wieder, und dadurch gewöhnte er sich nach und nach daran, sich aus dem Schaden anderer Leute nichts zu machen, wenn er nur seinen Willen erhielt. Denn er [82] bekam dadurch oft doppelt Geld, und brauchte nicht darum zu bitten.

[...]

[86] Der Fürst hatte eine Prinzessin von 10 Jahren, und die-

ses Kind wurde in allem unterrichtet, was einem Frauenzimmer von Stande anständig ist. Sie war einem grossen Herrn bestimmt, und man wandte also jede Stunde so viel als möglich gut für sie an. Es wurden ihr, wenn sie bey ihrer Handarbeit war, englische Bücher vorgelesen, und dies war bisher von einem jungen Edelmann geschehen, der nun die Schule verließ. Adolf hatte allenthalben Augen und Ohren. Er hatte gehört, daß man die Stelle wieder besezen würde, und bat seine Lehrer, ihn vorzuschlagen. Man ließ ihn lesen, und es gefiel. Man versprach also, ihn mit zum Vorschlag zu bringen, aber man sagte ihm zugleich, daß man einen andern, den der vorige Vorleser vorgeschlagen, nicht ganz zurücksezen könnte.

[...]

[88] Ehe er es also auf den Weg der Entscheidung ankommen ließ, wollte er lieber eine List gebrauchen, um seinen Gegner zu stürzen, und sich also ohne Streit in die Stelle zu sezen. Er hatte sich darauf gelegt, andere Hände zu schreiben, und er hatte es ziemlich weit in dieser verderblichen Kunst gebracht. Er schrieb also nach der Hand seines Freundes einen Brief an den vorigen Vorleser, worin sich dieser über ihn beklagte, daß er ihn zu der Stelle vorgeschlagen, die ihm so beschwerlich als unangenehm wäre. Er siegelte ihn auf der Stube seines Nebenbuhlers, in einem Augenblick, da dieser hinaus gieng, mit seinem Petschafte zu, und schickte ihn fort. Jener, der ihm einen Gefallen zu thun geglaubt hatte, übrigens aber ihn eben nicht genau kannte, antwortete ihm gar nicht, sondern schickte den Brief an den Fürsten, und auf der Stelle wurde Adolfen [89] die Vakanz ertheilt, ohne das jener einmal wußte, daß er vorgeschlagen war, und weder der Fürst noch die Lehrer weiter ihn darum befragten, sondern ihm seinen Willen überliessen.

Adolf hatte seine Wünsche erreicht, und er stand seinem neuen Amte so gut vor, daß er vom Fürsten und von der Prinzessin gelobt wurde. Da er selbst viel gelesen hatte, so mischte er zuweilen unter seinen Vorlesungen eigne Anmerkungen ein, und sie gefielen ihr. Wo er konnte, da brachte er kleine Erfindungen aus seinem Kopfe mit an, und sie fanden Beyfall. Kurz, unser Adolf war wieder auf dem Wege zu seinem Glücke, und wäre er nur zufrieden gewesen, so würde er der Welt haben dienen können, ohne sich dem Falle auszusezen, den er litt. Es war kurz nach seiner erhaltenen Stelle, als der Prinz, dessen Gemahlin des Fürsten Tochter werden sollte, dahin kam. Er war ein junger Herr von siebzehn Jahren, und also zwey Jahr älter als Adolf. Er hatte auch Kenntnisse, worin ihn dieser doch weit zu übertreffen glaubte, und vielleicht auch übertraf.

Dieser junge Prinz freute sich sehr über die Vollkommenheiten seiner Braut. Er dankte allen, die dazu beygetragen hatten, sie zu bilden, [90] auf eine thätige Art, und er ernannte unter andern den ehemaligen Vorleser, den er auf seiner Durchreise durch den Ort, wo er sich aufhielt, mitnehmen wollte, zu seinem Kammerjunker. Er unterhielt sich mit Adolf sehr oft, und er bewunderte seinen Verstand, und machte sich die Hofnung, daß er viel zum Vortheil seiner Braut beytragen würde. Er sagte ihm dies auch auf die schmeichelhafteste Art, und versicherte ihn, er würde ihn im Falle, wenn er wollte, nach seiner eignen Neigung davor belohnen.

Der Prinz reiste wieder ab, und Adolf war nichts recht gewesen. Er hatte geglaubt, seine Vorzüge sollten ihm die vertrauteste Freundschaft des Prinzen erwerben, und er hatte gesehen, daß er mit andern freundschaftlicher umgegangen war, als mit ihm. Er hatte zwar die Beruhigung gehabt, daß er zu allen Feyerlichkeiten gezogen worden, allein man hatte ihm seiner Meynung nach nicht Höflichkeit und Achtung genug erwiesen, hatte weniger mit ihm gesprochen, als er erwartet hatte, und obgleich die Prinzessin ihm bey jeder Gelegenheit einmal ihre Hand zum Tanz gereichet, so war ihm doch das nicht genug gewesen, sondern er hatte geglaubt, es müßte öfterer geschehen, und sie hätte ausser dem Prinzen mit ihm am meisten tanzen sollen. Aber [91] am allerempfindlichsten

war es ihm gewesen, daß ihm der Prinz eine blos goldene
Dose mit Dukaten gefüllt gegeben hatte. Als er auf sein Zimmer kam, warf er die Dukaten verächtlich auf seinen Tisch,
und die Dose in die Ecke seines Schreibpults. Ich habe Geld
genug, sagte er. Ich diene um der Ehre willen, und man
belohnt mich so? Ist das fürstlich? Ein Stück Papier, und der
Adel darauf, wäre mir zehnmal willkommener gewesen. Wie
bald wird mein Vorgänger mit dem goldnen Schlüssel pran-
gen, er, der so wenig, gegen mich genommen, verstand.
Geld! – als wenn das nur einen Werth bey mir hätte? Und
die Dose? Wer wird mir auswärts glauben, wenn ich sage, sie
ist von ihm? Ja, wenn noch sein Gemählde darin gewesen
wäre.

So tobte Adolf vor sich herum, und konnte sich kaum fassen; hätte ich das wissen sollen, sezte er noch hinzu, daß er
meine Verdienste so schlecht erkennen würde, so wollte ich
mich anders genommen haben. Er kann mich etwa zu einem
Rath machen, und sezte mich in ein Kollegium, daß ich
arbeiten, und meine Jahre verschwizen müßte, nein, Adolf
soll höher kommen, und ich will eine Empörung machen,
wovor man mir am Ende noch danken soll. Er konnte [92]
sich aber noch nicht aus seinem Aerger winden, und mußte
zwey Tage auf seinem Zimmer bleiben, ehe er zu seiner
vorigen Gleichgültigkeit kommen konnte. Diese wandte er
dazu an, den ganzen Plan auszuhecken, dessen Ausführung
wir in den folgenden Blättern finden werden.

Der Prinz war indessen ganz von ihm eingenommen. Er
hatte sich nicht erkundigt, ob er reich oder arm wäre, hatte
auch nichts von den Geschenken erwähnt, die er geben
wollte, aber er hatte mit dem Fürsten davon gesprochen, daß
er es gerne sähe, wenn er zu Staatsgeschäften angezogen
würde, weil er ihn da dereinst gebrauchen wollte, wenn er
ihm denselben überlassen könnte. Der Fürst wußte, daß
Adolf dort ein weit grösseres Glück machen könnte, und
gestand es gerne zu, denn er liebte ihn herzlich. Es war der
Prinz kaum abgereist, so wurde der junge Mensch von 15

Jahren mit ins Kabinet genommen, und mußte da arbeiten. Er blieb ganz aus der Schule weg, und wohnte beym Fürsten.

[...]

[93] Nun hatte Adolf noch ein weiteres Feld vor sich, als erst. Er wußte nicht, daß diese Veränderung mit ihm von dem Prinzen herrührte, und da er es für ein Werk des Fürsten hielt, so wollte er lieber bey diesem sein Glück machen. Er konnte aber nicht erwarten, bis es ihn suchte, sondern er wollte es mit Gewalt zu sich reissen. Es war im Kabinet des Fürsten der Sekretair ein junger feuriger Mann, und er arbeitete nicht [94] allein strenge, sondern er hielt auch den jungen Adolf dazu an. Dieser that alles gerne, was man ihm vorlegte, aber er hielt davor, daß dieser Mann ihm zu befehlshaberisch spräche. Er hatte auch einigemal ihm wegen kleiner vorgefallenen Lügen einen Verweis gegeben, die Adolf blos um zu lügen vorgebracht, weil er ihm nicht die Wahrheit sagen wollte. Er konnte von seiner Hize in solchen Fällen nichts Gutes erwarten, und der Mann mußte also aus dem Wege, wenn er nicht fallen sollte.

[...]

[96] [Adolf] war nun Sekretair, und es giengen die wichtigsten Sachen unter seine Hände. Er hatte unter dieser Zeit seinen andern Plan auch etwas vorwärts gebracht. Er wurde mit der Prinzessin täglich mehr bekannt, und sie nahm ihn fast zu ihrem Vertrauten an, weil seine Ehrerbietung so groß wie seine Dienstgeflissenheit gegen sie war. Sie war ohngeachtet ihrer Jugend wenig mehr Kind. Sie sprach von ihrem künftigen Schicksale mit einer reifen Beurtheilungskraft, und sie brachte Adolfen oft auf ihren Geliebten. Sie machte ihm eine reizende Schilderung von dem Glücke, was sie sich in seiner Verbindung dachte, und sie verwunderte sich, daß Adolf, der sonst ganz Feuer bey jedem getroffnen Gemählde war, ganz kalt bey diesem blieb.

Für Adolfen war es jezt die rechte Zeit, mit seiner Herzensmeynung heraus zu gehen. [97] Er stellte ihr in dem zu-

thätigsten Tone, den er nur annehmen konnte, vor, daß die
Liebe bey Prinzen und grossen Herren nicht so herzlich, wie
bey andern Menschen wäre, daß Geschäfte und Zerstreuungen das süsseste davon nähmen, und was er sonst sich noch
gedacht hatte, sie zu hintergehen, daß sie weiter in ihn dringen möchte. Erst nahm sich die kleine Prinzessin vor, zu
schweigen, denn sie verstand wirklich nicht, was er damit
sagen wollte, aber ihre Neugierde trieb sie doch an, ihn wieder zu fragen, was denn der Prinz ihm gesagt hätte, das ihm
zu solchen Argwohn Anlaß gäbe. Er hat mir vieles davon
gesagt, antwortete er. [...]

[98] Er besaß des Prinzen Handschrift, und er fand sie dazu
sehr bequem, und wie das Glück immer die Betrüger mehr
als die Redlichen sucht, so mußte es auch unter dem Prinzen
und der Prinzessin verabredet seyn, vor seiner Zurückkunft
keinen Briefwechsel zu führen, und was die Prinzessin jezt
thun wollte, sollte heimlich geschehen.

[99] Adolf schrieb also im Namen des Prinzen und mit dessen Hand einen Brief an sich selbst, worin er alles das wie-
derholte, was er vorher von dem Prinzen erzählt. Er sezte
noch hinzu, daß weil er sein bester Freund wäre, er ihm
entdecken wollte, daß er ein liebes Frauenzimmer angetroffen, die tausendmal mehr Reize hätte, als die Prinzessin.
Diesen Brief schickte er an einen Freund, den er sich gemacht, der ihn auf der Post besorgte.

Den Tag, als dieser Brief ankam, kam er ganz misvergnügt
zur Prinzessin. Sie bemerkte die Veränderung, und frug ihn
um die Ursache. Er nahm die scheinheiligste Miene an, er
bat, sie möchte nicht auf ihn zürnen, er habe niemals aufgehört, ihr und ihrem Vater treu zu seyn, und alle Verspre-
chungen des Prinzen sollten ihn nicht dahin bringen. Er
hielte es für seine Pflicht, ihr zu sagen, daß sie hintergangen
würde, daß der Prinz darauf ausgienge, sie zu einer unglücklichen Person zu machen. Die Prinzessin erschrack, sie bat
ihn, zu eilen. Er zeigte ihr den Brief, sie erkannte die Hand
für richtig, las, und war ausser sich. Adolf fuhr fort, für sich

zu bitten. Was haben sie zu fürchten, Adolf, sagte sie, ihnen bin ich Dank [100] schuldig. Fahren sie in ihrem Eifer fort. Helfen sie mir, mich von dem Menschen zu befreyen, der meiner spottet.

Adolfs einziger Wunsch in diesem Augenblick war das. Besser konnte es ihm nicht werden, als daß er Vertrauter wurde, wo es ihm nöthig war, alles zu wissen. Den Vorschlag zu schreiben, verwarf er gleich. Das einzige Mittel, von ihm los zu kommen, war durch den Vater; Und da glaubte die Prinzessin, würde es unüberwindliche Schwierigkeiten sezen. Aber Adolf versprach ihr, diese aus dem Wege zu räumen, wenn sie nichts von dem sagen würde, was vorher zwischen ihnen vorgegangen war. Das that sie gern, denn Adolf war ihr nun alles in allen, sie sahe ihn als ihren Retter und als ihre einzige Stüze an.

Adolf machte sich mit dem Briefe zum Fürsten. Ich muß es für ein unendliches Glück schäzen, sagte er, daß ich in dero Dienste gekommen, aber es scheint auch, als wenn immer die Entdeckungen auf mich kommen, die die bittersten sind, und endlich werde ich einmal das Opfer werden – Nun, mein lieber Adolf, was ists wieder? Glaube er mir nur, das begegnet jedem, der rechtschaffen ist, der entdeckt immer alle Bosheiten zuerst, so wie alle Fehler der Unacht-[101]samkeit – Ich wollte, erwiederte Adolf, daß ich dies Geheimniß nie zu entdecken brauchte, aber die Vorwürfe in mir würden zu groß seyn. Ich muß es thun. Lesen sie selbst, mein Fürst. Er gab ihm den Brief, und der Fürst las. Das ist gewiß viel, Adolf, sagte er. Er hat recht. Es ist gefährlich, ein solcher Vertrauter zu seyn. Aber vors erste habe er Dank für seine Entdeckung, und für seine Treue. Ich werde ihn nicht verrathen, aber auch nicht vergessen. Das sey er versichert. Wenn ichs sagen darf, mein Fürst, fiel Adolf ein, ich glaubte, die Grösse des Prinzen – Würde mich dahin bringen, meine Tochter zu opfern? Nein, mein Sohn! Und nach dieser Denkungsart kann er glauben, daß ich ihm viel schuldig zu seyn, überzeugt bin.

Adolf! wie gut, wenn du jezt noch dein Wohl bedacht hättest! Aber der Schritt war zu weit gethan. In dem Taumel, in welchem er war, glaubte er mit seiner ehrlichen Miene, und mit seiner List durchzukommen, aber er sahe nicht, daß ihm Dornen bevorstanden, und Gruben auf beyden Seiten ihn umgaben. Der Fürst redete es mit ihm ab, daß er sich nichts sollte merken lassen, und daß sie erst noch sehen wollten, ob neue Briefe ihn noch deutlicher entlarvten. [...]

[103] Indessen giengen die Briefe immer fort, und Adolf schrieb in einer Zeit von anderthalb Jahren fünfe in der Art. Der lezte enthielt insbesondre, daß er sich nun bald der Zeit nahete, daß er sein schönes, vergnügtes Leben aufgeben, und wieder zu dem Zwange zurückkehren [104] müßte, der ihn bald erwartete. Er wünschte nur, daß die ersten Flitterwochen erst vorbey wären, damit er mit mehrerm Anstande wieder sein eigner Herr seyn möchte.

Dies brachte den Fürsten sehr auf, und nun gieng das Schreiben an den Prinzen ab, worin er ihn bat, auf seiner Rückreise mit seinem Besuche ihn zu verschonen, weil die Umstände seines Hauses ihm nicht erlaubten, die im Sinn gehabte Verbindung fortzusezen. Er wünschte ihm alles Wohl und alle Freude für sein künftiges Leben, und hofte, er würde eine bessere Gemahlin finden, als diese wäre.

Adolf unterstrich diesen Tag in seinem Kalender als einen Tag der Freude mit rother Dinte. Er hätte ihn sollen schwarz zeichnen, denn es wäre der schwärzeste gewesen, den er in seinem Leben gehabt, wenn die Absicht, die er an demselben gehabt, zu Stande gekommen wäre. Der Himmel wollte aber dem Maasse seiner Bosheiten Einhalt thun, ehe es überflösse; Er konnte es nicht ansehen, daß ein unschuldiges Mädchen so hintergangen würde, und daß ein rechtschaffener Vater einst eine Schwachheit beweinen sollte, die er gegen einen Bösewicht gehabt, und die ihm das ganze Glück seiner Tochter kostete.

[...]

[113] Dem Fürsten war zu Muthe, als wenn ihn der Bliz in

die Erde schlüge. Er fiel gleich auf Adolf. Die ganze Geschichte mit des Prinzen Briefen wurde ihm in dem Augenblick verdächtig. Er befahl dem jungen Menschen, auf seine Kosten bis nach entdeckter Sache zu bleiben, und schickte gleich hin, um Adolf in Verhaft nehmen zu lassen. Er versiegelte selbst alle seine Papiere. Er schickte hernach wegen der an Adolfen eingelaufenen Briefe auf die Post, und es war zwar richtig, daß die Briefe von den bestimmten Orten hergekommen, aber keiner mit des Prinzen Siegel versiegelt gewesen. Adolf [114] hatte ihm gesagt, er erwartete ehestens wieder einen Brief vom Prinzen, und er befahl also, alle Briefe an ihn zu schicken.

Er gieng hernach zu seiner Tochter, der er alles erzählte, weil sie schon von Adolfs Gefangennehmung gehört hatte, und darüber erschrocken war. Sie sahe, daß hier die größten Muthmassungen wider ihn giengen, und daß er nicht unschuldig seyn würde. Die Zudringlichkeit, mit welcher er immer Stillschweigen gegen ihren Vater von ihr verlangt, war ihr auch schon lange verdächtig gewesen, und sie erzählte ihm nun, wie er es vom Anfange getrieben, daß er ihr den Prinzen verdächtig gemacht, und der Fürst wunderte sich, daß er nicht selbst lange eingesehen, daß die Sache nicht so ganz richtig, er mußte sich aber gestehen, daß er alles sehr vorsichtig und listig eingefädelt hatte.

Nach wenigen Tagen wurde er ganz von seiner Schuld überzeugt. Es kam ein neuer Brief von der Hand des Prinzen, aber wieder nicht mit dessen Petschaft, und dabey war ein Brief von Adolfs Freunde: Er habe zwar bisher die Aufträge der Bestellung solcher Briefe an ihn selbst besorgt, allein da er befürchtete, es [115] wäre etwas Gefährliches darunter verborgen, so möchte er ihn damit verschonen, und ihm weiter keine zuschicken, weil er sich nicht in eine solche Gefahr sezen wollte.

Den Brief, der vom Prinzen seyn sollte, behielt der Fürst, jenen aber, nachdem er ihn gelesen, und ihn seiner Tochter gezeigt, schickte er Adolfen ins Gefängniß, um sich mit dessen Lesung und Bereuung seiner schändlichen Betrügereyen die Zeit zu verkürzen. Erst jezt sahe dieser, der sich alles fest zu leugnen vorgenommen, daß er unwiederbringlich verlohren war, und nun wünschte er sich sehnlich in seine Vaterstadt zurück, wünschte sich die Tage wieder, die er sonst dort verflucht, und hielt seinen damaligen Zustand für ein Paradies gegen den jezigen. Es wurde aus dem Feuer und Muth seiner Seele eine Blödigkeit und ein schüchternes Wesen, das ihm nicht einmal einen Gedanken zu seiner Rettung übrig lies.

[...]

[118] Er ließ Adolfen kommen, und blaß wie der Tod trat er ins Zimmer. Die Prinzessin, der [119] Prinz und der Fürst waren allein zugegen. Adolfs Muth war ganz hin. Das böse Gewissen war in seinen Augen zu lesen, und er trauete nicht, sie aufzuschlagen. Die Prinzessin redete ihn zuerst an. Was that ich ihnen, Adolf, sagte sie, daß sie mich hintergehen, und mir das rauben wollten, was mir das Liebste auf der Welt war? Sie hatten mein ganzes Zutrauen. Hätten sie es doch gut angewendet. Wie oft, Adolf, fiel ihr der Prinz in die Rede, wie oft sagte ich ihnen, daß mein einziges Wohl an diesem Engel hienge, daß, wenn ich bey ihr wäre, mir alle Minuten schäzbar wären, so schnell sie auch verflössen? Und sie wollten diese Zufriedenheit stören? Warum das, Adolf, da ich es so gut mit ihnen im Sinne hatte?

Adolf konnte erst nicht antworten. Der innere Aerger über diese traurige Lage hemmte seine Sprache. Endlich sagte er: Drücken sie mich nur ganz zu Boden. Ich dachte, ich wollte mich erheben, und es misglückte mir. Ist das nicht Strafe genug? Warum soll ich ihre Vorwürfe noch hören? Bestrafen sie mich für mein Unglück so hart sie wollen. Der Prinz und die Prinzessin giengen auf einen gegebenen Wink des Fürsten hinaus.

[120] Adolf, sagte dieser, diese Hartnäckigkeit ist übel angebracht. Weiß er die Grösse seines Verbrechens? Er hat das Leben ohne alle Gnade verwirkt. Er ist an vielem Unglück

schuld. [...] Er hat einen seiner Mitschüler um eine Stelle gebracht, die ihm zukam. Er hat sich endlich des Hochverraths schuldig gemacht, indem er die Hand eines Prinzen nachschrieb. Sein Leben steht in meiner Hand. Wenn er mir aber aufrichtig alles gesteht, so soll es ihm geschenkt seyn, und denn soll seine Strafe nur in einem Gefängniß bestehen.
[...]
So freylich, Adolf, muß man ein Opfer werden, wenn man andre Leute zum Opfer sei-[121]nes Stolzes und Eigennuzes machen wollte. Die Falschheit hätte ich in ihm nie gesucht. Lügen ist die Quelle aller Laster, hätte er die erste nicht gethan, oder wäre er so glücklich gewesen, daß ihm die erste mislungen wäre, so hätte er mit seinen Talenten ein rechtschaffener Mann werden können. Dieses Laster bringt alle übrigen zur Reife. Wenn man etwas vor sich sieht, und keinen andern Weg weiß, zu diesem gewünschten Ziele zu kommen, und man sucht nur Lügen und Betrügen hervor, so kömmt man gewiß dazu, aber das Ende ist immer kläglich. Dieses Laster gebiert Menschenhaß, es macht harte Herzen, man nimmt an nichts mehr Antheil, was den Nebenmenschen betrift, und lebt blos für sich. Wenn ich einen Weg sähe, auf dem er, Adolf, noch nützlich seyn könnte, so wollte ich ihm gern auch die Freyheit schenken. Der Prinz selbst hat für ihn gebeten, und wünschte das. Aber ich weiß, daß dieses Unglück, wie er es nennt, ihn vollends mit allen Menschen entzweyen wird. Wo er auch hinkommt, da wird er seine Ränke hervorsuchen, um sich durch anderer Schaden emporzuschwingen. Die Leichtigkeit, mit welcher er die Unwahrheit zu sagen gewohnt ist, giebt ihm Stoff genug, Böses zu [122] thun, und meine Pflicht ist, dies zu verhindern. Er bringt also seine übrige Lebenszeit auf der Festung zu. [...]

Abenteuererzählungen

Die Jugendliteratur der Aufklärung steht von Beginn an in einem harten Kampf mit trivialen und populären Lesestoffen, die offensichtlich schon zur Lektüre der Jugendlichen gehörten. Die zahlreichen pädagogischen Abhandlungen sind durchzogen von eindringlichen Warnungen vor der Romanlektüre, die als einer der verwerflichsten und folgenschwersten Fehltritte angesehen wurde. Die Polemik richtet sich hauptsächlich gegen die empfindsamen Romane, die in den siebziger Jahren in Mode kamen, sowie gegen die Abenteuererzählungen, die schon seit der Jahrhundertmitte zur populären Jugendlektüre zählten. Doch die Polemik allein genügte nicht: Die Jugendbuchautoren mußten sich der populären Stoffe selbst annehmen und sie in ihrem Sinne bearbeiten. Nur so ließ sich der vermeintliche Schaden abwenden, der durch die Lektüre der schlechten Romane und Abenteuererzählungen bei der Jugend entstünde. Die belehrenden Abenteuererzählungen der aufklärerischen Jugendliteratur müssen aus dieser Intention heraus verstanden werden. Ihre Bearbeitungen sind in Wahrheit Umfunktionierungen: Das abenteuerliche Element wird zwar beibehalten, aber nur als Vehikel für die daran angeknüpfte moralische oder naturkundlich-geographische Belehrung geduldet. Trotzdem stammt aus dem Bereich der belehrenden Abenteuererzählungen das wohl bekannteste Kinderbuch der Aufklärung, Campes »Robinson der Jüngere«, das allerdings nicht die einzige Jugendbearbeitung des Robinson-Stoffes darstellt. Doch hat die Aufklärung auch andere klassische Stoffe der Jugendliteratur schon aufgegriffen, so den Don Quijote und die Insel Felsenburg. Nur der Gulliver findet im 18. Jahrhundert noch keinen Eingang in die Jugendliteratur, sieht man von dem Gedicht C. F. Weisses ab, das von den »kleinen Leuten« in Lilliput erzählt. Auch ist die historische Abenteuererzählung schon vertreten: Sie hat in Kolumbus, Cortes und Pizarro ihre ersten Helden bzw. Anti-Helden gefunden.

JOHANN CHRISTOPH ADELUNG (Hrsg.)

Leipziger Wochenblatt für Kinder.

(1773)

[41]   *Alexander Selkirk*

Wie weit es ein Mensch durch seine eigene Kräfte bringen
kann, wenn ihn die Noth dazu zwinget, hat niemand besser
bewiesen als *Alexander Selkirk*, ein Schottländer, der sich
eine geraume Zeitlang ganz allein auf einer wüsten Insel auf-
gehalten hat, und dessen Schicksale zu dem bekannten Romane, *Robinson Crusoe,* Anlaß gegeben haben.
Als der Capitain *Rogers* im Jahr 1708 seine Reise um die
Welt that, und von Brasilien nach der Insel *Juan Fernandez*
in der Südsee seegelte, sahe er in einer weiten Entfernung
vom Ufer, des Abends ein Licht auf dem Lande brennen.
Weil man glaubte, es müßten sich Franzosen auf der Insel
aufhalten, so beschloß man, wenn man sie fände, ihnen ein
Treffen zu liefern. Man schickte deshalb am folgenden Tage
ein Boot zum recognosciren aus. Dies brachte die Nachricht,
daß keine Franzosen zu finden wären, wohl aber lieferte es
dem Eng-[42]länder einen Menschen, den man auf der Insel
gefunden hatte. Er war mit Ziegenfellen bekleidet, und sahe
wilder aus, als der erste Eigenthümer derselben. Er war vier
Jahre und vier Monate auf der Insel gewesen, und daselbst
vom Capitain Stroodling gelassen worden. Er hieß *Alexander Selkirk,* war ein Schottländer, und hatte in den fünf Hä-
fen einen ansehnlichen Posten bekleidet. Der Capitain *Dam-
pier* versicherte den *Sir Rogers,* der mit ihm reisete, daß er
den Selkirk als einen tapfern Seesoldaten gekannt habe. Man
machte ihn also zum Steuermann. Er war es, der in der vorigen Nacht das Licht hatte brennen lassen. Während seines
Aufenthaltes auf der Insel hatte er verschiedne Schiffe vorbey fahren gesehen. Aus Furcht, daß es Spanische wären,

von welchen er den Tod fürchtete, hatte er sich nie sehen lassen. Er hatte sich also jetzt seinen Landesleuten durch das Licht zu erkennen gegeben, um in sein Vaterland zurück zu kehren.

Von seinem Aufenthalt auf der Insel erzählte er folgende Merkwürdigkeiten. Er habe mit dem Capitain des Schiffs, welches an dieser Insel gelandet, einen Streit gehabt, und weil das Schiff leck geworden, habe er lieber auf der Insel bleiben wollen. Er war vorher drauf gewesen, und hatte [43] sich mit Holz und Wasser versehen. Er hatte seine Kleider, Betten, eine Flinte, etwas Pulver, Bley, Kugeln und Toback, ein Beil, Messer, Kessel, eine Bibel und einige mathematische Instrumente und Bücher mit sich genommen. Er ernährte sich so gut er konnte. In den ersten acht Monaten kostete es ihm viel Mühe, seine Angst und Schwermuth, die er in der Einsamkeit empfand, zu überwinden. Er bauete sich zwo Hütten von Pfefferholz, bedeckte sie mit langem Grase und futterte sie mit Ziegenfellen aus. Die Ziegen schoß er, wenn er sie nöthig hatte, so lange sein Pulver daurete, das nur aus einem Pfunde bestand. Als dies verbraucht war, verschaffte er sich dadurch Feuer, daß er zwo Stäbe von Pfefferholz auf seinem Knie zusammenrieb. In der kleinen Hütte bereitete er seine Lebensmittel, in der größern schlief er. Im Anfange hatte er nicht eher gegessen, bis ihn der Hunger nöthigte, theils aus Gram, theils aus Mangel des Brodts und Salzes. Er gieng auch nicht eher zu Bette, als bis er nicht mehr wachen konnte. Das Pfefferholz, das sehr helle brannte, diente ihm zum Feuer und Licht, und erquickte ihn durch seinen angenehmen Geruch. Er hätte gnug Fische haben können, aber wegen Mangel des Salzes mochte er sie nicht essen, weil sie [44] ihm den Durchfall verursachten, ausgenommen die Meerkrebse. Vom Ziegenfleisch hatte er gute Brühen gekocht, und während seines Aufenthalts überhaupt 500 derselben getödtet, und noch mehrere gefangen, die er am Ohr zeichnete und laufen ließ.

Als es ihm an Pulver fehlte, erhaschte er die wilden Ziegen

durch die Geschwindigkeit seiner Füße. Seine mäßige Lebensart hatte ihn von allen groben Säften befreyt, und ihm eine ungemeine Geschwindigkeit gegeben, daß er Felsen und Berge hinan laufen konnte. [...][45] Auf diese Weise überstand er zuletzt durch Hülfe der Vorsehung und seiner muntern Jahre – denn er war damals dreyßig Jahr alt – seine Beschwerlichkeiten. Er machte sich einen Rock und eine Mütze von Ziegenfellen. Ein Nagel war seine Nadel. Da er etwas Leinwand hatte, nähete er sich auch Hemden, und heftete sie mit dem Zwirn von seinen Strümpfen zusammen. Die Insel war übrigens sehr angenehm, indem der Winter nur im Junius und Julius mäßig war.

Dieser *Alexander Selkirk* hatte alle seine Schicksale sorgfältig angemerkt. Es waren wirkliche Begebenheiten, deren hier [46] der allerkleinste Theil gemeldet ist. Er gieng mit *Sir Rogers* nach England, und schrieb seine Reise mit aller Genauigkeit auf. Er gab seine Papiere dem Herrn *Daniel Defoe*, und bath ihn, sie in Ordnung zu bringen. Allein dieser betrog ihn, vermehrte sie mit erdichteten Abentheuern und Schilderungen, und machte also seinen *Robinson Crusoe* aus diesem Vorrath von Wahrheit und Erdichtung.

JOHANN KARL WEZEL

Robinson Krusoe. Neu bearbeitet.

(1779)

[Der Aufbruch aus dem Elternhaus]

[2] [...] Der junge Robinson wurde für die Rechtsgelehrsamkeit bestimmt: allein sein Unternehmungsgeist gab ihm einen so starken Hang zum Leben eines Seefahrers, daß ihn

die vernünftigsten Vorstellungen und dringendsten Bitten
seiner Eltern von einer so mühevollen gefährlichen Laufbahn
nicht abzubringen vermochten. Sein Vater hielt ihm tägliche
Ermahnungen, daß er den Vortheil, in einem ruhigen wohlhabenden Mittelstande geboren zu seyn, nicht verschmähen
sollte. – »Nur dieser Stand, sagte er ihm oft, ist zur wahren
Glückseligkeit ausgesondert, da hingegen die höhern und
niedern Klassen die Uebel des menschlichen Lebens unter
sich theilen. Der Große wird von Leidenschaften, Projekten,
künstlichen Bedürfnissen und künstlichen Leiden gequält:
der Landmann, der Handwerker, der Fabrikant kämpft mit
den Beschwerlichkeiten körperlicher Arbeit, oft mit Mangel,
und beständig mit der Ungewißheit des Unterhalts. Der
Große wird durch Bequemlichkeit und Ueberfluß zu tausend Ausschweifungen verleitet, die seine Kräfte, seinen
fröhlichen Muth, sein Leben verzehren: die Unbekanntschaft
mit dem Elende macht ihn hart, unempfindlich, zu Freundschaft und Wohlwollen weniger geneigt: er seufzt unter
Zwang und Langeweile, wenn sie ihm die Gewohnheit auch
noch so erträglich macht, und über der unaufhörlichen
Bemühung sich nach Andrer Denkungsart zu richten,
verliert er selbst seine eigne. Ungesunde, durch Sitzen oder
Anstrengung entkräftete Beschäftigungen vergiften in
den niedern [4] Ständen das Leben, und stecken das Gemüth
mit schlechten, unfreundlichen Gesinnungen an. Ein Mit-
telmann, der Vermögen genug besitzt, um der Abhängigkeit zu trotzen, wenn sie zu schwer drückt; der in seinen
Schicksalen wohl Ebbe und Fluth, aber nie Sturm und Un-
gewitter leidet: ist dieser nicht glücklicher, als die übrigen?
Er hat so viel Leidenschaft und Unglück, als nöthig ist,
um das Leben nicht todt, fade und lästig zu machen, und
selten von beiden so viel, daß es ihn zu Boden schlagen
könnte.«
Diese halb wahren und halb falschen Vorstellungen hörte
der Sohn gelassen an, glaubte alles und beharrte in seiner
Neigung. Er beredte seine Mutter, daß sie ihm bey dem

Vater die Erlaubniß auswirken sollte, dem Hange zum See-
leben zu folgen; und da der Alte auch ihren Bitten sich unbe-
weglich widersetzte, so drang der unbesonnene Jüngling mit
der Tollkühnheit eines Wagehalses durch Hindernisse, die er
nicht anders wegräumen konnte: er entlief seinen Eltern,
und gieng mit dem ersten Schiffe, das sich ihm darbot, von
Hull, wohin er geflüchtet war, nach London, um daselbst
Gelegenheit zu wichtigen weiten Fahrten zu finden. Die
Angst über einen kleinen Sturm, der dem unerfahrnen Bur-
schen ein großer tobender Orkan zu seyn schien, bestrafte
ihn den Tag nach seiner Abreise für einen gewagten Entschluß, dessen Gefährlichkeit er nunmehr sehr lebhaft
fühlte: allein die wüste Gesellschaft, unter welcher er sich
befand, ersäufte seine Reue in Punsch und Branntewein:
man sprach ihm Muth ein, und die Herzhaftigkeit, die ihm
fehlte, mußte ihm der Trunk verschaffen. [...]

[Der Brasilienaufenthalt und der Schiffbruch]

[35] Das Schiff, welches ihn aufgenommen hatte, fuhr nach
Brasilien, wo ihn der Kapitän an einen seiner Freunde emp-
fahl: er machte sich bey diesem Manne mit dem Baue des
Zuckers bekannt, bekam durch desselben Vorschub einen
Naturalisationsbrief, wodurch er in den Besitz eines Stücks
wüsten Landes gesezt wurde, legte sich eine eigne Plantage
an, fand durch einen Lisabonner Kaufmann Gelegenheit, für
die Hälfte seiner hundert und funfzig Pfund, die er in London bey einer Anverwandtinn vor seiner zweiten Reise nach
Guinea niedergelegt hatte, englische Waaren nach Brasilien
zu bekommen, verkaufte sie theuer, war mit dem Zuckerbau
glücklich und befand sich wohl.
Für einen Menschen von so unstätem Temperamente, wie
Robinson, ist kein dauerhaftes Wohlseyn auf der Erde: Pro-
jektirsucht [36] und Neigung zum herumschweifenden Leben trieben ihn an, seiner Ruhe zu entsagen und einem Vor-

schlage Gehör zu geben, der ihn nochmals in den unglücklichsten Zustand versezte.

Er hatte einigen seiner Bekannten einen Plan mitgetheilt, wie man durch Hülfe der Negersklaven, mit denen damals noch ein geringer Handel, und blos unter besondrer Begünstigung und zum Vortheile des Königs von Spanien getrieben wurde, der Anbau des Tabaks und Zuckers wohlfeiler und einträglicher machen könnte. Eine so herrliche Aussicht für ihre Gewinnsucht spornte sie zur Ausführung seines Projekts an: sie beschlossen, ein Schiff nach Guinea gemeinschaftlich auszurüsten, um Negern auf ihm heimlich ins Land zu bringen und [37] unter sich zu vertheilen. Zugleich trugen sie ihm an, mit diesem Schiffe als Kaufmann hinüber zu gehn und den Handel zu führen, weil er schon in Guinea gewesen war und die Gelegenheit kannte. Dafür versprach man ihm, daß er so viele Sklaven, als ein jedes von den Mitgliedern der Unternehmung erhalten sollte, ohne etwas zu dem angelegten Kapitale beyzutragen.

Einer so angenehmen Lockung konnte ein solcher Liebhaber des herumschwärmenden Lebens nicht widerstehen: gern verließ er alles, was er hatte, und entsagte dem gewissen Vortheile, den ihm seine Plantage versprach, um einem ungewissen auf der See nachzulaufen. Er willigte in den Antrag, bestieg das Schiff, und trat seine Reise an.

Nichts ist in einer Reisebeschreibung weniger unerwartet, als ein Sturm: man [38] wird sich daher nicht im mindesten wundern, wenn dem armen Robinson nicht lange nach seiner Ausfahrt einer der schrecklichsten begegnet, mit welchem jemals ein Schiff gekämpft hat, und ihn nach Norden an die Küste von Guiana trieb.

[...]

[43] Jeden Augenblick mußte er fürchten, daß ihn eine neue Welle hinwegriß und begrub. Er warf sich also mit der Entschlossenheit der Verzweiflung in die See hinab, schwamm, wadete, gieng, kletterte an dem hohen Ufer hinauf, und sank kraftlos, von Freude und Ermattung überwältigt, auf den

Boden hin, in einem dem Schlafe ähnlichen Taumel, der ihm Besonnenheit und Empfindung raubte.

Als er aus diesem ohnmächtigen Schlummer erwachte, drangen alle Empfindungen der Freude auf seine Seele zu: berauscht von seinem Glücke, saß er noch lange Zeit in tiefem Traume da, eh er seine [44] Aufmerksamkeit auf seine Gefährten und den Ort seines Aufenthalts wenden konnte. Keinen einzigen von ihnen erblickte er, weder todt noch lebendig, und fand blos in der Folge einige von ihren Kleidungsstücken.

Die erste Trunkenheit der Freude über seine Erhaltung gieng bald vorüber, um einem traurigen Nachdenken Platz zu machen. Wie schrecklich war noch immer sein Zustand! Naß, in zerrißnen Kleidern, ohne Speise, ohne Gewehr saß er hier in einer Einöde, wo sich nicht die mindeste Spur von Bevölkerung und Anbau zeigte; vielleicht unter ausgehungerten wilden Thieren, um ihnen eine willkommne Beute zu werden. Nichts fand er in seiner Tasche, als ein Messer, eine Tabakspfeife und einen kleinen Vorrath durchnäßten Rauchtabak, – alles sehr leidige Hülfsmittel für einen abgezehrten Körper!

[...]

[66] Itzt hatte er bereits eilf solche Fahrten zu dem Schiffe gemacht und schickte sich zu der zwölften an, als sich der Wind merklich erhub: dessen ungeachtet ließ er sich nicht abschrecken; er schwamm hinüber, und fand nach langem Suchen nichts, als einige Mes-[67]ser und an funfzig Pfund spanisches Gold, ein so unentbehrliches Bedürfniß unter Menschen, und für ihn in seiner Einsamkeit das verächtlichste, unnützeste unter allen! – »O wie sehr empfind' ich itzt, dachte er, daß Geld nur Zeichen des Bedürfnisses, nicht Bedürfniß selbst ist! Das schlechteste Stück Eisen ist in meinem Zustande von größrer Wichtigkeit, als eine ganze Ladung goldner und silberner Schätze: wie viele außer mir müssen mit Laster nach ihnen ringen, um Wohlseyn und Bequemlichkeit zu kaufen. – Mein Zustand ist in der That so un-

glücklich nicht, als ich anfangs dachte: ich habe ja schon ein Bedürfniß weniger.« – Trotz dieser einseitigen, aber für ihn tröstlichen Philosophie, konnte er sich doch aus alter Ange-wohnheit nicht entschließen, dieses für [68] ihn unnütze Me-tall liegen zu lassen, sondern in der Hoffnung, daß er einmal wieder in die menschliche Gesellschaft zurückkehren werde, wo Geld die allgemeinste Waare und das oberste Bedürfniß ist, wickelte er es in ein Stück Segeltuch, um es mit sich an Land zu nehmen. [...]

[Bilanz des Inselaufenthaltes]

[79] Alles genau erwogen, war sein Zustand nunmehr gewiß nicht so äußerst traurig, als es scheint, und er vielleicht selbst glaubte. Die *Gewohnheit*, diese große Stütze der menschli-chen Glückseligkeit, mußte ihm erst das Unangenehme sei-nes Aufenthaltes wegwischen, und dann wurde es dem *Nachdenken* nicht schwer, tausendfaches Gute darinn zu entdecken. Wer diese beiden wichtigen Geheimnisse besizt, sich leicht an jede Situation zu gewöhnen, und mit einem scharfsinnigen Selbstbetruge ihr viel Gutes anzudichten, der hat leben gelernt. Robinson kannte entweder diese Erfah-rung nicht, oder wußte sie nicht zu nützen. – Anfangs war die Menge seiner Geschäfte zu groß, um dem Nachdenken Platz zu lassen: abmattende Arbeiten [80] und tiefer Schlaf füllten sein ganzes Leben aus. Doch izt, da die nothwendig-sten Verrichtungen geschehen waren, und ihm zuweilen eine kleine Ruhe ohne Schlaf gegönnt wurde – izt wachte die Reflexion auf und verbitterte ihm die Vorstellung eines Zu-standes, dessen Unannehmlichkeiten er im vorhergehenden Taumel überhäufter Beschäftigung nur halb und vielleicht gar nicht gefühlt hatte. [...]
[81] Natürlich [82] fiel anfangs das Gemälde, das er sich davon machte, nicht angenehm aus: der Elende sieht allemal zuerst blos die schwarze Seite seines Zustandes. Endlich aber

– weil es doch besser ist, sich ein Glück einzubilden, als gar keins zu haben – kam er so weit, daß er eben so geschäftig das *Gute* seines Schicksals aufsuchte, als er vorher das *Böse* aufzufinden bemüht war, und sich eine Menge noch schlimmerer Zufälle dachte, gegen welche sein itziger Zustand eine wahre Wohlthat war.

»Ich bin, sagte er sich oft, auf eine öde, einsame, unfruchtbare Insel vom Sturme geworfen worden, ohne Hoffnung, sie jemals wieder zu verlassen« –

Aber wenn ich nun, wie meine Gefährten, ertrunken wäre? Habe ich nicht das Leben gerettet? Kann ich nicht durch meinen Fleiß die Erde fruchtbar machen und dem Mangel zuvorkommen? Habe ich nicht Werkzeuge, mir Unterhalt und wohl gar Bequemlichkeit zu verschaffen? War es nicht ein Glück, daß das Schiff vom Sturme erst versenkt wurde, nachdem ich das hauptsächlichste aus ihm ans Land gebracht hatte? Wenn es nun von dem Sturme, der mich auf dieses Eyland warf, zerschmettert worden wäre, und ich müßte izt ohne Obdach, ohne Lebensmittel, ohne Möglichkeit, deren habhaft zu werden, im Hunger unter den entsezlichsten Schmerzen herumirren und peinlich sterben? –

»Aber so einsam, von allen Menschen abgesondert! Wie schrecklich! wie traurig!« –

Macht mir denn meine Erhaltung nicht Beschäftigung nöthig, die mir die Zeit verkürzt und mich den Verlust der mensch-[84]lichen Gesellschaft weniger fühlen läßt? Bin ich vom Morgen bis zum Abend bisher müßig gewesen? Bin ich nicht zugleich von allen Plagereyen frey, womit die Menschen einander so treflich quälen? – Niemand störet mich in meiner Arbeit, Niemand streitet über die Gränzen seines Eigenthums mit mir, Niemand beurtheilt die Fehler meines Fleißes zu strenge, Niemand beneidet das Glück meiner Aernte, Niemand bestiehlt, Niemand betrügt mich: ich kann ja frey, als unumschränkter Herr thun, was ich will, brauche mit Niemandem um Nutzen,

Ehre und Vergnügen zu kämpfen, werde nie gekränkt,
bedarf keines Richters, keines Advokaten, werde nie um
Meinungen oder elende Gebräuche verfolgt, gegeisselt, ge-
braten: – allen Uebeln der menschlichen Gesellschaft bin
ich entflohen! –

[...]

[86] Wenn der Unglückliche einmal so weit ist, daß er das
mögliche Gute seines Zustandes sehen will, dann ist er nicht
mehr unglücklich, und er kann endlich dahin gelangen, daß
er es sehr übel nähme, wenn man ihn nicht für glücklich
hielt. [...]

[König der Insel]

[151] Izt trat also Robinson in einen der ruhigsten Stände,
worinne sich die Menschheit jemals befunden hat – in das
Hirtenleben.

[...]

[152] In einem Zeitraume von anderthalb Jahren wuchs seine
Heerde bis zu zwölfen an, Böcke, Ziegen und Zickel zusam-
mengerechnet; und zwey Jahre darauf bestand sie schon aus
zwey und vierzig Stücken, ob er gleich viele für seinen Tisch
geschlachtet hatte.

Es gieng ihm, wie es überhaupt den Menschen bey ihren
Erfindungen gegangen [153] ist: sie kannten lange die Gegenstände, ehe sie auf alle Arten ihrer Nuzbarkeit geführt
wurden. So weidete Robinson lange seine Heerde und nährte
sich mit ihrem Fleische, ehe er auf den Einfall kam, ihre
Milch zu nützen; und seitdem er darauf verfiel, wurde sie
eins seiner vorzüglichsten Lebensmittel: er lernte nach vielen
verunglückten Versuchen Butter und Käse daraus machen,
ohne diese beiden Künste vorher gewußt zu haben.

Was fehlte ihm izt zur Zufriedenheit? – Er war ein kleiner
König, Regent und Besitzer einer ganzen Insel, unumschränkter Monarch seiner Unterthanen, der Ziegen, Herr
über ihren Tod und ihr Leben, ohne jemals in seiner Ziegen-

monarchie Rebellion, Meuterey und Ungehorsam besorgen zu dürfen. Er hielt Tafel, wie ein Monarch: der Papagey saß ihm auf der Schul-[154]ter und hatte, als Favorit, die Erlaubniß, so viel zu schwatzen, als ihm beliebte: der alte Hund saß ihm, wie ein bejahrter treuer Diener, zur Rechten und genoß aus seinen Händen die Belohnung seiner Treue: seine beiden Katzen lauerten, wie ein Paar Hofleute, auf einen gnädigen Bissen und zankten sich knurrend darum, wenn er ihnen einen zuwarf. [...] Wenn er sich mit noch süßern Vorstellungen vergnügen wollte, betrachtete er sich als den Vater einer großen Familie, den Hund als einen trauten Freund: die Katzen waren ein Paar Schmarotzer, die mit gekrümmtem Buckel und knurrend ihm [155] seine Gnade abschmeichelten, oder unverschämt mit der Pfote foderten, wenn sie zu lange außenblieb; und die Ziegen drängten sich, so oft er unter sie kam, mit kindlicher Liebe und Zutraulichkeit um ihn herum und erwarteten von ihm Futter, Vergnügen und Wohlseyn: der Papagey war sein Gesellschafter, und nichts fehlte dem Familiengemälde, als eine gute Hausfrau.
[...]
[159] Sonach war Robinson alle Stände der Menschheit nunmehr durchwandert: er war Jäger, Fischer, Ackersmann, Hirte gewesen: er hatte Handwerke, Künste und Schiffahrt erfunden; und er befand sich itzo in dem Genusse der erfundenen Bequemlichkeiten so wohl, daß ihm Ruhe und Sicherheit vor Mangel Langeweile machten. [...]

JOACHIM HEINRICH CAMPE

Robinson der Jüngere, zur angenehmen und nüzlichen Unterhaltung für Kinder.

(1779/80)

[XXVIII] Es war einmahl eine zahlreiche Familie, die aus kleinen und großen Leuten bestand. Diese waren theils durch die Bande der Natur, theils durch wechselseitige Liebe vereiniget. Der Hausvater und die Hausmutter liebten Alle, als ihre eigene Kinder, ohngeachtet nur *Lotte,* die Kleinste von Allen, ihre liebliche Tochter war; und zwei Freunde des Hauses, R** und B**, thaten ein Gleiches. Ihr Aufenthalt war auf dem Lande, nahe vor den Thoren von Hamburg.
Das Wort dieser Familie war: *bete und arbeite!* und Klein und Groß kanten kein ander Glük des Lebens, als welches die Erfüllung dieser Vorschrift gewährt. Aber während der Arbeit und nach vollendetem Tagewerke, wünschte jeder von ihnen auch etwas zu hören, welches ihn verständiger, weiser und besser machen könte. Da erzählte ihnen dan der Vater, bald von diesem, bald von jenem, und die kleinen Leute alle hörten ihm gern und aufmerksam zu.
[XXIX] Eine von solchen Abenderzählungen ist die folgende Geschichte des *jüngern Robinsons.* [...]
Aber bald hätte ich vergessen, dir zu sagen, was vorher ging, ehe diese Erzählung ihren Anfang nahm! – »Wilst du uns nicht wieder was erzählen, Vater?« fragte *Gotlieb* an einem schönen Sommerabend. »Gern!« war die Antwort; »aber es wäre Schade, einem so herlichen Abend nur durch die Fenster zu zusehen; Komt, wir wollen uns im Grünen lagern!«
O das ist schön, das ist schön! riefen Alle; und so ging's in vollen Sprüngen zum Hause hinaus.

[1]   *Erster Abend.*

Gotlieb. Hier, Vater?

Vater. Ja, hier unter diesem Apfelbaume.

Nikolas. O prächtig!

Alle. Prächtig! Prächtig! (hüpfen und klatschen mit den Händen.)

Vater. Aber, was denkt ihr denn zu machen unter der Zeit, daß ich euch erzäle? So ganz müssig werdet ihr doch wohl nicht gern da sizzen wollen?

[2] Johannes. Ja, wenn wir nur was zu machen hätten!

Mutter. Hier sind Erbsen auszukrüllen! Hier türksche Bonen abzustreifen; wer hat Lust?

Alle. Ich! ich! ich! ich!

[...]

Vater. Sezt euch so herum, daß ihr die Sonne könt untergehen sehen; es wird [3] heute ein schön Spektakel am Himmel geben. (Alle lagern sich und beginnen ihr Werk.)

Vater. Nun, Kinder, ich wil euch heute eine recht wunderbare Geschichte erzälen. Die Hare werden euch dabei zu Berge stehen, und dan wird euch das Herz wieder im Leibe lachen.

Gotlieb. O, aber mach's ja nicht zu traurig!

Lotte. Nein, nicht zu traurig; hörst du, Väterchen? Sonst müssen wir gewiß weinen, und können nicht davor.

Johannes. Nun, so laßt doch! Vater wird's schon wissen.

Vater. Seid unbesorgt, Kinder; ich wil's schon so machen, daß es nicht gar zu traurig werde.

Es war einmahl ein Man in der Stadt Hamburg, der hieß *Robinson*. Dieser hatte drei Söhne. Der Aelteste davon hatte Lust zum Soldatenstande, ließ sich anwerben und wurde erschossen in einer Schlacht mit den Franzosen.

[4] Der zweite, der ein Gelehrter werden wolte, hatte einmahl einen Trunk gethan, da er eben erhizt war; kriegte die Schwindsucht und starb.

Nun war also nur noch der Kleinste übrig, den man *Krusoe*

Robinson der Jüngere,

zur angenehmen

und

nüzlichen Unterhaltung für Kinder.

Erster Theil.

von

J. H. Campe.

Mit Chursächsischer Freiheit.

Hamburg 1779,
beim Verfasser und in Commission bei
Carl Ernst Bohn.

nante, ich weiß nicht, warum? Auf den sezten nun der Herr
Robinson und die Frau Robinson ihre ganze Hofnung, weil
er jezt ihr Einziger war. Sie hatten ihn so lieb, als ihren
Augapfel; aber sie liebten ihn mit Unverstand.

Gotlieb. Was heist das, Vater?

Vater. Wirst es gleich hören. Wir lieben euch auch, wie ihr
wißt; aber eben deswegen halten wir euch zur Arbeit an, und
lehren euch, viel angenehme und nüzliche Dinge, weil wir
wissen, daß euch das gut und glüklich machen wird. Aber
Krusoe's Eltern machten es nicht so. Sie liessen ihrem lieben
Söhnchen in allem seinen eigenen Willen, und weil nun das
liebe Söhnchen lieber spielen, als arbeiten und etwas lernen
mogte: so liessen sie es meist den ganzen Tag spie-[5]len,
und so lernte es denn wenig oder gar nichts. Das nennen wir
andern Leute eine *unvernünftige* Liebe.

Gotlieb. Ha! ha! nu versteh ich's.

Vater. Der junge *Robinson* wuchs also heran, ohne daß man
wuste, was aus ihm werden würde. Sein Vater wünschte, daß
er die Handlung lernen mögte; aber dazu hatte er keine Lust.
Er sagte, er wolte lieber in die weite Welt reisen, um alle
Tage recht viel neues zu sehen und zu hören.

Das war nun aber recht unverständig gesprochen von dem
jungen Menschen. Ja, wenn er schon was rechts hätte gelernt
gehabt! Aber was wolte ein so unwissender Bursche, als
dieser *Krusoe* war, in der weiten Welt machen? Wenn man in
Ländern sein Glük machen wil: so muß man sich erst viel
Geschiklichkeit erworben haben. Und daran hatte er bisher
noch nicht gedacht.

Er war nun siebenzehn Jahr alt, und hatte seine meiste Zeit
mit Herumlaufen zugebracht. Täglich quälte er seinen Vater,
[6] daß er ihn doch mögte reisen lassen; sein Vater antwortete: er wäre wohl nicht recht gescheit, und wolte nichts
davon hören. Söhnchen! Söhnchen! rief ihm dan die Mutter
zu, *bleibe im Lande und nähre dich redlich!*

Eines Tages –

Lotte. Haha! nun wirds kommen!

Nikolas. O stille doch!

Vater. Eines Tages, da er, seiner Gewohnheit nach, bei dem Hafen herum lief, sahe er einen Kammeraden, der eines Schiffers Sohn war und der eben mit seinem Vater nach *London* abfahren wolte.

Frizchen. In der Kutsche?

Diederich. Nein, Frizchen, nach London muß man zu Schiffe fahren über ein großes Wasser, das die *Nordsee* heißt. – Nun?

Vater. Der Kammerad fragte ihn: ob er nicht mit reisen wolte? Gern, antwortete *Krusoe*, aber meine Eltern werden es nicht haben wollen! I, sagte der Andre wieder, [7] mache einmahl den Spaß und reise so mit! In drei Wochen sind wir wieder hier, und deinen Eltern kanst du ja sagen lassen, wo du geblieben seist.

»Aber ich habe kein Geld bei mir!« sagte *Krusoe*. – »Schad’t nichts, antwortete der Andere; ich wil dich schon freihalten unterwegens.

Der junge *Robinson* bedachte sich noch ein Paar Augenblikke; dan schlug er dem Andern auf einmahl in die Hand und rief aus: »Top! ich fahre mit, Bruder! Nur gleich zu Schiffe!« – Darauf bestelte er, Jemand, der nach einigen Stunden zu seinem Vater gehen und ihm sagen solte: er wäre nur ein bischen nach England gefahren und werde bald wieder kommen. Dan giengen die beiden Freunde an Bord.

Johannes. Fi! den *Robinson* mag ich nicht leiden.

Nikolas. Ich auch nicht.

Freund B. Warum denn nicht?

[8] Johannes. Ja, weil er das thun kan, daß er so von seinen Eltern weg geht, ohne daß sie’s ihm erlaubt haben!

Freund B. Hast Recht, Johannes, es war wirklich ein dummer Streich von ihm; wir müssen Mitleid mit seiner Dumheit haben. Gut, daß es solcher einfältigen jungen Leute, die nicht wissen, was sie ihren Eltern schuldig sind, nicht viel giebt!

Nikolas. Giebt es mehr solche?

Freund B. Mir ist keiner dergleichen vorgekommen; aber das weiß ich ganz gewiß, daß es solchen jungen Leuten nicht gut gehen kan in der Welt.

Johannes. No, wir wollen hören, wie's dem Robinson gegangen ist. [...]

[Auf der Insel]

[73] Vater. Jezt war seine größte Sorge, wo er nun künftig wohnen solte, um vor wilden Menschen und vor wilden Thieren gesichert zu sein? Sein erstes Nachtlager hatte so viel Unbequemlichkeiten für ihn gehabt, daß er [74] nicht ohne Schaudern daran denken konte, daß er seine künftigen Nächte alle auf eben diese Weise würde hinbringen müssen.

Gotlieb. O ich weiß wohl, was ich gemacht hätte!

Vater. Und was dan? Laß doch hören!

Gotlieb. Ja, ich hätte mir erst ein Haus gebaut mit so dikken Wänden! und mit dikken eisernen Thüren. Und denn hätte ich einen Graben da herum gemacht mit einer Zugbrükke und die Zugbrükke hätte ich alle Abend aufgezogen, und denn sollten's die Wilden wohl bleiben lassen, daß sie mir was zu leide thäten, wenn ich schliefe.

Vater. Das läßt sich hören! Schade, daß du nicht dabei warest; du hättest dem armen *Robinson* schon rathen können! – Aber – mir fält doch was ein – hast du wohl schon recht genau zugesehen, wie die Zimmerleute und die Maurer es anfangen, wenn sie ein Haus bauen?

Gotlieb. O ja! schon so oft! Der Maurer macht erst *Kalk* zurechte und rührt [75] Sand darunter. Denn legt er immer einen Stein auf den Andern und schmiert mit seiner *Mauerkelle* den Kit dazwischen, daß sie recht fest zusammen halten müssen. Denn kommen die Zimmerleute her, und behauen die Balken mit ihren *Beilen* und machen, daß sie so recht in einander passen. Darnach winden sie die Balken mit einer

Winde oben auf die Mauer hinauf und nageln immer einen an den andern. Dann sägen sie auch Bretter und Latten, die sie auf die Sparren nageln, um die *Dachziegel* darauf zu legen. Und denn –

Vater. Ich sehe schon, du hast dir's recht gut gemerkt, wie sie's machen, ein Haus zu bauen. Aber der Maurer braucht doch Kalk und eine Mauerkelle und Baksteine oder Feldsteine, die erst behauen werden müssen: und die Zimmerleute müssen Beile, Sägen, Bohrer, Nagel, Winkelmaß und Hammer haben. Wo hättest du denn die hernehmen wollen, wenn du in Robinsons Stelle gewesen wärest?

[76] Gotlieb. Ja, das weiß ich nicht!

Vater. So gieng es dem *Robinson* auch und deswegen muste er sich die Lust, ein ordentliches Haus zu bauen, wohl vergehen lassen. Er hatte kein einziges Werkzeug, als seine beiden Hände, und damit allein kan man keine solche Häuser bauen, als wir haben.

Nikolas. I so hätte er sich ja nur eine Hütte machen können von Zweigen, die er von den Bäumen abbrechen konte!

Vater. Und hätte eine Hütte von Laubwerk ihn wohl schützen können gegen Schlangen, Wölfe, Panter, Tieger, Löwen und andere solche wilde Thiere?

Johannes. Hu! – armer *Robinson*, wie wird dir's gehen!

Nikolas. Kont' er denn nicht schießen?

Vater. Ja, wenn er nur eine Flinte und Pulver und Blei gehabt hätte! Aber der arme Schelm hatte ja nichts, wie wir wissen; nichts, gar nichts auf der Welt, als nur seine beiden Hände!

[77] Da er diesen seinen hülflosen Zustand überdachte, sank er auf einmal wieder in seine vorige Bekümmerniß zurük. Was hilft es mir, dachte er, daß ich dem Tode des Hungers vor jezt entgangen bin, da ich vielleicht diese Nacht von wilden Thieren werde zerrissen werden!

Es kam ihm ordentlich vor, als wenn schon ein grimmiger Tieger vor ihm stünde, seinen Rachen weit aufsperte, und ihm seine großen scharfen Zähne zeigte. Jezt bildete er sich ein, er pakke ihn schon bei der Gurgel, that einen lauten Schrei: »o meine armen Eltern!« – und sank kraftlos zu Boden.

Nachdem er eine Zeitlang gelegen und mit Angst und Verzweifelung gerungen hatte, fiel ihm ein Lied ein, welches er seine fromme Mutter manchmahl hatte singen hören, wenn ihr etwas Trauriges begegnet war. Das Lied fångt sich so an:

> Wer nur den lieben Gott lå\u00dft walten,
> Und hoffet auf ihn allezeit,
[78]
> Den wird er wunderlich erhalten
> In allem Kreuz und Herzeleid;
> Wer nur den Allerhöchsten traut,
> Der hat auf keinen Sand gebaut.

Das war eine rechte Herzstårkung für ihn! Er sagte dieses schöne Lied ein Paar mahl recht innig in Gedanken her; dan fing er an, es laut zu singen; rafte sich dabei von dem Boden auf und ging, um zu sehen, ob er nicht irgendwo eine Höle finden könte, die ihm zur sichern Wohnung diente. [...]

JOACHIM HEINRICH CAMPE

Die Entdeckung von Amerika. Erster Theil. Kolumbus.
(1781; Neue Gesamtausgabe der letzten Hand, 1830)

[Die sanften Wilden]

[71] Kolumbus macht in dem Berichte, den er seinem Hofe abstattete, von der liebenswürdigen Gemüthsart dieser sanften Wilden eine rührende Beschreibung. »In der That«, sagt er, »sind diese Leute so liebreich, so leutselig und so fried-

sam, daß ich Eure Hoheiten versichere, es könne in der ganzen Welt keine bessere Menschen geben. Sie lieben ihren Nächsten, wie sich selbst, ihr Umgang ist der leutseligste und angenehmste von der Welt, immer heiter, munter, und mit einem sanften Lächeln begleitet. Und ob es gleich wahr ist, daß sie nackt gehen, so können Ew. Hoheiten doch überzeugt sein, daß sie viele sehr löbliche Gebräuche haben. Der König wird mit großem Gepränge bedient, und sein Betragen ist so anständig, daß man ihm mit Vergnügen zusieht, so wie man auch das bewundernswürdige Gedächtniß, das diese Leute haben, und ihre Begierde, jedes Ding kennen zu lernen, um die Ursachen und Wirkungen davon zu erforschen, mit Vergnügen bemerkt!«

Mutter. Wie gefallen euch die Indier?

Alle. O sehr! – Die guten Menschen!

Mutter. Und das sind Wilde, Leute, die gar keinen Unterricht, gar keine Erziehung gehabt haben, die nicht einmahl den lieben Gott kennen.

Vater. Schande, ewige Schande für uns, wenn wir an Güte des Herzens und an thätiger Menschenliebe von ihnen übertroffen werden sollten! Wie viel mehr Beweggründe zum Guten, wie viel mehr Hülfs-[72]mittel zur Rechtschaffenheit hat *uns* die göttliche Vorsehung verliehen, als diese armen ununterwiesenen Indier hatten! O Kinder! laßt uns ja aus allen Kräften bestreben, uns unserer großen Vorzüge werth zu machen! Wie würden wir die Schande ertragen, wenn wir einst, mit einem dieser gutherzigen Wilden zusammengestellt, an Edelmuth und Rechtschaffenheit uns von ihm sollten übertroffen sehen? [...]

[Der erste Krieg]

[115] Und nun, Kinder, bereitet euch, den ersten kriegerischen Auftritt in *Amerika* anzusehen, welcher der Anfang so vieler blutiger Schauspiele war, die Raubsucht und Grau-

samkeit in diesem unglücklichen Welttheile nachher aufgeführt haben. Aber ein so wichtiger Vorfall verdient, daß wir
ihm eine besondere Erzählung widmen. [...]

Am folgenden Tage erschien der Vater in der gewöhnlichen
Erzählungsstunde mit einem Gesichte, welches innige Trau-
rigkeit verkündigte. Aller Augen waren erwartungsvoll auf
ihn geheftet, und es herrschte in der kleinen Versammlung
eine ängstliche Stille, welche Keiner zu unterbrechen wagte.
Da rief der Vater endlich mit gerührter Stimme aus:

O ihr lieben Kinder, warum kann ich heute nicht den Vor-
hang fallen lassen, um euch auf ewig zu verbergen, was auf
der Schaubühne der zu ihrem Unglücke entdeckten neuen
Welt sich nun weiter zugetragen hat! Aber was hülfe es mir,
es euch zu verhehlen? Ihr würdet es ja doch über kurz oder
lang erfahren müssen. Denn laut, laut wird durch alle Zeiten,
bis ans [116] Ende der Welt, die Stimme der Unschuld und
der Menschheit schreien, und den spätesten Nachkommen
die Gräuel verkünden, welche Kristen gegen ihre schuldlo-
sen Brüder, gegen die armen, bedrängten, hülflosen Indier
begingen! – Es sei also! Ihr sollt sie hören, sollt sie ganz
hören die gräßliche Geschichte, um schon jetzt die Un-
menschlichkeiten verabscheuen zu lernen, zu welcher Menschen gegen Menschen fähig sind, wenn sie sich von Leidenschaften hinreißen lassen, oder in den Zustand einer thieri-
schen Gedankenlosigkeit versinken.

Beide Heere stehen sich einander schon im Gesichte, und
der fürchterliche Augenblick, welcher über das Leben der
Spanier und über die Freiheit der Indier entscheiden wird, ist
da.

Auf der einen Seite stehen hunderttausend Indier, bewaffnet
mit Keulen, mit hölzernen Schwertern und mit Spießen und
Pfeilen, die mit Fischgräten oder Feuersteinen zugespitzt
sind. Auf der andern Seite hingegen zeigen sich nur zwei-
hundert Europäische Fußgänger und zwanzig Reiter, unter-
stützt von einem Trupp Indier unter der Anführung des
Guakanahari. [...]

[117] Kolumbus wählte zu dem schrecklichen Schauspiele, welches nun aufgeführt werden sollte, die Zeit der Nacht, weil er hoffte, daß die Finsterniß den Schrecken der Indier bei einem plötzlichen Angriffe vermehren würde. Nachdem es also finster geworden war, und er sein kleines Heer unter seinen Bruder *Bartholomäus*, den Kaziken *Guakanahari* und sich selbst vertheilt hatte, so fiel er, da die Indier es am wenigsten vermutheten, mit lautem Geschrei wüthend über sie her, und der Donner der Musketen, das Wiehern der Pferde, das Bellen der Hunde jagten den bestürzten Wilden ein solches Schrecken ein, daß sie, nach einem leichten unordentlichen Widerstande, verzweiflungsvoll die Flucht ergriffen. Einige derselben fielen unter dem Schwerte, Andere wurden von den Pferden zerstampft oder von den Hunden zerfleischt, Andere zu Gefangenen gemacht. Die Uebrigen flüchteten sich zerstreut in die Wälder.

So war es also entschieden, daß dis schuldlose Volk seinen Nacken unter das Joch der Europäischen Sklaverei beugen sollte! Kolumbus eilte, seinen Sieg zu benützen; er durchzog das ganze Land, und wohin er kam, da unterwarf man sich, ohne den mindesten Widerstand, seiner Herrschaft. In einigen Monaten war die ganze volkreiche Insel in Spanischer Botmäßigkeit.

Johannes. Vater, der *Guakanahari* ist nicht mein Mann!

Vater. Und warum nicht?

Johannes. Weil er es mit den Spaniern wider seine eigenen Landsleute hielt.

[118] Vater. Aber war es nicht edel von ihm gehandelt, daß er so treu in seiner Freundschaft blieb?

Johannes. Ja, das wol, und deßwegen hat er mir auch recht wohl gefallen; aber seinen Landsleuten war er doch auch Treue, und noch mehr, als den Spaniern schuldig. Er hätte also entweder ganz aus dem Spiele bleiben, oder sich auf die Seite seiner Landsleute schlagen müssen.

Vater *(zu den Andern).* Hört ihr, was Johannes da sagt? Was dünkt euch davon?

Alle. Daß Johannes Recht hat!

Vater. Ich glaube es wirklich auch; ungeachtet es in der That ein wenig mißlich ist, über eine Sache urtheilen zu wollen, wovon uns die meisten Umstände unbekannt geblieben sind. Wer weiß, ob nicht auch die Indier bei einer oder der andern Gelegenheit den Spaniern Unrecht gethan hatten? Ob dem *Guakanahari* die von den Spaniern in andern Gegenden ausgeübten Gewaltthätigkeiten auch bekannt geworden waren? Ob er nicht etwa glaubte, daß es zum wahren Besten der ganzen Völkerschaft gereichen würde, wenn ein so weiser, mächtiger und menschenfreundlicher Mann, als *Kolumbus* war, künftig ihr allgemeines Oberhaupt wäre? Ich sage dis nicht, um sein Verfahren zu rechtfertigen – denn wie könnte es jemahls Recht sein, die Waffen gegen sein eignes Vaterland zu ergreifen? – sondern bloß um zu zeigen, daß er vielleicht nur aus edlen Absichten fehlte, und in diesem Falle nur unser Mitleid, nicht unsern Abscheu verdiene. –

Laßt uns wieder zu unserm *Kolumbus* zurückkehren. Bis hieher hat dieser große Mann noch nichts gethan, als was uns Bewunderung und Liebe gegen ihn einflößen muß. Aber er war ein Mensch; bereitet [119] euch also, ihn auch einmahl fehlen zu sehen; o, möchtet ihr daraus für immer lernen, wie sehr selbst der gute Mensch über sein Herz und über seine Handlungen unaufhörlich wachen muß, um nicht noch zuletzt einen Fehltritt zu thun und zu straucheln, da er beinahe schon am Ziele seiner Tugend war! [...]

JOACHIM HEINRICH CAMPE

Die Entdeckung von Amerika. Dritter Theil. Pizarro.

(1782; Neue Gesamtausgabe der letzten Hand, 1830)

[Pizarro]

[35] Gottlieb *(hastig).* Nun vom *Pizarro?*
Vater. Nun von ihm!
Alle. Ah! ah!
Vater. Aber ach! Kinder – ich muß es euch nur zum voraus
sagen, damit ihr euch in eurer Erwartung nicht betrogen
findet – mein Held ist dismahl kein Mann, den ihr werdet
lieb gewinnen können.
Alle. Oh!
Vater. Zwar wird er euch durch seine unerhörte Standhaftigkeit, durch seine unermüdbare Geduld im Leiden und
durch einen Löwenmuth, den nichts erschüttern konnte,
mehr als einmahl in Erstaunen setzen; aber was sind diese
glänzenden Eigenschaften, wenn sie nicht von wahrer
Rechtschaffenheit, von reiner Güte [36] des Herzens und
von thätiger Menschenliebe begleitet werden? Ein Messer in
der Hand eines Rasenden, der es nicht dazu gebraucht, dem
Dürftigen sein Brot zu schneiden, sondern sich und Andere
damit zu verwunden. Aber gerade deßwegen, damit ihr von
dieser Wahrheit auf das innigste überzeugt werdet, und aus
eurer eignen Empfindung beim Anhören dieser schrecklichen Geschichte auf immer lernen möget: *daß ohne Recht-*
schaffenheit und Güte des Herzens keine, auch noch so glän-
zende Eigenschaft, uns in den Augen unserer Nebenmen-
schen liebenswürdig machen kann, stelle ich euch eins der
gräulichsten Gemälde dar, welche die Geschichte aufzuwei-
sen hat, und welches fast durchaus mit Blut und Thränen
gemahlt ist. [...]

[Niedermetzelung der Inkas]

[100] Der Inka bemerkte die kriegerische Stellung der Spanier, und sagte zu seinen Freunden, welche einige Unruhe darüber merken ließen: diese Fremdlinge sind Boten der Gottheit; hütet euch sie zu beleidigen, und laßt uns vielmehr durch Höflichkeit sie zu besänftigen suchen.

Indem er dieses sagte, trat der Spanische Feldpater *Vizenz Valverde* mit einem Kreuze in der einen, und dem *Brevier* in der andern Hand, hervor, stellte sich neben den Tragsessel des Inka, und hielt eine lange, seltsame Rede, worin er die Lehre von der Schöpfung, von Adams Sündenfall und von der Mensch-[101]werdung, dem Leiden und Sterben und der Auferstehung des Erlösers weitläufig zu erklären suchte; dann eine prächtige Beschreibung von der Heiligkeit und Macht des Papstes machte, als welcher Gottes Statthalter auf Erden sei, und endlich die unerwartete Nachricht mittheilte, daß dieser Papst, mit Namen *Alexander* der *Sechste*, dem Könige von Spanien die ganze neue Welt geschenkt habe. Er ermahnte hierauf den Inka, unverzüglich den kristlichen Glauben anzunehmen, das untrügliche Ansehn des Papstes anzuerkennen, und sich dem Könige von Spanien, seinem nunmehrigen rechtmäßigen Oberherrn, gutwillig zu unterwerfen. Er fügte hinzu, daß er unter dieser Bedingung im ruhigen Besitze seiner königlichen Würde bleiben und wider alle seine Feinde mächtig geschützt werden solle; wofern er aber sich weigere, diese Bedingungen einzugehen, so werde ihm hiemit im Namen des Königs Krieg und Verderben angekündiget.

Atahualpa hatte die Geduld, dis lange Gewäsche, welches ihm durch die elende Verdolmetschung des Philippillo vollends unverständlich vorgetragen wurde, ruhig anzuhören. Das Wenige, was er davon begriff, erregte sein Erstaunen, doch wußte er sich zu fassen, und antwortete mit vieler Gelassenheit:

Er sei bereit, ein Freund und Bundesgenosse des Königs von

Spanien, aber keinesweges sein Lehnsträger zu werden. Was den Papst betreffe, so müsse er wol ein wunderlicher Mann sein, daß er sich einfallen lasse, Etwas zu verschenken, woran er selbst kein Recht habe. Seine Glaubenslehre werde er gegen eine andere nicht vertauschen, weil es ihm vernünftiger zu sein schiene, die unsterbliche Sonne anzubeten, als den Gott der Kristen, von dem sie selbst geständen, daß er [102] am Kreuze gestorben sei. Von allen den unbegreiflichen Dingen, deren der Pfaff erwähnt habe, verstehe er nichts, doch sei er neugierig zu wissen, auf welche Weise sie ihm selbst bekannt geworden seien?

»Durch dieses Buch!« erwiederte der Pfaff, indem er ihm das Brevier überreichte.

Der Inka besah das Buch von allen Seiten, hielt es an sein Ohr, lächelte und sagte, indem er es mit Verachtung von sich warf: »Es spricht ja kein Wort!« Dis entflammte den Zorn des unmenschlichen Priesters. Wüthend wandte er sich gegen die Spanier und schrie mit lauter Stimme: »Zur Rache, ihr Kristen! zur Rache! Ihr seht, wie Gottes Wort verachtet wird! Auf, und tödtet diese Hunde, welche das Gesetz Gottes mit Füßen treten!«

Wie wird euch, Kinder, diese entsetzlichen Worte aus dem Munde eines Priesters zu hören? Dem großen Gotte sei Dank, daß die beweinenswürdigen Zeiten, in welchen die Religion solche Ungeheuer unter ihren Dienern zählte, vorüber sind! Und Dank, Dank den edlen Menschenfreunden, welche, besonders in dem gegenwärtigen Jahrhunderte, ihren aufgeklärten Verstand und ihren Einfluß auf andere Menschen dazu angewandt haben, den schrecklichen Verfolgungsgeist zu entkräften, und milde, duldsame Gesinnungen nach und nach durch alle Weltheile zu verbreiten! –

Auf das Wort des racheschnaubenden Priesters gab Pizarro den Seinigen, die er bis dahin, beim Anblick einer so reichen Beute, kaum hatte zurückhalten können, das Zeichen zum Angriff. Plötzlich ertönten Trommeln und Pfeifen, und plötzlich wurden die Kanonen und Flinten mitten unter die

Menge der bestürzten Peruer abgefeuert. Die Reiter sprengten zugleich aus ihrem [103] Hinterhalte hervor, und Pizarro stürzte sich an der Spitze seiner Fußgänger in den Haufen Derjenigen, welche die Person des Inka umringten. Man stelle sich den Schrecken und die Betäubung des unglücklichen Fürsten und seiner Unterthanen vor, da sie die unwiderstehliche Gewalt der Reiterei und die schrecklichen Wirkungen der Feuerwaffen sahen, und von beiden auf eine so unerwartete Weise überrascht wurden! [...]

So lange das Morden dauerte, hörte der unmenschliche Priester nicht auf, die schon wüthenden Spanier noch mehr zu entflammen, indem er ihnen zurief: daß sie nicht hauen, sondern stechen möchten, um desto tiefere und gefährlichere Wunden zu machen!

[104] Mutter. Pfui, über das abscheuliche Ungeheuer! [...]

John. Nun werden sie doch auch wol endlich einmahl gesättigt sein?

Vater. Meinst du? – aber da müßten die Leidenschaften bei ihnen zum ersten Mahle ihre Natur verläugnet haben. Je mehr diese sonst befriediget werden, desto mehr pflegen sie zu wachsen, desto gieriger pflegen sie die menschliche Seele nach neuen Befriedigungen zu machen. Leider war dis auch hier der Fall! Je mehr diesen Räubern in ihre blutigen Hände fiel, desto mehr wünschten sie zu haben, desto höher spannten sie ihre Hoffnungen, und desto kühner und unmenschlicher wurden sie in der Wahl der Mittel, diese überspannten Hoffnungen zu erfüllen.

Doch für heute kein Wort mehr von allen den Abscheulichkeiten, deren diese Unmenschen sich noch weiter schuldig machten. Wir haben für dasmahl schon zu viel davon gehört. Bis morgen also!
[...]

[105] Ehe der Vater am folgenden Tage in seiner Erzählung fortfuhr, brachte Einer der Kleinen – ich weiß nicht welcher – die Frage auf: warum die göttliche Vorsehung doch wol

zugegeben habe, daß die treulosen und unmenschlichen Spanier nach Peru kamen?

Ja, wer kann das wissen? sagte Johannes. [...]

Karl. Weiß denn Vater gar nichts davon, warum der liebe Gott zugab, daß die abscheulichen Spanier dahin kamen?

Vater. Kinder, ich habe euch schon oft gesagt, daß es eine eben so thörichte, als strafbare Vermessenheit sein würde, wenn der schwache, kurzsichtige Mensch sich über die jedesmahligen Absichten der weisen und gütigen Vorsehung zum Richter aufwerfen wollte. Wie können wir, die wir immer nur das Gegenwärtige, und auch von diesem nur einen so kleinen Theil vor Augen haben – wie können wir doch beurtheilen, warum Der, welcher das Vergangene, das Gegenwärtige und Zukünf-[106]tige zugleich übersieht, die Schicksale seiner Menschen so oder so zu lenken für gut findet? Indeß ist es uns vergönnt, in demüthigem Bewußtsein unserer Kurzsichtigkeit, darüber nachzudenken, ob wir vielleicht die eine oder die andere von den tausend weisen und väterlichen Absichten, welche den Allvater bewegen, Dieses oder Jenes geschehen zu lassen, mit einiger Wahrscheinlichkeit errathen mögen. Das wollen wir denn auch jetzt thun, zufrieden, wenn wir nur einen oder den andern schwachen Lichtstrahl auffangen können, um durch Hülfe desselben einen schüchternen Blick in das heilige Dunkel zu wagen, welches auf den unerforschlichen Wegen der Vorsehung ruht.

Zuerst, Kinder, muß ich euch an zwei wichtige Wahrheiten erinnern, die unserm Nachdenken in dieser Sache die beste Richtung geben werden.

Die erste: *Gott läßt zuweilen geringere Uebel zu, damit größere vermieden werden.*

Und die andere: *Gott läßt zuweilen Böses zu, weil seine Allwissenheit voraussieht, daß überwiegendes Gutes daraus entspringen wird.*

Und nun laßt uns einmahl untersuchen, ob nicht Beides hier vielleicht der Fall gewesen sei?

So viel habe ich euch schon neulich sehen lassen, daß die Peruer zur Zeit der Ankunft der Spanier den Weg der sittlichen Verschlimmerung betreten hatten, und mit schnellen Schritten darauf fortgingen. Ihre Könige hatten angefangen, die Gesetze des Landes mit Füßen zu treten, sie waren ehrgeizig, habsüchtig und grausam geworden, und ohne allen Zweifel hatte ihr Beispiel schon einen sehr verderblichen Einfluß auf die Sitten ihrer Unterthanen gehabt. Wie? wenn nun Gott vor-[107]aussah, daß diese Verschlimmerung immer weiter gehen und zuletzt in die größten Abscheulichkeiten ausarten würde? Wenn er voraussah, daß diese, ehemahls gutmüthigen, Menschen nach und nach in wilde, reißende Thiere ausarten, und durch ihre Laster sich selbst und die benachbarten Völkerschaften unfehlbar aufreiben würden? – Wenn man die Grausamkeit erwägt, deren Atahualpa sich schuldig machte, indem er das ganze zahlreiche Geschlecht der Inka's unschuldiger Weise ermorden ließ, so erhält diese Vermuthung einen hohen Grad von Wahrscheinlichkeit; und dann wäre die Zerstörung des Peruischen Reichs *vielleicht* einer von den Fällen gewesen, in welchen Gottes weise Güte geringere Uebel zuläßt, um größere zu hintertreiben. Aber laßt uns vornehmlich auf die Folgen merken, welche die Eroberung von Peru für alle übrige Welttheile gehabt hat, und noch künftig haben kann, um alsdann zu überlegen, ob das Böse, welches die Spanier damahls anrichteten, nicht vielleicht durch das Gute, welches daraus entsprungen ist, und noch künftig daraus entspringen kann, überwogen werde?

Ich will hier nur zwei von den eigenthümlichen Erzeugnissen dieses Landes nennen, welche vor der Eroberung desselben allen übrigen Welttheilen unbekannt waren, und nun ein unaussprechlich großer Segen für viele Millionen unserer Brüder sind. Ich meine die *Kartoffeln* und die *Chinarinde*.

Ferdinand II. Stammen die Kartoffeln denn auch eigentlich aus Peru her?

Vater. Zu uns sind sie zwar aus *Virginien* gekommen; aber

Peru, und insbesondere die fruchtbare Landschaft *Quito*, ist das eigentliche Vaterland derselben, von wannen sie durch Europäer in andere Ameri-[108]kanische Länder, und aus diesen endlich nach Europa verpflanzt wurden.

Nun bedenkt einmahl, Kinder, wie viel tausend Menschen jetzt größtentheils von diesem einzigen Gewächse leben! Wie viel tausend künftig davon leben werden! Welche nahrhafte, gesunde, wohlschmeckende und wohlfeile Speise es gewährt, und ihr werdet gestehen, daß die Eroberung von Peru, wodurch dieses schätzbare Nahrungsmittel durch die ganze Welt verbreitet worden ist, in diesem Betracht eine Wohlthat für die Menschheit war.

Und nun vollends die Chinarinde! Wie viele Millionen Menschen, die an bösen Fiebern danieder lagen, mögen ihr, seit dem Untergange des Peruischen Reichs, ihre Genesung verdanken! Wie viele Millionen schwache und entkräftete Kranke mögen dadurch schon gestärkt worden sein! Also abermahls eine sehr heilsame Folge, welche die Eroberung jenes Landes für alle übrige Welttheile gehabt hat. [...]

[109] Ihr seht also, Kinder, daß die Vorsehung damahls, wie immer, Böses geschehen ließ, weil Gutes daraus folgte. Ich habe euch freilich nur erst ein paar von diesen guten Folgen entdecken können; aber wie viele derselben mögen nicht von Gottes Allwissenheit gesehen werden? Wie viele derselben werden sich vielleicht noch künftig enthüllen? Wer weiß, was Amerika noch Alles werden kann, werden wird, wenn es das Joch seiner Europäischen Tirannen einmahl ganz wird abgeschüttelt haben, und was es nie geworden wäre, wenn es dieses Joch nicht erst eine Zeit lang getragen hätte? Mir wenigstens wird es von Tage zu Tage wahrscheinlicher, daß dieser unterdrückte Welttheil über kurz oder lang der Sitz der Freiheit, der allgemeinen Duldung, der Wissenschaft und der Glückseligkeit werden wird. In einem Theile von Nordamerika, der sich frei gemacht hat, ist man jetzt schon viel glücklicher und klüger, als man in den meisten Europäischen Ländern ist. Die übrigen Amerikaner werden diesem Bei-

spiele folgen, und dann wird man nach Amerika reisen müssen, wenn man weise Verfassungen, blühende Staaten und glückliche Menschen sehen will. – [...]

CHRISTIAN KARL ANDRÉ

Leben und Thaten des weisen Junkers Don Quixote von Mancha.

(1787)

[5]   *Stand und Beschäftigung des*
       berühmten Junkers Don Quixote von Mancha.

In einem Dorfe von *Mancha*, dessen Name mir nicht wieder einfällt, lebte vor nicht gar langer Zeit ein Edelmann, dessen Schätze in einer von seinen Vorfahren ererbten, alten Lanze und Tartsche, einem magern Klepper [6] und Windhunde bestanden. [...]
[7] So oft gedachter Edelmann müssig war – und zum Unglück war dies der Fall meist im ganzen Jahre – las er Ritterbücher, oder erdichtete Erzählungen von den wunderbaren Thaten tapferer oder närrischer Ritter. Er fand an dieser Leserei so viel Vergnügen, daß er darüber Jagd und Verwaltung seines Hauswesens fast ganz vergaß. Sein Hunger darnach gieng so weit, daß er viele Acker Saatfeld verkaufte, um Ritterbücher kaufen und lesen zu können. Er brachte auch, so viel er deren nur auftreiben konnte, in seinem Hause zusammen. Das kam daher: des armen Junkers Verstand war in seiner Jugend durch treue Lehrer und eine gute Erziehung nicht klüger gemacht worden. Dieser dummgebliebene Verstand war die Ursache von allerhand Krankheiten, mit welchen seine arme Seele geplagt wurde – unter andern auch

mit der Lesesucht. Das ist eine schlimme Krankheit! Man verliert alle Lust und Kraft zur Arbeit, gewinnt den Müssiggang lieb, und mag nichts als lesen. – Aber das ist noch nicht das Aergste! Zum Unglück gefallen dem, der an der Lesesucht krank liegt, nichts als alberne Bücher. – Hört nur einmal! Ueber Stellen folgender Art, gerieth der weise Junker in höchstes Entzücken: [8] »Der hohe Himmel, welcher Euch mit den Sternen Eurer Gottheit göttlich stärket, und Euch zur Verdienerin der Verdienste macht, die Eure Hoheit verdient;« oder: Die Vernunft der Unvernunft, welche meiner Vernunft wiederfährt, schwächet meine Vernunft so sehr, daß ich mich mit Vernunft über Eure Schönheit beschwere.

Mit allen diesen Vernunften verlor der arme Ritter seine eigene. Er zermarterte sich, einen Sinn aus diesem verworrenen Zeuge zu finden, welches nur deswegen geschrieben zu seyn schien um ihn von Sinnen zu bringen. Denn ihr müsset wissen, daß in diesen Ritterbüchern, welche müssige Leute vor Alters in Spanien geschrieben, alles auf's höchste übertrieben geschildert wurde, welches denn freilich unbegreiflich schien, wenn man albern genug war die Erdichtung für wahr zu halten.

[...]

[10] Kurz, fuhr der Vater fort, der gute Junker versunk so tief in seine Lektüre, daß er Nächte und Tage lang, vom Abend bis an den Morgen und vom Morgen bis an den Abend, damit zubrachte, und sich endlich durch vieles Lesen und wenigen Schlaf das Gehirn dergestalt austrocknete, daß er den Verstand völlig verlohr.

Seine Einbildungskraft (die Kraft der Seele mit welcher sie sich abwesende Dinge als gegenwärtig vorstellen kann) strozte von allem dem, was er in seinen Büchern gelesen hatte, und folglich von Bezauberungen, Streit, Gefechten, Ausforderungen, Wunden, Klagen, Seufzern, Narrenhändeln, Martern und tausend andern Tollheiten. Alles dies bildete er sich so fest ein, daß ihm endlich dieser Wust von

Unsinn so wahr schien, als die gewisseste wirkliche Geschichte. [...]

[12] Da es nun um seinen armen Verstand ganz gethan war gerieth er auf den seltsamsten Einfall, auf den nur jemals ein Narr in der Welt hätte gerathen können; es schien ihm nemlich, zur Verherrlichung seines Ruhms, und zum Besten des allgemeinen Wohls in der Welt, gut und nöthig selbst ein fahrender Ritter zu werden, das heist: mit seinem Gaul und seinen Waffen, der Lanze und der Tartsche, die ihr gleich anfänglich habt kennen lernen, in der Welt umherzuziehen, Abentheuer oder wunderbare Begebenheiten aufzusuchen, allem Unrecht zu steuern und zu wehren, sich [13] den grösten Gefahren auszusetzen und sie zu überwinden; kurz alles zu thun und zu leiden, was, nach seiner Lektüre, alle irrende Ritter thaten und litten, die jemals auf dieser Welt gelebt hatten. Hiermit dachte er sich einen unsterblichen Namen zu erringen. Schon sezte sich der arme Mann, in Gedanken, wenigstens die Krone von Trapezunt durch die Tapferkeit seines Arms, auf, war überaus glücklich mit seinen süssen Schwärmereien, und eilte was er konnte, sein Verlangen ins Werk zu setzen.

August. »Trapezunt, Vater?«

Vater. War noch vor dreihundert Jahren ein eigenes Kaiserthum, dessen Hauptstadt gleiches Namens, am schwarzen Meere, noch heut zu Tage vorhanden ist. Im Jahr 1462 zerstörte es der türkische Kaiser und eignete sich die Länder zu. Ihr sehet hieraus, in welches Zeitalter diese Geschichte eigentlich gehöre. [...]

[73]   *Geschichte des großen und*
schrecklichen hochnothpeinlichen Halsgerichts, welches der
Pfarrer und Barbier in unsers weisen Junkers Bücher hielten.

Was der Pfarrer vom Bauer gehört hatte, bestärkte ihn noch mehr in seinem morgen auszuführenden Vorsatze. Der Tag kam, und das erste was er that, war, daß er Meister Niklas, den Barbier, abrufte, und mit ihm in Don Quixote's Haus ging.

Der Ritter schlief noch sehr fest als sie kamen und von der Nichte den Schlüssel zu den Kabinet forderten, wo die Unglücksquellen, die Bücher stunden; welche sie ihnen auch sehr gern gab. Sie gingen hinein, und fanden mehr als hundert Stück Folianten und viele in kleinerem Format, sehr schön eingebunden. Als die Ausgeberin diesen Vorrath erblickte, lief sie eiligst zurück, und kam bald dar-[74]auf mit einem Schüsselchen Weihwasser und einem Büschel Isop zurück:

»Weihwasser?«

Wider etwas Eigenthümliches der Katholiken. Sie schreiben dem Wasser sogleich, ausserordentliche wunderthätige Kräfte zu, wenn einer ihrer Geistlichen mit seinen Fingern ein Zeichen darüber gemacht und dazu einen Segenswunsch gesprochen hat. Ein solches Wasser heißet dann ein geweihtes Wasser.

»Da, da, Herr Licentiate, schrie sie, nehmt und besprengt ja erst die ganze Kammer, damit keiner von den vielen Hexenmeistern, die in diesen Büchern stecken, kömmt und uns behext, zur Strafe, weil wir ihnen Dampf anthun und sie aus der Welt schaffen wollen.

Der Licentiat lachte über die Einfalt der guten Frau, und ließ sich von dem Barbier ein Buch nach dem andern reichen, ihren Innhalt zu beschauen, weil sich doch vielleicht einige noch darunter finden könnten, welche das Feuer nicht verdienten. »Nein, nein Herr Licentiat, schrie die Nichte, verschont kein einziges, sie haben alle gesündiget. Am besten ist es, mit allen zum Fenster hinaus in den Hof, und da einen Scheiterhaufen draus gemacht und verbrennt. Oder noch besser können wir das Freudenfeuer hinten im Hünerhofe anstellen; daß der Rauch nicht so viel Aufse-[75]hens macht.« Die Ausgeberin stimmte mit Freuden bei, so dursteten Beide nach dem Tode dieser armen Unschuldigen. Der

Pfarrer aber war billiger, und bestund darauf, er müsse wenigstens erst die Titel lesen.

Er ging nun ein Buch nach dem andern durch; lieber Himmel! welch' eine ungeheure Sammlung des entsetzlichsten Unsinns:

Hier finde ich, meine lieben jungen Leser, Gelegenheit, euch etwas sehr Wichtiges zu sagen. Ihr habt schon an dem Wenigen, was ich euch bisher von den Tollheiten des Ritters erzählt habe, gewiß so viel Unvernünftiges und Widersinniges bemerkt; daß ihr wol euch versichert und ganz gewiß überzeugt haltet: es sey unmöglich, daß ihr jemals ähnliche Thorheiten begehen könntet. Ihr denkt: »O jezt sind die Leute klüger und dann ist ja die ganze Geschichte nur eine Erdichtung?« – Aber ich muß euch sagen, daß der Erdichter dieser Geschichte, der feine *Cervantes,* sehr wenig daran erdichtet habe. Er gab zu seiner Zeit auf die verschiednen Thorheiten seiner Nebenmenschen acht und das einzige, was er sich erlaubte, war, daß er alle diese verschiedenen Thorheiten verschiedner Menschen einen einzigen begehen ließ; um so die Tollheiten desto auffallender und bemerklicher zu machen. Er stiftete dadurch wirklich den großen Nutzen, daß sehr viele, die sich auf die Art [76] öffentlich vor der Welt lächerlich gemacht sahen, ihre Thorheiten ablegten. Doch alle auszurotten; so weit konnte er es nicht bringen. Daher hat sich einiger Unsinn jener Zeiten, noch bis auf diese Stunde erhalten. Auch heut zu Tage werden noch eine Menge solcher unsinniger Bücher, als hier der Pfarrer fand, unter den Namen Romanen geschrieben; daher seyd ihr würklich in Gefahr durch Lesung solcher Romane in ähnliche Tollheiten zu verfallen. Es ist nichts sogar seltnes unter uns, daß sich Leute selber ermordeten, blos weil sie Romane gelesen hatten. Das ist denn auch die Ursache, warum euch eure verständige Eltern und Aufseher nicht jedes Buch lesen lassen, sondern euch eure Lesereien selbst wählen. Damit ihr sehet, daß das wirklich aus wahrer Vorsorge und zärtlicher Besorgniß, euer guter Verstand möchte dadurch verrückt werden, geschehe; so will ich euch doch einen kleinen Begriff von einem Roman machen. Ein Roman ist eine erdichtete Erzählung allerhand wunderbarer Begebenheiten. Gewöhnlich muß in einem solchen Roman immer eine Hauptperson paradiren, welcher dann vor allen andern die unerhörtesten Dinge zugeschrieben werden. Diese nennt man dann den Helden des Romans. Ein solcher Romanenheld wird gewöhnlich in der Jugend als ein Müssiggänger vorgestellt, der keine Lust hatte durch Arbeit, und Fleiß etwas Nützliches [77] und Gründliches zu lernen – der seinen Verstand also nicht übte, folglich ihn schwach machte – seine Kräfte nicht brauchte, folglich nicht geschickt war, irgend etwas von Wichtigkeit zu unternehmen – der sich über seine Trägheit den Unwillen seiner Aeltern und die Mißbilligung seiner Lehrer zuzog. Anstatt sich zu bemühen, alles wieder gut zu machen und durch doppelte Anstrengung, seiner Aeltern Achtung und Liebe wieder zu verdienen, legte er sich nun auf's Träumen, welches freilich für einen Müssiggänger eine sehr bequeme Beschäftigung ist. Er träumte von Luftschlössern, von goldnen Bergen, von bezauberten Inseln, von Königreichen und Kaiserthümern die ihm gehörten und bildete sich zuletzt ein, daß alles das, wovon er den lieben langen Tag und die ganze Nacht hindurch träumte, wirklich in der Welt so da wäre und daß er weiter nichts nöthig hätte, als sich nur auf die Reise zu machen und alle die schönen Sächelchen aufzusuchen. Diese Einbildung machte den jungen Menschen unerträglich stolz.

[...]

[82] Eben so verführerisch und lügenhaft schildern sie es als das größte Vergnügen, in jemand verliebt zu seyn: das heißt, irgend eine Person für die vortreflichste in der Welt zu halten und sie allen andern vorziehen. Wären solche Leute nun etwa in einen ihrer Aeltern, Erzieher oder Lehrer verliebt; so wäre das so unrecht eben nicht. Aber diese Schwächlinge haben nicht so viel Kraft, das *Gute* zu fühlen und zu schätzen; daher schränkt sich ihre Liebe auf etwas ein, welches

dem Guten weit nachstehen muß, auf's *Schöne*. Ein glattes
Gesicht, eine schöne Bildung, ein hübscher Wuchs, Dinge,
welche ein einziger Unfall sobald zerstören kann, das sind
die Vortreflichkeiten, die ihnen über alles theuer sind. – Weil
der Körper der Weibsperson nicht durch so viele rauhe Arbeiten und harte Lebensart, als wie der männliche angegriffen wird; so können diese auch die Schönheit desselben länger erhalten. Man findet daher gewöhnlich die schönsten,
menschlichen Bildungen unter dem weiblichen Geschlechte;
und weil unserm Schwächling, das Schönste nur das Beste
ist, so verliebt er sich denn gewöhnlich in ein schönes Mädchen, ohne sich darum zu bekümmern, ob sie gut und verständig ist, welches beides doch noch wol ein klein, klein
bischen mehr werth ist, als schön seyn.
[...]
[86] Kinder! Wir wollen thun, was an uns ist, das Elend in
der Welt zu vermindern! Sorgt aber zuerst für euch, leset
selbst nicht solch albern Zeug, welches euch doch nur deswegen gefällt, weil es euch die Zeit vertreibt und gut zu
unterhalten weiß. Für eure Unterhaltung und Zeitvertreib,
nach gethaner Arbeit, soll gewiß in dieser Bibliothek gesorgt
werden. – Sorgt aber auch für andre Kinder dadurch, daß ihr
ihnen alle unnütze Romane und Liebesgeschichten entzieht,
und, wenn ihr sie bei ihnen sehet, auf eine ehrliche Weise zu
bekommen sucht und dann zerstöret.
Eben so gut hatte es der gute Pfarrer für seinen Junker im
Sinn; leider aber nur zu spät! denn der Verstand des armen
Ritters war schon übergeschnappt! Der Pfarrer sah ein Buch
nach [87] dem andern durch und fand doch nichts als Romane und närrische Liebesgeschichten. Die Fenster standen
offen! da segelte dann eins nach dem andern hinunter in den
Hof, wo ein großes Feuer brannte und die Vernunftmörder
verzehrte. [...]

[98]   *Wie der mannhafte Ritter Don Quixote*
das schrekliche unerdenkliche Abentheuer mit den Wind-
mühlen bestund, zusammt andern denkwürdigem Verlauf.

Während dessen entdekten sie dreisig oder vierzig Windmühlen, die auf diesem Felde stehen. *Don Quixote* erblikte sie
kaum, so sprach er zu seinem Schildknappen: »Das Glück
führt unser Thun besser, als wir verlangen konnten, denn
siehe, Freund *Sancho,* dort zeigen sich dreisig oder mehr
ungeschlachte Riesen, mit denen ich ein Treffen zu halten
und ihnen sämmtlich das Leben zu nehmen gedenke. Mit
ihrer Beute wollen wir uns bereichern; denn solche Kriege
sind gut, und es geschieht Gott zu Dienst und Ehren, wenn
man solche böse Brut vom Angesicht der Erden vertilgt.«
»Was denn vor Riesen?« fragte *Sancho Pansa.*
»Die du dort siehst, sagte sein Herr; die mit den langen
Armen, die einige von ihnen bei zwo Meilen lang zu haben
pflegen.«
»Seht wol zu, gestrenger Herr, was Ihr thut; denn das, was
wir dort sehen, sind ja keine Riesen, sondern Windmühlen,
und das, was ihr [99] für die Arme ansiet, sind die Flügel, die
wenn sie der Wind herumdreht, den Stein treiben.«
»Du magst wol nicht sehr in solchen Händeln bewandert
seyn, *Sancho:* man sieht es, Riesen sind's; und kommt dich
etwa eine Furcht an, so hebe dich weg, und verricht' an
irgend einem sichern Orte dein Gebet, indeß ich hinziehe
mit ihnen einen so schweren und ungleichen Kampf zu
halten.«
Mit diesen Worten gab er seinem Gaul *Rozinante* die Spo-
ren, ohne weiter auf seinen Schildknappen *Sancho* zu hören,
der ihm immer noch nachschrie, daß es, gewiß Windmühlen
und keine Riesen wären, die er angreifen wollte. Allein die
Riesen sassen ihm nun einmal so fest im Kopfe, daß er weder
Sancho's Geschrei hörte, noch ihre wahre Gestalt sahe, so
nah er auch immer war. Mit lautem Geschrei kam er auf sie
los: »Flieht nicht ihr feigen Memmen; ihr Lumpengesindel

steht, ein einziger Rittersmann ist es der euch Vehd (Streit) ankündigt.« – Immittelst erhob sich ein kleiner Wind der die großen Flügel bewegte. Dies sahe *Don Quixote* und schrie: »Ha! wenn ihr auch mehr Arme ausstrektet als Riese *Briareus*, mit den hundert Armen, sollt ihr mir doch die Zeche bezahlen.« – Und hiermit empfol er sich seinem Fräulein Dulcinea von ganzem Herzen, bat, sie [100] wolle ihm in diesem schweren Strausse zu Hülfe eilen, bedekte sich mit der Tartsche, legte mit der Lanze ein, und rennte in vollem Biegen mit seinem *Rozinante* auf die erste Mühle los. Indem er nun den einen Flügel mit der Lanze durchrennte, riß ihn der Wind so wütend herum, daß er die Lanze augenbliklich zersplitterte und Gaul und Ritter eine gute Strecke ins Feld hinschleuderte.

Sancho eilte, was sein Esel nur immer laufen konnte, seinem Herrn zu Hülfe und fand ihn übel zugerichtet auf der Erde liegen, so daß er sich weder regen noch bewegen konnte; einen so schreklichen Fall hatte er mit seinem *Rozinante* gethan. »Daß Gott walte? sprach *Sancho*; hab' ichs Eurer Gestrengen nicht gesagt, Ihr solltet wol zusehen was ihr thätet, und daß es nur Windmühlen wären? Meiner Treu! man müßte selber welche im Kopfe haben, wenn man's nicht sehen wollte.

»Schweig, Freund *Sancho*, sagte *Don Quixote*; Kriegsglük ist veränderlicher als ein Ding unter der Sonne. Ja was noch mehr, ich glaube und bin meiner Sache gewiß, daß mir eben der weise *Freston*, der mir Kammer und Bücher entführte auch diese Riesen in Mühlen verwandelt hat, nur, damit er mir nicht die Ehre, sie besiegt zu haben ließe; so heftig ist die Feindschaft die er zu [101] mir trägt. Aber am Ende sollen ihm seine Teufelskünste nicht viel wider die Güte meines Schwerdes helfen.«

»Gott geb's wie es kann!« sprach *Sancho*, hob seinen Herrn von der Erde auf und half ihm wieder auf seinen *Rozinante*, der jämmerlich zerschellert war. Sie zogen von dannen, besprachen sich zusammen über das gehabte Abentheuer. [...]

CHRISTIAN KARL ANDRÉ

Felsenburg, ein sittlich unterhaltendes Lesebuch.

(1788)

[Ankunft auf der Insel]

[72] [...] Den 15ten Oktober passierten wir den Wendezir-
kel des Krebses, worauf einige Wochen, feuchte, neblichte
Witterung einfiel. Endlich klärte sich zu aller Aufmunterung
das Wetter wieder auf; und zu meiner unbeschreiblichen
Freude zeigte mir nach einigen Tagen, der Capitain den
wunderbaren Felsen, welcher zum Lande der Glückseligkeit
führte, durch ein Fernrohr.
Den 12ten November 1725 mit Untergang der Sonne, ließ
der Capitain, wegen der ihn bekannten, verborgnen Sandbänke, in ziemlicher Weite noch von dem wüsten Felsen die
Anker fallen. Hierauf ließ er sogleich drey Kanonenschüsse
thun, denen drey Raketen folgten; welches nach einer Vier-
telstunde wiederholt wurde. Zu allgemeinem Erstaunen,
wurde beydes jenseits des Felsens erwiedert. Dies schien das
[73] Signal zu allgemeinem Frohlocken zu werden, die ganze
Nacht erhellten wetteifernd die Freudenfeuer des Schiffes
und der glücklichen Insel.
[...]
[82] Welch ein herrlicher Contrast, da sich dieser romanti-
sche Irrgang endlich erweiterte und die Seele durch Empfindung der angenehmsten Aussicht, von ihrem Erstaunen wieder zurückkommen ließ. Keine steilen Felsgerüste mehr,
keine Gebirge, keine Gegenstände weiter, die Erstaunen ein-
flößten. Aber dagegen eine Menge ländlicher Reitze über den
fruchtbarsten Boden verbreitet. Sanfte Erhöhungen und
Vertiefungen, ein anmuthiges Gemisch von Kornfeldern,
von Wiesen, von Viehtriften, von Gebüschen, von Weinber-
gen, von Waldungen, von meilenlangen Seen, deren heller

Spiegel auf der einen Seite das Bild der frischgrünenden
Landschaft zurückwarf; indem er auf der andern von Hügeln
voll fetter Heerden, die im frohen Ueberfluß umherirrten,
bekränzt ward. Eine unendliche Abwechselung von reitzenden Durchsichten und Prospekten, sowol der Ufer, ihrer
Einbiegungen und verschiednen Einfassungen, als auch der
weiten Landgegend bezauberte mein Auge.

[...]

[88] Der Alte erhob sich, ihm folgten die fünf Greise, die uns
Neuangekommene mitnahmen. Ich mußte in allem, was sich
meinem Blicken darstellte, die Simplicität und das Gepräge
der Natur bewundern, das allem eingedruckt war. Dieses
Fürsten Schloß würde, die Größe aus-[89]genommen, sich
schwerlich mit dem Gartenhause eines europäischen Edel-
manns haben messen dürfen, so äußerst einfach, so frey von
allen müßigen Verzierungen, so prachtlos war alles. Da ich
meine Verwunderung hierüber bezeugte, äusserte sich einer
der Greise:

Wir halten keinen Aufwand von Kraft, Zeit und Geld für
vergeblicher, als den die Pracht an Gebäuden verlangt. – Wir
sagen es bey uns nicht so oft laut; als es auf den Kanzeln in
Europa geschiehet, daß wir alle Brüder sind; aber wir suchen
diese erhabne Wahrheit desto mehr in unsern Handlungen
zu erkennen. Als Brüder haben wir uns verpflichtet, uns in
der Befriedigung unsrer Bedürfnisse wechselseitig beyzuste-
hen. Auch der mächtigste unter uns würde erröthen, auf
weitern Beystand Anspruch zu machen; würde nie seine
Ueberlegenheit mißbrauchen, die gefälligen Hände seiner
edeln Mitbrüder durch Werke bloßer Ueppigkeit Jahre lang
zu fesseln. Ist das Bedürfniß befriedigt; so hören unsere
Wünsche und Ansprüche auf. – [...]

[Aus der Rede des alten Ostero]

[245] Ach! in unsern Städten *Europens,* wie bald versiegt da
jede Quelle von Freuden! Wie hüpft man da mitten unter
wilder Lustbarkeit eiskalt durch die Tanzsäle! Wie erbärm-
lich, und wie früh zerplatzen da alle die falschen Vergnügungen! – Wie liebenswürdig fanden wir unser Leben dagegen!
Wie leicht vertrieben wir Müssiggang und Langeweile! Welche ruhige, heitre Gefühle, welchen Frieden, welche Glückseligkeit gewährte uns jedes Lächeln unser Kleinen, jeder
gegenseitige Händedruck, jeder Blick ins Grüne, jeder Nie-
dergang, und jeder Aufgang der Sonne! Wie entzückte uns
jeder Tritt in wilde und furchtbar erhabene [246] Gegenden,
jede Aussicht auf die Fluten in unbegränzter Ferne! Wie viel
fröhlicher brachte meine Gattin hier ihre Zeit hin, da sie mit
eigner Hand Früchte brach, als an den Spieltischen Europens!
Wie hätten wir aber auch nicht glücklich seyn sollen, da wir
die eisernen Fesseln der erkünstelten Natur zerbrochen hatten, und die sanfteren Bande der angeschaffnen Natur nur
wohlthätig fühlten! Der uns anerschaffne Trieb zu häußli-
cher Gesellschaft, zu vertrautem Umgange, – nicht aber zum
Weltumgange – ward als natürliches Bedürfniß, durch unsre
eigne kleine Familie, die sich mit der Zeit vergrößerte, sanft
und wohl befriedigt. O, und liebreicher Umgang, ist eine
unerschöpfliche Quelle von Glückseligkeit! Wenn wir so
einander unsere Empfindungen aus-[247]drückten, unsre
Begriffe mittheilten, wenn bey neuen Schwierigkeiten die
gegenseitigen Ideen sich wie Stahl und Stein erwärmten, und
den wohlthätigen Funken herauslockten, der auf einmal
Licht gab – o! in dem allen lag eine Wollust, die neun Zehn-
theilen, der sogenannten kultivirten Völker ewig verborgen
bleibt.
[...]
[248] Doch lade ich euch, ihr Lieben, wenn Erinnerungen an
frohe Vergangenheit, itzt meine Zunge wieder rege und be-

redt machen, deshalb nicht unbedingt zu solcher Glückseligkeit hier ein. Wer nicht den Keim dazu in seinem Herzen
mitbringt; der wird sie auch hier nicht finden. Und auch der
nicht, der diesen Keim nicht vorher im Weltumgange, dieser
herrlichen Schule der Menschenkenntniß, Menschenliebe,
des Nachgebens und der Bescheidenheit gepflegt hat.
[249] Daher seyd ihr, geliebten, neuen Ankömmlinge, noch
nicht unsre Brüder, und werdet es nicht eher, als bis ihr uns
selbst die Brüderhand reicht. Ihr müsset uns, unsre Weise
und unsre Begriffe von Menschenglück, erst kennen lernen.
Ihr müßt auch Zeit haben, an *Europa* zurück, an die dortigen
Sitten, an die dortige Welt zurückzudenken; ihr müßt alle
eure Wünsche ruhig anhören, ihr müßt untersuchen können:
»möchten sie hier oder dort besser befriedigt werden!«
Hätte euch Melancholie gedrängt, die grössere Welt zu verlassen, und unsern Winken zu folgen; so würdet ihr auch
hier den blauen Himmel schwarz, und in der freundlichen
Geberde eures Nachbars, das Grinsen des Hasses finden.
Oder hätte euch Trägheit, Scheu für Gebrauch und Vered-
lung eurer [250] Kräfte, Sehnsucht nach unwürdiger Ruhe
eingeflösset; so würdet ihr sie hier vergebens suchen. Denn
ich habe euch deswegen unsre Geschäfte unsre Lebenswei-
sen sehen lassen, damit ihr selbst euch überzeuget, daß grade
Thätigkeit, rege Bestrebsamkeit, durch klugen und unabläs-
sigen Gebrauch unsrer Kräfte, unsern Zustand zu veredeln,
ein Hauptpfeiler unsrer Glückseligkeit sey. [...]
Unsere Sitten sind frey, d. h. sie sind nicht die gewöhnlichen.
Denn ihr Maaßstab ist das von uns, für Löblich und Gut
Erkannte, ohne Rücksicht auf hergebrachte Vorurtheile und
Gewohnheiten. Wir sind daher in [251] unsern Sitten eben so
streng, als wenn uns auf jeden Schritt ein Polizeywächter
begleitete. Die Mässigkeit ist unsre goldne Tafel in welcher
alle andern Sittengesetze eingegraben sind. Wir lehren diese
Tugend selten, aber wir gewöhnen unsre Kinder daran, wie
an ihre Natur und lassen sie kein andres Beyspiel gewahr
werden. [...]

Märchen und morgenländische Erzählungen

Neben den Romanen und Abenteuererzählungen gehört auch das Märchen zu den literarischen Gattungen, denen die aufklärerischen Pädagogen und Kinderbuchautoren mit großer Skepsis gegenüberstehen. Man hat an der feindlichen Haltung, die die Kinderliteratur des 18. Jahrhunderts dem Märchen gegenüber einnimmt, gerade deren Beschränktheit und mangelnde Kindgemäßheit festgemacht. Das durch die Romantik geprägte 19. Jahrhundert findet hier stets neue Anlässe zur Entrüstung; gleich heftig ist die aufklärerische Kinderliteratur nur noch wegen ihrer Areligiosität und Freigeisterei kritisiert worden. Weniger hat man dagegen die Motive beleuchtet, die dieser Reserve gegenüber dem Märchen zugrunde liegen: Die Ablehnung des Märchens – so stark sich auch dem heutigen Betrachter ihre rationalistische Beschränktheit aufdrängt – steht im Zusammenhang eines sehr ernst zu nehmenden Kampfes gegen den Aberglauben, über dessen fatale Auswirkung gerade auf Kinder man sich heute kaum noch eine Vorstellung zu machen vermag. Die in der Kinderliteratur so häufig auftretenden Beispiele furchtsamer, schreckhafter und psychisch verängstigter Kinder sind ein beredsames Zeugnis hierfür. Die Werte, die die Aufklärer durchs Märchenerzählen bedroht sehen, sind Selbstvertrauen und Selbstgewißheit, Stärke, Mut und Entschlossenheit; diese verankern sie bekanntlich in der Vernunftautonomie. Die Kritik am Märchen ist zugleich eine an dessen Erzählern, den Ammen und dem Gesinde, den Vertretern also des Volkes in den Häusern der Bürgerlichen und Adligen. Hiermit ist denn zugleich auch die Grenze markiert, bis zu der Aufklärung bisher erst vorgedrungen ist. Die Aufklärer sind sich hierüber im klaren, und es hat bisweilen den Anschein, als sei für sie ein freies Verhältnis zu phantastischen Literaturformen deshalb nicht möglich, weil die reale Herrschaft des Aberglaubens noch bei weitem nicht gebrochen ist. Die Kinder, die

*sich bei Schummel Märchen erzählen, wirken altklug, weil
sie so überheblich auf das Lügenmärchen herabschauen.
Vielleicht ist diese Haltung nötig, um die Bedrohung zu
bannen, die vom Abergläubischen wohl immer noch ausgeht. Und vielleicht ist sie eine Voraussetzung dafür, daß
sich später ein freies Verhältnis zum Märchen entwickeln
konnte.*

MARIE LE PRINCE DE BEAUMONT

*Der Frau Maria le Prince de Beaumont Lehren der Tu-
gend und Weisheit für die Jugend. Aus dem Französischen
übersetzt.*

(1758)

[94]   *Erzählung vom Prinzen Wunderschön.*

Ein Prinz verlor, als er nur sechs Jahr alt war, seinen Vater.
Er war anfangs ein bischen traurig darüber, bald nachher
aber tröstete er sich durch das Vergnügen, König zu seyn.
Dieser Prinz, der *Wunderschön* hies, hatte eben kein böses
Herz; allein, er war nach Art der Prinzen erzogen worden,
das ist, man hatte ihm in allen Stücken seinen Willen gelassen; und diese üble Gewonheit würde ihn in der Folge der
Zeit ohne Zweifel lasterhaft gemacht haben. Schon fieng er
an zornig zu werden, wenn man ihm zeigte, daß er sich geirrt
habe. Er versäumte seine wichtigsten Angelegenheiten, um
sich eine Lust zu machen, und besonders war seine Neigung
zur Jagd so stark, daß er fast alle Tage damit zubrachte. Man
hatte ihn, so wie es bey den meisten Prinzen zu gehen pflegt,
verzärtelt: doch hatte er einen sehr vernünftigen Hofmeister.
Er liebte ihn in seiner Jugend sehr. Als er aber König gewor-

den war, dachte er, sein Hofmeister wåre allzustrenge tugendhaft. Ich werde es niemals wagen dürfen, vor ihm meinen Einfållen zu folgen, sprach er bey sich selbst, er predigt mir immer vor, ein Prinz müsse alle seine Zeit den Angelegenheiten seines Reichs widmen. Und ich liebe meine Vergnügungen. Wenn er auch mir keinen Verweis gåbe; so würde er doch traurig seyn, und ich könte es an seinen Mienen merken, daß er mißvergnügt über mich sey. Ich muß ihn entfernen, weil mir dieser einen beståndigen Zwang auflegen würde. Den andern Tag versamlete *Wunderschön* seinen Rath, erhub seinen Hofmeister mit vielen Lobsprüchen, und sagte, daß er ihn zum Oberaufseher über eine Provinz mache, (die aber weit von [95] dem Hofe entlegen war,) um ihn wegen der Sorgfalt zu belohnen, die er für ihn gehabt håtte. Als sein Hofmeister entfernt war, überlies der Prinz sich ganz seinen Vergnügungen, vornemlich aber der Jagd, der er so stark ergeben war. Eines Tags, als er in einem grossen Walde jagte, sah er eine *Hindin*, so weis als der Schnee, vor sich vorbey laufen. Sie hatte ein güldnes Halsband, und sah den Prinzen starr an, als sie nahe bey ihm war. Sie entfernte sich aber sogleich wieder. Ich will nicht, daß man sie tödte, rief *Wunderschön* aus. Er befahl also seinen Leuten, mit den Hunden da zu bleiben. Er aber verfolgte die *Hindin*. Es schien, daß sie ihn erwartete. Er war ihr aber kaum nahe gekommen; so lief sie wieder mit krummen Sprüngen fort. Er war so begierig, sie zu fangen, daß er, ohne daran zu denken, einen grossen Weg zurück legte, indem er sie verfolgte. Die Nacht überfiel ihn, und er verlor diese *Hindin* aus den Augen. Nun wurde seine Verwirrung ziemlich groß, denn er wußte nicht, wo er wåre. Auf einmal hörte er den Schall von einer entfernten Musik. Er folgte diesen angenehmen Tönen, und kam endlich auf einem grossen Schlosse an, wo dieses schöne Concert aufgeführt wurde. Der Pförtner fragte ihn nach seinem Begehren, und der Prinz erzählte ihm, was ihm begegnet wåre. Seyn sie wilkommen, sagte der Mensch, man wartet auf sie mit dem Abendessen, denn die weisse *Hindin* gehört der Frau dieses Schlosses, und wenn sie dieselbe von sich läßt; so geschieht es nur, um ihr Gesellschaft zuzuführen. Zu gleicher Zeit gab der Pförtner mit einer kleinen Pfeife ein Zeichen, und den Augenblick erschienen viele Bedienten mit Fackeln, die den Prinzen in ein stark erleuchtetes Zimmer führten. Das Zimmer war eben nicht sehr prächtig ausgeputzt: es war aber alles in [96] demselben so reinlich, und in einer so reitzenden Ordnung, daß der erste Anblick davon ganz entzückte. In dem Augenblick erschien die Besitzerin des Schlosses, und *Wunderschön* wurde von ihrer Schönheit so geblendet, daß er sich zu ihren Füssen warf, und kein Wort vorbringen konte. Er schien sich in der Betrachtung ihrer Schönheit ganz verloren zu haben. Stehen sie auf, mein Prinz, sagte sie, und reichte ihm ihre Hand. Ich bin vergnügt über die Verwunderung, die ich ihnen verursache. Sie scheinen mir so liebenswürdig, daß ich von Herzen wünsche, daß sie derjenige seyn mögen, der mich aus meiner Einsamkeit ziehen soll. Ich heisse *Wahreehre*, und bin unsterblich. Von Anfang der Welt her lebe ich in diesem Schlosse, und erwarte einen Gemahl. Sehr viele Könige sind gekommen, mich zu sehen: allein, ob sie mir gleich eine ewige Treue geschworen hatten, so haben sie doch ihr Wort nicht gehalten. Sie haben mich verlassen, um meine grausamste Feindin zu erlangen. Ach! schöne Prinzessin, sagte *Wunderschön*, kan man sie vergessen, wenn man sie einmal gesehen hat? Ich schwöre ihnen, daß ich niemand als sie lieben will: und von dem Augenblick an erwähle ich sie zu meiner Gemahlin. Und ich, antwortete *Wahreehre*, ich nehme sie zu meinem Gemahl an. Es ist mir aber noch nicht erlaubt, ihnen meine Hand zu geben. Ich will ihnen einen andern Prinzen zeigen, der in meinem Pallaste sich aufhält. Er wünscht ebenfals mein Gemahl zu werden. Wenn es in meiner freyen Wahl stünde, würde ich ihnen den Vorzug geben; es hängt aber nicht von mir ab. Sie müssen mich auf drey Jahre lang verlassen. Derjenige unter ihnen beyden, der während dieser Zeit der getreuste seyn wird, [97] soll den

Vorzug haben. *Wunderschön* wurde sehr niedergeschlagen über diese Rede. Er wurde es aber noch mehr, als er den Prinzen sahe, von dem ihm *Wahreehre* gesagt hatte. Der Prinz war so schön, er hatte so viel Witz, daß er besorgte, Madam *Wahreehre* möchte jenen mehr lieben, als ihn. Der Prinz hieß *Unumschränkt,* und hatte ein sehr grosses Reich. Sie speiseten beyde mit *Wahreehre,* und waren sehr traurig, als sie dieselbe den Morgen darauf wieder verlassen mußten. Sie sagte zu ihnen, daß sie sie nach drey Jahren wieder erwartete, und sie giengen zusammen aus dem Pallaste fort. Kaum hatten sie in dem Walde ungefehr zwey hundert Schritte zurück gelegt: als sie einen Pallast erblickten, der weit prächtiger war, als der Pallast der *Wahreehre.* Gold, Silber, Marmor und Brillanten blendeten die Augen. Die Gärten desselben waren mit grossem Aufwande angelegt. Die Neugier trieb die Prinzen, hinein zu gehen. Sie erstaunten, ihre Prinzeßin darin anzutreffen. Sie hatte aber ihren Anzug verändert. Ihr Rock war stark mit Diamanten besetzt, auch in den Haaren trug sie welche: da hingegen den Abend zuvor ihr ganzer Putz in einem weissen Rocke bestanden, der mit Blumen geschmückt war. Ich zeigte ihnen gestern, sagte sie, mein Landhaus. Es gefiel mir ehemals. Weil ich aber zween Prinzen zu Verehrern habe; so finde ich es nicht mehr anständig genug für mich. Ich habe es auf beständig verlassen, und ich werde sie hier erwarten. Denn Prinzen müssen die Pracht lieben. Das Gold und die Edelgesteine sind nur für sie geschaffen, und ihre Unterthanen haben mehr Ehrfurcht für sie, wenn sie dieselben so glänzend sehen. Sie führte zugleich ihre beyden Verehrer in einen grossen Saal. Ich will ihnen die Bildnisse verschiedener [98] Prinzen zeigen, sagte sie, die meine Günstlinge gewesen sind. Hier sehen sie einen, der *Alexander* hies. Ich würde ihm auch meine Hand gegeben haben: allein, er starb zu frühzeitig. Dieser Prinz verheerte mit einer sehr kleinen Anzahl Soldaten *Asien,* und eroberte es. Er war bis zur Ausschweifung in mich verliebt und setzte öfters sein Leben in Gefahr,

um mir zu gefallen. [...] Jener andere hieß *Julius Cäsar*. Um
mein Herz zu gewinnen, führte er zehn Jahre lang Krieg in
den beyden Gallien. Er hat den *Pompejus* überwunden, und
die *Römer* unter das Joch gebracht. Er wäre mein Gemahl
geworden: allein, da er wider meinen Rath seinen Feinden
verziehen hatte, brachten ihn diese mit zwey und zwanzig
Dolchstichen ums Leben. Die Prinzeßin wies ihnen noch
eine grosse Menge Bildnisse; und nachdem sie ihnen ein
kostbares Frühstück gegeben hatte, das in güldnen Schüsseln
aufgetragen wurde, sagte sie, daß sie nun ihre Reise fortsetzen könten. Sie müssen mir gestehen, sagte *Unumschränkt*
zu *Wunderschön*, als sie sich von dem Pallast entfernt hatten,
daß die Prinzeßin heute tausendmal liebenswürdiger in ihrem kostbaren Anzuge gewesen, als sie gestern war. Sie hat
auch viel mehr Witz blicken lassen. Ich weiß eben nicht,
antwortete *Wunderschön*, Sie war heute geschminkt: der
Anzug macht, daß sie mir ganz verändert vorgekommen ist;
aber gewiß, sie hat mir in ihrem Schäferkleide besser gefallen. Die beyden Prinzen schieden von einander, und kehrten
wieder in [99] ihre Reiche zurück, mit dem festen Entschluß,
alles mögliche zu thun, ihrer Schönen zu gefallen. Als *Wunderschön* in seinem Pallaste war, erinnerte er sich, daß sein
Hofmeister ihm, als er noch klein gewesen, öfters von *Wahreehre* was gesagt hatte. Ich will ihn an den Hof zurücke
berufen, dachte er, weil er die Prinzeßin kennt. Er soll mich
lehren, was ich thun muß, ihr zu gefallen. Er ließ ihn also
schnell herholen; und so bald der Hofmeister, der *Ohnefalsch* hies, angekommen war, lies er ihn in sein Cabinet
rufen, und erzählte ihm seinen Zufall. Der gute *Ohnefalsch*
weinte vor Freuden. Ach! mein Prinz, sagte er zum Könige,
wie vergnügt bin ich nicht über meine Rückkunft! Ohne
mich würden sie die schöne Prinzeßin verloren haben. Ich
muß ihnen sagen, daß sie eine Schwester hat, die man *Falscheehre* nennt. Diese böse Creatur ist nicht so schön, als
Wahreehre. Allein sie schminkt sich, um ihre Runzeln zu
verbergen. Sie wartet auf alle Prinzen, die aus *Wahreehre*

Pallast kommen. Und da sie ihrer Schwester ähnlich sieht: so
betrügt sie dieselben. Sie bilden sich ein, ihre Bemühungen
für *Wahreehre* zu unternehmen, und sie verlieren sie, indem
sie den Rathschlägen ihrer Schwester folgen. Sie haben gesehen, daß alle Verehrer der *Falscheehre* elendiglich umkom-
men. Prinz *Unumschränkt*, der sich anschickt, ihrem Beyspiel zu folgen, wird nur sein dreyßigstes Jahr erreichen.
Wenn sie aber meinem Rath folgen wollen: so verspreche ich
ihnen, daß sie endlich der Gemahl ihrer Prinzeßin werden
sollen. Sie muß die Gemahlin des grösten Königs auf der
Welt seyn. Suchen sie es zu werden. Mein liebster *Ohne-*
falsch, antwortete *Wunderschön*, du weist, daß dieses nicht
möglich ist. So groß auch mein Reich ist: so sind doch meine
Unter-[100]thanen so unwissend, so ungesittet, daß ich sie
niemals werde dahin bringen können, im Kriege sich hervor
zu thun. Muß man aber nicht, um der gröste König von der
Welt zu werden, viele Schlachten gewinnen, und viele Städte
einnehmen? Ach mein Prinz, versetzte *Ohnefalsch*, sie haben
die Lehren schon vergessen, die ich ihnen gegeben habe.
Wenn sie eine einzige Stadt, und nur zwey oder drey hundert Unterthanen hätten, über die sie herrscheten, und wenn
sie auch niemalen einen Krieg führeten: dem ohnerachtet
könten sie der gröste König von der Welt werden. Um dieses
zu seyn, hat man weiter nichts nöthig, als alle andere an
Gerechtigkeit und Tugend zu übertreffen. Dis ist der Weg,
die Prinzeßin *Wahreehre* zu erlangen. Diejenigen, die die
Reiche ihrer Nachbarn erobern, und die, um prächtige
Schlösser zu bauen und kostbare Kleider und Diamanten zu
kaufen, das Geld ihrer Unterthanen erpressen, sind betrogen. Sie werden nur die Prinzeßin *Falscheehre* finden, die
alsdann ohne Schminke sich ihnen zeigen, und eben so häßlich scheinen wird, als sie es würklich ist. Sie sagen, daß ihre
Unterthanen ungesittet und unwissend sind. Gut, unterrichten sie dieselben. Bekriegen sie die Unwissenheit, das Laster.
Bestreiten sie ihre Leidenschaften: sie werden ein grosser
König, ein Eroberer seyn, der über *Cäsar*, *Alexander*, *Pyr-*

rhus und alle die Helden, erhaben ist, deren Bildnisse *Falscheehre* ihnen gezeiget hat. *Wunderschön* beschloß, den
Vorschlägen seines Hofmeisters zu folgen. Zu dem Ende bat
er einen seiner Vettern, während seiner Abwesenheit die Regierung zu führen. Er selbst verlies sein Reich, um mit seinem Hofmeister alle Länder zu durchreisen und selbst zu
lernen, was er thun müsse, seine Unterthanen glücklich zu
machen. Wenn er in einem Lande einen verständigen oder
[101] geschickten Mann antraf: sagte er zu ihm: Wolt ihr mit
mir kommen? ich will euch sehr viel Gold geben. Vortrefflich
unterrichtet, und von einer grossen Anzahl geschickter
Leute begleitet, kehrte er in sein Reich zurück. Er trug diesen geschickten Leuten das Geschäfte auf, seine Unterthanen
zu unterrichten, die eben so arm als unwissend waren. Er lies
grosse Städte und viele Schiffe bauen. Er lies junge Leute zu
verschiedenen Handwerkern und Künsten anführen. Er
versorgte die armen Kranken und Greise, verwaltete selbst
die Gerechtigkeit unter seinem Volke, und machte sie auf
diese Art gesittet und glücklich. Er brachte zwey Jahre mit
dieser Arbeit zu. Endlich sagte er zu *Ohnefalsch:* Glaubt ihr,
daß ich der Prinzeßin *Wahreehre* bald würdig sey? Sie haben
noch ein grosses Werk zu verrichten, antwortete ihm sein
Hofmeister, sie haben die Laster ihrer Unterthanen, ihre
eigne Trägheit, ihre Liebe zu Lustbarkeiten, bezwungen: sie
sind aber noch ein Sclave ihres Zorns. Dis ist der letzte
Feind, wider den sie kämpfen müssen. *Wunderschön* hatte
viele Mühe, diesen Fehler an sich zu verbessern. Allein er
war so verliebt in die Prinzeßin, daß er die grösten Bemühungen anwendete, um sanft und gedultig zu werden. Es
gelung ihm; und da die drey Jahre verflossen waren, gieng er
in den Wald, wo er die weisse *Hindin* gesehen hatte. Er hatte
kein grosses Gefolge bey sich, *Ohnefalsch* allein begleitete
ihn. *Unumschränkt* begegnete ihm bald in einem prächtigen
Wagen. Er hatte auf diesen Wagen die Schlachten, die er
gewonnen, mahlen lassen. Viele Prinzen, die er zu Gefang-
nen gemacht, und die er als Sclaven an Ketten geschlossen,

mußten vor ihm hergehen. Als er *Wunderschön* erblickte, spottete er über ihn und sein bisheriges Betragen. In dem Augenblick sahen sie [102] die Palläste der beyden Schwestern, die nicht weit von einander abstunden. *Wunderschön* nahm seinen Weg nach dem erstern hin, und *Unumschränkt* freuete sich recht sehr darüber, weil ihm die, die er für seine Prinzeßin hielt, gesagt hatte, daß sie niemals wieder dahin gehen würde. *Wunderschön* hatte ihn kaum verlassen, als die Prinzeßin *Wahreehre*, tausendmal schöner, doch eben so wenig prächtig gekleidet, als das erstemal, ihm entgegen kam. Kommen sie mein Prinz, rief sie. Sie sind würdig, mein Gemahl zu seyn. Sie würden aber dieses Glück niemals erhalten haben, ohne ihren Freund *Ohnefalsch*. Dieser hat sie gelehrt, mich von meiner Schwester zu unterscheiden. Zugleich befahl *Wahreehre* den Tugenden, die ihr dienen, ein Fest anzustellen und ihre Vermählung mit *Wunderschön* zu feyren. Unterdessen daß er sich mit dem Glücke beschäftigte, das er nun als Gemahl der Prinzeßin haben würde, kam *Unumschränkt* bey der *Falscheehre* an. Sie empfieng ihn vollkommen wohl, und bot ihm an, sich auf der Stelle mit ihm zu vermählen. Er willigte darein. Kaum aber war sie seine Gemahlin, als er wahrnam, daß sie alt war und schon Runzeln hatte, ob sie sich gleich sehr geschminkt, ihre Runzeln zu verbergen. Als er mit ihr redete, riß ein goldner Faden entzwey, der ihre eingesetzten Zähne befestigte, und die Zähne fielen an die Erde. Der Prinz *Unumschränkt* geriet in einen so heftigen Zorn, sich betrogen zu sehen, daß er auf sie zusprang, um sie zu schlagen. Da er sie aber bey ihren schönen schwarzen Haaren ergriffen hatte, die sehr lang waren, stand er ganz erstaunt, als sie ihm in der Hand blieben. *Falscheehre* trug falsche Haare, und da sie mit blossem Kopfe vor ihm war, sah er, daß sie nur noch ungefehr ein Dutzend Haare hatte; und [103] auch diese waren eisgrau. *Unumschränkt* verlies diese böse und häßliche Creatur und lief nach dem Pallast der *Wahreehre*, die nur erst sich mit *Wunderschön* vermählt hatte. Sein Schmerz über den Verlust dieser Prinzeßin war so groß, daß er darüber starb. *Wunderschön* bedauerte sein Unglück und lebte sehr lange mit *Wahreehre*. Er hatte von ihr viele Töchter. Allein, es war nur eine darunter, die ihrer Mutter vollkommen ähnlich war. Er brachte sie auf eben dasselbe Schloß, bis sie einen Gemahl finden könte. Um die boshafte Tante zu verhindern, ihr ihre Verehrer zu verführen, zeichnete er seine eigne Geschichte auf, damit die andern Prinzen lernen möchten, daß das einzige Mittel, *wahre Ehre* zu besitzen, darin bestünde, sich zu bearbeiten, tugendhaft und seinen Unterthanen nützlich zu werden; daß aber, wenn ihnen dieses glücklich von statten gehen solte, sie einen Freund nöthig hätten, der *ohne Falsch* wäre.

JOHANN GOTTLIEB SCHUMMEL

Kinderspiele und Gespräche.

(1777)

Das Pfänderspiel.

[...] [270] J u l. *Was soll das Pfand thun?*
L o u. *Er soll eine rechte große, abscheuliche Lüge erzählen,* so groß, daß man sie mit Händen greifen kann.
Jul. Nun Sie haben gewiß eine im Schubsack: Also geben Sie sie nur zum Besten; da ist ihr Ohrring!
Lou. Ich muß es nur gestehen; gestern Abend kam ich eben dazu, weil unsre Muhme eine erzählte, eine rechte dicke, derbe Lüge, und mein kleiner Bruder der hörte da so andächtig zu, und glaubte alles steif und fest. In Bremen ist einmal ein Kerl gewesen, ein – I wie heißt man ihn nun gleich? –

einer, der sich mit aller Welt herum schlägt; auf den Degen und auf die Faust –

Mor. Ein Renomist!

Lou. Ach nicht doch – es ist ein deutscher Name –

Jul. Ein Klopffechter!

Lou. Recht, recht, ein Klopffechter. Der ist so geschickt gewesen, daß ers mit vier und zwanzig aufgenommen hat, und hat sie alle mit einander blessirt, und es hat ihm keiner was anhaben können. Der geht weg von Bremen, und will in der Welt herum reisen, [271] um seines gleichen zu suchen. So wie er vors Thor kommt, sieht er einen Kerl da stehn mit der Flinte, der hat eben angelegt und will losschießen. Der Klopffechter fragt ihn, wornach er denn ziehlte? Der Kerl winkt ihm, er sollte ihn nicht stöhren. Indem schießt er los, und sagt: Da liegt er! Der Klopffechter fragt, was denn? I ein Sperling, sagt er: Da hab ich ihn oben von dem Straßburger Münster weggeschossen!

Phil. Was ist denn das, der Münster?

Jul. *(lachend)* Nun, die Lüge ist so dick, wie der Münster selber! Der Münster ist ein ganz erstaunend hoher Kirchthurm in Straßburg, und Straßburg muß doch wohl von Bremen 60 bis 70 Meilen seyn.

Lou. Nur Geduld: Es kommt noch besser! Der Klopffechter spricht also zum Jäger: Höre, du bist mein Mann, laß uns beyde zusammen reisen! Das geschieht. Weil sie eine Ecke gegangen sind, husch fliegt ein Kerl bey ihnen vorbey, so geschwind wie ein Pfeil. Es währt nicht lange, keine 5 Minuten, ist er wieder da. Der Klopffechter fragt ihn, wo er so geschwind hin gewesen wäre? In Rom, sagte er, ich habe da einen Brief hingetragen.

[272] Krön. Nun wie weit ist denn das wieder?

Jul. Nicht weit, kleine paar hundert Meilen. *(Alle lachen)*

Lou. Nur Geduld: Es kommt noch besser! Die beyden sprechen also zu dem Laufer: Höre, du bist unser Mann! Willst du mit uns reisen? O ja, sagt er, warum nicht! Kurzum, sie reisen mit einander weiter. Weil sie wieder eine

Kinderspiele

und

Gespräche.

Zweyter Theil.

Leipzig,
bey Siegfried Lebrecht Crusius.
1777.

Ecke sind, kommen sie an einen großen großen Wald, der
wohl 4, 5 Meilen im Umfange hat. Da sehen sie einen Kerl
vor stehen, der hat einen Strick in Hånden. Der Strick geht
um den ganzen Wald herum, und so wie der Kerl den Strick
nach sich zieht, gehts knicks, knacks, britz, bratz, daß die
Båume alle kreuz und quer über einander stürzen, und der
ganze Wald, ehe man eine Hand umdreht, da liegt.

Alex. Nein, das ist, um sich schwach zu lachen.

Lou. Nur Geduld: Es kommt noch besser! Die drey fragen
also den Kerl, wer er wåre? Da sagt er, er wåre Knecht bey
dem und dem Oberamtmann, der hått ihn hieher geschickt,
daß er den ganzen Wald umhauen sollte: Das Ding wåre ihm
aber zu langweilig gewesen, er [273] hått es also so gemacht.
Kurz, sie nehmen den auch mit und reisen weiter. In einer
Weile kommen sie an einen Berg: Da sehen sie oben drauf
wieder einen Kerl stehn, der hat sich in die Seiten geståmmt,
und blåst und puhstet aus Leibeskråften. Sie fragen ihn, was
er puhstet? Da sagte er, es wåren hier herum 36 Windmühlen, die müßte er alle zusammen mit seinem Othem im
Gange erhalten. [...] Nun den Puhstkerl nehmen sie denn
ganz natürlich auch mit, und so reisen sie zusammen nach
Maynz. [...] So wie sie nach Maynz kommen, das ist des
Morgens früh um 8, hören sie, daß [274] der Churfürst ster-
benskrank ist, und daß ihm die Doctors schon das Leben
abgesprochen haben. Er kønnte wohl noch gerettet werden,
wenn sie nur ein gewisses Kraut kriegen kønnten: Aber das
wüchse bloß in der Schweiz, und denn müßte es auch noch
den Vormittag Schlag 11 da seyn, sonst wåre alles umsonst
und vergebens. Die fünf Kerls bereden sich mit einander, wie
das Ding zu machen ist: Kurz, sie schicken aufs Schloß und
lassen den Churfürsten sagen, wenn er ihnen eine rechte gute
Belohnung verspråche, so wollten sie ihm das Kraut verschaffen. Der Churfürst låßt ihnen wieder sagen, wenn sie
das thåten, so wollte er ihnen so viel Gold und Silber geben,
als der stårkste Kerl wegtragen kønnte. Nun ists richtig!
Mein Monsieur Låufer muß sich gleich auf den Weg machen,

und fort nach der Schweiz. Unterdessen schlägt es 10, es schlägt halb 11, es schlägt 3 Vierthel, der Läufer kommt nicht wieder. Den Kerln wird angst: Sie kriegen also geschwind den Jäger an, weil der so gut in die Ferne sehen kann, der muß auf den Thurm steigen und muß zusehen, wo der Läufer steckt. Den Augenblick ruft er: Da liegt der faule Dieb und schläft, da bey Basel! Er [275] mag wohl müde geworden seyn von der Reise! Aber wart, ich will dich aufwecken. Gleich kriegt er seine Flinte und schießt los, dicht neben dem Läufer in die Erde. Der wacht auf vom Schusse, und Knall und Fall auf und fort; eh der Jäger vom Thurme ist, steht er schon da und bringt das Kraut. Der Churfürst nimmt es ein, und wird auf der Stelle frisch und gesund. Drauf läßt er ihnen sagen, sie möchten nun jemanden schicken, der das Geld abholte! Die schicken also des Oberamtmanns Knecht. Der geht in die Schatzkammer, und macht da alles ratzenkahl, daß kein Pfennig übrig bleibt: Aber daran hat er noch lange nicht genug! Er geht durchs ganze Schloß und pakt da alles auf, was ihm nur ansteht, Silbergeschirr und Schmuck und Tischzeug, alles aufgeladen: Und weil nichts mehr da ist, geht er seiner Straße: Die fünfe ziehn also zum Thor heraus, und wolln ihr Glück weiter versuchen. Aber sie sind noch keine Meile von der Stadt weg, sieh da, so sehn sie 2 Regimenter Soldaten marschirt kommen, die ihnen der Churfürst nachgeschickt hat, damit sie ihnen das Geld wieder abnehmen sollen. Nun ist guter Rath theuer! Der Klopffechter sagt: [276] Wenns 24 wären, wollt ichs wohl mit ihnen aufnehmen, aber 2 Regimenter, das ist zu viel! Der Jäger sagt: Wenns einer wäre, wollt ich ihn wohl treffen, aber wie kann ich zwey Regimenter todt schießen! Der Läufer sagt: Ich will wohl fort kommen, ich kann mich auf meine Füße verlassen, aber wie solls mit euch werden? Der Knecht sagt: Wenn ich nur meinen Strick hier hätte, so wollt ich sie alle mit einander umreissen, aber so kann ich nichts! Endlich kam der Puhstkerl und sagte: Laßt euch nicht bange seyn, ich steh euch vor alles! Was hat er zu thun? Er läßt die

beyden Regimenter ganz nahe kommen, denn stellt er sich
mitten hin vor sie und fångt wieder an zu puhsten; wie der
Blitz sind die Soldaten über alle Berge, und man weiß bis
diese Stunde nicht, wo sie hingestoben oder geflogen sind.
(Alle lachen)
Jul. Nein, so was von Lüge hab ich in meinem Leben noch
nicht gehört.
Lou. Es ist nur gut, wenn man sie so mit Hånden greifen
kann, wie die! [...]

AUGUST JACOB LIEBESKIND

*Palmblåtter. Erlesene morgenländische Erzählungen
für die Jugend.*

(1786–1800)

[T. 1, S. 104]   *Die Bibliothek
des Königs von Indien.*

Dabschelim, König von Indien, hatte eine so zahlreiche Bibliothek, daß hundert Brachmanen sie in Ordnung zu halten, und tausend Kamele sie fortzuschaffen, nöthig waren.
Weil er aber nicht Lust hatte, sie ganz durch zu lesen; so trug
er den Brachmanen auf, das beste und nützlichste, das sie
darin fånden, in Auszüge zu bringen und ihm zu überreichen. Diese gelehrten Leute arbeiteten mit solchem Eifer,
daß sie nach Verlauf von zwanzig Jahren aus den gesammle-
ten Auszügen einen kurzen Inbegriff aller Weisheit zusammen hatten, der in zwey tausend Bånden bestand und den
dreyßig Kamele ohne viele Beschwerde tragen konnten. Sie
hatten die Gnade ihn dem Könige zu überreichen; aber [105]
zu ihrer Verwunderung mußten sie hören, daß er die Ladung

von dreyßig Kamelen noch zu stark befände. Sie verminder-
ten also diese Ladung bis auf funfzehn, hernach bis auf neun,
dann bis auf vier und endlich auf zwey Kamele; ja zuletzt
blieb nur so viel übrig, als etwa ein Maulthier von mittel-
mäßiger Größe bequem tragen konnte. Zum Unglück war
Dabschelim, während daß man seine Bibliothek so ins Kurze
brachte, alt geworden; und er zweifelte, ob er noch so lange
leben werde, dieses Meisterstück von kurzer Vollständigkeit
zu lesen. Er fragte in dieser verwickelten Sache den weisen
Pilpai, seinen Vezier, um Rath, der also zu ihm sagte: »Großer König, ob ich gleich die Bibliothek deiner Majestät nur
unvollkommen kenne; so getraue ich mir doch, einen sehr
kurzen und ziemlich nützlichen Auszug daraus zu machen.
Du kannst ihn in wenig Augenblicken lesen, und wirst so
viel darin finden, daß du dein ganzes Leben darüber wirst
nachzudenken ha-[106]ben.« Er nahm ein Palmblatt und
schrieb mit einem goldnen Griffel folgende vier Lehren
darauf:

1. Die meisten Wissenschaften enthalten nur dieses einzige
   Wort: *vielleicht*: und die ganze Geschichte bestehet aus
   drey Worten: *sie wurden gebohren, sie litten* und
   starben.
2. Liebe was recht ist; und thue was du liebst: denke was
   wahr ist, und sage nicht alles was du denkst; so wirst du
   rechtschaffen und weise.
3. O Könige! bezwingt eure Begierden! Beherrscht euch
   selbst; so wird es nur ein Spiel seyn, die Welt zu beherrschen.
4. Ihr Könige! ihr Völker! man hat es euch noch nicht genug
   gesagt, und klügelnde Thoren wollen immer noch daran
   zweifeln, daß es kein Glück ohne Tugend, und keine Tugend ohne Gottesfurcht gebe.

[224]   *Der Bettler und sein Spiegel.*

Ein Bettler von Schiras fand einen kleinen Spiegel, in dem,
sagt man, das häßlichste Gesicht sich schön zeigte. Er war
klug und wußte dieses Glas so zu gebrauchen, daß es ein
Schatz in seinen Händen ward. Er hielt den vorübergehenden seinen Spiegel mit einer demüthigen Gebehrde vor und
sagte: »Betrachtet das reitzende Gesicht, das euch Gott gegeben hat; und schenkt eurem armen Diener ein kleines All-
mosen.« Was konnte man einem so höflichen Bettler um
einen so [225] gefälligen Spiegel abschlagen? Jedermann gab
mit mildem Herzen und besonders die Frauen sehr reichlich,
so daß es ihm und den Seinen keinen Tag an überflüssigem
Unterhalt fehlte. Einst wurde der alte Bettler krank; sogleich
vertraute er diesen gewinnreichen Spiegel seinem Sohne an
und lehrte ihn mit aller Sorgfalt, den Spiegel zu gebrauchen;
aber seine Mühe war verlohren. Der Knabe kam gegen
Abend wieder, ohne etwas gewonnen zu haben. Er gestand,
er habe vergessen, den vorübergehenden mitleidigen Seelen
den wunderthätigen Spiegel vorzuhalten: er habe von ohngefähr selbst hinein gesehen und sich so schön gefunden, so
schön, daß er den ganzen Tag nichts anders habe thun können als sich selbst zu bewundern. »Armer Thor! sagte der
alte Schalk, was hast du damit gewonnen? Bist du dadurch
reicher oder weniger häßlich geworden? Lerne von deinem
Vater, wie ein kluger Mensch sich von einem Thoren unterscheide: der Thor [226] schmeichelt sich selbst und der
Kluge dem Thoren.« Mein Vater, sagte des Bettlers verständige Tochter, ich glaube, beydes ist dem Menschen schädlich. Eigenliebe macht dumm und läßt sich betrügen;
Schmeicheley gegen andere aber macht des Schmeichlers Angesicht zu einem trügenden Spiegel, in den nur der Thor gern
schauet und Zeit genug mit Reue belohnt wird. Komm, mein
Bruder, wir wollen uns unsern Unterhalt auf eine anständi-
gere Weise erwerben.

[T. 2, S. 101]   *Die Verwandlung.*

Ein König in Indien war alt und hatte keine Kinder. Da er
sein Volk liebte und wegen des Stolzes seiner Emirn besorgen mußte, daß nach seinem Tode über der neuen Königs-
wahl blutige Kriege im Reiche entstehen möchten: so er-
klärte er denjenigen Fremdling für seinen Nachfolger, welcher des Morgens nach seinem Tode durch das östliche Thor
zuerst in die Stadt einwandern würde. Als er bald darauf
starb, so eilten die Einwohner vor das Thor, um zu sehen,
wen ihnen das Schicksal zum künftigen Sultan senden werde.
Der erste, der ankam, war ein armer Derwisch, der von einer
Stadt zur andern wanderte und sein Brot mit Betteln ge-
wann: Er ward mit einem lauten Freudengeschrey empfangen; man legte ihm die königlichen Kleider an, setzte ihn auf
einen Elephanten und führte ihn durch die [102] Stadt in den
Pallast, wo ihn die Emirn für ihren Sultan erkannten.
Der schnelle Uebergang aus der niedrigsten Armuth auf einen glänzenden Thron, den alle irdische Herrlichkeit umgab,
berauschte den Derwisch auf einige Zeit mit Freude, bis er
nach und nach gegen die Reize und Annehmlichkeiten seines
neuen Standes eben so gleichgültig ward, als er gegen die
Beschwerden des vorigen gewesen war. Da sich nun auch
der glückliche Anfang seiner Regierung in Widerwärtigkeit
verwandelte; da mißvergnügte Emirn sich gegen ihn ver-
schworen, mächtige benachbarte Feinde sein Land mit Krieg
überzogen und Unruhe, Feindseligkeit und Klage seinen
goldnen Thron von allen Seiten umgaben: so fing er an zu
merken, daß er bey der Veränderung seines Standes an
Glückseligkeit nicht nur keinen Zuwachs gewonnen, sondern an Freude und Zufriedenheit vielmehr verlohren
habe.
[103] Indessen daß der neue Sultan über die Beschwerlichkeit seines Glückes oft seufzte, hörte einer seiner alten Bekannten von seiner Erhöhung. Er kam herbey und wünschte
ihm Glück. »Lob und Preis sey dem Ewigen, sprach er, der

nach seinem Wohlgefallen Rosen aus Dornen wachsen läßt und einen armen Derwisch in einen mächtigen König verwandelt!« »Preise mich nicht glücklich, antwortete der Sultan: denn ich befinde mich in diesem Stande schlimmer als vorher. Du siehest bloß auf mein Kleid, aber nicht in mein Herz. Das war eine goldne Zeit, als wir beyde die Welt durchstrichen. Wir schliefen auf der Erde; aber ruhig und sicher. Wir aßen geringe Kost; aber das Wallfahrten und die sorglose Fröhlichkeit unsers Herzens erhielten uns gesund. Das alles ist jetzt umgekehrt. Ich schlafe auf seidnen Decken; aber mit Sorgen und Furcht. Ich trage köstliche Kleider und esse gewürzte Speisen; aber mein Herz ist matt und krank. An die [104] Uebel der Niedrigkeit und Armuth, die ich als dein Gefährte tragen mußte, hatte ich mich so gewöhnt, daß ich ihre leichte Bürde beynahe nicht mehr fühlte; die Uebel des Ueberflusses und der Hoheit aber, die ich als König trage, sind so bösartig, daß sie mir täglich drückender werden. Umkehren kann ich nicht, weil ich die Reize der Ueppigkeit und des Reichthums nun einmahl kenne. Ihr Verlust würde mich weit mehr schmerzen, als den Armen, der sie nicht gekannt hat, ihr Mangel. Wenn ich aber das Andenken des Vergangenen aus meinem Herzen nehmen könnte, so verließ ich noch heute den Thron und zöge mit meinem alten Gefährten durch die Welt. Das wahre Glück des Menschen ist Gesundheit und froher Muth. Wer diese beyden Gaben hat, der kann alle übrige ohne Verlust entbehren; und nur derjenige, dem eine derselben mangelt, kann mit Wahrheit sagen, daß er unglücklich sey; in meinem neuen Stande aber fehlen sie mir beyde.«

[T. 4, S. 59]   *Die Wollust und der Giftbaum.*

In den Wollustathmenden Gärten des reichen Harakmi ruhte die Wollust auf einem Bette von Rosen und Jasmin, ohne daß sie es wußte, nicht weit von einem Giftbaume.

Mit Entsetzen schauderte sie zurück, als sie ihn erblickte und liebkosend sagte sie zu Harakmi:

»Warum der Baum in deinen paradiesischen Gärten, mein Gebiether? ver-[60]möcht' ich es, ich würde zum Wohl der Menschen einen Baum, dessen Hauch das Leben verkürzen kann, von der ganzen Erde vertilgen.«

Harakmi gab seinen Sklaven einen Wink und sie waren im Begrif den Baum zu fällen, als dieser zur Wollust sagte:

»Schön verkaufst du deine eigne Frucht mit dem Anstrich der Menschenliebe; sie erregt Vertrauen und durch Vertrauen gewinnst du an Ansehen. Mein Gift ist dem Menschen verderblich; aber er kennt, und vermeidet mich. Du hingegen bestrickst ihn unvermerkt und das Uebel, welches du durch Müßiggang, Weichlichkeit und Unkeuschheit unter die Menschen in unendlich verschiednen Gestalten bringst, wie ungleich größer ist dieß, als was er durch mich erleidet. Harakmi, willst du gerecht seyn, so vertilge die scheinheilige Heuchlerin aus deinem Herzen und du befreist dich von deiner grausamsten Feindin.«

[61] Täglich sterben eine Million Menschen; kaum drei Tausend kommen durch Gift um und man entsetzt sich davor – über drei Viertel kommen durch die Wollust um und Niemand fürchtet sie!

Schauspiele

Die Theaterbegeisterung des 18. Jahrhunderts spiegelt sich auch in der Kinder- und Jugendliteratur wider: Kaum eine Zeitschrift, ein Almanach, ein moralisch-unterhaltendes Lesebuch für Kinder, die nicht ein Schauspiel enthielten. Hierbei zeigen sich zunächst noch die auslaufenden Einflüsse des Schuldramas des 16. und 17. Jahrhunderts, das als Unterrichtsmittel eingesetzt wurde und der Übung rhetorischer Fertigkeiten und der Erlernung eines öffentlichen Auftretens diente. Das wiedergegebene Stück Pfeffels trägt hiervon noch Spuren. Die neu entstehenden Schauspiele für Kinder dagegen haben privaten Charakter und sind zur Aufführung im Familienkreis oder im Zirkel der Freunde und Spielgefährten gedacht. Ihre literarischen Vorbilder finden sie in den Typenkomödien und den bürgerlich-larmoyanten Lustspielen, aber auch in den unter französischem Einfluß aufkommenden Singspielen und Operetten. Auch ihnen geht es natürlich um moralische Belehrung: Fast immer wird ein lasterhaftes Verhalten bloßgestellt und der Lächerlichkeit preisgegeben, während die Klugheit und Sittsamkeit einer positiven Figur zur Nachahmung empfohlen wird. Zur Darstellung kommt zumeist eine Wirklichkeit, die dem Anschauungs- und Erfahrungsbereich der Kinder entspricht. Neben dem französischen Kinder- und Jugendschauspiel etwa eines Moissy oder einer Madame Genlis haben hier vor allem die Stücke Christian Felix Weisses musterbildend gewirkt. Ihren ersten Erscheinungsort fanden diese im »Kinderfreund«, der berühmtesten Kinderzeitschrift der Aufklärung.

GOTTLIEB KONRAD PFEFFEL

Dramatische Kinderspiele.

(1769)

Die Gefahren der Verführung.

[72]   Personen:

Probus, *ein Römer.*
Askan, *sein Sohn.*
Mela, *ein Verführer.*

Die Scene stellet einen dunkeln Wald vor; es wird in der
Ferne ein Gewitter gehört, das sich immer mehr nähert.

[73]   Erster Auftritt.

Askan, *(allein.)*

Mela kömmt nicht. Der Treulose verläßt mich, nachdem er
mich elend gemacht hat. Was ist nun die Frucht meines
Verbrechens? Werde ich wol das Angesicht meines Vaters
wieder anschauen können? Wird er nicht in dem meinigen
den Namen seines Räubers lesen? Ich Undankbarer! nein,
ich kann nicht wieder nach Hause kehren. Die stille Wohnung der Tugend soll keinen Missethäter beherbergen.
Aber wohin soll ich meine Schritte wenden? wohin!
Was frage ich noch? in [74] die Hölle, die ihren Rachen
gegen mich aufsperrt; sie ist das Vaterland der Böse-
wichter. Ich will ihr ihren Raub nicht länger vorenthalten.
Ja, ja, mein Schluß ist gefaßt; der Tänarus kann nicht mehr
Qualen haben, als die so ich würklich in meinem Busen
trage. Dort werde ich wenigstens meinen Vater nicht
antreffen. Was hält mich noch auf? Diese Wildniß, dieser

finstere Aufenthalt der Hydern und Molche, ist ein wür-
diger Tempel zu diesem greulichen Opfer. Alles ladet
mich dazu ein: Die Sonne hat ihr Antlitz von mir abge-
wandt; der Olymp ist in drohende Donnerwolken einge-
hüllt, und die Vögel des Waldes sind bey meinem Anblicke
verstummet; die ganze Natur scheint sich gegen mein Daseyn zu empören. Wolan denn: rüstet euch ihr Furien, den
Schatten eines Ungeheuers zu empfangen. *(Er will sich ermorden.)*

[75]   Zweyter Auftritt.

Askan, Mela.

Mela, *(hält seinen Arm auf.)*
Sachte, sachte; ich glaube du willst eine Tragödie spielen.

Askan.
Laß mich, Nichtswürdiger!

Mela.
Rasest du, kennest du deinen Freund nicht mehr?

Askan.
Meinen Freund? Sage, meinen Verführer; ich kenne dich nur
allzuwohl, Urheber meines Elendes.

[...]

[77]   Askan.
Wie glücklich wäre ich, wenn ich den Ruf meines Gewissens
ersticken könnte, der deinen Grundsatz widerlegt!

[78]   Mela.
Den Ruf deiner Amme. .... Verlache ihn, so wird er endlich
schweigen, und du wirst mit jeder Handlung zufrieden seyn,
die deine Wünsche vergnüget; der blödsinnige Pöbel mag sie
nun mit den leeren Namen der Tugend oder des Lasters
belegen.

Askan.
Himmel! es soll kein Laster geben; der Raub den ich verübt
habe, sollte die Götter nicht beleidigen? Doch gesetzt, daß er

ihnen gleichgültig wäre; wird er es auch meinem rechtschaffenen Vater seyn?

Mela.

Wenn du mir folgen willst, so sollst du ihn so wenig als die Götter zu fürchten haben. [...]

[80]   Askan.

Was soll ich thun? einem Verzweifelten ist alles leicht.

Mela.

Schwöre mir zuvor, daß du mich mit Gelassenheit anhören willst.

Askan.

Rede, ich schwöre es dir.

Mela.

Deine Abwesenheit muß deinen Vater nothwendig auf den Argwohn bringen, [81] daß du derjenige bist, der seine Geldkiste besucht hat.

Askan.

Dieser Gedanke ist es eben, was mich am meisten martert. Nach dieser Frevelthat darf ich es nimmermehr wagen, dem besten Vater unter die Augen zu treten; die Majestät seiner Tugend würde mich verzehren.

Mela.

Du brauchst seinen Anblick nicht lange zu ertragen. Einige Tropfen aus diesem Gläschen, die du in sein Trinkgeschirr giessen kannst, werden dich bald von einem so überlästigen Sittenrichter befreyen.

Askan, *(ergrimmt.)*

Fleuch, Ungeheuer, ehe meine Hand deinen Frevel bestraft. Ist dieses das Hülfsmittel, das du mir bringen wolltest?

[82]   Mela.

Gut, alberne Memme; ich verlasse dich, um dich nie wieder zu sehen. Gehe, wälze dich in der Schande und in der Armuth herum, entsage dem Besitz eines unermeßlichen Vermögens, den ein muthiger Augenblick dir versichert hätte, und ...

Askan.

Ich soll den Urheber meiner Tage. ... ich kann den Gedanken nicht ausdenken.

Mela.

Wenn dich dein eigener Vortheil nicht bewegen kann, so
wisse, daß du durch diese That die Glückseligkeit eben des
Vaters befördern wirst, den du zu beleidigen glaubest.

Askan.

Welch eine Sprache!

[83]   Mela.

So neu sie dir auch klingen mag, so ist sie dennoch wahr.
Wenn für die Tugendhaften ein Elysium bereitet ist, so er-
weisest du deinem Vater einen Dienst, wenn du ihm die
Gelegenheit verschaffst, diese glorreiche Belohnung ohne
Aufschub zu empfangen. Diesen Schluß machte ich, als mein
alter Oheim meine Schulden nicht bezahlen wollte. ... er
starb wie ein Sokrates, und es war uns beyden geholfen.

Askan.

Ihr Götter!

Mela.

Kömmst du schon wieder mit deinen Göttern? Wolan! ihr
Beyspiel kann deine Bedenklichkeit heben. Jupiter selbst hat
seinen Vater vom Throne gestürzt; er würde ihn getödtet
haben, wäre er nicht [84] unsterblich gewesen. Doch gesetzt,
die Götter bestraften an uns, was sie sich erlauben, so hast du
ja volle Zeit ihren Zorn zu entwaffnen, und den Schatten
deines Vaters durch fette Opfer zu versöhnen. *(Hier erscheint Probus ohne von den andern gesehen zu werden.)* Ich
höre ein Geräusch; komm laß uns tiefer in den Wald hinein-
gehen; ich habe dir noch nicht alle meine Gründe gesagt.
Wie viel Mühe braucht es, einen Feigherzigen zu zwingen,
glücklich zu seyn!

(Sie gehen ab.)

Dritter Auftritt.

Probus *(allein, mit Pfeil und Bogen.)*
Ueberall verfolget sie mich, die schreckliche Harpye des
Kummers. Vergebens suche ich die Ruhe die mich flieht.
Weder mein friedliches Landhaus, noch die Zerstreuungen
der Jagd, können mir sie wieder ge-[85]ben. O mein Sohn,
warum habe ich dich gezeuget? Undankbares und noch all-
zutheures Kind! warum verließest du den Schoos deines Vaters, dessen Abgott du warest? Alle meine Güter, alle meine
Empfindungen, selbst mein Leben; alles war ja dein. O
komm, wo du auch seyst, komm in meinen offenen Busen zurück. Gebt mir meinen Sohn wieder, ihr Götter! gebt ihn dem
zärtlichsten Vater, gebt ihn der Tugend wieder. Es naht sich
ein Gewitter, ich muß eilen. O! möchte ich ihn zu Hause
antreffen. … Es kömmt jemand; wie bange wird mir! wenn
es ein Mörder wäre … ich will mich verbergen; ich kann
nicht eher sterben, bis ich das Angesicht meines Sohnes noch
einmal gesehen habe. *(Er verbirgt sich in eine hohle Eiche.)*

[86]   ### Vierter Auftritt.

Askan *(allein; indem er auf der Scene umher geht.)*
Mela ist ein Bösewicht; aber er hat recht. Mein Vater und
ich, können nicht mehr in einer Welt bleiben. Sterbe ich, so
wird mein Tod, und noch mehr, mein Verbrechen eine un-
heilbare Wunde in seiner Seele zurücklassen; stirbt er, so
wird er auf einmal von allen diesen Martern befreyet, und
wenn er auch nicht ganz stirbt, so wird er doch in eine Welt
versetzt, wo das Andenken seines Sohnes ihn nicht mehr
verfolgen kann. Wolan! mein Schluß ist gefaßt; aus Mitleiden will ich den Faden seiner Tage zerreißen. Wer, ich ein
Vatermörder? Ich schaudre; doch bin ich es nicht schon?
Habe ich nicht das Leben meines Vaters vergiftet? Was mir
noch zu thun übrig bleibt, ist Tugend gegen das, was ich

schon gethan habe. Ja, er [87] soll sterben, und das Schwerdt der Gerechtigkeit soll seinen Tod an mir râchen.

Fünfter Auftritt.

Probus, Askan.

Probus.

Hier bin ich, mein Sohn; vollzeuch deinen Vorsatz; ich selbst flehe dich um den Tod an, aber laß die Welt nicht wissen, daß ich von der Hand meines Kindes starb. Wir sind hier allein; der Verdacht wird auf einen Râuber fallen.

Askan, *(der während dieser Rede zu seinen Füßen niederge-*
fallen.)

O Himmel! mein Vater! warum habe ich die Kraft nicht zu entfliehen?

[88]   Probus.

Fleuch nicht, mein Sohn; um aller Götter willen, fleuch nicht; ich kann deine Tugend nicht überleben. Hier schlâgt mein Herz, durchbohre es; du warest ja stets Herr darüber.

Askan, *(voll Verzweiflung.)*

Reisset mich von hinnen, ihr Plagegeister; die Blicke des Höllenrichters werden mir nicht so schrecklich seyn, als dieses Auge voll Segens.

Probus.

Was zögerst du, Grausamer? doch du bist wehrlos. *(Er giebt ihm einen Dolch.)* Nimm diesen Stahl, und endige meine Folter.

Askan, *(ergreift ihn voll Ungeduld.)*

Du sollst es bald sehen, welches Herz er durchbohren wird. Empfange das Sühnopfer meines Verbrechens. *(Er will sich ermorden.)*

[89]   Probus *(entwaffnet ihn.)*

Halt ein, Unglücklicher, und entzeuch dich der Reue nicht.

Askan.

Der Reue? Ich bin blos der Verzweiflung fähig. Die stygische Natter, die meine Seele zerfleischt, läßt sich durch nichts als mein Blut sättigen. Willst du mir einen Selbstmord ersparen, so tödte du mich, mein Vater; säubre die Welt von einem Scheusal, und räche die Ehre der Natur und des Himmels.

Probus.

Laß die Tugend in deinem Busen erwachen; ich habe sie ja hinein gesäet, ich habe sie aufkeimen gesehen. Wenn ein Verführer diesen Keim erstickt hat, so ist der Saame darum nicht ganz ausgerottet. Komm mein Sohn, kehre unter das Dach deines Vaters zurück, der dir verzeihet.

[90] **Askan.**

Du verzeihest mir? Nun ist meine Marter aufs höchste gestiegen. Du verzeihest mir? Hast du vergessen, daß ich der Räuber deiner Schätze und deines Lebens bin? Hörest du den Donner über unserm Haupte rollen? Die Götter schelten dich, daß du mir verzeihest; reize ihren Zorn nicht, allzuschwacher Vater! und wenn du mich nicht aus Gerechtigkeit tödten willst, so tödte mich aus Erbarmen.

Probus.

Ihr Götter!

[91] Sechster und letzter Auftritt.

Die Vorigen, Mela, (für sich, ohne die andern wahrzunehmen.)

Mela.

Ich glaube in dieser Gegend eine hohle Eiche gesehen zu haben, die mich vor diesem gräßlichen Gewitter schützen kann. *(Er erblickt beyde.)* Was sehe ich? Askan zu den Füßen seines Vaters; ... ich bin verlohren. *(Zum Askan.)* Wo bleibt dein Muth, Askan? Ich sehe wol, Elender, ich muß dir helfen.

(Askan reißt dem Probus den Dolch aus den Händen, und will auf den Mela losgehen; in eben dem Augenblicke, da dieser sein Schwerdt gegen den Probus entblöst, wird ein Donnerschlag gehört, der ihn tod zur Erde stürzt. Askan läßt vor Schrecken den Dolch aus der Hand fallen.)

[92]   Probus.

Allmächtige Götter!

    Askan, *(nach einem staunenden Stillschweigen.)*

Hier liegt er, der Mörder meiner Tugend. O Rächer des Lasters! warum hast du ihn allein zerschmettert? Hast du keine Donnerkeile mehr? Hier ist das Ziel, das sie treffen müssen. *(Er entblöst seine Brust.)* So lange ich lebe, ihr Götter! so seyd ihr nur zur Hälfte gerecht.

                      Probus.

Erkenne vielmehr, mein Sohn, den Unterschied, den sie zwischen dem Verführer und dem Verführten machen. Sie müssen dich noch lieben, weil ihr Rachstrahl vor dir vorbey fuhr, und sie dir noch Zeit lassen, deinen Fehler zu bereuen. Gehorche ihrer Stimme, gehorche der Stimme deines Vaters, der sonst vor Schmerz zu deinen Füßen sterben wird. *(Er wirft sich vor ihm nieder.)*

[93]   Askan *(richtet ihn auf.)*

O Himmel, der tugendhafteste Vater vor einem ungerathnen Sohne auf den Knien! Hier bin ich, mache aus mir was du willst; der Entschluß zu leben, ist die härteste Strafe, die ich mir auflegen kann; möchten die unerschöpflichen Thränen meiner Reue, das Andenken meiner Greuelthat auslöschen!

                      Probus.

Ihr Götter seyd gelobt! mein Sohn ist wieder gefunden! Nun habe ich genug gelebt. Komm mein Kind, laß uns von diesem Schauplatze des Grauens entfliehen, und dem erhaltenden Jupiter ein Dankopfer bringen.

                      ENDE.

CHRISTIAN FELIX WEISSE

Der Kinderfreund. Ein Wochenblatt.

(1776; 2., verb. Aufl. 1777)

Die Schadenfreude, ein kleines Lustspiel für Kinder mit Liederchen

[124]   Spielende Personen:

> Herr Gårtner.
> Frau Gårtnerinn.
> Fritze, *ihr Sohn.*
> Julchen, *ihre Tochter.*
> Arnold,
> Heinze,   *Fritzens Schulkameraden.*
> Müller,
> Rothe,

Der Schauplatz ist ein Saal, wo im Hintergrunde ein Ge-würzschrank, mit einer Gitterthüre steht.

[125]   Erster Auftritt.

Madame Gårtnerinn, im Begriff auszugehen, und einen Besuch abzustatten.

                    Julchen.
Noch Eins, liebe Mama! eh Sie gehen! Sie kommen doch vor
Abends nicht wieder nach Hause, und wenn Fritze aus der
Schule kömmt, so wird er Etwas wollen zu essen haben:
denn Sie wissen, er hungert immer, wie ein Wolf, und man
ist in Gefahr, von ihm [126] angebissen zu werden. Wollen
Sie mir nicht Etwas für ihn da lassen?

Mad. Gårtn.

Eigentlich wůrde es ihm nichts schaden, wenn er einmal ein
Stůck trocken Brod åße.

> Salz und Brod
> Macht die Wangen roth.
> Sparsam, nůchtern, måßig seyn,
> Giebt mehr Kraft, als Leckereyn:
> Wer sich schlecht gewóhnet hat,
> Darbt nicht leicht, wird immer satt.

Doch – ich besinne mich eben. Dort im Gitterschranke steht
noch ein Stůcke Kuchen. Es wird ohnedieß trocken – das
theile mit deinem Bruder.

Julchen.

Darf ich mir den Schlůssel ausbitten?

Mad. Gårtn.

Da!

Julchen *(will nach dem Schranke gehn.)*

Wollen Sie nicht warten, liebe Mama, bis ich den Kuchen
heraus genommen habe? so kann ich Ihnen den Schlůssel
gleich wieder geben.

Mad. Gårtn.

Es wird mir zu lange. Behalte ihn nur: aber –

[127]   *Duett.*
            Mad. Gårtnerinn, Julchen.
                    Mad. Gårtn.

Laß mir ja die Bůchsen stehn!

Julchen.

Sorgen Sie dafůr nur nicht.

Mad. Gårtn.

Gut, sehr gut! ich werde sehn. –

Julchen.

O ich kenne meine Pflicht.

Mad. Gårtn.

Und ich kenne dich zu gut.

Der
Kinderfreund.

Ein Wochenblatt.

Fünfter Theil.

Zweyte verbesserte Auflage.

Leipzig,
bey Siegfried Lebrecht Crusius,
1777.

Julchen.
Ey, wie hått' ich dazu Muth!

Mad. Gårtn.
Alles Súße steht dir an:

Julchen.
Doch nur, wenn ich's haben kann.

[128]   Zweyter Auftritt.

Julchen *alleine*.
Laß mir ja die Búchsen stehn, sagte die Mama – Ganz gut,
aber ich håtte doch große Lust hinein zu sehen, was drinnen
wåre.

> Doch guck ich nur hinein:
> Was wird die Folge seyn?
> Dann reizt das Ding, (man glaubt es kaum!)
> Das gierige Auge, den lústernen Gaum.
> Ich kost' und koste; die Súßigkeit fließt
> So sanft hinab, bis nichts zu kosten úbrig ist. –

Daß man doch nicht kann, wie man will! – Seltsam genug.
Die großen Leute kónnen und wollen nicht, und die Kleinen
móchten gern, und dúrfen nicht. Freylich mússen jene besser
wissen, was gut ist: aber, wenn ich Papa und Mama wåre!
alle Tage åß ich so ein Búchschen mit Eingemachten aus. Es
kómmt zehnmal auf den Tisch, ohne, daß sie einen Bissen
anrúhren. – Was hilfts? – es ist verboten – Nu, wenn ich nur
einmal groß werde! ... Ha Fritze –

[129]   Dritter Auftritt.

Julchen, Fritze.
Fritze *(kömmt gesungen.)*

Juchhe! die Schul' ist aus;
Und guten Appetit
Mit guten Zähnen bring' ich mit;
Was giebt mir nun das Haus?
Heut klingt auch die Censur ganz fein;
Deß bin ich frohen Muthes;
Drum muß es auch was Gutes seyn:
Denn gern eß' ich was Gutes, was Gutes, was Gutes.

Julchen.

Kömmst du, Wildfang?

Fritze.

Wie du siehst, Jungfer Ehrbar.

Julchen.

Und redtst schon von Essen, eh du noch in die Stube bist?

Fritze.

O mein Magen hat mir es schon zugeruft, eh es das Maul
noch sagen durfte. Lieber hätte [130] ich bey dem Herrn
Informator ein Stück Kuchen dividiret, und die Bissen nu-
meriret, als die verzweifelten Zahlen.

Julchen.

Ey ja doch; Jammer und Schade, daß der Magen nicht da,
wo der Kopf steht, und man sich gelehrt essen kann! du
würdest ein grundgelehrter Mann werden. Nichts als Essen
von frühem Morgen an bis in die Nacht.

Fritze.

Ja, das macht, das man vom Essen lebt. – Lebst du etwan
von der Luft?

Julchen.

Nein, man lebt aber nicht um zu essen.

Fritze.

Freylich, so wenig als von Sittenlehren. Das kannst du vor-

trefflich, wenns andere gilt; und doch ist keine größere
Náscherinn, als du! – denn wenn ich deinem Beyspiele folgen wollte – – –

[131] Julchen.

Schon gut, schon gut; was willst du?

Fritze.

Eigentlich hast du nichts darnach zu fragen. – Ich will zur
Mama.

Julchen.

Hast du es nicht bey Tische gehöret, daß sie den Nachmittag
nicht zu Hause seyn würde?

Fritze.

So? Je nun, vermuthlich wird sie mir also wenigstens halb
Abendbrod da gelassen haben?

Julchen.

Ohne Zweifel, ein großes Brod im Brodschranke.

Fritze.

Ganz gut! doch auch was dazu?

Julchen.

Allerdings: in der Küche eine große – große Salzmäste.

Fritze.

Du vexirst mich, Mädchen: Hätte ich das gewußt, nimmermehr hätte ich mir's so sauer in der Schule werden lassen.

[132] Julchen.

O man sieht dir's an, daß du ganz elend darüber geworden
bist.

Fritze.

Und die gute Censur von dem Informator – was hilft mir die
nun?

Julchen.

Freylich nichts: denn daran liegt dir nichts, daß du heute um
etwas klüger, als gestern solltest geworden seyn? Höre
Fritze, du bist auch ein entsetzlich klein denkender, sinnli-
cher Mensch. Also lernst du um der Censur willen, und
nicht um besser und weiser zu werden? und wieder nicht um
der Censur, ich meyne um der Ehre willen, lieber Lob als

Tadel einzuärndten, sondern um des Gaumens und Magens
willen, weil du hoffst, daß es etwas bessers wird zu ver-
schlucken geben.

Fritze.

Wie viel kriegst du denn Besoldung für dein hofmeistern?
denn vermuthlich hat dich mir die Mama, so lange sie weg
ist, zur Hofmeisterinn gesetzt? Sie hat mir zwar nichts davon
gesagt, und deswegen – ja deswegen wird's bey mir stehen,
ob ich drauf hören will.

[...]

[133]

Julchen.

Nu, so komm nur her: – – – doch nein, geh und hol mir ein
Messer. – Ich hab's doch nicht übers Herz bringen können,
und die Mama für dich gebeten. Du sollst ein Stücke Kuchen
kriegen, und ich will indessen hier den Würzschrank auf-
schließen.

[...]

[134]

Vierter Auftritt.

Julchen anfänglich allein, dann Fritze.

Geh nur, Herr Bruder! Ich habe schon ein Messer bey mir.
Ich kann mich indessen ein wenig im Schranke umsehen, was
es drinnen giebt – Vielleicht, ja vielleicht – *(sie geht und
öffnet den Schrank, welcher ziemlich tief ist, daß sie hinein
treten kann; hinten sind etliche Regale mit Büchsen und
Schachteln.)* Riechts doch so gut nach Gewürze – ah. Ja, wer
dürfte? – »Laß mir ja die Büchsen stehn!« sagte die Mama. –
Stehen sollen sie wohl bleiben: aber – vielleicht –

Vielleicht ist etwas zu erhaschen,
Das man nicht merken kann:
Ein kleines bischen naschen,
Das dächt' ich gieng wohl an –
Behutsam muß man freylich seyn!

[135]

Denn wûrd' es wahrgenommen,
So wûrden mir die Nâschereyn
Sehr schlecht bekommen.

*(Wâhrend dieses Liedchens kômmt Fritze: er stutzt
und horcht.)*
Fritze *(heimlich.)*
So? so? laß uns doch ein bischen zusehen!
Julchen.
Was mag in den Schachteln seyn – eine Hand voll Nûsse und
Mandeln, oder ein Paar Feigen wûrden mir nicht ûbel beha-
gen – *(sie macht etliche nach einander auf)* Nudeln? – nichts
fûr mich – Reis? ja, wenn du zu Muße gekocht, und mit
Zucker und Zimmt bestreut wârest – Hahnbutten? – Pfuy,
die kratzen im Halse – ein Sûppchen davon gieng wohl an. –
Pfeffer? – warum nicht gar! – Muskatennûsse? eben so wenig
– da hâtte ich etwas zu beißen. *(indem sie arbeitet, die
Schachtel wieder zuzumachen. –)*
Fritze.
(heimlich.) Nein, das wird mir zu lange. Ich muß erst
mein Stûcke Kuchen haben, und kann sie ja darnach belauschen. *Laut.* Mit [136] dem verwûnschten Messer!
Eine viertel Stunde habe ich gewiß gesucht, ehe ich eines
gefunden.
Julchen *(als sie Fritzen hôrt, erschrickt, und lâßt die Schach-
tel fallen, daß die Muskatennûsse umher kullern.)* Ah – hast
du mich nicht erschreckt! Siehst du, was du machst?
Fritze.
O ja, und ich sehe, was du machest. Du guckst in die Schachteln, um zu sehen, ob so etwas fûr dein Schnâbelchen drinnen ist? –
Julchen.
Ja warum nicht? Du kannst mir nun die Nûsse auch helfen
auflesen.
Fritze.
Gut; so gieb mir erst mein Stûcke Kuchen.

Julchen.

Da! – Siehst du? ich gebe dir das größte. Hier ist auch der
Teller, du kannst es indessen hin auf den Tisch setzen: *(sie
giebt ihm den Teller, und legt ihm seinen Kuchen darauf.)*
[137] Fritze *(nimmt das Stücke Kuchen, und läßt ihr den
Teller.)*

O nicht doch! Sey Sie so gut, und lese Sie ihre Arbeit selbst
auf. Itzt muß ich essen, und wenn ich auf allen Vieren herum
kröche, so müßte ich das Stücke Kuchen im Maule tragen,
oder so lange warten.

[...]

[138]   Fritze.

(trallert.) Adjeu Mamsell Schwester! Das Bücken wird Ihnen
sehr wohl thun; es macht einen geschmeidigen Rücken – –
*(Er geht ab, giebt aber durch Zeichen zu verstehen, daß er
bald wieder da seyn, und sie belauschen werde.)*

Fünfter Auftritt.

Julchen.

Ein kleiner boshafter Bube! – Geh nur, es ist mir lieb, daß
ich deiner los bin: desto sicherer kann ich in dem Verzeich-
nisse fortgehen. – – *(Sie ist mit Auflesung der Muskatennüsse
fertig.)* Ah! ist mirs doch so sauer geworden! – Die Mühe
verdient einen kleinen Trost: aber mit den Schachteln – nein,
da ist nichts weiter zu thun. Also – zu den Büchsen – *(Fritze
kömmt, und schleicht sich nach und nach bis hinter die
Thüre.)*

> Ein Büchschen eingemachter Nüsse –
> Hier hol’ ich eine mir –
> Noch eine! – ey, wie süße
> Das schmeckt! – Eins – zwey – drey – vier –

[139] Zwey davon werde ich in das Papierchen einschlagen,
(sie zieht ein Papierchen aus der Tasche, und wickelt sie ein,)

und mir sie auf Morgen aufheben; denn die Mama sagt: es ist
besser eine gespaltene, als eine gedarbte Mahlzeit. *(Sie fährt
mit Eröffnung der Büchsen fort.)*

> Hier Kirschen! – auch etwas für mich! –
> Und hier – Johannisbeeren:
> Die lieb' ich! liebes Büchschen, dich
> Möcht' ich ganz leeren!

*(Während dieses Auftritts macht Fritze allerhand Mienen
und Geberden, wodurch er ihr Naschen nachmacht. Beym
Schlusse der Arie schlägt er die Thüre zu, und zieht den
Schlüssel ab.)*

Fritze.

Ha! glücklich erwischt! – Ihr Diener, Jungfer Professorinn.
Ah! Sie wollen mir gewiß die Beyspiele zu der Sittenlehre
geben, die ich vorhin anhören mußte?

Julchen.

Fritze, Fritze, was ist das für einfältig Zeug? mach' auf!

[140]   Fritze.

Behüte der Himmel! eine so weise Lehrerinn muß billig in
ihrem Studierstübchen verschlossen sitzen, damit sie die
Büchsen ungestört durchstudiren kann.

Julchen.

Was redtst du durch einander? Mach' auf, sonst – – – Ich
glaube gar, du denkst – – –

Fritze.

Ich denke *(er singt ihr nach.)*
ey, wie süße
Das schmeckt! eins – zwey – drey – vier.

Julchen.

Pfuy, Fritze! Es war ja nur Spas: ich werde doch zählen,
oder in die Büchsen sehen dürfen, was drinnen ist.

Fritze.

O ein allerliebster Spas! ich möchte ihn mit machen.

Hier Kirschen! auch Etwas für mich! –
Und da Johannisbeeren:
Die lieb' ich! liebes Büchschen! dich
Möcht' ich ganz leeren!

[141]   Julchen.

Fritzchen! mach' immer auf! – siehst du, wenn du es thust,
so will ich dir auch aus jeder Büchse Etwas geben.

                          Fritze.

So? damit ich mit gezüchtiget werde, wenn die Mama merkt,
daß die Vögelchen ausgenommen sind.

                          Julchen.

Nein, wenn sie es merkt, so will ich die Strafe ganz über
mich nehmen.

                          Fritze.

Laß sehn. – *(er denkt einen Augenblick nach.)* Nein, das
bischen Süßigkeit ist der Freude nicht werth, die ich mir
noch machen will, ob ich gleich ein klein denkender, sinnli-
cher Mensch bin, der nicht lernt, um besser und weiser zu
werden, sondern um das Magens willen. Siehst du, Schwester, da du so wenig sinnlich bist, so will ich dich zur Jungfer
Professorinn machen: der Würzschrank soll dein Katheder
seyn, und itzt will ich meine Kameraden, die unten an der
Thüre auf mich warten wollten, [142] bis ich gegessen hätte,
herauf holen, damit du auch Zuhörer, oder wenigstens Zu-
schauer hast. –

              (Er läuft fort.)
          Julchen *(ruft ihm nach.)*
Fritze! lieber Fritze! – mach' immer auf!

              Sechster Auftritt.

          Julchen *allein. (weinerlich.)*
Ach! sollt' er wohl so boshaft seyn? – ich schämte mich zu
Tode! – Himmel! wenn Papa und Mama dazu käm! – es ist

aber auch wahr, das verwünschte Naschen! nimmermehr
will ich wieder etwas anrühren! Und so dumm zu seyn, da
Fritze noch beynahe in der Thüre ist? – es geschieht mir
recht. [...]

[143]   Siebender Auftritt.

Julchen, (im Schranke) Fritze, Arnold, Heinze, Müller,
Rothe.

Arnold.

Nun, was willst du uns denn weisen?

Fritze.

Ein Mäuschen in der Falle.

Heinze.

Wir haben Mäuse genug gesehen: da hättest du uns unten
können fortspielen lassen.

Fritze.

Ein solches Mäuschen, mit zwey Beinen gewiß nicht. Ein
fresirtes, gepudertes, weißes Mäuschen, ein Mäuschen mit
einem seidnen Schlepprocke – Kommt nur her – – – *(er führt*
sie an Schrank) [...] Seht Ihr's? seht Ihr's?

[144]   Julchen *(im Schranke.)*

Du solltest dich schämen, daß du deine Schwester so miß-
handelst! – Gieb den Schlüssel her, sage ich –

(Sie fangen ein großes Gelächter an, und zischen sie aus.)

Fritze.

Freylich ist die Falle zu: das Mäuschen ist gefangen. Da sitzt
es, und hängt nun das Köpfchen.

> Hast du dich lassen erhaschen
> Du armes Dingelchen – ach!
> Was bringt das leidige Naschen
> Dir nicht für Ungemach?
>
> Weil es so lieblich ihm schmeckte,
> Dacht' es an keine Gefahr;

Das Mäuschen leckte, und leckte,
Bis es gefangen war. [...]

[145] Julchen.
Es ist nicht an dem, ich habe nicht genascht: aber du bist der
undankbarste Mensch. – Ich geb' ihm ein Stücke Kuchen,
und indessen, daß ich noch im Schranke stehe, schlägt er ihn
zu, und zieht den Schlüssel ab.

Fritze.
Nein, sie hat nicht genascht – außer ein, zwey, drey, vier
Nüsse, ein Dutzend eingemachte Kirschen, ein Paar Löffel
voll Johannisbeeren. Sie ist das Muster aller Muster: sie kann
über die Mäßigkeit so schön predigen –
[146] *(Er singt in dem Tone eines Bänkelsängers mit einem*
Stöckchen ab, mit dem er oft an den Schrank schlägt.)

> Was ist nicht die Enthaltsamkeit
> Für eine schöne Tugend!
> Sie ist ein Schatz für jede Zeit,
> Schmückt Alter und auch Jugend.
>
> Drum lieben Kinder wollet Ihr
> Fein ihre Lehren nützen:
> So kommt! leibhaftig seht Ihr hier
> Sie auf dem Throne sitzen.

(Die Knaben machen ein großes Gelächter, und klatschen
in die Hände.)
Müller.
Ja ja, das ist sie leibhaftig. Ihr Diener, Jungfer Mäßigkeit!
Heinze.
Aber, wie Henker kömmt sie hieher?
[147] Fritze *(singt fort.)*

> Sie weihte diesen Würzschrank ein,
> Der Mäßigkeit zum Tempel,

Und giebt, erbaulicher zu seyn,
Hier Lehren und Exempel.

Da stehen Büchsen um sie her,
Wie um Gelehrte, Bücher;
Von Süßigkeiten sind sie schwer,
Und sind vor ihr doch sicher.

*(Die Knaben singen mit großem Geschreye die vier
ersten Zeilen der letzten Strophe nach.)*

Sie weihte diesen Würzschrank ein,
Der Mäßigkeit zum Tempel,
Und giebt, erbaulicher zu seyn,
Hier Lehr' und auch Exempel.

(Sie klatschen und zischen wieder.)
Julchen *(weinend.)*
Es ist schon gut, Bruder! ich werde deine Aufführung Papa
und Mama erzählen – [148] Monsieur Arnold! Er hat es
immer mit mir gut gemeynt, kann er mich von meinem Bru-
der so mißhandeln lassen? Gesetzt, ich hätte genascht; hat er
ein Recht mich zu bestrafen?
Fritze *(ihr nacháffend.)*
Und ich werde es auch Papa und Mama erzählen, was sie mir
für ein kluges Mädchen zur Hofmeisterinn gesetzt haben.
Arnold.
Es ist auch wahr, Fritze. Hör einmal auf, das arme Mädchen
zu quälen, und gieb den Schlüssel her!
Fritze.
Geh Er, geh Er Herr Advokat! daraus wird nichts! versteht
er mich?
Die übrigen Knaben *(zu Fritzen.)*
Nichts! gieb ihn nicht her! sie muß stecken
[...]

[150]   Achter Auftritt.

Die Vorigen, der Vater.
V a t e r.
Was giebts für einen Lärmen?
Fritze *(frohlockend.)*
Ich habe sie erwischt, lieber Papa! ich habe sie erwischt.
V a t e r.
Von wem sprichst du?

Fritze.
Ueber dem Naschen – hier steckt sie – hier im Schranke –
V a t e r.
Wer denn?

Fritze.
Schwester Julchen.
Julchen *(im Schranke.)*
Ach ja; bester Papa! Mein ungezogener Bruder hat mich hier
eingeschlossen, den Schlüssel abgezogen – – –
[151]   Fritze, *(der ihr ins Wort fällt.)*
Ja, ich habe ihn abgezogen, weil sie alles benascht hat.
V a t e r *(zu Fritzen.)*
Stille! –

Julchen *(weinend.)*
Dann hat er alle seine Spielkameraden herbey geholt, und
mich die ganze Zeit über auf das empfindlichste genäckt.
Mein Bitten und Flehen – nichts, nichts hat ihn bewegen
können – – –

Fritze.
Von allem hat sie genascht. Eingemachte Nüsse, Johannisbeeren, Kirschen – Sie dachte, nachdem sie mir halb Abendbrod gegeben; nun würde Fritze über alle Berge seyn! aber
sie betrog sich; er schlich sich sachte herbey, und da fand er
das Aelsterchen im Weinberge.

V a t e r.
Gieb vor allen Dingen den Schlüssel her – *(er giebt ihn) zu
den andern Knaben.* Ist dem also? wie er sagt? *(er läßt sie
heraus.)*

[152]   Arnold.

Wir wissen weiter nichts, als daß Mamsell Julchen im
Schranke stack, als er uns holte, und daß Monsieur Fritze
uns aufmunterte, sie brav zu vexiren.

Julchen *(geht demüthig zu ihrem Vater, und küßt ihm wei-*
nend die Hand.)

Ja, liebster Vater, ich bin schuldig!
Die Lüsternheit hat mich verführt:
Doch unterwerf' ich mich geduldig
Der Hand, die mich bestrafen wird.

Kann meine Reu die Schuld versühnen,
Ach! wie könnt' ich sie mehr bereun!
Ich will Ihr gütiges Verzeihn
Durch Nimmerwiederthun verdienen.

Gewiß, liebster Papa! nie sollen Sie mich wieder über diesen
Fehler betreten, oder – mich doppelt bestrafen. Vergeben Sie
mir nur dießmal!

                        Vater.

In der That, Julchen, ist das Naschen ein [153] sehr unan-
ständiger Fehler, und ein junges Frauenzimmer muß sich
hauptsächlich davor hüten. Ihrer Aufsicht werden so viele
Dinge dieser Art anvertrauet. Sie soll dem Gesinde ein gutes
Beyspiel geben: und wenn sie nun selbst alles benascht, wie
wird sie ein anders jemals darüber bestrafen können? – – –
Doch, du hast deinen Fehler erkannt, bereuet, und ver-
sprichst Besserung; das ist mir genug! Nun ist nichts übrig,
als daß du dein Versprechen hältst.

            Julchen *(küßt ihm die Hand.)*

O ja, bester Papa! das will ich, gewiß, das will ich.

                        Fritze.

Nu nu; wir wollen sehen, Papachen, ob sie sich bessern
wird! Sie soll gewiß, ehe sie sichs versieht, wieder von mir
belauschet werden.

Vater.

So? – Und dann?

Fritze.

Ja, dann, wann ich sie wieder so in die Falle locken kann, so will ich gewiß die halbe [154] Stadt zusammen rufen, damit man das Mausekåtzchen kennen lernet.

Vater.

Vortrefflich! Doch damit du auch weißt, wie sichs hier steckt, so nimm indessen ihr Plåtzchen im Schranke ein, und bleibe hier ungegessen und ungetrunken, bis zu Bettgehen.

Fritze.

Ich? – was hab' ich denn gethan?

Vater.

Du fragst noch? Vielerley. Julchens Fehler war bloß eine kleine Lůsternheit, die sie freylich håtte unterdrůcken sollen. Dein Fehler, wo es nicht vielmehr den Namen eines Lasters verdient, ist Schadenfreude, und verråth ein schlechtes Herz.

Fritze.

Aber! sie verdiente ja Strafe!

Vater.

Doch nicht von dir? – Wer hat dir dazu ein Recht gegeben? – Du konntest es deinen [155] Aeltern sagen, wenn sie Unrecht that: aber nicht sie einsperren. Zweytens solltest du ihren Fehler nicht bekannt machen, und sie deinen Freunden zum Gelåchter ausstellen; sondern ihn vielmehr verbergen.

> Bruderlieb' und Menschenhuld
> Hat mit Nåchsten gern Geduld,
> Und sucht vor der Welt die Flecken
> Ihrer Schwachheit zu bedecken.
>
> Wer in seinem Herzen rein
> Von Vergehen glaubt zu seyn,
> Der nur mag es kůhnlich wagen,
> Seinen Nåchsten anzuklagen.

Nicht vor eignen Fehlern blind,
Weiß sie, daß wir Menschen sind,
Und was wir von andern wollen,
Wieder ihnen leisten sollen. –

Sprich! was konntest du dabey für eine Absicht haben?
[156]   Fritze.
Daß – daß – daß ihr Fehler bestrafet würde.
                         Vater.
Also findest du Vergnügen in der Bestrafung deiner Schwester?

                         Fritze.
Das nicht! Aber – Aber – – –
                         Vater.
Aber, es verräth eine sehr unedle Denkungsart. Setze dich an
ihre Stelle. Welches von deinen Geschwistern würdest du
dem andern vorziehen? Dasjenige, das Mitleiden mit deinen
Fehlern hätte, und bey verwirkter Strafe für dich bey mir
bät: oder das in deiner Beschämung oder Strafe frohlockte?
Wer das kann, wer seinem Nächsten lieber etwas Böses als
Gutes gönnt, und sich über seinen Schaden freut, er mag ihn
verdient oder unverdient treffen, wird nie meiner Liebe
werth seyn. Er verdienet so bestrafet zu werden, wie er gesündiget hat. Also – unverzüglich in den Schrank!
                         Julchen.
Darf ich bitten, liebster Papa? Fritze meynte es vielleicht
nicht so böse!
[157]   Vater.
So muß er lernen, was gut oder böse gemeynet ist, und über
sein Herz wachen lernen. Alles kann ich eher vergeben, als
Schadenfreude, und hierüber nehme ich keine Fürbitte an, so
sehr diese deinem Herzen zum Lobe gereicht. Ohne fernere
Wiederrede also in Schrank, wenn du nicht noch eine nach-
drücklichere Strafe erwarten willst! *(Er kriecht weinend hinein. Der Vater zieht den Schlüssel ab.) Zu den Knaben.* Ihr
habt die Freyheit, euch über den kleinen Schadenfroh so

lustig zu machen, als Ihr nur wollt. – Wollt Ihr aber auch ein
Beyspiel daran nehmen, desto besser für euch! *(Geht ab.)*
(Die Knaben hüpfen um den Schrank her, singen und zischen
den kleinen Gefangenen darinnen aus.)
Alle zusammen.

> Du kleiner Schadenfroh! was machst
>   Du hier so weinerlich?
> Wie? da du über andre lachst,
>   Weinst du itzt über dich?

[158]
> Aha! Du fiengst ein Mäuschen ein:
>   Dieß war dir lächerlich!
> Es bat umsonst; du lachtest sein,
>   Und nunmehr fängt man dich!

> Und nunmehr lacht man über dich!
>   Und das verdienest du;
> Man freuet deiner Strafe sich,
>   Und zischt und klatscht dir zu.

> Wohl dir! denn willst du weise seyn:
>   So nütze unsern Scherz!
> Und laß dich deinen Fehler reun,
>   Und bessere dein Herz!

Ende des Schauspiels.

Reisebeschreibungen

Mit der Ablehnung des Romans begibt sich die Jugendliteratur der Aufklärung einer literarischen Gattung, die unbegrenzte Möglichkeiten der Darstellung und Gestaltung bietet, die es erlaubt, den Weltzustand in seiner ganzen Breite und Vielschichtigkeit widerzuspiegeln. Hier springt nun innerhalb der Jugendliteratur eine andere literarische Gattung ein: die Reisebeschreibung. Die Lektüre von Reisebeschreibungen wird denn auch stets als die bessere Alternative zum Verschlingen von Romanen angeboten. Geschätzt wird an Reisebeschreibungen der ihnen zugrunde liegende Wirklichkeitssinn, während den Romanen nachgesagt wird, sie beförderten eine Verinnerlichung und Realitätsflucht. Die Reise in die Wirklichkeit wird so dem bodenlosen Taumel in einer schwärmerischen Phantasiewelt entgegengestellt. In dieser Position wächst die Reisebeschreibung zu einer der bedeutendsten literarischen Gattungen der Jugendliteratur der Aufklärung heran: Sie nimmt von allen Jugendbuchgenres das größte Maß an Welt- und Realitätsgehalt auf. Die Reisebeschreibungen sind es, die das Jugendschrifttum zu einem Literaturzweig machen, in dem die zentralen Fragen und Probleme des Jahrhunderts ohne jegliche Verzögerung zur Sprache kommen. Sie sind es auch, die das so häufig ausgesprochene Urteil, das der Jugendliteratur eine gleichsam chronische kulturelle Verspätung nachsagt, zumindest für die Zeit des ausgehenden 18. Jahrhunderts fragwürdig machen. – Hierbei spiegelt sich die Mannigfaltigkeit der Reiseliteratur des 18. Jahrhunderts auch in der Jugendliteratur wider: So gibt es zunächst die reisende Erkundung der heimatlichen Umgebung, die bisweilen auch als Besuch des Städters auf dem Land erscheint. Verbreitet sind die pädagogischen Reisen, auf denen zumeist ein Erzieher mit seinen Zöglingen auswärtige Schulen und neue Erziehungsanstalten besucht und erkundet. Vertreten sind ebenso die politischen Reisen

durch das zersplitterte Deutschland, die zum politischen Ju-
gendbuch der Aufklärung werden. Hierzu sind gleicherma-
ßen die Reisen in die europäischen Nachbarländer, besonders
nach England und Frankreich, zu zählen, in denen die Auf-
klärung ihre wahre, nämlich europäische Dimension ein-
holt. Die Begeisterung für die Südseereisen macht vor den
jugendlichen Lesern keinen Halt: Es hat den Anschein, als
gewännen gerade sie in den Indianern und den »guten Wil-
den« auf leichte Weise Freunde und Vertraute.

JOHANN GOTTLIEB SCHUMMEL

Fritzens Reise nach Dessau.

(1776)

[10]   Zerbst, den eilften May,
                                                         1776.

Liebste, beste Mama,

Ach, wenn Sie wüßten, was ich heute alles ausgestanden
habe! Ich bin ganz hin, und ich habe schon tausendmal gewünscht, ich wäre nur zu Hause geblieben, bey Ihnen, wenn
ich auch noch so viel in Dessau versäumt hätte. Stellen Sie
sich nur vor, eine ganze Meile haben wir müssen auf dem
fatalen Klusdamme fahren: das gab einem immer Stösse, daß
man hätte mögen ohnmächtig werden. Papa mußte auch zulezt mit mir aussteigen, und eine ganze Meile zu Fusse gehen, sonst hätte [11] ichs nicht ausgehalten, so übel war mir.
Endlich und endlich war der Klusdamm zu Ende, und nun,
dacht ich, sollts besser gehen: aber da kamen wir wieder in
den Sand, und der Wagen ging so langsam, so langsam, es
war ganz unerträglich. Ach wenn ich doch nur erst groß

wåre, daß ich reiten kónnte: ich wollte in meinem Leben
nicht wieder in einen Wagen kommen! Papa sagt zwar, es
wåre mit dem Reiten auch so eine Sache, es·håtte auch seine
Unbequemlichkeit: aber vom Reiten wird man doch nicht
úbel, nicht wahr, Mama? Und denn gehts auch mit dem
Reiten viel geschwinder, wie mit dem Fahren. Denken Sie
nur, Mama, es wåhrte úber fúnf Stunden, ehe wir nach *Leits-
gau* kamen: und von da nach *Zerbst* warens noch zwey Meilen! Es war just Mittag, weil wir ankamen, und ich håtte so
gern was warmes gegessen: aber die Wirthsleute hatten
nicht das geringste, ausser Milch und Eyer. [...]

[23]   Dessau, den zwólften May,
                                        1776.

Liebster Onkel,

Ich bin kaum drey Stunden in *Dessau* gewesen, und habe
schon so viel gesehn und gehórt, als ob ich drey Tage hier
wåre. Eben komm ich vom *Philanthropin* her: ich kenne
schon Herr *Basedow*, Herr *Wolke*, Herr *Simon*, Herr
Schweighåuser und die kleinen Philanthropisten alle mit einander. Ach, ich bin ganz entzúckt, und ich weis nicht, wo ich
zuerst anfangen soll: doch ich will Ihnen nur erst noch was
von unsrer Reise erzehlen. In *Zerbst*, da wollte mirs nun
durchaus nicht gefallen. Ich weis nicht, es war alles so todt
auf der Strasse, und man sah gar keine Leute: und was man
noch etwan sah, das waren Soldaten. Da fragt ich Pa-
[24]paen, woher das kåme? Aber er sagte, er wollte mirs
wohl ein andermal erklåren. So viel hórte ich noch, daß ein
Fremder zu Papaen sagte, es wåren an 100 Håuser in *Zerbst*
ganz leer, und der Magistrat wollte sie gern umsonst geben,
aber es wollte sie niemand haben. Das begreif ich nicht, wie
es zugeht! Doch ich will mir izt den Kopf nicht mit zerbrechen: gnug im *Dessauischen* ist es ganz anders. Wir waren
kaum úber die große Brúcke gefahren, so kamen wir auf

einen Steindamm, wo rechts und links die schönsten Obst-
bäume standen, wohl eine halbe Meile in eins fort. Das hab
ich in meinem Leben noch nicht gesehen, und es ist doch so
was schönes, daß michs ordentlich ärgert, daß es bey uns
nicht auch so ist. Wäre es nicht eine herrliche Sache, lieber
Onkel, wenn man im Sommer reist, und man ist hungrig und
durstig, und man könnte denn so ein paar Birnen oder Pflau-
men oder Aepfel vom Baume herunterholen? Das würde
schme-[25]cken! Ja, und das kann man im Dessauischen.
Auch in der Stadt selbst, lieber Onkel, ist es viel hübscher.
Die Leute sind so höflich und so artig, und grüssen einen so
freundlich, wir haben wenigstens dreyßig Complimente gekriegt, bis wir an unser Quartier kamen. Da assen wir nur
geschwind ein bischen, und denn ließ ich Papaen weder Ruh
noch Friede, bis er mit mir nach dem Philanthropinum
gieng. Nun das läßt sich gar nicht beschreiben, wie allerliebst
es da ist! Es sind zwey große Häuser neben einander, alle
beyde weiß angestrichen, und gleich davor ein großer, weiter
Plaz mit Bäumen, und zwischen den Häusern und den Bäumen geht die Straße durch! Im Ekhause, lieber Onkel, da ist
das Philanthropinum. Einer von den Schülern, aber nicht
von den rechten, nur von den niedrigen, sie nennen sie da
Famulanten, der stand an der Thüre, und fragte uns, ob wir
den Herrn Professor *Basedow* sprechen wollten? Wir sagten
[26] ja: da führte er uns gleich ins andre Haus, wir pochten
an, und herein. Herr Basedow stand ganz hinten am Pulpet
im Schlafrocke und schrieb. Sie haben ihn doch schon gesehen, lieber Onkel? Sonst will ich ihn Ihnen gleich beschreiben. Er ist nicht groß, nicht so groß, wie Sie, auch nicht
dicke, ich wußte auch eben nicht, daß er im Gesichte was
besonders hätte: aber ich weis nicht, in den Augenbraunen
und in den Augen, da ist so was, ich kanns nicht beschreiben, aber es ist ganz was eignes. Wir kamen ihm ein bischen
zur ungelegenen Zeit, aber er war doch sehr freundlich, und
sagte zu Papaen, er möcht es nicht übel nehmen, er hätte auf
morgen noch eine Menge zu arbeiten, gegen Abend wollte er

uns in unsrem Quartiere besuchen. Wir giengen also gleich wieder weg, und herum ins Philanthropinum. Papa fragte nach Herr *Wolken*. Er war eben bey Tische, kam aber gleich heraus. Nun das muß ich Ihnen sagen, lieber Onkel, wenn ich [27] nicht schon so einen guten Papa håtte, so wünschte ich mir wohl Herr *Wolken* zum Papa! Er ist ein großer, langer Mann, und sieht im Gesichte sehr hager aus, aber ich weis schon, das kommt vom vielen Arbeiten her, denn er arbeitet oft Tag und Nacht. Sonst sieht er so gut aus und so freundlich, man muß ihm aufs erstemal gut seyn. Er fragte uns, ob wir wollten mit herein kommen, und die Philanthropisten speisen sehn? Ha, das war eine herrliche Sache: ich küßte Herr *Wolken* vor Freuden die Hand, und hüpfte und sprang. Den Augenblick machte er die Thür auf, und führte uns herein. [...]

[31]   *Lieber Carl,*

Sey lustig, springe, tanze: ich will Dir was von den kleinen Philanthropisten erzehlen! Ich habe sie heut zu Mittage alle mit einander speisen sehen: es sind Dir ganz allerliebste Kinder! Die meisten sind nicht größer, wie du: etwan viere sind fast so groß, wie ich. Ich muß Dir doch erst ein bischen beschreiben, wie sie aussehen. Sie haben alle mit einander abgeschnittene Haare, und es braucht kein einziger einen Peruquenmacher. Die Kleinen gehn ohne Halsbinde, mit ofnem Halse, und das Hemde ist über ihr Kleidchen zurückgeschlagen: es sieht Dir ganz niedlich aus! Und Papa sagt auch, das wåre viel gesünder, als die warmen, dicken Halstücher, die itzund Mode sind. Aber das ist alles noch nichts, lieber Carl: wenn Du erst die kleinen Krausköpfe solltest lateinisch [32] reden hören, Du freutest Dich todt! Es wird da über Tische gar nichts anders gesprochen, als lateinisch und französisch: ich habe auch schon ein paar Worte mitgesprochen. Der eine von den kleinen fragte mich auf lateinisch: wo ich herkåme? Da sagte ich: aus Magdeburg! Denn fragte er

mich: ob ich aufs Philanthropinum wollte? Ich sagte: O ja,
wenns Papa wollte, warum nicht? Nun fürcht ich mich
schon nicht mehr vor dem lateinischen! Papa machte mir erst
so angst, daß mich die Kleinen würden in die Enge treiben,
und daß ich ihnen nichts würde antworten können: aber ich
will mich gewiß angreifen, und wenn ich nur erst noch ein
paar Tage alleine mit mir selbst gesprochen habe, denn solls
schon gehen! Nun will ich dir noch was sagen. Die Philanthropisten sind Dir so freundlich, und so dreust, das ist ganz
was erstaunendes! Sie hatten doch Papaen in ihrem Leben
nicht gesehen: aber sie sprachen gleich mit ihm, und wenn er
sie [33] was fragte, antworteten sie gleich auf der Stelle. Was
meinst Du, Carl? Gefällt Dir das? Wart nur, wenn morgen
erst das Examen angegangen ist, denn will ich Dir erst recht
erzehlen. Leb wohl, und das sag ich Dir, Carl, wenn ich
wieder nach Hause komme, denn darfst Du kein Wort
deutsch mehr sprechen mit

Deinem

Bruder

Fritze.

JOACHIM HEINRICH CAMPE

*Reise des Herausgebers von Hamburg bis in die Schweiz,
im Jahre 1785.*

(1786; Neue Gesamtausgabe der letzten Hand, 1830)

[5]   *Absicht dieser Reise.
Abfahrt von Hamburg [...]*

Meine Gesundheit hatte unter übertriebenen Stubenarbeiten
sehr gelitten. Ich nahm ab an Kraft und Munterkeit, meine

Gestalt verfiel, und ich fühlte mich völlig unfähig, sogar zu solchen Geschäften, die ich sonst wol spielend zu verrichten pflegte.

Umsonst wurden Arzt und Arzneibereiter zu Hülfe gerufen! Umsonst fing ich an, Pyrmonter und Stahlwasser zu trinken! Das Uebel blieb; es wurde sogar noch schlimmer, wie zuvor. Der Gebrauch jenes Wassers, welches für so viele andre Menschen heilsam befunden wurde, schien eine schlimme Wirkung auf meine Brust zu äußern; meine Kränklichkeit hatte das Ansehn, nunmehr Auszehrung werden zu wollen. [...]

[6] Eine Reise, sagte am Ende der Arzt, dürfte unter allen noch nicht versuchten Mitteln zu meiner Wiederherstellung vielleicht das kräftigste sein. Recht, dachte ich, eine Reise, und noch dazu auf der ordentlichen Post, ein paar Tage und Nächte hinter einander fort, wird an geschwindesten zeigen, ob du die Schwindsucht habest, oder nicht. Also auf! und fort nach Braunschweig! Dort muß es entweder merklich besser, oder merklich schlimmer sein. Im ersten Falle muß man die Arzung durch Reisen fortsetzen und bis in die Schweiz dringen; im andern werde ich fein hurtig wieder umkehren, mein [7] Haus bestellen, und mich fertig machen, die letzte große Reise aus diesem Leben in ein anderes anzutreten.

Gedacht – gethan! Ich stieg am 3ten des Erntemonats bei dem Hamburgischen Baumhause in den sogenannten *Post-Ever* und fuhr über die *Elbe* nach *Haarburg*.[...]

[63]   *Aufenthalt in Göttingen*

Diese Stadt hat mehr als einen beträchtlichen Nahrungs-zweig; fruchtbare Aecker und Gärten, blühende Wollen-werkstätte, Handel mit Mettwürsten, welche mit den Braun-schweigischen um den Vorzug streiten, und vornehmlich die Hochschule, welche allein schon einen Geldumlauf von mehr als 200,000 Thaler verursachen muß. Die Anzahl der Beflissenen kann nur von einem halben Jahre zum andern angegeben werden, weil die-[64]selbe um Ostern und Michaelis, wegen der Abgehenden und Neuankommenden, allemahl einer Ebbe und Fluth unterworfen ist. Sie mag im Durchschnitt etwa 800 sein.

Unter die hiesigen Merkwürdigkeiten rechne ich vornehmlich die berühmten und verdienstvollen Lehrer dieser hohen Schule, welche größtentheils Gelehrte vom ersten Range sind. Ich besuchte die Herren *Kästner, Feder,* meinen vieljährigen verehrungswürdigen Freund, *Heyne, Michaelis* und *Schlözer,* und freute mich, in ihnen Männer und Personen kennen zu lernen, die ich so lange schon hochgeschätzt hatte. Mein Wunsch, dieses Vergnügens bei mehren würdigen Lehrern dieser Hochschule theilhaftig zu werden, wurde mir durch eine kleine Unpäßlichkeit vereitelt.

Indeß hatte ich kurz vor meiner Abreise von hier noch das Vergnügen, einen Mann kennen zu lernen, der mit der liebenswürdigsten Gemüthsart eben so viel Bescheidenheit als Verdienste verbindet. Er heißt *Meienberg,* und bekleidet das Amt der Ordnungsaufsicht oder Polizei. Den Bemühungen dieses wackern Mannes verdankt man das jetzige gute Vernehmen zwischen der hohen Schule und der Stadtobrigkeit, die Verlegung der Kirchhöfe außerhalb der Thore, die Anlegung eines Werkhauses, die Verbesserung der hiesigen Armenanstalten und ein sehr heilsame Veranstaltung zur Reinigung der Gossen, deren faule und stinkende Ausdünstungen ehemahls die Luft vergifteten; – lauter Verdienste, wovon ein einziges hinreichen würde, ihn des öffentlichen Dankes würdig zu machen. Solche Männer kennen zu lernen, sich mit ihnen zu unterhalten und ihnen die Hand zu drücken, gewährt Demjenigen, dessen Seele noch für jedes Gute empfänglich ist, [65] hundertmahl mehr Vergnügen und Nutzen, als das Angaffen aller möglichen Natur- und Kunstseltenheiten. Man fühlt sich in der Nähe solcher Männer, ich weiß nicht wie, veredelt; der Trieb zu Allem, was gut und gemein-

I: H: CAMPE

nützig ist, wird dadurch gestärkt, und man verläßt sie mit
dem lebhaften Wunsche, ihnen ähnlich werden zu können.
Ich rathe daher meinen jungen Lesern, doch ja keine Gelegenheit, solche Bekanntschaften zu machen, jemahls zu
versäumen, und sollten sie darüber auch auf alles andre Se-
henswürdige eines Orts Verzicht thun müssen. Ich wenigstens pflegte auf meinen Reisen es immer so zu halten, und
ich darf sagen, daß ich ganz wohl mich dabei befunden
habe. [...]

[Hessen]

[107] Auffallend ist die große Armuth des hiesigen Landvolks, und diese Bemerkung wird noch auffallender, wenn
man die Spuren des Wohlstandes sieht, dessen diese Leute
ehemahls sich erfreuen durften. Dergleichen Spuren fand ich
besonders in der Bauart der hiesigen Landhäuser und in den
vielen Zierrathen, womit man dieselben überflüssiger Weise
auszuputzen suchte. Diese Häuser sind nämlich nicht bloß
durchgängig zwei Stockwerke hoch, und mit Kalk bewor-
fen, sondern man hat [108] auch selten ermangelt, den weißen Wänden allerlei Figuren einzugraben und, wo nicht
mehre, doch wenigstens ein Fachwerk mit spaßhaften Rei-
mereien zu bemahlen, welchen man es deutlich genug ansieht, daß sie in den Köpfen der Bauern selbst entstanden
sein müssen. [...]
Ich glaube nicht zu irren, wenn ich in diesen und ähnlichen
Verzierungen der Landhäuser einen Beweis von dem ehe-
mahligen Wohlstande der hiesigen Bauern finde. Leute, welche gegen den Mangel zu kämpfen haben, und für die noth-
wendigsten Bedürfnisse des Lebens ängstlich sorgen müssen,
haben ordentlicherweise weder Zeit noch Lust, auf überflüssige Zierrathen zu denken und sind zum Spaßmachen wenig
aufgelegt. Wo also Hang zum Verschönern und zum Wit-
zeln wahrgenommen wird, da pflegt in der Regel auch
Wohlstand und Ueberfluß zu herrschen.

Und wo mag denn dieser Wohlstand der Hessischen Landleute nun geblieben sein? So viel ich selbst darüber beobachten und durch Erkundigungen erfahren konnte, liegt die
Schuld vorzüglich in drei Dingen, und diese [109] sind:
Krieg, Kaffee und Mangel an Mannsvolk. Der letzte sieben-
jährige Krieg, dessen blutiger Schauplatz oft in Hessen war,
hat diesem Lande mehrmahlige große Verheerungen zugezogen; der überhand nehmende starke Gebrauch des entner-
venden Kaffeegetränks hat den Beutel und die Kräfte der
Leute angegriffen, und den Trieb zur Arbeitsamkeit in ihnen
geschwächt; und die vielen Tausende blühender Jünglinge
und rüstiger Männer, welche theils jener langwierige Krieg
dahingerafft, theils Amerika verschlungen, theils der Solda-
tendienst im Lande dem Ackerbau und dem Gewerbe entzo-
gen hat, haben in den Dörfern einen Mangel an kraftvollen
Mannsleuten zurückgelassen, den Weiberhände und Kinder-
arme nicht zu ersetzen vermochten. Es steht indeß zu hoffen, daß dieses erschöpfte Volk, unter einer milden und weisen Regierung und im Genuß eines ununterbrochenen vieljährigen Friedens sich nach und nach erholen und von neuen
wieder zu Kräften kommen werde; ein Glück, welches der
durchreisende Weltbürger ihm von Herzen wünscht. [...]

[Toleranz]

[126] An den Thüren solcher Kirchen sieht man einen Kessel, oder ein steinernes Gefäß mit Wasser, worüber der Priester gewisse geheiligte Worte ausgesprochen hat, und welches deßwegen *Weihwasser,* d. i. geweihtes oder geheiligtes
Wasser genannt wird. Diesem Wasser schreibt man eine außerordentliche Kraft zur Reinigung der Seelen und zur Be-
wahrung vor allem Bösen zu. So oft daher der Katholik zur
Kirche geht, versäumt [127] er nie, sich damit zu besprengen,
fest überzeugt, daß ihm das wohlthun werde an Leib und
Seele.

Ich bitte meine protestantischen jungen Leser, welche sich hiebei vielleicht des Lächelns nicht enthalten können, zu bemerken, wie groß die Wirkungen der Erziehung und des jugendlichen Unterrichts sind! Unter den Katholiken, welche diese und ähnliche Gebräuche, die uns Andern läppisch vorkommen, mitmachen, gibt es viele sonst kluge und sehr verständige Leute; aber ihr Verstand wagt es nur nicht, über Dinge nachzudenken, an welchen zu zweifeln ihnen von Jugend auf als das größte Verbrechen geschildert wurde. Sie drücken daher die Augen ihres Geistes herzhaft zu, um blindlings zu glauben, was man zu prüfen und zu untersuchen ihnen bei Verlust der ewigen Seligkeit verboten hat. Würden wir, welchen dis Alles jetzt so abgeschmackt vorkommt, es anders machen, wenn wir, so wie sie, von katholischen Eltern geboren und in den Grundsätzen dieser Kirche erzogen wären? Ich zweifle.

Es sei mir daher vergönnt, meine jungen Leser zu erinnern, daß es unverständig und lieblos gehandelt sein würde, wenn wir unsere katholischen Brüder deßwegen, daß sie das Unglück haben, minder aufgeklärt als wir zu sein, belachen oder verspotten wollten. O meine jungen Freunde! laßt uns das Licht der bessern Erkenntniß, welches die gütige Vorsehung uns vor so vielen Millionen unserer Zeitgenossen so vorzüglich leuchten läßt, mit Freude und Dankbarkeit gebrauchen, wozu es uns verliehen wurde – nämlich dazu, immer bessere, weisere, duldsamere und glücklichere Menschen zu werden, und gute Gesinnungen und Glückseligkeit verbreiten zu helfen, wo und wie wir können – aber laßt uns nie so unbillig und grausam sein, Jemand zu [128] verspotten oder gar zu hassen und zu verfolgen, weil ihm Vorurtheile ankleben, die man uns nie eingeflößt hat, und von welchen also frei zu sein, uns auch zu keinem Verdienst angerechnet werden kann. [...]

[Frankfurt]

[140] *Frankfurt* ist nächst Hamburg unstreitig die wichtigste Handelsstadt in Deutschland: ein Vorzug, den dieser Ort, nicht bloß seiner ungemein vortheilhaften Lage, sondern vernehmlich auch der Freiheit verdankt, deren er noch als Reichsstadt genießt. Denn wenn die Lage allein hinlänglich wäre, eine Stadt zu einem großen Handelsplatze zu erheben, so müßte Frankfurt von dem vier Meilen davon gelegenen *Mainz* bei weiten übertroffen werden, weil dieses zwei Ströme, den *Rhein* und *Main,* die allda zusammenfließen, Frankfurt hingegen nur bloß den Main beherrscht; und was ist gleichwol Mainz gegen Frankfurt? Das, was Altona gegen Hamburg ist, und nicht dieses einmahl. Aber Freiheit, Freiheit ist die Seele der Handlung! Wo diese fehlt, da stocken die Säfte des Staatskörpers, wie die des menschlichen Körpers, wenn er in Fesseln [141] gelegt wird; da schwinden seine Kräfte; da verlieren sich nach und nach Lust, Muth und Gelegenheit zu kühnen und großen Unternehmungen. Alles sinkt zu eingeschränkten, bloß mechanischen Beschäftigungen hinab. Die Handlung wird Krämerei, und aus großen Gewerkshäusern werden kleine Werkstätte einzelner Handwerksleute. [...]

[Jugenheim]

[185] Ich hatte vor meiner Abreise von *Jugenheim* das Vergnügen, zu erfahren, daß ich, ohne es zu wissen, so glücklich gewesen war, mir die ländlichen Bewohner dieses Bergdorfs zu Freunden zu machen. Ein junger Bursche hatte den Pfarrer um ein Historienbuch angesprochen; dieser hatte ihm meinen *Robinson* gegeben, und Jener war damit an einem Sonntagsabend in die Schenke gegangen. Hier hatte er angefangen, der Versammlung etwas daraus vorzulesen; und da diese das Ding schnakisch fand, so verbreitete sich das Gerücht davon ins Dorf. Die Versammlung wuchs; der Vorle-

ser, durch diesen Beifall ermuntert, stellte sich jeden Sonntagsabend mit seinem Buche wieder ein, und nicht lange, so
sah er das ganze Dorf um sich her versammelt, welches seinen Vorlesungen bis nach Mitternacht mit der größten Aufmerksamkeit beiwohnte. Der Pfarrer, der in seinem Dorfe
auf Ordnung hält, und dem die Ursache der langen nächtli-
chen Versammlungen unbekannt war, machte einigen seiner
Pfarrkinder Vor-[186]würfe darüber, und ermahnte sie,
künftig früher nach Hause zu gehn. Allein diese antworteten
ihm sehr unbefangen: daß der Peter ihnen da aus einem so
kuriösen Historienbuche vorläse, daß sie gar nicht davon
wegkommen könnten. – Man sieht, daß der Bauer auch noch
für etwas Anders, als für seinen Eulenspiegel, Sinn hat, wenn
ihm nur etwas Anders in die Hände gespielt wird.

[Karlsruhe: Ein Musterfürst]

[200] Ich sah mich im Lande um. Hier erblickte ich einen
[201] Anbau, eine Bevölkerung und zugleich einen Wohlstand, dergleichen ich *so* allgemein und durchgängig noch in
keinem andern Lande wahrgenommen hatte. Aber ich hörte
auch von häufigen Auswanderungen der Badenschen Unterthanen in andere Länder reden; ein Umstand, der für ein so
gesegnetes und so väterlich regiertes Land etwas sehr Be-
fremdendes hat. Ueberall stieß ich auf Spuren einer milden
und weisen Regierung; überall fand ich in den Herzen der
Unterthanen eine ungeheuchelte Liebe und Verehrung gegen
ihren guten Landesvater; aber ich hörte auch hie und da
Klagen über öftere Vereitelung der liebreichen Absichten
desselben, hie und da ziemlich lautes Murren über manche
Bedrückung, wovon dem guten Landesvater nichts zu Ohren komme. Mein Zweifel hatte sich nunmehr völlig aufgelöst.
Ich brannte vor Begierde, den edlen Fürsten selbst zu sehn,
und der edle Fürst kam meinem Wunsche zuvor, indem er

mich zu sich laden ließ. Er empfing mich mit der ihm eigenen Herzlichkeit, und leitete das Gespräch auf den wichtigsten Gegenstand seiner Regentensorge, auf die Verbesserung der Schulen und der Sitten. Nicht ohne Rührung kann ich mich erinnern, wie oft er während dieses Gesprächs immer wieder auf die ihm einzig und allein am Herzen liegende große Frage zurück kam: wie man es anzufangen habe, um die Menschen nicht bloß klüger, geschickter und reicher, sondern auch besser und dadurch *glücklicher* zu machen? Ich begreife, sagte er, daß man den Unterricht erleichtern und der Jugend bessere und gemeinnützlichere Kenntnisse in kürzerer Zeit auf eine angenehmere Weise, als ehemahls, beibringen könne; aber wie wollen wir es angreifen, um dem allgemeinen Sittenverderbniß zu steuern, Tugend und Rechtschaffenheit unter die Men-[202]schen zu verbreiten, und sie dadurch fähig zu machen, einer wahren, innern Glückseligkeit zu genießen? Ich gestehe, daß mir diese Frage in dem Munde eines Fürsten eben so neu, als rührend war.

Besonders erfreulich war es mir, bei dieser Unterredung zu hören, was für würdige Begriffe dieser menschenliebende Regent von der Bestimmung unserer Brüder in den niedrigen Ständen, oder des sogenannten *gemeinen Mannes* unterhält. Um diese bisher am meisten vernachlässigte Klasse von Menschen schien er gerade am meisten bekümmert zu sein. Er war durchdrungen von der Wahrheit, daß auch diese einer größern Veredelung fähig sei, und daß der Regent die Pflicht auf sich habe, für eine zweckmäßige größere Aufklärung derselben Sorge zu tragen; aber wer zeigt uns, fragte er, den Punkt, bis zu welchem wir in der Beförderung dieser Aufklärung des gemeinen Mannes gehen dürfen, oder besser, wer bestimmt uns die eigentlichen Gegenstände, über welche, und die eigentlichen Grenzen, bis zu welchen diese Aufklärung sich verbreiten darf? Es ist hier der Ort nicht, Dasjenige, was der fürstliche Weise mit eben so großer Einsicht als Wärme hierüber redete, vorzulegen; aber man sieht aus den

bloßen Fragen schon, welche Gegenstände des Nachdenkens
ihn am meisten beschäftigen müssen.

Je näher man diesen liebenswürdigen Fürsten kennen lernt,
desto zweifelhafter wird man, ob man ihn den *Weisen* oder
den *Gütigen* nennen soll. In der That verdient er beide eh-
renvolle Titel in gleichem Maße. Er ist frei von allen den
verderblichen Leidenschaften und Liebhabereien, wovon
auch den besten Fürsten wenigstens eine oder die andere
anzukleben pflegt. Weder geizig noch verschwenderisch, ist
er von karger [203] Habsucht und von Pracht und Ueppigkeit gleich weit entfernt. In stiller Größe und edler Einfach-
heit geht er in allen Dingen auf der goldenen Mittelstraße
einher. Seine Zerstreuungen bestehen in rastloser Thätigkeit
zum Besten seiner Unterthanen; wohlgewählte Bücher, verbunden mit lehrreichen Gesprächen über das Gelesene, machen seine einzige Erholung aus. Er ist weder Jäger, noch
Spieler, und schweift weder bei der Tafel, noch auf irgend
eine andere Weise aus. Sogar das Soldatenspiel, dem die meisten andern Fürsten ergeben sind, scheint für ihn nichts Anziehendes zu haben. Das sind Züge des *Weisen*; jetzt noch
ein paar andere, in welchen meine jungen Leser auch den
Gütigen erkennen werden.

Ich habe schon oben gesagt, daß die Wuth des Auswanderns
auch viele markgräfliche Unterthanen ergriffen hat; und ich
werde die räthselhafte Frage, wie dieses unter der Regierung
eines so guten Fürsten je der Fall sein konnte? nachher auf-
zulösen suchen. Als man dieses Auswandern bemerkte,
stellte man dem Markgrafen die Nothwendigkeit vor, Verfü-
gungen deshalb zu treffen, um die Ueberläufer mit Gewalt
zurückzuhalten; allein er verwarf diesen Rath, und zwar aus
einem Grunde, der seinem Herzen Ehre machte. »Er wolle«,
sagte er, »nur über freie Leute herrschen; er habe seine Unterthanen von der Leibeigenschaft losgesagt, es müsse ihnen
also auch erlaubt sein, zu gehen, wohin sie wollten, wenn es
in seinem Lande ihnen nicht mehr gefalle.« Was sagen meine
jungen Leser zu dieser Aeußerung?

Ein ähnlicher Zug! Kurz vor meiner Ankunft in Karlsruhe
hatte man ihm vorgestellt, daß der wahrscheinliche Ueberfluß des disjährigen Weins es durchaus [204] erfodere, daß
Se. Durchlaucht ihren großen Weinvorrath vom vergangenen Jahre verkaufen ließen, um Platz für den neuen Wein zu
gewinnen. Allein was antwortete der gütige Landesvater?
»Ich weiß«, sagte er, »daß viele meiner Unterthanen gleichfalls noch große Weinvorräthe liegen haben. Lasse ich meine
Keller öffnen, so werde ich Jenen den Markt verderben, und
Schuld daran sein, daß ihnen ihre Weine liegen bleiben. Das
wäre unbillig von mir gehandelt. Man lasse also – auch mit
Gefahr, den disjährigen Segen nicht unterbringen zu können
– meine eigenen Keller so lange verschlossen, bis meine Unterthanen durch guten Verkauf die ihrigen werden ausgeleert
haben. *Der besondere Vortheil des Fürsten muß dem allgemeinen Vortheile seiner Unterthanen nachstehen.*«
Ich küsse das Blatt, auf welchem ich diese wahrhaft fürstlichen und landesväterlichen Worte nachgeschrieben habe.
Junge Prinzen, und ihr, Söhne der Edlen, die ihr einst als
Räthe der Fürsten am Ruder des Staats sitzen werdet, habt
ihr sie vernommen, diese goldenen Worte, werth in Marmor
und Erz gegraben zu werden? *Der besondere Vortheil des
Fürsten muß dem allgemeinen Vortheile seiner Unterthanen
nachstehn!* Welche erhabene, und zugleich einfache, und
doch auch zugleich neue Fürstenlehre! und wie verschieden
von der, welche in den meisten andern Ländern befolgt
wird! – [...]

Reise ... nach Schaffhausen und nach dem Rheinfalle

[243] Diese Reise, welche zehn Meilen beträgt, gehört unter
die angenehmsten, die man machen kann. Der Weg läuft
größtentheils zwischen einer doppelten kleinen Bergreihe
hin, die überall sehr mahlerische Ansichten bildet, und durch
ein fruchtbares Thal getrennt wird, welches dem hier noch

jugendlichen und daher muthwilligen Rheine zur Laufbahn dient. Ich nenne ihn *muthwillig*, weil er in allen diesen Gegenden nicht, wie ein alter, bedächtiger Strom, der schon manches Land durchstrichen hat und sich nun seinem Ende naht, langsam dahinwallt, sondern, wie ein rascher Jüngling, der die Fülle seiner Kräfte nicht zu lassen weiß, und die große Lebensreise mit Laufen, Hüpfen und Springen beginnt, dahinströmt. Er fließt hier nicht, sondern er schießt mit der Schnelligkeit ei-[244]nes Pfeils dahin, tobt zwischen den Felsenwänden, die ihn einschränken, lärmt, schäumt und bäumt sich bei den Steinmassen, die ihm im Wege liegen, und die er mit sich fortzureißen vergebens strebt. Und was richtet er durch all' sein Poltern aus? Und was nützet er dabei der Welt? – Nichts! Kaum daß er einen kleinen Fischerkahn zu tragen vermag. Frachtschiffe von einigem Belang zu führen, und dadurch Handel und Gewerbe zu befördern – dazu ist er unvermögend.

Dein Bild, o Jüngling, der du Alles mit leidenschaftlicher Hitze unternimmst, und den Weg der Geschäfte, der *regelmäßig gegangen,* aber nicht im Sturme *unordentlich durchhüpft* sein will, mit Laufen, Springen und Koboltschießen beginnst! [...]

[250] Der Hauptzweck meiner Reise hieher war, den berühmten *Rheinfall* bei *Laufen,* eine halbe Stunde unter Schaffhausen, zu sehn. Ich begnügte mich daher, nur eine und die andere angenehme Bekanntschaft zu machen; worauf wir denn in Begleitung einiger neuen Freunde hinfuhren, um jenes merkwürdige Schauspiel in Augenschein zu nehmen.

Meine Erwartung wurde hier keinesweges getäuscht: aber ich bedaure, daß ich wahrscheinlicherweise die meiner jungen Leser werde täuschen müssen. Denn, nicht wahr, ihr vermuthet, daß ich, gleich andern Reisenden, bei diesem prächtigen Wasserfalle mit klopfendem Herzen, zitternden Gliedern, weitaufgesperrtem Munde und mit einer Thräne im Auge dastehn und euch ein entzückungathmendes O!

und Ach! nach dem andern vorkrähen werde? Meint ihr?
Nun so hört denn, was geschah!
So wie wir die Stadt verlassen hatten, hörten wir allmählig
den Donner des noch fernen Wasserfalls, wie das dumpfe
Getöse eines weithin aufsteigenden Gewitters. Das Getöse
nahm zu, jemehr wir uns näherten, und meine Erwartung
wurde immer stärker gespannt. Jetzt kamen wir auf einem
der beiden Berge an, zwischen welchen der Rhein sich herab-
stürzt; und das große Schauspiel lag vor unsern Augen.
[251] Herrlich! rief ich aus; sprang hurtig aus dem Wagen
und stand und weidete eine gute Weile die Augen an einem
Naturgemählde, welches wirklich über die Maßen groß und
schön ist. Man stelle sich einen schon ziemlich mächtigen
Strom vor, welcher einen ungefähr 12 Klafter hohen Felsen
hinabstürzt. Wie das lärmt und schäumt! Wie das sprudelt,
sich bäumt, woget und kreiset! Und wenn nun vollends die
Sonne darauf scheint, wie dann der Regenbogen auf der
staubenden, milchweißen Wasserwolke absticht! – Herrlich!
sagte ich; fühlte aber in der That weder Herzklopfen, noch
Zittern der Glieder. [...]
[252] Und woher rührte denn diese ungewöhnliche Mäßigung meiner Empfindungen? Und wie kam es, daß ich an
dieser Stelle nicht ebendieselbe Rührung empfand, welche so
viele andere Reisende daselbst empfunden zu haben erzählen? Ist mein Empfindungsvermögen etwa [253] schon so
ausgetrocknet, daß ich einem so großen und schönen Natur-
auftritte mit Gleichgültigkeit beiwohnen kann? Das sollte
mir sehr leid thun. Kann ich doch aber, so alt ich bin, bei
einem vollen Apfelbaume mit dem warmen Vollgefühle eines
empfindsamen Jünglings stehn, und den Segen Gottes, der
daran hängt, mit einer Thräne im Auge bewundern! Auch
habe ich ja nicht gesagt, daß ich gleichgültig blieb; ich gestand bloß, daß ich keine leidenschaftliche Entzückung bei
mir verspürte? Und woher dieses? Durch eine einzige Vorstellung, die sich mir hier, vielleicht zur Unzeit, aufdrang,
und die ich nicht wieder los werden konnte.

Der Rhein kam mir nämlich hier gerade wie ein junger Feuerkopf, *Genie* genannt, in derjenigen Bedeutung vor, worin man dieses Wort seit ungefähr zehn Jahren in Deutschland zu nehmen gewohnt ist, und nach welcher es einen zwar kraftvollen, aber aufbrausenden jungen Geist bedeutet, der etwas Ungewöhnliches, Seltsames und Auffallendes darbietet; sich über hergebrachte Sitten, Gebräuche und Wohlanständigkeit hinwegsetzt, nicht anders, als aus innerem Drange und im Sturme handeln zu können wähnt, und daher zu keinem einzigen, nach Zeit und Ort bestimmten regelmäßigen Geschäfte des bürgerlichen Lebens tauglich ist. Den seltsamen Luftsprüngen eines solchen Kraftgeistes ein Weilchen zuzusehn, mag etwas ganz Unterhaltendes sein. Ich habe mich selbst wol manchmahl daran ergetzt; aber in Entzückung darüber zu kommen, und außer mir zu gerathen – das habe ich nie gekonnt.

Gerade so kam mir nun auch, wie gesagt, an dieser Stelle der Rhein vor. Die Luftsprünge, die er hier und an einigen andern Orten macht, schienen mir in [254] der That schauderhaft schön zu sein; aber ich konnte mich dabei der Frage nicht erwehren: wozu *nützen* sie denn aber? Wird irgend etwas zum Besten der menschlichen Gesellschaft dadurch bewirkt? – Ganz und gar nicht; sie sind vielmehr gerade Das, was den Strom in dieser Gegend hindert, den Menschen nützlich zu werden. Wäre der Rhein hier minder Genie, ginge sein Strom, wie andere ehrliche Flüsse, fein gemäßiget und regelmäßig einher, so könnte er Handlung und Gewerbe befördern; so könnten die Erzeugnisse beider Indien, zum Vergnügen und Nutzen der Bewohner dieser Gegend, auf seinem Gewässer bis nach *Schaffhausen* und *Konstanz* schwimmen. Das kann er nunmehr nicht; und was kann er denn? Das Auge des Müßigen ergetzen; allenfalls auch Stoff zu dichterischen Gemählden liefern und – eine mahlerische Reisebeschreibung aufstutzen helfen! Und darüber sollte ich Herzklopfen empfinden? Das sollte mir Thränen ins Auge locken? [...]

JOHANN AUGUST EPHRAIM GOEZE

Eine pure Dorfreise zum Unterricht und Vergnügen
der Jugend
(1788)

[1]   *Eine pure Dorfreise.*

Ja! meine Lieben! *eine pure Dorfreise* soll es seyn, womit ich
euch jetzt unterhalten will. Diesmal wollen wir uns nicht in
prächtigen Städten und Pallästen besehen – nicht in dicken
Harzwäldern herumirren – nicht auf hohen Bergen herum-
klettern, und Muscheln suchen. Etwas ganz anderes wollen
wir aufsuchen, und kennen lernen. Aufs Dorf – aufs Dorf
sollt ihr mir folgen. Den Menschen, *den geraden Naturmen-*
schen in der Hütte, im Kittel, im Stalle, hinter dem Pfluge,
wollen wir besuchen, der wenige Bedürfnisse hat, und sich
wenige macht – und der in seiner Art ruhiger und vergnügter
lebt, als mancher Prinz in seinem Schloße.

[2]   *Ob da was zu lernen sey?*

»O! Vater! riefen die Kinder, was sollen wir denn auf dem
Dorfe unter den Bauern machen? Da wird uns Zeit und
Weile lang werden! Was werden wir da zu sehen kriegen?
Unmöglich wird da auch was zu lernen seyn.«
Nur Geduld. Nicht zu voreilig. Man pflegt das gar zu gerne
zu verachten, was man nicht kennt. Ich bin euch Bürge: ihr
sollt unter den Landleuten – auf unsrer puren Dorfreise –
mehr lernen, als ihr euch vorstellt – gewiß *mehr Unschuld*
und reine Sitten, mehr *Aufrichtigkeit* und *Redlichkeit,* als ihr
in der größten Stadt auf einem Ball oder Redoute lernen
möchtet. Beruhet denn der Nutzen unserer Erkenntniß blos
darauf, daß wir Thiere, Pflanzen und Steine kennen lernen?

Gehört etwa der *Mensch* nicht zur Naturgeschichte? Fängt
[3] nicht euer Linné sein Natursystem mit dem *Tagmenschen*
an, dem der *Tag,* das ist, Licht und Wahrheit, Weisheit und
Verstand – vor dem *Nachtmenschen,* vor dem, in Finsterniß,
Wildniß und ohne Verstand lebenden *Orang-Outang,* be-
schieden ist? Und wo finden wir den geraden, unverderbten
und der Natur getreuen Menschen, noch unverfälschter, als
auf dem Dorfe?

Sag' also nur nicht, *Karl!* schier reise ich nicht mit nach dem
Dorfe. Es wird dich gereuen. Bleib; aber murre nicht, wenn
die andern erzählen, was sie gelernt haben. – *Wir reisen zu
Dorfe.*

Wie ich meine Dorfreise machte.

Ein Freund, der um die Herbstzeit in seinen Geschäften eine
Reise aufs Land zu thun hatte, bat mich, sein Begleiter zu
werden. Zwar könne er mir eben nicht das bequemste [4]
Logis, und den besten Tisch versprechen; allein dafür würden mich andere angenehme und belehrende Vorfälle unter
den Landleuten, schadlos halten. Ich ließ mich nicht zweymal bitten. Ich reiste mit. Gleich dacht' ich auch daran, allerley Nützliches und Angenehmes für euch zu sammeln.

Der Zweck seiner Reise

war, für seine Herrschaft, von den Landleuten den sogenannten *Erbenzins* aufzunehmen. »Vater! sprach *Fritz,* davon hab' ich viel gehört. Was ist das: *Erbenzins? Erbenzins
geben?*«

Was Erbenzins ist.

Das dacht' ich ja wohl, daß wir gleich im Anfange schon auf
meiner Dorfreise etwas nützliches lernen würden. *Erben-*

zins, Erbzins, oder *Erbzinsen* ist ein Zins, ein Tribut, eine
Abgabe, die derjenige an die [5] Landesherrschaft von einem
geerbten Grundstück: Acker, Garten oder Wiese – entrich-
ten muß, welcher gedachtes Grundstück erblich und in Ruhe
besitzen will. Das beträgt denn öfters nur sehr wenig: einen
Dreyer, vier Pfennige; manchmal nur *einen Pfennig.* Die
Menge aber bringt doch was ein.
Ein solches Gut, oder *Lehen*, welches auf diese Art besessen
wird, heißt daher das *Erbzinsgut* oder *Erbzinslehen.* Wer
Aecker kauft, frägt allezeit vorher: was geben sie *Erbenzins?*
Merke dir das, *Karl*! der du Oekonomie lernen willst. Man
würde dich groß ansehen, wenn du das nicht wüßtest. Und
wenn du einmal ein Amtmann wirst; so mußt du viele Er-
benzinse einnehmen und berechnen. [...]

[158]   *Ankunft in Biere.*

[...] so kamen wir endlich glücklich in *Biere* an, und logirten
bey einem der ansehnlichsten Männer des Orts, der seinen
eigenen Ackerhof hatte, und den man nicht für einen Bauer
hätte ansehen sollen. Wie ich schon oben gesagt habe, so ist
Biere eines der größten Dörfer im Herzogthum Magdeburg.
Es hat 172 Feuerstätten, und 225 Hufen[1] Landes. Unser
Wirth aber war einer der vernünftigsten Landleute, die ich je
gesehen habe, und besonders in der Oekonomie so erfahren,
daß ich manches von ihm gelernt habe. Denn ich schäme
mich auch nicht, von einem Bauer etwas gutes und nützliches zu lernen. Von *Biere* werde ich euch also das meiste
nützliche erzählen können, was mir auf meiner Dorfreise
vorgekommen ist. [...]

1 Hufen: ursprünglich eine Bezeichnung der Anzahl von Äckern, die »ein
  Landmann mit Einem Gespanne oder Pfluge bearbeiten konnte« und die
  »nöthig war, ihn und seine Familie zu erhalten«. Sodann ein Feldmaß, dessen Größe sich regional unterschiedlich ausnimmt. Vgl. J. H. Campe, *Wör-
  terbuch der Deutschen Sprache* (1808).

[164]   *Kinderzucht.*

Ueber die Kinderzucht in einem Bauerhause konnte ich
mich nicht genug freuen. Ich will nicht sagen, daß die Bauernkinder in Sitten und andern Dingen so gut erzogen waren, als Kinder, die bey Wolken und Campen in der Schule
gewesen wåren; allein was Reinlichkeit und Ordnung betraf,
wůrden sie manches Stadtkind übertroffen haben. Ein wah-
res Muster für unordentliche Stadtkinder, die zu keiner Ordnung zu bringen sind. Ich dåchte, was Bauernkinder leisten
[165] kônnten, das kônnten Stadtkinder noch eher, die doch
immer eine bessere Erziehung haben.
Die Kinder standen erstlich alle zu rechter Zeit auf, und
giengen auch alle wieder zu rechter Zeit zu Bette. Da kam
nicht eins um sieben, das andere um acht, das dritte um neun
gekrochen. Da lodderten sie nicht erst den halben Vormittag
herum, ehe sie zum Zeuge kamen. Das erste war, daß sie sich
draußen vor dem Brunnen wuschen, und sich nicht das
Waschwasser in die Stube bringen ließen. Durch eigene Erfahrung waren sie es inne geworden, daß das kalte Wasser
stårke und ermuntere. Und nun waren sie gleich bey der
Hand, sich zu kåmmen, und vollends anzuziehen. Dabey
gefiel mir das besonders, daß die Größern den Kleinern in
allen Stůcken halfen, und das alles ohne Zank und Wider-
rede. Hierauf gieng ein Jedes, entweder in die Schule, oder
an seine Arbeit. [166] In der Stube hatte Jedes seinen Ort zu
seinen Sachen: zu seinen Kleidern, Bůchern und Spielgeråt-
the. Wie liegt manchmal in den Stuben der Stadtkinder alles
durch einander herum. Es war eine wahre Freude zu sehen,
wie ordentlich die Kinder alles an Ort und Stelle legten,
wenn sie aus der Schule kamen.

Wie die Kinder zur Ordnung zu bringen sind.

Ich konnte mich nicht enthalten, den Vater zu fragen: durch welche Mittel er seine Kinder zur Ordnung gewöhnt habe. »Ja! sagte er: was wollte da herauskommen, wenn ich meine Kinder so in ihrem Sode wollte aufwachsen lassen. Jung gewohnt, alt gethan. Wie sie jetzt sind; so sind sie auch hernach einmal in ihrer eigenen Haushaltung. Und was darinn Unordnung für eine kostbare [167] Sache ist; wie viel die in einem Jahre verzehrt, das sieht man, leider! an so vielen Haushaltungen, die durch nichts, als durch Unordnung zu Grunde gehen. Ich danke es meinem Vater noch in der Erde, daß er mich von Kindheit an zur Ordnung angehalten hat. So halte ichs mit meinen Kindern, mit meinen Leuten, selbst mit meinem Vieh. Zuletzt wissen sie es nicht besser. Die Ordnung wird ihnen dann eben so leicht Gewohnheit, als es die Unordnung wird – und viele meiner Leute haben mir es nachher gedankt, wenn sie lange von mir weggewesen sind, daß ich sie zur Ordnung gewöhnt habe.

Wie ichs aber mit meinen Kindern anstelle, daß sie ordentlich werden: das will ich ihnen sagen. Manches gewöhnt sich von selbst dazu, wenn es Ordnung siehet, und vor sich hat. Freylich, wenn die Aeltern selbst unordentlich sind, was sollen die Kinder [168] thun, die den Aeltern so wohl das Gute, als das Schlechte nachthun. Andere aber sind durchaus zu keiner Ordnung zu bringen, und es hilft nichts, wenn man auch den ganzen Tag prediget und schlägt. Da hab' ichs denn so angefangen. Ich habe sie gehen lassen, und kein Wort gesagt; aber ich habe sie durch ihre eigene Unordnung bestrafen lassen. Verlor eins den Handschuh: es mußte ohne Handschuh gehen. Konnte eins des Morgens seinen einen Strumpf nicht finden: es mußte ohne Strumpf in die Schule gehen, und so mit andern Dingen mehr. Hatte sich eins nicht gekämmt und gewaschen; so durfte es sich in acht Tagen nicht kämmen und waschen, bis es aussahe, daß es die andern nicht unter sich leiden wollten. Hatte eins seine Sachen

in der Stube unordentlich unter einander herumliegen; so
kam es des Mittags nicht an den Tisch; sondern mußte in
einem Win-[169]kel sitzen, und alle herumliegende Sachen
wurden über es hergehängt. Dadurch habe ich mehr ausgerichtet, als durch andere Mittel. Meine ordentlichen Kinder
habe ich zuweilen beschenkt, ihnen aus der Stadt was mitge-
bracht; die andern aber leer ausgehen lassen.«
Wie gefällt euch diese *Bauernzucht?* Denkt ja nicht, daß alle
Vernunft, und gute Kinderzucht in den Städten allein zu
Hause sey. O! da ist sie öfters seltener, oder doch weit ver-
kehrter, als auf dem Lande. Wie gefällt euch die Ordnung
der Bauernkinder? Wenn ihr künftig eure Sachen so lüder-
lich herumliegen laßt, werde ich nichts weiter sagen, als
Biere, und ihr werdet mich verstehen.

Religionssachen.

Was diesen Punkt betrifft; so muß man es mit ehrlichen
guten Landleuten so genau [170] nicht nehmen. Sie können
unmöglich von allen schon so richtige und wahre Begriffe
haben: theils, weil sie schlecht erzogen sind: theils, weil sie
zum Theil noch schlecht unterrichtet, und ihnen die einge-
wurzelten Vorurtheile nicht auf die rechte Art genommen
werden. Sie sind noch zu stark an das Sinnliche gewöhnt,
und daher muß man auch über die Sinnbilder nicht spotten,
die sie manchmal in ihren Stuben haben. [...]

[177]   *Kranke Kühe.*

Das andern Tages hatten wir auf dem Hofe einen besondern
Auftritt. Es entstand unter dem Gesinde ein großer Lärm: da
wären einmal wieder ein Paar Kühe behext, [178] und wollten platzen. Als wir heraus kamen; so war der Anblick für
unsern guten Wirth eben nicht der beste. Die Kühe standen,

sperrten den Hals auf, und waren so dicke, wie die Tonnen. Da rief alles: *behext! behext!* Hier aber habe ich mich am meisten über die Vernunft meines Wirths gefreuet.

»Was behext, rief er in einem recht gesetzten Ton! Da ist was zu behexen. Behext hin und her! Davon wird das Vieh nicht besser werden. Hier ist kein Augenblick Zeit zu versäumen, wenn wir das arme Vieh retten wollen. Die Peitsche heraus.«

Und nun peitschte er die dicken Kühe, die nicht von der Stelle wollten, so lange auf dem Hofe herum, bis sie fast nicht mehr laufen konnten. Durch diese starke Bewegung kriegten die Thiere Luft, und fiengen an zu misten. Der Leib fiel zusehends zusammen, und sie befanden sich wieder recht wohl. Denn das [179] Uebel kam von Verstopfungen, und verhaltenen Winden.

Ursachen der Krankheit.

»Da seht ihr die Behexung, sagte er zu seinen Leuten. Ihr habt nur immer den Kopf voll Hexereyen. Hätte ich nun auch so gedacht; so wäre das Vieh schon krepirt, und ich hätte den Schaden.«

Ja! wohl, rief ich ihm zu, guter vernünftiger Mann! er hat völlig Recht. Ueber die Hexereyen vergessen viele die rechten Mittel, und zwar geschwind genug, zu gebrauchen. Aber, sag' er mir doch, woher war denn die Krankheit entstanden? Bey uns habe ich nichts davon gehört.

»Das will ich ihnen sagen. Ganz gewiß haben sie das Vieh den *frischen nachgewachsenen Klee*, und zwar zu viel davon fressen lassen. Dergleichen Klee pflegt im [180] späten Herbst nachzuwachsen, hat zu viele Feuchtigkeit, und macht dem Viehe die Verstopfung. Ists nicht so? – und nun rief er den Hirten. Wo sind die Kühe heute gewesen?« Dieser wollte es erst nicht gestehen, daß er den nachgewachsenen Klee abgehütet hätte. »O! Patron! sagte unser Wirth, ihr

sollt mit keine Brillen aufsetzen. Seht nur den Mist an. Der
ist euer Verråther.«

Sagt einmal selbst: war es nicht gut, daß sich der Mann in
seiner Haushaltung ein Bischen weiter, als in den vier Wån-
den seines Kuhstalles umgesehen hatte, und gleich die Ursache von der Krankheit seines Viehes angeben konnte? Da
konnte er auch gleich an rechte Gegenmittel denken. Håtte
ers aber får Hexerey gehalten, – und håtte geråuchert,
Kreuze gemacht, mit Weyhwasser gesprenget, und Segen
über Segen gesprochen – so vergieng seinem Vieh die Ver-
[181]stopfung vom frischen Klee nicht, und es wurde durch
Unwissenheit und Aberglauben glücklich hingeopfert.
[...]

[211]   *Wider den Aberglauben.*

Ich merkte, daß ich dem Prediger keinen größern Gefallen
that, als wenn ich das Gespråch wieder auf das Kapitel des
Aberglaubens lenkte. Es gab denn doch einige in der Gesellschaft, die bey den *Grasraupen* den Kopf schåttelten, und
meynten: das kånne dabey nicht alles von rechten Dingen
zugegangen seyn.

[212] »Lieben Kinder! nahm der Prediger das Wort, wie
lange wollt ihr euch doch mit eurem Vorurtheil quålen: was
ich nicht gleich begreife, das ist nicht von rechten Dingen
zugegangen? Ich verstehe eure Sprache. Wenn ihrs doch nur
frey heraussagtet: die Raupen hat der Teufel und eine Hexe
den armen Leuten zugebracht, deren Wiesen sie kahl gefres-
sen haben. Wie oft habe ich euch schon gesagt, daß euch
dieser Aberglaube größern Schaden thue, als alle Raupen?
Denn

1) hålt er euch bestændig davon ab, daß ihr verstændigen
Leuten nicht glaubt, die euch belehren wollen, daß dabey
alles ganz natürlich zugehe.

2) hindert er euch, die rechten Mittel zu gebrauchen, wo-

durch denn das Uebel immer ärger wird, und ihr in eurer Wirthschaft zurückkommt.

[213] Ists nicht wahr, rief er mir zu? Sehet, der Mann da, hat die Natur so lange studirt, und hat uns die Geschichte der Grasraupen so natürlich erklärt, daß kein Aberglaube dagegen aufkommen kann.

Zaubermittel.

Ja! antwortete ich: wäre das im Katholischen gewesen: *man hätte die Raupen gleich in den Bann gethan*, wie in Norwegen, wenn die *Lemmings*, oder die Bergmäuse ihre Wanderung halten. Oder man hätte die Wiesen mit Weyhwasser besprengt. Würde das aber geholfen haben, lieben Leute! Sagt einmal selbst: können dergleichen Mittel etwas wirken, die sich gar nicht zu einander schicken? Wo sollte wohl die Kraft stecken? Eben so wenig, als wenn ich Eisen mit Wasser schmelzen wollte.

[214] Und dennoch laufen noch so viele Leute nach den Klöstern, und holen sich Weyhwasser, Reliquien, und andere dergleichen Possen gegen die Raupen, Mäuse, Kornwürmer, u.s.w. und lassen sich indessen Wiesen, Felder, Kornböden – und von den Mönchen den Geldbeutel – ledig machen. Glaubt mir, lieben Leute! diese Lappalien helfen so wenig, als der, von dem Papste der Königin von Ungarn geschenkte *geweyhete Degen*, da sie mit dem großen *Friedrich* Krieg führte. [...]

[293]   *Noch allerley Dorf- und Landsachen.*

Es ist wirklich angenehm, auf dem Dorfe unter so mancherley Landleuten und Oekonomen zu seyn, da der eine dies, der andere das erzählt, und wo man Gelegenheit hat, hunderterley nützliche Sachen zu lernen. In der Stadt, in den

gezwungenen Gesellschaften, herrscht ein ewiges *Einerley.*
Oefters ist es, als wenn lauter seelenleere Maschinen in einer
solchen Gesellschaft wåren. Kaum eine Stunde; so hat man
sich ausgesprochen, und dann ist es nicht anders, als wenn
alle Personen in der Stube, wie Puppen, durch [294] einen
Faden, an den Spieltisch gezogen wůrden. Wehe alsdann
dem, der nicht spielt! Er möchte vor langer Weile vergehen.

Wie abwechselnd sind nicht auf dem Lande die Vorfålle an
Menschen, Thieren, Pflanzen, Wasser, Steinen, und so vielen
andern Dingen, auf die man in der Stadt nicht achtet, und
ohne welche man doch in der Stadt nicht so wohlleben
könnte, als man gewohnt ist? Der Landmann muß uns das
meiste und nothwendigste durch seinen sauren Schweiß verdienen.

AUGUST LUDWIG SCHLÖZER

*NeuJahrs-Geschenk aus Jamaika in WestIndien fůr ein
Kind in Europa.*

(1780)

[29]   *Kingston*, den 6 Decemb. 1778.

Kingston ist eine ganz herrliche Stadt, voller Menschen und
voller pråchtigen Håuser. Sie liegt 4 Meilen von *Spanish-
town.* Die Strassen sind nicht gepflastert; denn bei der
schrecklichen Hitze könnte es niemand auf den Steinen aushalten.

Die meisten Einwoner sind Kaufleute und Seefarer. Alle haben Geld wie Heu; daher ist es hier so unmåßig teur, daß
keine einzelne Person unter 6 Rthlr. des Tags leben kan.

Viele leben, wie [30] ehedem die Leute in Sodom und Go-
morra: sie fressen, und saufen, und tanzen, und spielen; dafür sehen sie auch alle aus wie Leichen, und crepiren wie
Fliegen.

Wer Geld hat, kan hier alles haben, was gut schmeckt. Alle
Handwerker trifft man hier an: aber so wolfeil arbeiten die
nicht, wie bei uns. Will man sich ein par Hosen anmessen
lassen: so kommt der Herr Schneider im Kariol gefaren, und
erscheint in einem seidenen Kleide; das müssen die Kunden
bezalen!

Die KaufmannsDamen und die HandwerkerDamen sind
prächtig gekleidet. Zu ihrem KopfPutze müssen alle WestIn-
dische Vögel ihre Federn hergeben. Ueber und über sind
sie mit Perlen und Juwelen behangen. Und [31] so wird manche
Dame, die sonst keine 3 Gr. werth wäre, so bald sie in ihrem
vollen State ist, unter Brüdern 300 Thaler wert. Wenn sie
ausgehen, das ist wenn sie ausfaren, haben sie eine Kalesche
von grüner Seide auf dem Kopfe, beinah so groß wie ein
2sitziger Kutschkasten, die sich auch, wie ein Kutschkasten,
zurück legen läßt.

Die *Demoisellen* – denn alles ist Demoiselle, Jungfern und
Mädchens giebts gar auf Jamaika nicht – können selten lesen;
aber tanzen können sie alle. Sie schiessen geschwind in die
Höhe, wie Pappelbäume; und ein junges Dingelchen von
12 Jaren sieht schon wie eine ganze Dame aus. Dafür aber
haben sie auch schon im 30 Jare die völlige GesichtsBildung
einer GroßMama. Uebrigens sieht man sie sel-[32]ten bei
Tage; denn sie scheuen die Luft und SonnenHitze, damit
ihnen diese ihr gelbes Fell nicht noch mer verderbe.

Die *MannsPersonen* sind auch galant. Sie tragen unaufge-
zäumte weisse Hüte vom feinsten Filz, und gehen ohne Son-
nenschirm nie über die Strasse. Ihre Röcke sind von leichtem
Tuche, ungefüttert. Ihre Westen und Hosen sind von weisser
Seide, Taffent, oder OstIndischem Linnen. [...]

[35]   *Kingston*, den 7 Decemb. 1778.

Diesen Morgen ganz früh klingelte ein Neger mit einer
Schelle durch alle Strassen, hatte einen Zettel in der [36]
Hand, und rief etwas zu verkaufen aus. Ich fragte, was er
ausriefe? und man antwortete mir: *Menschen.*
Vorige Woche nämlich war ein Schiff hier angekommen, mit
550 Negers. – Denke, Christian, 550 dicke feiste Negers, bei
der Hitze, in Einem Schiffe eingepfircht: das muß ein feiner
Geruch auf dem Schiffe gewesen seyn! –
Diese 550 schwarze Menschen hatten die Franzosen auf der
Küste von Guinea gekauft, und wollten sie nach Martinique
füren. Da kam unterwegs ein englischer Kaper an sie, und
nahm ihnen, weils Krieg ist, die ganze MenschenLadung ab.
Aber die armen Schwarzen gewannen nichts bei dem Handel: denn anstatt in Martinique Sklaven zu werden, sollten
sie es nun [37] in Jamaika seyn. Diese rief nun der klingelnde
Neger wie Austern und Stockfische aus, daß wer Lust und
Belieben hätte, auf den NegerMarkt kommen, und sich was
aussuchen sollte.
Ich kleidete mich an, und gieng hin auf den Markt. Da stand
eine ganze Menge schwarzer Menschen, alte und junge,
Mannsleute und Weibsleute; alle splitternackend, wie sie
Gott erschaffen hatte; alle hatten ein Kartenblatt am Halse
hången, worauf die Numer geschrieben stand.
Lieber Gott, dachte ich, *hier verkauft man ja Menschen, wie
bei uns Gånse und Schweine!*
Es gingen viele Kåufer herum; die besichtigten und befül-
ten die Schwarzen, ob sie auch Fehler hätten? Ein junger
starker Kerl in seinen besten Ja-[38]ren sollte 600 Rthlr.
gelten: für andre wurden 450, 300, bis 200 Rthlr. gefodert.
Alte Weiber und alte Männer galten nicht mer wie kleine
Kinder. [...]
[39] Gegen 9 Uhr war alles verkauft: und jeder machte Anstalt, seine erhandelte Ware wegzubringen. Das schwarze
Mådchen küßte noch einmal sein schwarzes Brüderchen,

und weinte: die alten Negers embrassirten sich unter einander, und heulten sich Adieu. Beim Weggehen erhob sich plötzlich, unter ihnen allen, ein dumpfiges Getöse. Ich meinte anfangs, sie heulten blos; nachher aber hörte ich, sie sången ein Lied in ihrer GuineaSprache, das auf Deutsch so lautet:

> Fern von meinem Vaterlande
> muß ich hier verschmachten und vergehn,
> ohne Trost, in Müh und Schande!
> O die weissen Mánner, klug und schön! –

[40] Und ich hab den Mánnern ohn Erbarmen
> nichts getan. –
> Du im Himmel, hilf mir armen
> schwarzen Mann! [...]

[47]   *Kingston*, den 23 Decemb. 1779.

Liebes Vetterchen, ich bin schon Jamaikas herzlich müde. Ich mag kein Zuckerwerk, keine Chocolade, keine Ananas mer: ein Stück deutsches, oder Nordamerikanisches, schwarzes *hausbacken Brod* möchte ich; o wer mir übermorgen eins zum heil. Christ verehrte! Aber solches Brod hat der reichste Mann auf Jamaika jetzo nicht.

Wie ich zuerst hieher kam: da gieng es mir wie den deutschen HandwerksPurschen, die sich, von den Seelverkäufern in Holland, nach den Molucken narren lassen. Wenn die den GewürzInseln nahe kommen, und, noch einige Meilen von der See ab, die Nase voll Nelken- und MuscatGeruch kriegen: da meinen sie, sie wáren im Himmelreich. Aber kaum sind sie 8 Tage da; so jammern sie nach einem Stück Schinken und Pompernickel, und einem Trunk [48] frischem Doppelbier: aber sie jammern umsonst.

Alles wird mir hier zuwider. Meine *schwarzen Brüder* dauren mich bis in die Seele hinein, wenn ich sie tagtäglich von

weissen oder vielmer gelben LumpenKerls wie Hunde trac-
tirt sehe. Die *Hitze* ist so arg bei Tag, daß man ersticken
möchte; und des Abends darf man auch nicht ausgehen, weil
da immer ein böser Wind wehet, der einen auf der Stelle
tödten kan. Vorige Woche war ein *Sturmwind,* wo ich
dachte, es würde Kingston wie PortRoyal ergehen: und solche Sturmwinde sollen sehr oft hier seyn. So oft ich an den
Kirchhof denke; wünsche ich, daß unser Schiff bald wieder
geflickt seyn möge. – Nein, nein, in dem Lande, wo Zucker
und Caffe und Mahogany wächst, bleibe ich nicht. Es lebe
Deutschland, und alle die Länder, wo Roggen und Weizen
und Eichen wachsen!

JOHANN GEORG FRIEDRICH PABST

*Die Entdeckungen des fünften Welttheils oder Reisen um
die Welt. Ein Lesebuch für die Jugend.*

(1783; 2., verb. Aufl. 1785)

[2] V a t e r. Kinder es geht noch weiter – es geht – nun ihr
errathet es doch wohl nicht – es geht in den fünften *Erdtheil
und rund um die Welt.*
A l l e. In den fünften Erdtheil! rund um die Welt!
J a k o b i n e. Aber giebts denn auch einen *fünften Erdtheil,* du
hast uns ia immer nur von *vieren* gesagt?
[3] V a t e r. Allerdings Tochter. Seit ohngefähr 8 Jahren haben sich auch unsere *deutschen* Geographen zum Theil be-
quemet, gewisse Länder, die man nicht schicklich zu einem
der *vier* andern rechnen konte, in einen neuen *fünften Erdtheil* zusammen zu fassen; eine Benennung, die unter den
Franzosen und Engländern schon lang Mode ist. [...] Nun
wer entschließt sich mit mir zu reisen?

Jakobine. O großen Dank Vater! – wir lassen auch dich nicht dahin!

Gottfried. Ja! ia! ich reise mit; denn ich denk immer, du reisest auf Ländern ohne Städte und auf Meeren ohne Wasser – und da bin ich gleich von der Partie.

[4] Friz. Das hieß also auf Landkarten reisen! Nun wenns so geht – nur recht geschwind in den 5ten Erdtheil – [...]

Friz. Giebt es dort aber auch Menschen?

Vater. Menschen? O Kinder! Menschen von den treflichsten Anlagen des Geistes in den wohlgebildetsten und gesundesten Körpern.

Jakobine. Etwann auch solche *braune, schwarze, röthliche,* wie in Asia, Afrika und Amerika?

Gottfried. Etwann auch Menschenfresser? –

[5] Christian. Doch wohl auch Affen, Bären, Löwen und andere schöne Naturalien?

Friz. Das heist solche, die die Spanier in Amerika so gerne hatten, Gold, Silber, Perlen und dergleichen.

Vater. Geduld Kinder! Geduld, das wird sich zeigen! Wir wollen ia erst dahin reisen – oder vielmehr, wir wollen unsere Landkarten zur Hand nehmen, und alle die Gegenden besuchen, welche einige Abentheuer von Seefahrern in der *Südsee* entdeckt haben.

Jakobine. Was ist denn ein Abentheuer?

Vater. Ein Mann, der auf ausserordentliche, rühmliche Thaten ausgehet, ohne dabei irgend eine Gefahr zu fürchten. – Macht euch gefaßt Kinder; es wird manchen sehr sonderbaren Auftritt geben; Auftritte, die in euch bald Furcht, bald Mitleid, bald Freude, und sehr oft die Bewunderung der göttlichen Vorsehung erregen werden.

[6] Friz. Aber es wird doch nicht so grausam in diesen Ländern hergehen, wie in Amerika, davon uns der rechtschaffene *Campe* und vor ihm, *Robertson,* so viel Schreckliches erzählt hat?

Jakobine. Ach! die haben mir oft das Herz schwer gemacht, wenn sie sagten, wie die Spanier die armen Indianer

Angriff auf das Engländer Schiff

so zu tausenden niedergeschlachtet hätten ohne Schuld, ohne –

Gottfried. O denk mir nur nicht mehr an die barbarischen Spanier, die mit Menschen weit grausamer als mit dem lieben Vieh umgiengen!

Vater. Euer Mitleid, Kinder! macht euch Ehre; nur beweiset dasselbige auch gegen eure Nebenmenschen bei weniger grausam scheinenden Bedrückungen. Ihr möchtet wohl auch in den Gegenden, die wir bald bereisen wollen, Gelegenheit dazu bekommen; doch kan ich euch versichern, daß daselbst das Menschenschlachten nicht so ins Große geht, wie in Amerika. Die Kapitäns, welche diese [7] Länder befuhren, trafen größtentheils sehr weise Anstalten, die armen Bewohner derselben zu erhalten. Nur dann und wann fiel einer durch die Europäer, entweder aus Uebereilung oder aus Nothwehr. Ueberhaupt scheint der Werth des Menschen seit etlichen hundert Jahren immer mehr geschätzt zu werden.

Christian. Nun will ich noch einmal so gerne zuhören; o mir war schon sehr bange um die armen Wilden, weil ich glaubte, es möchten etwann unsere civilisirten Weisen, wieder so ohn' Erbarmen, gegen sie aufmarschiren, wie ehemals.

Friz. Und mir auch! nun führ uns nur in der neuen Welt herum, so lange du willst, wir wollen gewiß nicht müde werden; es müßte den Jakobine seyn!

Jac. Ja ich! – Als ob wir Mädchen nicht auch gerne was neues hörten! Fing der Vater nur schon an. [...]

[Bei den Patagonen]

[75] [Vater.] Nun gieng es an die Austheilung der Präsente; denn *Byron* gab ihnen Glasknöpfe und jedem ein Stück *grünes seidenes Band*. Beides empfiengen sie mit einem Betragen, daß den Indianern Ehre macht. Mit dem Bande ver-

fuhr *Byron* also; er gab das eine Ende davon einem von
ihnen in die Hand, und lies daßelbe alle die Personen, die
ihm zu nächst sasen, so weit es reichen wolte, an-[76]fassen.
Hatten ihnen nun die Glasknöpfe gefallen, so gefiel ihnen
doch das Band noch weit mehr; und dennoch versuchte es
keiner solches seinem Nachbar wegzuziehen. Als das Band
ganz abgewickelt war, zog er eine Schere heraus und schnitte
zwischen einem ieden von den Anfassenden das Band durch,
also, daß ieder ein 3 Fuß langes Stück davon bekam. Dieses
wickelte er einem ieden Besitzer um den Kopf, wo sie es auch
unangerührt also liesen. Obgleich diese Geschenke nicht für
die ganze Gesellschaft zureichend waren, so blieben sie doch
alle ganz ruhig, und die, welche nichts erhalten hatten, stör-
ten die andern im mindesten nicht in dem glücklichen Besize
ihrer Schäze.

Christian. Ihrer Schäze? Nun das waren auch die rechten
Schäze! Ein Glasknopf, ein bißgen Band! – Ja wenn es etwan
Diamanten oder goldne Treßen gewesen wären; dann solten sie wohl Augen zum sehen und Hände zum zulangen
gehabt haben.

[77] Vater. Meinst du denn nicht, daß ein glänzendes
Glasknöpfgen einem Patagonier und iedem sogenannten
Wilden, etwas eben so reizendes sey, als uns ein Diamant ist?
Solte dir nicht, als du noch im Laufbande gingst, ein Spiegel
weit angenehmer als ein Diamant gewesen seyn? dieser kin-
dische Geschmack aber ist allen Völkern eigen, die sich noch
im *Anfang ihrer Kultur* befinden und dieienigen Waaren sind
immer bei ihnen die beliebtesten gewesen, die Kindern gemeiniglich die Liebsten sind. Nur das *bunte*, das *glänzende*
und *klingelnde* rührt ihre Sinnen. Es macht ihnen deswegen
ihr ruhiges Betragen bei dieser Geschenk-Vertheilung allerdings Ehre, wie es auch einem Kinde zur Ehre gereicht,
wenn es, bei Dingen, die ihm sehr reizend sind, seiner Neigung widersteht und nicht hastig auf Plünderungen
ausgeht.

Gottfried. So grose Menschen noch wie Kinder!

[78] V a t e r. Ja! die sich aber oft weit anständiger betragen, als mancher unserer alten civilisirten Kinds-Köpfe. Wie würdet ihr euch meine Lieben! verwundern und euer Mitleid so rege werden, wenn ihr alle die zahlreichen Nationen kennen soltet, die theils, ihres Standes der Kindheit ganz unbewust, dahin leben, theils sich dieser niedern Sphäre allmählig zu entschwingen suchen. Die Aehnlichkeit zwischen dem Empfinden, Denken, und Handeln der Kinder und dieser Völker zu bemerken, muß eine eurer liebsten Beschäftigungen, bei meinen Erzehlungen seyn.

Gottfried. Sind nicht auch *Patagonen* den Kindern vollkommen im Hang sich zu *puzen* ähnlich?

V a t e r. Ja wohl; nicht nur den Patagonen, sondern allen andern rohen Völkern. [...]

[Diebereien der Indianer]

[162] [V a t e r.] *Byron* seegelte nunmehr mit dem Schiffe hart an derselben hin; bei dieser Gelegenheit sah er viele hunderte von den Wilden, die zum Theil biß auf den halben Leib ins Wasser traten und sich darin in der schönsten Ordnung stelleten. Einer unter ihnen trug ein Stück von einer Matte oben an einer Stange befestigt, welches eine Fahne vorstellen solte. Sie machten einen unaufhörlichen und abscheulichen Lermen, und in kurzer Zeit kamen viele grose Kähne den Landsee herunter und stiesen zu ihnen. Die Europäer sondirten noch immerzu und machten den Indianern alle nur ersinnliche Freundschaftszeichen. Endlich näherten sich diesen einige von ienen Kähnen; allein nicht um Freundschaft zu stiften, sondern *Byrons* Boote ans Land zu ziehen. Viele von ihnen sprungen von dem Felsen herab und schwammen an die Boote hin, und einer von den Indianern kam in dasienige, welches der *Tamar* gehörte. Daselbst erhaschte er in einem [163] Augenblick ein Matrosenwamms, sprang damit über Bord, und kam nicht eher wieder über dem Wasser hervor,

als bis er sich hart an der Küste, unter seinen Landsleuten, befand. Ein anderer von ihnen ergrif den Hut eines Unterofficiers; da er aber nicht wuste, wie er denselben abnehmen solte, so zog er ihn *hinabwärts,* anstatt ihn in die *Höhe* zu heben. Dieses gab dem Eigenthümer Zeit, dem Verluste seines Hutes noch zuvor zu kommen. Die Europäer liesen sich alle diese Kindereien von ihnen gefallen, und die Indianer frohlockten darüber, daß es ihnen so ungestraft hinging.

Carl. *Kindereien?* Ich dächte, sie wären nicht viel besser als *Diebereien* gewesen. Nein! so was hätten diese Leute nicht thun sollen.

Vater. Auch ich, mein Sohn, habe schon tausendmal gewünscht, diesen Flecken in der Natur der Indianer nicht mehr sehen zu müssen, zumal, da ich sie deßwegen von einem Theile der civilisirten Welt schon so oft habe [164] verschreien hören. Allein alle Reisebeschreibungen sind nun einmal voll von ihrer *kindischen Begierde nach allem, was ihnen anstehet,* und selbst vornehme und übrigens sehr brave Personen überlassen sich öfters derselben. [...] [165] Aber Kinder! solten wir denn nicht diß und ienes zur Ehrenrettung der Indianer auffinden können? Ich dächte, es müste diß gar leicht seyn, wenn wir nur den Quellen ihres Fehlers einen Augenblick unpartheiisch nachdenken. Ihr seyd ihnen diesen Liebesdienst schon als Menschen, geschweige gar als Christen schuldig. Die Armen! sie sind bereits lange genug verachtet, geschmäht, gemordet und von so vielen am Ende ohne Barmherzigkeit, verdammt worden, – verdammt!

Gottfried. Ich dächte, man dürfte sich nur erinnern, daß die ungebildeten Indianer [166] in diesen Fällen nicht anderst, als Kinder anzusehen sind. Kinder sind ganz auser sich, wenn sie in den Händen anderer eine Puppe, einen Spiegel oder so was sehen und wo möglich, greifen sie zu; kleine Kinder sind aber darum noch keine *Diebe,* denn sie sind ia noch nicht nach dem *siebenten Gebote* erzogen, es trift sie nicht dessen Schmach und Schande.

Vater. Wie freu ich mich, daß du so ganz meinen Sinn getroffen hast.

Christian. Und ich glaube, daß sie nur aus Begierde, etwas von den weißen auserordentlichen Menschen zu besizen, zulangen; denn der liebe Campe hat uns ia nirgends gesagt, daß die Indianer sich unter einander selbst etwas entwendeten.

Vater. Auch deine Meinung hat Grund. Allerdings machen die Europäer und ihre Kleinigkeiten, die sie bei sich haben, einen erstaunlichen Eindruck auf diese, noch in der Kindheit ihrer Vernunft, sich befindende Völker; einen Eindruck, der sie so manchem [167] Kampfe aussezen mag. Ueberlegt man nun weiter, daß in diesem rohen Zustande der Mensch gröstentheils nur nach sinnlichen Empfindungen handelt, so läst sich leicht begreifen, wie solche, von ihnen noch nie gesehene Schönheiten, das bisgen Vernunft, ersticken können. Wie die kleinsten Kinder, nehmen sie einen *Hut*, ein Wams, einen Nagel, ein Messer, einen Löffel, und behalten es, wie Kinder so lange, biß sie *Ruthen*, biß sie *Kanonen* erschrekken; oft dringen sie schon die geringsten Drohungen zur Wiedergabe, die aber auch, wie bei Kindern, nicht sonderlich lange fruchten. Es ist eine schon veriährte Unbilligkeit, die gesittete Völker an den Ungesitteten begehen, daß sie bei ihren Urtheilen über die leztern, immer voraus sezen, als müsten sie eben so denken, eben so handeln, wie iene denken und handeln. Nach dieser Voraussezung werden sie gezüchtigt, oder losgelassen. Allein sie nach eben dem Geseze richten wollen, nach dem der polizirte Mensch, der Christ, gerichtet werden soll und muß – halt ich für Sünde. – [...]

[Tahiti]

[395] [Vater.] Diß ist nun das Volk, dessen Natur, wie die Natur der *zwei* oder *dreiiährigen* Kinder, aus einer so wunderbaren, angenehmen und reizvollen Composition von Unwissenheit und Neugierde, Sorglosigkeit und Aufmerksam-

keit, Liebe und Selbstheit, Nach-[396]giebigkeit und Eigensinn, Schlauheit und Einfalt, bestehet; diß das Volk, das so viel offne Unbefangenheit, der Seele so viel zarte Beweglichkeit aller Sinne, so viel lautere Reinheit der Naturtriebe, so viel Wahrheit und Innigkeit der Begierden, Zuneigungen und Bewegungen, in Lust und Schmerz, Freude und Betrübniß, Liebe und Haß besizet; diß das Volk, das mit so viel Disposition beglückt ist, alles Uebels, sogleich wie es nicht mehr gegenwårtig gefühlt wird, aller Beleidigungen im Moment, wie sie aufhören, wieder zu vergessen; mit so viel Aufgelegtheit sich zu freuen, zu geniesen, zu leben, nichts böses zu wollen, nichts böses zu ahnden und der Zukunft nicht sorgend zu gedenken. Wie so ganz in der Stellung neugieriger Kinder, schoben diese unbekümmerten Leute im ersten Taumel der Bewunderung, die Kleider von den Brüsten der Europäer, um sich recht sinnlich zu überzeugen, daß diß eben solche Menschen wie sie wåren! Wie erstaunt betasteten sie ihre weiße Haut, die so vortreflich aber leider! nicht nach Tahitischer Mode [397] punctirt war; denn auch sie fanden, wie so viele, noch im Stande der *Kindheit* lebende Völker, das vorzüglich schön, was bei ihnen alte Volkssitte war. [...] [398] Gastfreundschaft üben sie im höchsten Grade aus, bestreuen dem Gaste den Ort, wo er sich niederlassen soll, mit Blättern, reichen ihm Erfrischung, und nöthigen ihn oft sogar, beim fortgehen etwas mitzunehmen. Ihre Art zu bitten, könte Barbaren bewegen. Wenn sie merkten, daß die Europäer recht freundlich aussahen, oder sie wohl gar anlächelten, so baten sie in dem sanftesten Tone: *Tayo, poe! Freund! ein Coralchen!* – [...] [399] Ihre Freundschaft ist eben so zärtlich als dauerhaft; sie nehmen mit den grösten Bewegungen des Herzens Abschied und erkundigen sich sorgfältig ums Wiedersehen! Sie nennen sich nach den Namen ihrer Vertrauten, so schwer sie ihnen auch auszusprechen werden, sammeln ihnen die besten Früchte zur Labung und fragen oft nach dem Befinden und Wohlergehen der Abwesenden. Diß thun sie alles mit einem Ausdruck, der gewöhnlich nur Herzens-Angelegenheiten zu begleiten pflegt.

[402] Gottfried. Sicher haben sie auch ihre Fehler.

Vater. Fehler, zu deren Entstehung und Unterhaltung ihr mildes Klima, ihre Regierungsverfassung, ihr ganz sorgloses Leben und ihr Hang zu vielen und die Wollust reizenden Spielen, das meiste beiträgt. Man klagt sie des [403] Leichtsinns, der Nachlässigkeit im Arbeiten, der Dieberei und die Reichen noch insbesondere, der Unmäsigkeit an. Ihre schlechteste Seite bleibt wohl ihr Hang zur Wollust; in allen übrigen Puncten liesen sie sich leichter entschuldigen. Da ich schon weiß, daß ihr lieber die guten als schlechten Seiten der Menschen ansehet; so will ich dißmal nicht länger hierbei weilen.

Friz. Hat sie denn noch niemand vertheidiget?

Vater. Ja wohl! *Forster,* der ihnen tief ins Herz blickte, hat aus der Fülle seines edlen Herzens, alles angewandt, sie in ihrem, guten Rufe in Europa zu erhalten; und es ist ihm gelungen. Unter andern macht er die richtige Bemerkung: Lasterhafte Gemüthsarten gibts unter allen Völkern; aber einem Bösewichte in diesen Inseln könte man in Engelland oder andern civilisirten Ländern, 50 entgegen stellen. – [...]

JOACHIM HEINRICH CAMPE

*Reise durch England und Frankreich, in Briefen an einen
jungen Freund in Deutschland*

(1803; Neue Gesamtausgabe der letzten Hand, 1830)

[Der Patriotismus der Engländer]

[Bd. 32, S. 124] In meinen vorigen Briefen unterhielt ich
Dich, lieber Eduard, fast nur mit körperlichen Eigenschaften
– Vollkommenheiten und Mängeln – der Engländer; nunmehr sollst Du auch diejenigen Bemerkungen lesen, die ich
über ihren geistigen und sittlichen Zustand zu machen Gelegenheit gehabt habe.
Ein Volk, welches ein so schönes, seine Kinder so wohl und
so reichlich ernährendes Land bewohnt; ein Volk, dem es in
diesem seinen schönen Lande so ausgezeichnet wohl geht,
und welches unter dem Schutze einer noch [125] immer vor-
trefflichen Verfassung aller Rechte und Freiheiten genießt,
welche bei den nothwendigen Einschränkungen, die der ge-
sellige Zustand unvermeidlich mit sich führt, nur immer bestehen können; ein Volk endlich, welches den letzten Hebel
der Gesetzgebung und der Regierung seines Landes, das
Recht der freien Wahl seiner Stellvertreter im Volksrathe,
noch immer in Händen hat, insofern es nicht diese Hände
freiwillig aufthut, um das ihm dargebotene Gold der Beste-
chung anzunehmen, und darüber jenen Hebel einstweilen
fahren läßt; – ein solches Volk muß nothwendig von *Vaterlandsliebe* und von *vaterländischem Stolze* glühen. Beides ist
denn auch wirklich noch immer der Fall der Engländer, was
auch Diejenigen, welche überall nichts als Sittenverderbniß
und Verschlechtigungen sehen, dagegen vorbringen mögen.
Es mag sein, daß Selbsucht und Eigennutz auch hier, wie
überall, mit den Fortschritten ihrer Mutter, der Ueppigkeit,
Schritt gehalten und ihre Herrschaft weiter ausgedehnt ha-

ben, als sie ehemahls reichte. Es wäre sogar ein Wunder, wenn das nicht geschehen wäre; denn je mehr der Mensch für sich selbst bedarf, desto ungeneigter wird er, etwas für das Allgemeine zu thun; und je mehr er sich den Antrieben einer kleinlichen Eitelkeit hingibt, der Prachtliebe huldiget und Ehre und Glück in eitlem Prunke sucht, desto schwächer wird sein vaterländischer Stolz, weil dieser nur auf solche Vorzüge gegründet ist, die man mit allen seinen Landsleuten gemein hat. Aber glücklicher Weise besaß der Engländer von jenen beiden Eigenschaften von jeher ein so volles Maß, daß er viel davon verloren haben kann, ohne daß der Abgang dem Ausländer merklich wird. Besonders dem Deutschen!

Denn ach! wir armen Deutschen wissen ja, als [126] solche, kaum mehr, daß wir Deutsche Vaterlandsliebe und Deutschen Volksstolz jemals gehabt haben. Nur als Braunschweiger, als Hessen, als Sachsen, als Preußen u. s. w. haben wir noch ein Vaterland, und machen einstweilen noch Völker oder Völkerchen aus; als Deutsche nicht, weil das gemeinschaftliche Band, welches uns einst, als solche, zusammenhielt – Dank sei der Selb- und Habsucht mancher Deutschen Herrscher! – erschlafft und, einzelnen Strängen nach, so oft zerrissen worden ist, daß es nur noch zum Schein, nicht wirklich mehr, zusammenhängt. Selbst das kleine besondere Vaterland, welches jeder Deutsche jetzt noch das seinige nennt und als das seinige liebt, ist uns, wie die für uns so traurigen und unrühmlichen Ereignisse der letzten Jahre bewiesen haben, nur so lange sicher, als es gewissen Leuten gefällt, es uns in Gnaden zu lassen. – Vergib, lieber Eduard, daß ich das bittere Gefühl, welches mich in diesem Augenblicke überraschte, und welches auch Dein Deutsches Herz bei dieser Stelle ergreifen wird, nicht zu unterdrücken vermochte. Ich kehre zu den Engländern zurück.

Diese besitzen also, wie ich sagte, noch jetzt eine eben so warme, als wohlgegründete Vaterlandsliebe, und einen Volksstolz, den Griechen und Römer zur Zeit, da ihre Macht und ihr Ruhm den höchsten Gipfel erreicht hatten,

kaum stärker fühlen und äußern konnten. Sie halten ihr
Land für das glücklichste, ihre Völkerschaft für die erste und
mächtigste in der Welt; und bekanntlich gibt es nur noch
eine in der Welt, welche ihnen diesen Vorzug, in Ansehung
der Macht, doch nur auf festem Boden, streitig machen
kann. Auf dem Weltmeere hingegen üben sie, ohne einen
Nebenbuhler zu kennen, der sich hier mit ihnen zu messen
wagen dürfte, [127] eine unbedingte und unbeschränkte Herrschaft aus. Dadurch spielen sie auch zugleich den Herrn und
Meister überall, wo ihre stolze Flagge weht; und diese weht
bekanntlich in allen fünf Abtheilungen des Erdballs. [...]

[Ankunft in Paris]

[Bd. 33, S. 91] Als ich vor dreizehn Jahren hier angekommen
war, fragte ich unsern Freund T* in meinem ersten Briefe
[92] ob es denn auch wirklich wahr sei, daß ich ihm *von Paris
aus* schriebe? So wenig stimmte damahls Alles, was ich hier
sah und hörte – Menschen und Begebenheiten – mit den
Begriffen überein, die wir bis dahin in Deutschland uns von
Paris und seinen Einwohnern gemacht hatten. Ich glaubte
nach dem alten Griechenlande oder Italien versetzt zu sein,
und Sparter oder Römer, nur von milderer Sinnesart und
sanfteren Sitten, vor mir zu sehen.
Jetzt möchte ich ebendiese Frage Dir, mein lieber Eduard,
von neuen vorlegen, wenn nicht die wohlbekannten Straßen,
Plätze und Gebäude dieser Stadt mich lebendig überzeugten,
daß ich wirklich hier bin. So wenig stimmt Das, was ich *jetzt*
hier vor mir sehe, höre und bemerke, mit dem Bilde der
neuen Franken überein, welches ich damahls so begeistert
auffaßte, und aus Frankreich mit mir nahm. Alles scheint
mich täuschen zu wollen. Bald kommt es mir vor, als wenn
ich noch in London, mitten unter kalten, finstern, griesgra-
menden Engländern, wäre; bald glaube ich, statt der *Neu-
franken,* die ich damahls kennen lernte, wieder jene leichten,

unbefangenen und jugendlich-frohsinnigen *Franzosen* vom
alten Schnitte zu erkennen; bald überzeuge ich mich wieder,
daß ich es weder mit den Einen, noch mit den Andern zu
thun habe. Denn um Engländer zu sein, scheinen sie mir
jetzt viel zu wenig Gemeinsinn und Theilnahme an den öffentlichen Begebenheiten ihrer Zeit und ihres Landes zu verrathen, um Franzosen, viel zu wenig Lustigkeit.

Mit welchem Bande soll ich diesen wandelbaren Proteus fe-
stigen?

[93] Aber ich muß diesen Proteus, ehe ich Dir seine *jetzige*
Gestalt und Miene beschreibe, erst noch länger beobachten.
Ein so oft und so schnell sich umwandelndes und dabei
gemeiniglich von dem einen äußersten Endpunkte zum andern, wie durch Luft- und Bühnensprünge, überhüpfendes
Wesen lernt man so geschwind nicht kennen. Wer steht uns
auch dafür, daß er am Ende der zehn oder zwölf Wochen,
die ich hier zu bleiben gedenke, nicht wieder in einer ganz
neuen Form und Gestalt, völlig verschieden von der gegenwärtigen, dastehen und dem Zeichner, der es vor der letzten
Häutung vollkommen getroffen zu haben glaubte, ins Angesicht lachen wird? [...]

[Vergebliche Suche nach der Revolution]

[112] Zweierlei ist für Denjenigen, welcher schon ehemahls,
und zwar in den ersten heitern Zeiten der Französischen
Staatsumwälzung hier war, besonders auffallend – das äußere Ansehen der Menschen und die innere Stimmung, welche sie zu Tage legen. Damahls schien die ganze große Völkerschaft eine einzige glückliche Familie zu bilden, welche
irgend ein frohes Hausfest begeht. Alle Gesichter lachten;
jedes Auge funkelte von freudiger Begeisterung; jede Hand
streckte sich aus, um der Bruderhand eines Andern zu begegnen; beide faßten sich mit Innigkeit, und die eine drückte
der andern das Gefühl des Wohlbehagens, der Freude und

der Bruderliebe [113] ein. Das Glück des Vaterlandes, nicht das eigene, galt damals Allen Alles. Jeder war zu den größten Aufopferungen für dasselbe bereit. Bereit, sage ich? Einer drängte sich dem Andern vor, und es galt, wer der Ehre und der Wonne theilhaftig werden sollte, dem theuern Vaterlande das Meiste aufgeopfert zu haben. So fand ich damals dieses der höchsten und edelsten Begeisterung fähige Volk. Hohn und Verachtung den schwammherzigen Selbstlingen, die es mir verargen konnten, daß ich von diesem, vorher nie gesehenen Schauspiele mit Rührung zurückkehrte, und nicht ohne Wärme davon zu reden vermochte! Ich schäme mich dieser Wärme noch heute, nachdem ich um dreizehn Jahre älter geworden bin, so wenig, daß ich vielmehr noch heute mich selbst verachten würde, wenn ich gleichgültig dabei geblieben und ohne die innigste Theilnahme davon zu reden fähig gewesen wäre. Statt mich damals zu bespötteln, zu begeifern und bei den erhabenen Vätern unsers Vaterlandes als einen übelgesinnten Umwälzer anzuschwärzen, würde man klüger gethan haben, meine Vorhersagung zu beherzigen: »daß alle Bayonnette der Welt *dieses* Volk in *dieser* Stimmung nicht besiegen würden«, und Deutschlands Väter zum ruhigen Zusehen und zur redlichen Eintracht unter sich und mit ihren Völkern einzuladen. Dann würde es jetzt anders um Frankreich, und auch anders um unser armes Deutschland stehen. – –

Und wie sehen denn eben die Menschen, die ich damals so liebenswürdig, so heiter, so glühend von Gemeingeist und von Vaterlandsliebe fand, nunmehr aus? Wie äußern sie sich? Und welcher Geist scheint jetzt sie zu beleben? – Ach, lieber Eduard! die Feder fällt mir aus der Hand, indem ich Dir den auffallenden Unter-[114]schied beschreiben soll. Statt jener begeisterten, kindlich-fröhlichen Menschen, welche damals die Straßen erfüllten, sehe ich jetzt, wohin ich mich wende, fast lauter ernste, entweder tiefe Trauer oder verbissenen Unwillen ausdruckende Gesichter. Statt jener schallenden Freude, welche die sich damals auf allen Straßen und öf-

fentlichen Plätzen bildenden bunten Volkshaufen laut ertö-
nen ließen, sieht man jetzt die Allermeisten einzeln und,
gleich Engländern, in sich gekehrt und schweigend einher-
schreiten. Statt jener heißen Vaterlandsliebe, von welcher
damahls Alle brannten, statt jener begeisterten Theilnahme
an Allem, was die öffentliche Sache betraf, von welcher damahls alle – Männer und Weiber, Greise, Knaben und Mägd-
lein, Bürger und Soldaten, Herren und Diener, bis zu dem
armseligsten Lastträger hinab – berauscht waren, sieht man
jetzt überall die kälteste Gleichgültigkeit, hört man jetzt öffentlich gar nicht mehr, und in vertraulichen Gesprächen nur
noch selten, und immer kurz und abgerissen über die öffentlichen Angelegenheiten reden oder urtheilen. Will der
Fremde, der sich zu unterrichten wünscht, das Gespräch
darauf lenken, so merkt er bald, an den abgewandten Gesichtern der Einen, und an den einsilbigen, nichtssagenden
Antworten der Andern, daß das jetzt nicht der Ton sei. Bei
Einigen mag Furchtsamkeit dabei zu Grunde liegen, weil die
jetzige kraftvolle Regierung (aus Gründen, die mir unbekannt sind) nicht will, daß über sie und ihre Maßregeln und
Verfahrungsarten öffentlich geredet und geschrieben werde;
bei den Meisten aber ist es sichtbarer [115] Ueberdruß, ich
möchte sagen Uebersättigung, wo nicht gar entschiedene
Verzweiflung an der Möglichkeit Dessen, was man vor dreizehn Jahren schon bei allen vier Zipfeln zu haben und zu
halten wähnte. [...]
[116] Ebendieser Kaltsinn oder Ueberdruß dehnt sich auch
über das Andenken an Alles aus, was die nunmehr geendigte
Umwälzung betrifft. Der Regierung scheint, aus begreifli-
chen Ursachen, daran gelegen zu sein, daß jede von den
denkwürdigen Begebenheiten jener Zeit noch übrige Spur
nach und nach vertilget werde; und die Regierten kommen
dabei ihrem Wunsche auf halbem Wege entgegen. Keiner
spricht mehr davon, Keiner mag weiter Etwas davon hören.
 Stände nicht hier und da vor öffentlichen Gebäuden noch
eine Pappel, die einst zum Freiheitsbaume diente, und hätte

man die jetzt bedeutungslosen Wörter: *Freiheit, Gleichheit, Brüderschaft,* an ebendiesen Gebäuden auszulöschen bisher nicht verabsäumt, so wäre schwerlich in ganz Paris noch irgend Etwas zu bemerken, was an den Traum erinnern könnte, dem dieses gutmüthige und immer getäuschte Volk so lange nachhing, bis die schwere Hand der Wirklichkeit ihm die Augen mit Gewalt aufriß. Doch ich irre mich; auch eine Jakobinermütze ist noch übrig; vermuthlich, weil sie zu hoch in der Luft schwebt, als daß sie ohne viele Mühe und ohne besondere Vorrichtung abgenommen werden konnte. Man [117] erblickt sie nämlich auf einer eisernen Stange über dem hohen St. Denisthore, welches die Vorstadt gleiches Namens von der Bollwerksstraße scheidet.

Selbst die schöne Benennung *Bürger,* welche in jenen Zeiten an die Stelle des *Mein Herr* trat, ist aus dem gesellschaftlichen Leben schon völlig wieder verbannt, ungeachtet man noch in dem Eingange zu einigen öffentlichen Häusern die Worte liest: Ici on s'honore du titre de Citoyen, *hier ehrt man sich durch den Titel, Bürger!* Nur in der Kanzeleisprache, in Urkunden und amtlichen Schriften wird diese Benennung vor der Hand noch beibehalten; sonst hört man sie nirgends mehr, oder höchstens nur gegen Solche gebraucht, welchen man das vornehmere *Mein Herr* zu geben Bedenken trägt. [...]

[Haupteigenheit der Franzosen]

[163] Es gibt Eine Haupteigenheit dieses Volks, welche bei allen andern Bestimmungen seiner Denk- und Sinnesart zum Grunde liegt, durch alle andere klar hervorschimmert, und alle andere, auch wenn sie noch so widersprechend scheinen, vollkommen begreiflich macht. Dis ist die aus Allem hervorleuchtende *Kindlichkeit* ihrer Gemüthsart. Ja, lieber Eduard, die Franzosen sind an Herz und Empfindung *große Kinder,* voll Leben und Kraft, und ich bin keinesweges gemeint, sie

deßwegen tadeln oder bespötteln zu wollen. Was kann man Besseres und Liebenswürdigeres haben, als Kindersinn? Daß sie, gereizt und in Feuer gesetzt, auch als *Männer* handeln können, haben sie uns in dem letztverflossenen Kriege so oft und so unumstößlich bewiesen, daß wir es so bald wol nicht vergessen oder läugnen werden. Gleich Kindern, werden sie nur von dem Gegenwärtigen gerührt; das Vergangene ist schnell vergessen, das Künftige kümmert sie nicht. Gleich Kindern, haben sie zu jeder Zeit offene Sinne und offene Herzen [164] für jeden neuen Eindruck, und können daher auch, gleich jenen, leicht und schnell von dem einen Aeußersten zum andern, von der tiefsten Betrübniß zur höchsten Freude, von dem schwärzesten Mißmuthe zur rosenfarbenen Lustigkeit, von ernsten Betrachtungen zum flatternden Leichtsinne, vom schmelzenden Mitleid und von jungfräulicher Sanftmuth zu barbarischer Grausamkeit übergehen. [...] Gleich Kindern, sind sie des zartesten Mitleids und der kältesten Grausamkeit fähig, Beides nicht aus Grundsätzen oder eingewurzelter Neigung, sondern wie der augenblickliche Eindruck sie stimmt, und Beides nur für den Augenblick, nicht auf die Dauer. Gleich Kindern, behandeln sie oft die wichtigsten Dinge mit Leichtsinn, und Kleinigkeiten mit einem Ernst und Eifer, als wenn ihr und der Welt ganzes Wohlergehen davon abhinge. Gleich [165] Kindern, verstehen sie noch nicht, sich selbst zu führen; sondern bedürfen (siehe ihre neueste Geschichte!) eines Hofmeisters, der sie unter Aufsicht habe, und ihnen sage, was sie thun und was sie lassen sollen. Gleich Kindern, sind sie sanft, bescheiden, lenksam und gut, so lange sie entweder nicht gereizt werden, oder unter Aufsicht und in Abhängigkeit leben; aber auch wild, übermüthig, trotzig und unbescheiden, sobald sie sich entweder in Freiheit fühlen, oder in eine Lage versetzt werden, in welcher sie über Andere zu gebieten haben. Es scheint, daß sie die Freiheit eben so wenig, als die Macht ertragen können.

Seitdem ich diesen Hauptzug aufgefaßt habe, ist der Franzose für mich kein Proteus mehr. Ich halte ihn bei seiner *Kindlichkeit*; und alle seine Verwandelungen erklären sich von selbst. Alle Auftritte der letztverflossenen dreizehn Jahre bis auf den heutigen Tag sind mir nun vollkommen begreiflich; und ich wundere mich keinen Augenblick mehr, daß ich ehemahls die Menschen und den Zustand der Dinge hier so ganz anders fand, als sie jetzt sind. Auch dieser jetzige Zustand wird noch nicht der letzte sein; und es soll mich gar nicht befremden, wenn vier Wochen nach mir ein anderer Reisender Alles hier ganz anders findet, als ich es Dir beschreibe. Die Zeit und der Französische Volksgeist haben noch nicht aufgehört zu kreisen; stündlich kommen [166] neue Wechselbälge zum Vorschein, und gleich dem Saturn fressen jener Vater und jene Mutter ihre kaum gebornen Kinder stündlich wieder auf. – [...]

JOACHIM HEINRICH CAMPE

Rückreise von Paris nach Braunschweig.

(1804; Neue Gesamtausgabe der letzten Hand, 1830)

[84] Der Geist der Zeiten und das Licht der Aufklärung sind am Ende stärker, als alle Verfassungsbande, welche auf Unvernunft gegründet sind. Sie öffnen über kurz oder lang den Regierern, wie den Regierten, die Augen, und reißen Beide unwiderstehlich mit sich fort. Dis geschieht zwar, wenn kein unberufener Erleuchter sich einmischt, gleich der Morgendämmerung, nur langsam und unmerklich, aber auch desto sicherer, desto allgemeiner und desto ruhiger. Auf das erste Grauen des Tages am östlichen Himmel folgt die Dämmerung, auf diese der schöne sanfte Rosenschimmer der Morgenröthe, und auf diese endlich erst der volle Tag. Wo vor-

her Nebelsterne standen, da erblicken wir nunmehr die aller-
leuchtende und allbelebende Sonne. Das haben wir bei den
Fortschritten der Glaubensverbesserung in Deutschland gesehen; und das werden unsere Nachkommen, wills Gott!
auch an der fortschreitenden Ausbildung der bürgerlichen
Freiheit, wo nicht in Frankreich, doch in andern Ländern
erleben. Das unbedingte und schreckhafte Ansehen der
Glaubensvorschriften ist ohne Gewaltstreich und ohne die
mindeste bürgerliche Unruhe von selbst gesunken, weil die
weiseren Regierungen dem unmerklich hervorbrechenden,
und immer mehr und mehr [85] sich ausbreitenden Lichte
seinen Lauf ließen; wohl wissend, daß selbst die größte Er-
denmacht es nicht zurückzuhalten vermochte. Sie thaten
nichts, und *dadurch* thaten sie für die Aufklärung *Alles.* Jedes Eingreifen in die Wirkungen des jedesmahligen Geistes
der Zeit, jedes vermeinte Beschleunigungsmittel, welches man
dazu angewandt hätte, würde die Fortschritte der Aufklärung
mehr zurückgehalten, als befördert haben. [...] Und so
wird auch das Licht, welches die Französische Staatsumwälzung durch Anregung der Denkkräfte [86] aller Köpfe in
allen Ständen verbreitet hat, wenn gleich, wills Gott! nicht
mehr durch gewaltsame Umkehrungen, doch im Stillen und
unmerklich fortwirken; wird die Menschen immer einsichti-
ger und helldenkender über ihre gemeinsamen bürgerlichen
Angelegenheiten, und so auch immer reifer zum Genusse der
wahren bürgerlichen Freiheit machen. In eben dem Maße
aber, daß dieses geschehen wird, wird, oder richtiger gesagt,
muß ihnen auch ein immer größeres Maß von bürgerlicher
Freiheit verliehen werden. Sobald die Kinder fertig laufen
können, fällt das Gängelband von selbst weg. Die unartigen
Kinder aber, welche laufen wollen, ehe sie es gelernt haben,
und jenes Band vor der Zeit zerreißen, fallen, wie die Franzosen – auf die Nase.
Laß uns also, lieber Eduard, der Vorsehung zutrauen, daß sie
die bessern, erst durch die Zeit zu reifenden Folgen der
Französischen Staatsumwälzung eben so sicher zu erhalten,

und Jahrhunderte hindurch immer mehr und mehr eben so
unmerklich sich entwickeln zu lassen wissen werde, als sie
die Folgen der Deutschen Glaubensverbesserung, trotz allem dagegen statt gefundenen Sträuben und Kämpfen der
menschenfeindlichen Priestertirannei, zu erhalten und sich
entwickeln zu lassen gewußt hat. Hoffentlich werden nach
dreihundert Jahren glücklichere Nachkommen der gefalle-
nen Opfer dieser denkwürdigen Weltbegebenheit, wie jetzt
wir dreihundert Jahr nach Luther's Umwälzung, einen Segen ernten, der an den leuchtenden und wärmenden Strahlen
der fortschreitenden Aufklärung vorher erst langsam reifen
mußte. –

Genug hievon! Und nun noch mein letztes Lebewohl! aus
Paris. Uebermorgen reise ich ab; und nach acht Tagen werde
ich Dir aus *Metz* schreiben; denn [87] ich bin gesonnen,
noch einmahl die *Champagne* zu durchreisen, um an dem
Anblicke des gutmüthigen und frohsinnigen Völkchens,
welches ich vor dreizehn Jahren daselbst kennen lernte, mich
noch einmahl zu laben.

Zu dieser Ausgabe

Die vorliegende Textauswahl möchte die Kinder- und Jugendliteratur der Aufklärung in der Mannigfaltigkeit ihrer Genres, in der Vielfalt ihrer literarischen Formen vorstellen. Die ausgewählten Texte bzw. Textauszüge wollen nicht für sich stehen; sie wollen den Blick auf das ganze Buch lenken, dem sie entnommen sind und dessen Eigenart deutlich werden soll. Sie sollen zudem die Gattung, der sie angehören, repräsentieren und deren charakteristische Merkmale sichtbar machen. Für viele der Texte gilt, daß sie durch andere ohne weiteres ersetzbar sind. Dies entspricht durchaus der Eigenart des hier dokumentierten Literaturzweiges, dessen Texte stets bestimmten Zwecken dienlich sein und gebraucht werden wollen. Nur wenige Texte werden zu Mustern ihrer Gattung im formalen und historischen Sinne, wie z. B. Rochows *Kinderfreund* oder Campes *Theophron*, und nur wenige Texte wachsen in ihrer Qualität über den Durchschnitt hinaus, wie z. B. Overbecks Gedichte.

Die hier angelegte Dokumentation vermag den Bereich des Kinder- und Jugendschrifttums nicht in seiner ganzen Breite zu umfassen. Wichtige Zweige können hier nicht zur Sprache kommen: die ABC-Bücher und Fibeln, die zahlreichen Nachfolger des *Orbus Pictus*, die mannigfaltigen religiösen Schriften für Kinder und Jugendliche, schließlich der gerade für die Aufklärung so bedeutsame Zweig der sachlich-belehrenden Schriften, der von den geschichtlich-politischen, geographischen, physikalischen, naturgeschichtlichen und kosmologischen Büchern bis hin zu Handwerkslehren und Bastelanweisungen reicht. Auch das speziell an Mädchen und junge Frauenzimmer gerichtete Schrifttum hat keine Berücksichtigung gefunden – letzteres am ehesten noch aus dem Grunde, weil ihm, recht besehen, eine eigene Dokumentation gebührte. Der Schwerpunkt der hier getroffenen Textauswahl liegt auf den moralisch-belehrenden Schriften zum einen, auf den moralisch-unterhaltenden Büchern und Zeitschriften zum anderen. Die Aufklärung spricht sich hier in besonderer Weise aus; auch die spezifische Funktion, die die Kinder- und Jugendliteratur im Prozeß bürgerlicher Sozialisation spielt, tritt hier deutlich hervor. Schließlich entfaltet sich im Bereich der moralisch-unterhaltenden Schriften die spezifisch belletristische Literatur für Kinder und Jugendliche.

Die ausgewählten Texte stammen vorwiegend aus den letzten drei Jahrzehnten des 18. und dem ersten Jahrzehnt des 19. Jahrhunderts. Es handelt sich hierbei um einen für die Jugendliteratur relativ homogenen Zeitraum. Die vorliegende Anthologie will denn auch weniger eine historische Entwicklung sichtbar machen, als vielmehr einen Querschnitt durch die Epoche der ersten Blüte der intentionalen Kinder- und Jugendliteratur ziehen. Hierbei werden allerdings deren verschiedene Strömungen deutlich, über die in der Einleitung Auskunft zu finden ist; ausgenommen sind lediglich die ersten Ansätze der romantisch beeinflußten Kinderliteratur, die um die Jahrhundertwende auftauchen. – Die Textauswahl ist nach Gattungsgesichtspunkten gegliedert und innerhalb der Gattungen durchweg chronologisch angeordnet; wer daran interessiert ist, Aussagen aufklärerischer Kinder- und Jugendliteratur zu einzelnen Themen zu erfahren, sei an das Sachregister verwiesen, mit Hilfe dessen die Textauswahl inhaltlich aufgeschlossen werden kann. Auch sorgen Zwischenüberschriften dafür, daß schnell sichtbar wird, worüber einzelne Passagen handeln.

Die Texte sind sämtlich nach zeitgenössischen Ausgaben zitiert, wobei in vielen Fällen auf spätere Auflagen zurückgegriffen werden mußte, da die erste Auflage nicht zugänglich war. Orthographie und Interpunktion wurden prinzipiell gewahrt. Der Großbuchstabe J, der in Fraktur I und J bezeichnet, wurde jedoch gemäß dem heutigen Gebrauch als I oder J wiedergegeben. Initialen wurden nicht übernommen. Offenkundige Druckfehler wurden stillschweigend verbessert und die Trennungen modernisiert. Die originale Paginierung der Texte ist in eckigen Klammern eingefügt. Auslassungen sind entsprechend gekennzeichnet. Hervorhebungen im Text erscheinen kursiv.

Ohne den Zugang zu den Titellisten und Beständen des Forschungsprojektes »Geschichte der Kinder- und Jugendliteratur«, das unter der Leitung von Professor Theodor Brüggemann an der Erziehungswissenschaftlichen Fakultät der Universität zu Köln, der ehemaligen Abteilung Köln der Pädagogischen Hochschule Rheinland, arbeitet, hätte sich die Zusammenstellung der Anthologie außerordentlich erschwert. Hier wurde dankbar auf eine jahrelange Forschungsarbeit zurückgegriffen.

Verzeichnis der Autoren und Herausgeber,
Titel und Quellen

Die *bibliographischen Angaben* sind im folgenden ausführlicher als gewöhnlich, ohne allerdings den Ansprüchen einer exakten bibliographischen Aufnahme zu genügen. So werden insbesondere Angaben über die seitenmäßige Einteilung der Werke gemacht. Sie sollen einen Vergleich anderer Exemplare mit dem jeweils hier benutzten Exemplar ermöglichen. Die Standortangaben beanspruchen keine Vollständigkeit; ausgeschlossen ist also in keinem Fall, daß das jeweilige Werk noch an anderen Stellen zu finden ist. Bis auf wenige Ausnahmen beziehen sich die Standortangaben auf Bestände öffentlicher Bibliotheken, die dem Fernleihverkehr angeschlossen sind. Die *biographischen Angaben* zu den Autoren sind so knapp wie möglich gehalten. Sie enthalten jedoch stets weiterführende Hinweise auf leicht zugängliche Nachschlagewerke und Lexika, in denen ausführlichere Angaben und Literaturhinweise zu finden sind. Zugleich werden Hinweise auf zeitgenössische Lexika gegeben (Baur, Jördens), um einen ersten Zugang zur zeitgenössischen Kritik zu ermöglichen. Hierbei werden folgende Siglen für folgende Nachschlagewerke und Lexika benutzt:

Baur   *Charakteristik der Erziehungsschriftsteller Deutschlands. Ein Handbuch für Erzieher.* [Von Samuel Baur.] Leipzig: Fleischer, 1790.

Jördens   *Lexikon deutscher Dichter und Prosaisten.* Hrsg. von Karl Heinrich Jördens. Bd. 1–6. Leipzig: Weidmann, 1806–11.

Heindl   *Biographien der berühmtesten und verdienstvollsten Pädagogen und Schulmänner aus der Vergangenheit.* Hrsg. von J. B. Heindl. Augsburg: Schlosser, 1860.

ADB   *Allgemeine Deutsche Biographie.* Auf Veranlassung seiner Majestät des Königs von Bayern hrsg. durch die historische Kommission bei der königl. Akademie der Wissenschaften. Bd. 1–56. Leipzig: 1875–1912.

Rein   Wilhelm Rein: *Enzyklopaedisches Handbuch der Pädagogik.* 2. Aufl. Bd. 1–10. Langensalza: Beyer, 1903–10.

L. d. KJL   *Lexikon der Kinder- und Jugendliteratur.* Erarbeitet
I–III   im Institut für Jugendbuchforschung der Johann

458 Autoren und Herausgeber, Titel und Quellen

Wolfgang Goethe-Universität in Frankfurt a. M.
Hrsg. von Klaus Doderer. Bd. 1–3. Weinheim/Basel:
Beltz, 1975 ff.

Nur in Fällen, in denen in den obengenannten Nachschlagewerken
keine Angaben zu finden sind, wird verwiesen auf:

Meusel   *Lexikon der vom Jahr 1750 bis 1800 verstorbenen*
              Teutschen Schriftsteller. Ausgearbeitet von Johann
              Georg Meusel. Bd. 1–15. Leipzig: Fleischer,
              1802–16.
Hamberger/   *Das Gelehrte Teutschland oder Lexikon der jetzt le-*
Meusel   *benden Teutschen Schriftsteller.* Angefangen von Ge-
              org Christoph Hamberger. Fortgesetzt von Johann
              Georg Meusel. Fünfte, durchaus verm. und verb.
              Ausg. Bd. 1–23. Lemgo: Meyer, 1796–1834.

ANONYM

Aus: *Kleine Romane für Kinder.* Bdch. 1.2. Leipzig: Weygand, 1781/
82. 8°. Bdch. 1: 1781. 196 S. Bdch. 2: 1782. 208 S. (Standort: UB
Rostock.) – Die hier abgedruckten Textauszüge stammen aus dem
2. Bändchen.

JOHANN CHRISTOPH ADELUNG (1732–1806)

Stammt aus Pommern; Studium an der Universität Halle; 1759–61
Professor am evang. Gymnasium zu Erfurt; 1763–86 in Leipzig als
Herausgeber, Übersetzer, Sprachforscher und Schulbuchautor tätig;
1787 Oberbibliothekar in Dresden. Herausgeber zahlreicher Zeit-
schriften, Verf. von Sprachlehren, Wörterbüchern, Stilistiken und
Lehrbüchern für Schulen. Vgl.: Baur, Jördens, Heindl, ADB,
L. d. KJL I.

Aus: *Leipziger Wochenblatt für Kinder.* [Hrsg. von Johann Chri-

stoph Adelung.] Bdch. 1–7. Leipzig 1772–74. 8°. (Standort: Staatsbibl. Preuß. Kulturbes. Berlin.) – Die hier abgedruckten Textauszüge
stammen aus Bdch. 3 und 4 (1773).

CHRISTIAN KARL ANDRÉ (1763–1821)

Studium der Rechtswissenschaften, Pädagogik und Musik; anschließend fürstl. waldeckischer Sekretär, Rat zu Arolsen; 1782 Aufgabe
der Beamtenlaufbahn, Gründung einer Erziehungsanstalt in Arolsen; 1785 Lehrer an der Schnepfenthaler Landschule unter der Leitung von Chr. G. Salzmann; 1790 Leiter eines Mädcheninstituts in
Gotha, ab 1794 in Eisenach; Mitarbeit am *Allgemeinen Reichs-An-
zeiger* von R. Z. Becker; 1798 Rektor der protest. Schule zu Brünn
(Mähren); 1806 exclusive Zensurbegünstigungen für seine Schriftstellerei, Aufgabe des Schulamtes; 1812 fürstl. Salmscher Wirt-
schaftsrat; Zensurbeschränkungen unter dem Ministerium Metter-
nich; 1821 Hofrat in württembergischen Diensten. Verf. zahlreicher
volkstümlicher Schriften sowie vieler Werke für Kinder und Jugendliche. Vgl.: Baur, Heindl, ADB, L. d. KJL I.

Aus: *Lustige Kinderbibliothek, ein Abendgeschenk für solche Kinder,
welche am Tage fleißig und gut waren.* [Von Christian Karl André.]
Bdch. 1.2. Marburg: Neue akadem. Buchhandlung, 1787–89. 8°.
Bdch. 1: 1787. 2 ungez. Bl., 254 S. [richtig: 284 S.], XVI S. Beilage fûr
die Erwachsene, 1 ungez. S. Bdch. 2: 1789. IV, 316 S. (Standort:
Stadtbibl. Mainz.) – Die hier abgedruckten Textauszüge stammen
aus dem 1. Bändchen. Andrés Jugendbearbeitung des *Don Quijote*
stellt weitgehend nichts anderes dar als eine gekürzte Wiedergabe der
ersten beiden Teile von F. J. Bertuchs Übersetzung des Romans von
1775. Hierbei wird der Wortlaut der Bertuchschen Übertragung gewahrt; nur vereinzelt fügt der Bearbeiter eigene Absätze hinzu. Bei

den hier abgedruckten Textauszügen stammen die Gesprächseinlagen wie auch die Bemerkung über Don Quijotes schlechte Erziehung vom Jugendbearbeiter; die Gesprächsform wird jedoch schon nach dem ersten Kapitel zugunsten erklärender Anmerkungen unterhalb des Textes aufgegeben. Die hier gleichfalls wiedergegebene Philippika gegen die Romane im 6. Kapitel des Romans stammt ebenso aus der Feder Andrés; die im Roman an dieser Stelle stattfindende Verdammung der Ritterromane ist ganz weggelassen. Vgl.: Hans-Heino Ewers: Der »Don Quijote als Jugendlektüre im 18. Jahrhundert«. In: *Die Schiefertafel* 3 (1980) H. 1. S. 3–29.

Aus: *Felsenburg, ein sittlich unterhaltendes Lesebuch.* [Von Christian Karl André.] Th. 1. 2. 3. Gotha: Ettinger, 1788/89. 8⁰. Th. 1: 1788. 8 ungez. Bl., 254 S. Th. 2: 1789. 3 ungez. Bl., 275 S. Th. 3: 1789. 44 ungez. Bl., 200 S. (Standorte: UB Göttingen, UB Marburg.) – Der hier wiedergegebene Auszug stammt aus dem 1. Teil. Es handelt sich um eine Jugendbearbeitung des Romans *Wunderliche Fata einiger See-Fahrer, absonderlich Alberti Julii, eines geborenen Sachsens, auf der Insel Felsenburg* (1731–43) von Johann Gottfried Schnabel (1692–1752).

JOHANN BERNHARD BASEDOW (1724–90)

Theologe, bedeutender Pädagoge, Gründer der philanthropischen Bewegung. Wuchs in Hamburg auf. 1741–44 Gymnasium Johanneum, Unterricht u. a. bei Reimarus; 1744–46 Theologiestudium in Leipzig; 1749 Erzieherstelle in Holstein; 1753 Professor der Moral und der schönen Wissenschaften an der Ritterakademie Soroe; 1761–71 Professor in Altona; verfaßte zahlreiche theologische Streitschriften; ab 1766 Hinwendung zu pädagogischen Fragen; 1768: *Vorstellung an Menschfreunde und vermögende Männer über Schulen und Studien und ihren Einfluß in die öffentliche Wohlfahrt ...;* 1771 Berufung nach Dessau; 1774 Gründung des Philanthropins, einer Musterschule, die bis 1793 existierte; 1776 öffentliches Examen, d.h. Vorstellung und Besichtigung der Anstalt; 1776 Abgabe der Leitung an Campe, 1780 endgültiger Rückzug, erneute Hinwendung zu theologischen Studien; Fortsetzung der pädagogischen Schriftstellerei. Vgl.: Baur, Heindl, ADB, Rein, L. d. KJL I.

Aus: J. B. Basedow: *Kleines Buch für Kinder aller Stände.* Erstes
Stück. Mit 3 Kupfertafeln. Zur elementarischen Bibliothek gehörig.
Leipzig: Fritsch, 1771. 77 S. 8°. (Standorte: HAB Wolfenbüttel, LB
Oldenburg, Lippische LB Detmold.) – Das Werk beginnt mit einem
ABC-Teil und Leselernstücken (S. 1–20). Die »Lesübungen« gehen
sodann nach und nach in Abschnitte zur Vermittlung von »Sachen-
kenntniß« über (S. 20 ff.). Die einzelnen Abschnitte beziehen sich
jeweils auf Kupfertafeln, mittels derer der Stoff veranschaulicht wird.
In dem hier benutzten Exemplar waren die Tafeln nicht mehr vorhanden. Charakteristisch für das Werk ist das Übergewicht religiöser
Themen (S. 30–77): Nach einer ausführlichen Gotteslehre wird eine
kritische Auseinandersetzung mit der biblischen Offenbarung
geführt.

Aus: *Des Elementarwerks Erster – Vierter Band. Ein geordneter
Vorrath aller nöthigen Erkenntniß. Zum Unterrichte der Jugend,
von Anfang, bis ins academische Alter, Zur Belehrung der Eltern,
Schullehrer und Hofmeister, Zum Nutzen eines jeden Lesers, die
Erkenntniß zu vervollkommnen. In Verbindung mit einer Sammlung von Kupferstichen, und mit französischer und lateinischer
Uebersetzung dieses Werkes.* [Von Johann Bernhard Basedow.] Dessau
(Bd. 1: und Leipzig: Crusius,) 1774. 8°. Bd. 1: 8 ungez. Bl., XVIII S.,
5 ungez. Bl., 48, 432 S., 1 ungez. Bl. Bd. 2: 509 S., 1 ungez. S. Bd. 3:
416 S., 1 ungez. Bl. Bd. 4: 256 S. (Standort: UB Köln.) *Kupfersammlung zu J[ohann] B[ernhard] Basedows Elementarwerke für die Jugend und ihre Freunde.* Lfg. 1 in 53 Taf. Lfg. 2 in 47 Taf. von 50 bis
96. Berlin/Dessau 1774. 2 ungez. Bl., Taf. 1–96. quer-8°. (Privatbesitz.) – Die abgedruckten Texte entstammen alle dem ersten Band.

MARIE LE PRINCE DE BEAUMONT (1711–80)

Geb. in Rouen; 1746 Scheidung der ersten Ehe, Übersiedlung nach England; Erzieherin und Schriftstellerin; erneute Heirat; 1762 Rückkehr mit ihrer Familie nach Frankreich; seit 1768 auf dem Gut Chavanod in Savoyen, Fortsetzung der schriftstellerischen Tätigkeit. Werke: Zahlreiche Jugendschriften, Romane, Schriften mit historischer, moralischer und religiöser Thematik. Das *Magazin des enfants* erschien 1756 in London. Vgl.: L. d. KJL I.

Aus: *Der Frau Maria le Prince de Beaumont Lehren der Tugend und Weisheit für die Jugend.* Aus dem Franz. übers. Mit einer Vorr. des Herrn Rambachs. Halle: Gebauer, 1758. 552 S. 8⁰. (Standort: HAB Wolfenbüttel.)

RUDOLPH ZACHARIAS BECKER (1759–1822)

Geb. in Erfurt; Studium in Jena; anschließend Hofmeister in Erfurt; 1782 Lehrer am Basedowschen Philanthropin in Dessau; Gründung der *Dessauischen Zeitung für die Jugend und ihre Freunde,* ab 1784 *Deutsche Zeitung für die Jugend,* ab 1796 *Nationalzeitung der Deutschen;* ab 1784 in Gotha, 1797 Gründung der Beckerschen Buchhandlung; 1787–98 Herausgabe des *Noth- und Hilfsbüchleins für Bauersleute;* ab 1791 Herausgabe des *Allgemeinen Reichs-Anzeigers* (teilweise zusammen mit Chr. C. André). Vgl.: Baur, Heindl, ADB.

Siehe Salzmann, *Moralisches Elementarbuch, zweyter Theil.*

FRIEDRICH JUSTIN BERTUCH (1747–1822)

Studium der Theologie und der Rechte in Jena; 1769 Erzieher; 1775/76 Übersetzung des Don Quijote; 1775 Geheimsekretär von Herzog Karl August von Weimar, Beziehung zu Goethe und Wieland; 1789 Gründung des »Industrie-Comptoirs«, das sich schließlich auf den Verlagsbuchhandel beschränkt; Herausgabe zahlreicher geographischer und kartographischer Werke; 1786–1827 *Journal des Luxus und der Moden;* ab 1790 *Bilderbuch für Kinder* (12 Bde.). Vgl.: ADB, L. d. KJL I.

Aus: *Wiegenliederchen.* [Von Friedrich Justin Bertuch.] Altenburg: Richter, 1772. 38 S. kl. 8⁰. (Standort: Staatsbibl. Preuß. Kulturbes. Berlin.) – Das Werk enthält ein Widmungsgedicht und 10 Wiegenlieder.

GOTTFRIED AUGUST BÜRGER (1747–94)

Siehe Joachim Heinrich Campe, *Kleine Kinderbibliothek.*

GOTTLOB WILHELM BURMANN (1737–1805)

Stammt aus Laubau (Oberlausitz), wächst in Löwenberg und Hirschberg (Schlesien) auf; ab 1758 Studium der Rechte in Frankfurt (Oder); anschließend privatisierender Gelehrter in Berlin. Verf. von Fabeln, Erzählungen, Liedern und Sinngedichten. Vgl.: Jördens, ADB.

Aus: *Kleine Lieder für kleine Mädchen, und Jünglinge.* Von Gottlob Wilhelm Burmann. Berlin: Decker, 1777. XVI, 156 S. 8⁰. (Standorte: UB Köln, UB Frankfurt.) – Das Werk enthält zunächst 42 Gedichte für »kleine Mädchen«, schließlich 33 Gedichte für »kleine Jünglinge«.
Siehe auch Joachim Heinrich Campe, *Kleine Kinderbibliothek.*

JOACHIM HEINRICH CAMPE (1746–1818)

Bedeutendster Jugendbuchautor der Aufklärung, Pädagoge, Publizist, Verleger, Sprachforscher. Stammt aus dem Braunschweigischen; Theologiestudium in Helmstedt und Halle; 1769–73 Hauslehrer bei der Familie von Humboldt in Tegel; 1773 Feldprediger in Potsdam;

1775 Erzieher von Alexander und Wilhelm von Humboldt; 1776 Berufung als »Educationsrath« und Mitkurator an das Basedowsche Philanthropin in Dessau; 1777–83 Führung einer kleinen Erziehungspension in Hamburg; 1783 Rückzug nach Trittau bei Hamburg, landwirtschaftliche Tätigkeiten; 1785 Beginn der Herausgabe der *Allgemeinen Revision des gesamten Schul- und Erziehungswesens;* 1786 Berufung als Schulrat nach Braunschweig, Leitung des »Landeskollegiums für Schulverwaltung«; 1787 Übernahme der Braunschweiger Schulbuchhandlung; 1789 Reise nach Paris zusammen mit W. von Humboldt; 1792 Ehrenbürgerschaft der Französischen Republik; Angriffe wegen seiner mutigen politischen Haltung; Beschäftigung mit Sprachforschung; 1805 Aufgabe der Stelle des Schulrates; 1807 Braunschweigischer Deputierter in Kassel; ab 1814 von Krankheit gezeichnet. Vgl.: Baur, Jördens, Heindl, ADB, Rein, L. d. KJL I.

Aus: *Sittenbüchlein für Kinder aus gesitteten Ständen,* von J. H. Campe. Dessau: Crusius, 1777. 140 S., 3 ungez. S. 8⁰. (Standort: UB Münster.) Campe will, wie er in der »Nachricht« bekennt, zu Schlossers Sittenbüchlein für das Landvolk ein Gegenstück verfassen, das sich an Kinder aus gesitteten Ständen, d. h. aus den gehobenen bürgerlichen Schichten, wendet. Campe hält sich in der Themenfolge weitgehend an Schlosser, von dem er ganze Passagen wörtlich übernimmt. Die speziell für die Landkinder gedachten Abschnitte entfallen bei Campe.

Aus: *Theophron, oder der erfahrne Rathgeber für die unerfahrne Jugend*, von J. H. Campe. Ein Vermächtniß für seine gewesenen Pflegesöhne, und für alle erwachsnere junge Leute, welche Gebrauch davon machen wollen. Th. 1. 2. Hamburg: Bohn, 1783. 8°. Th. 1: 7 ungez. Bl., VIII, 270 S. Th. 2: 192 S. (Standorte: Stadtbibl. Trier, Bibl. d. PH Köln.) – Die abgedruckten Ausschnitte stammen aus dem ersten Teil. Zu diesem Werk hat Campe ein Gegenstück verfaßt, das an junge Frauen gerichtet ist: *Väterlicher Rath für meine Tochter. Ein Gegenstück zum Theophron*. Der erwachsenen weiblichen Jugend gewidmet. Braunschweig: Schulbuchhandlung, 1789. (Standort: Bibl. d. PH Köln.)

Aus: *Kleine Selenlehre für Kinder* von J. H. Campe. Nebst vier Kupfertafeln in Quart. Hamburg: Bohn, 1780. 314 S., 1 ungez. Bl. 8°. (Standort: Bayer. Staatsbibl. München.) – In der Vorrede gibt Campe Erläuterungen zur Methodik (S. 11 ff.). So heißt es über die Sokratische Unterredung: »Endlich (und dies ist ohnstreitig die beste Methode von allen) kan man die junge Sele durch allerlei leicht zuerfindende Anstalten selbst in den Fal sezen, daß sie dasjenige thun oder empfinden muß, was man ihr anschaulich zu machen zur Absicht hat, so daß der Lehrer sie alsdan nur erinnern darf, ihren Blik in sich selbst zu kehren, um dasjenige zu lesen, was man sie lehren wolte« (S. 13).

Aus: *Kleine Kinderbibliothek,* hrsg. von J. H. Campe. Bdchn.
[1]–12. Hamburg: Herold, 1779–85. kl. 8⁰. Bdch. [1]: *Hamburgischer Kinderalmanach auf das Jahr 1779, oder Weihnachtsgeschenk
für Kinder, in angenehmen und lehrreichen Unterhaltungen, die ihrer Fähigkeit angemessen sind.* [1778.] 164 S. Bdch. 2: 3. Aufl. 1783.
VIII, 192 S. Bdch. 3: *Hamburgischer Kinderalmanach auf das Jahr
1780* ... 1780. 2 ungez. Bl., 160 S. Bdch. 5: 1780. 168 S. Bdch. 10:
1784. 188 S. Bdch. 12: *Hamburgischer Kinderalmanach auf das Jahr
1785* ... 1785. 172 S. (Standort: HAB Wolfenbüttel.)

Aus: *Abeze- und Lesebuch.* Mit vier und zwanzig illuminierten Kupfern. Braunschweig: Schulbuchhandlung, 1831. XIV, 200 S. 8⁰.
(Vierte Gesamtausgabe der letzten Hand.) (Standort: Bibl. d. PH
Köln.) – Die Erstausgabe stammt von 1807. Von diesem Werk ist ein
von Hubert Göbel besorgter Faksimiledruck erschienen (Dortmund
1979; Die bibliophilen Taschenbücher). Eine größere Anzahl der
Fabeln ist bei Herbert Heckmann/Michael Krüger (Hrsg.), *Die
schönsten deutschen Kindergedichte* (München 1979, S. 47ff.), abge-
druckt.

Aus: *Robinson der Júngere, zur angenehmen und núzlichen Unterhaltung fúr Kinder.* Von J. H. Campe. Th. 1. 2. Hamburg: Verf.;
Bohn in Comm., 1779/80. 8⁰. Th. 1: 15 ungez. Bl., 228 S. Th. 2:
366 S. (Standort: Staats- und UB Hamburg.) – Eine Neuausgabe
nach dem Erstdruck, hrsg. von Alwin Binder und Heinrich Richartz,
erscheint in Reclams Universal-Bibliothek (Stuttgart 1981). Weiteren
Nachdrucken liegen jeweils spätere Auflagen aus der Mitte des
19. Jh.s mit den Illustrationen Ludwig Richters zugrunde: *Samm-*

lung alter Kinderbücher, hrsg. von Johannes Merkel und Dieter Richter, Bd. 1. München: Weismann, 1977; eine weitere von Reinhard Stach besorgte Ausgabe liegt vor in der Reihe: *Die bibliophilen Taschenbücher,* Bd. 55. Dortmund: Harenberg Kommunikation, 1978. – Die hier abgedruckten Textauszüge stammen aus dem 1. Teil.

Aus: *Die Entdeckung von Amerika. Erster Theil. Kolumbus.* Mit drei Karten. Braunschweig: Schulbuchhandlung, 1830. IX, 1 ungez. S., 238 S., kl. 8°. (Sämmtliche Kinder- und Jugendschriften von Joachim Heinrich Campe. Neue Gesamtausgabe der letzten Hand. Bdch. 12.) (Standort: Bibl. d. PH Köln.) Die erste Auflage stammt von 1781 (Hamburg: Bohn).

Aus: *Die Entdeckung von Amerika. Dritter Theil. Pizarro.* Mit Karten. Braunschweig: Schulbuchhandlung, 1830. 200 S. kl. 8°. (Sämmtliche Kinder- und Jugendschriften von Joachim Heinrich Campe. Neue Gesamtausgabe der letzten Hand. Bdch. 14.) (Standort: Bibl. d. PH Köln.) Die erste Auflage stammt von 1782 (Hamburg: Bohn).

Aus: *Reise des Herausgebers von Hamburg bis in die Schweiz, im Jahre 1785. Erste Sammlung merkwürdiger Reisebeschreibungen.*

Zweiter Theil. Braunschweig: Schulbuchhandlung, 1830. 254 S. kl. 8°. (Sämmtliche Kinder- und Jugendschriften von Joachim Heinrich Campe. Neue Gesamtausgabe der letzten Hand. Bdch. 18.) (Standort: Bibl. d. PH Köln.) – Diese Reisebeschreibung ist zuerst als 2. Teil der *Ersten Sammlung merkwürdiger Reisebeschreibungen für die Jugend* (Hamburg 1785–93) erschienen, die insgesamt aus 12 Teilen besteht.

Aus: *Reise durch England und Frankreich, in Briefen an einen jungen Freund in Deutschland, vom Herausgeber. Neue Sammlung merkwürdiger Reisebeschreibungen. Vierter Theil.* Braunschweig: Schulbuchhandlung, 1830. VIII, 240 S. kl. 8°. (Sämmtliche Kinder- und Jugendschriften von Joachim Heinrich Campe. Neue Gesamtausgabe der letzten Hand. Bdch. 32.)
Fortsetzung und Beschluß der Reise . . . Neue Sammlung merkwürdiger Reisebeschreibungen. Fünfter Theil. Braunschweig: Schulbuchhandlung, 1830. 252 S. kl. 8°. (Sämmtliche Kinder- und Jugendschriften von Joachim Heinrich Campe. Neue Gesamtausgabe der letzten Hand. Bdch. 33.) (Standort: Bibl. d. PH Köln.) – Die erste Auflage dieser Reisebeschreibung stammt aus dem Jahre 1803 (*Neue Sammlung merkwürdiger Reisebeschreibungen für die Jugend.* Th. 1–7. Braunschweig: Schulbuchhandlung, 1802–07).

Aus: *Rückreise von Paris nach Braunschweig. Neue Sammlung merkwürdiger Reisebeschreibungen. Sechster Theil.* Braunschweig: Schulbuchhandlung, 1830. IV, 188 S. kl. 8°. (Sämmtliche Kinder- und Jugendschriften von Joachim Heinrich Campe. Neue Gesamtausgabe der letzten Hand. Bdch. 34.) (Standort: Bibl. d. PH Köln.) – Die Erstauflage dieses 6. Teils der zweiten Sammlung stammt aus dem Jahre 1804.

GEORG CARL CLAUDIUS (1757–1815)

Geb. in Zschoppau; nach dem Studium als Privatgelehrter in Leipzig. Verf. von zahlreichen Kinderschriften, Romanen und unterhaltenden Schriften. Vgl.: Baur, ADB.

Aus: *Neues Wochenblatt für Kinder und Kinderfreunde* von Georg Carl Claudius. Bd. 1. Leipzig: Crusius, 1789. 7 ungez. Bl., 190 S., 1 ungez. Bl. 8°. (Standort: Prov. Bibl. Neuburg a.d.D.)

MATTHIAS CLAUDIUS (1740–1815)
Siehe Joachim Heinrich Campe, *Kleine Kinderbibliothek.*

CONRAD PAUL FUNKE (Heinrich Ludwig de Marées, 1773–1825)

Geb. in Dessau; Studium der Theologie in Halle; 1799 Konrektor an der Dessauer Hauptschule; 1807 Inspektor des Schullehrerseminars, anschließend Leiter der herzöglichen Bürgerschule. Vgl.: Holzmann/Bohatta, *Deutsches Pseudonymenlexikon*, Wien/Leipzig 1906; ADB.

Aus: *Neue Kinderklapper*. Von Conrad Paul Funke. Leipzig/Borna: Bornschein (1800). IV, 1 ungez. Bl., 150 S. 8°. (Standort: Staatl. Bibl. Regensburg.) – Es handelt sich um ein moralisch unterhaltendes Lesebuch, das neben Sprüchen moralische Erzählungen, Tiergeschichten, Rätsel und Fabeln enthält.

JOHANN WILHELM LUDWIG GLEIM (1719–1803)
Siehe Joachim Heinrich Campe, *Kleine Kinderbibliothek.*

JOHANN AUGUST EPHRAIM GOEZE (1731–93)

Geb. in Aschersleben, Bruder des bekannten Lessing-Gegners Johann Melchior Goeze; 1747 Studium der Theologie in Halle; 1756 Prediger zu Quedlinburg, 1762 Pastor, 1777 erster Hofdiakonus der Stiftskirche. Verf. von naturkundlichen Schriften sowie von Erzählungen und Reisebeschreibungen für die Jugend. Vgl.: Baur, Meusel, ADB.

Aus: *Zeitvertreib und Unterricht für Kinder vom dritten bis zehnten Jahr in kleinen Geschichten.* [Von Johann August Ephraim Goeze.] Leipzig: Weidmann und Reich, 1783. 7 ungez. Bl., 254 S. 8⁰. (Standort: Bibl. d. PH Köln, Dt. Staatsbibl. Berlin.)

Aus: *Eine pure Dorfreise zum Unterricht und Vergnügen der Jugend* von J. A. E. Goeze. Leipzig: Weidmann, 1788. 398 S. 8⁰. (Standort: UB Jena.)

JOHANN GOTTFRIED HERDER (1744–1803)

Siehe August Jacob Liebeskind.

LUDWIG CHRISTOPH HEINRICH HÖLTY (1748–76)
Siehe Joachim Heinrich Campe, *Kleine Kinderbibliothek.*

JOHANN FRIEDRICH ERNST KIRSTEN (1768–1820)
Studium in Jena; Adjunkt der Philosophischen Fakultät; 1795 zusammen mit J. A. Jacobi Herausgeber des *Journals für Menschenkenntnis, Menschenerziehung und Staatenwohl;* Errichtung eines Erziehungsinstitutes in Jena; anschließend Diakonus zu Crannichfeld; seit 1809 Pfarrer zu Eischleben im Gothaischen. Vgl.: Hamberger/Meusel.

Aus: *Seelenlehre für die Jugend nach den Grundsätzen der Kantischen Philosophie, in dialogischer Form. Zum Gebrauch für die höheren Klassen in Gymnasien und Schulen. Nebst einem Anhange für Leser, die sich bloß von dem unterrichten wollen, was die kritische Philosophie lehrt. Von Joh. Fried. Ernst Kirsten. Gotha: Perthes, 1800. 3 ungez. Bl., VIII, 216 S., 23 S. 8⁰.* (Standort: Öff. Bibl. Wiesbaden.)

GOTTHOLD EPHRAIM LESSING (1729–81)
Siehe Samuel Richardson, *Sittenlehre…*

AUGUST JACOB LIEBESKIND (gest. 1793)
Prediger zu Ossmannstädt im Fürstentum Weimar. Werke: Neben Märchen Aufsätze in Wielands *Teutschem Merkur.* Vgl.: Meusel.

Aus: *Palmblätter. Erlesene morgenländische Erzählungen für die Ju-*

gend. (Th. 2: Von August Jacob Liebeskind.) Th. 1–4. Jena: Akadem. Buchhandl. (Th. 2: Gotha: Ettinger) 1786–1800. 8°. Th. 1: 1786. XXVI, 262 S. (mit einer Vorr. von J. G. Herder). Th. 2: 1788. 3 ungez. Bl., 257 S. Th. 3: 1796. 2 ungez. Bl., 247 S. Th. 4: 1800. 2 ungez. Bl., 235 S. (Standort: Bayer. Staatsbibl. München.)

Diese Sammlung ist unter Anleitung von J. G. Herder erstellt worden. Die Erzählungen sind hierbei »von jenem falschen Schwulst entladet, den die Europäer lange Zeit für morgenländische Erhabenheit hielten« (Th. 1, S. XXII). Herder hat dem ersten Teil eine längere Vorrede beigegeben, der insofern größere Bedeutung zukommt, als hier innerhalb der aufklärerischen Diskussion über den Charakter von Kinder- und Jugendliteratur zum erstenmal präromantische Akzente – wie verhalten auch immer – auftauchen. Herder stellt die morgenländischen Erzählungen über die Fabeln und die historischen Erzählungen. Sie eigneten sich viel besser zur moralischen Belehrung der Kinder. Sie strahlen für ihn »den Glanz des Wunderbaren« aus, seien von »hoher Einfalt«, ihre Lehre erweise sich selten als »kleinlich«, ihre Dichtung dagegen als »kühn und groß«; ihr Ton schließlich sei »morgenländisch, d. i. einfach, groß und edel«.

CHARLOTTE MARIE DE LOS RIOS (1726–1802)

Stammt aus Anvers; Erzieherin; Verf. von Romanen und Erziehungsschriften; 1771 erschien in Anvers und Paris *Magazin des petits enfants*, 1780 in Dresden *Encyclopédie enfantine*. Vgl.: *Nouvelle Biographie Générale*.

Aus: *Das Buch für Kinder, Aus dem Französischen der Mademoiselle Los Rios übersetzt, und mit deutschen Zusätzen vermehrt.* Dresden: 1773. 1 ungez. Bl., 388 S., 2 ungez. Bl. 8°. (Standort: Privatbesitz.) Das benutzte Exemplar trägt keine Verlagsangabe. Bei Wegehaupt, *Alte deutsche Kinderbücher*, Berlin/Hamburg 1979, Nr. 1318, wird ein Exemplar mit der Verlagsangabe »Walther« angeführt. – Das Werk enthält zunächst Erzählungen (S. 1–71), Fabeln (S. 71–92) und

Lebensregeln eines Vaters für seine Kinder (S. 93 ff.), ehe der enzyklopädische Lehrbuchteil beginnt (S. 185–359). Am Ende steht eine »Kurze Erklärung verschiedener Wissenschaften und Künste«. Wie im hier vorliegenden Fall handelt es sich bei den Enzyklopädien der sechziger und siebziger Jahre zumeist um Übersetzungen aus dem Französischen.

RUDOLPH CHRISTOPH LOSSIUS (1760–1819)

Geb. in Erfurt; Bruder von Kaspar Friedrich Lossius (1753–1817); Studium der Theologie in Erfurt; seit 1789 Nachmittagsprediger an der Thomaskirche und Rektor der Thomasschule zu Erfurt; anschließend Pastor zu Schwerborn im Erfurtischen; seit 1801 Pfarrer zu Tonndorf bei Weimar. Verf. von Gedichten und biblischen Erzählungen für Kinder. Vgl.: Baur; Hamberger/Meusel.

Aus: Rudolph Christoph Loßius, *Lieder und Gedichte, ein Etui auch Weihnachtsgeschenk oder Angebinde für Kinder.* Erfurt: Keyser, 1787. 114 S., 3 ungez. Bl., 8 S. kl. 8°. (Standort: UB Jena.) – Im Anhang befindet sich: Faßliche Melodien zu Rudolph Christoph Loßius Lieder und Gedichte, ein Etui für Kinder. Mit und ohne Clavierbegleitung gesellschaftlich zu singen von G. P. Weimar. Das Werk enthält 24 Gedichte.

HEINRICH LUDWIG DE MARÉES (1773–1825)

Siehe Conrad Paul Funke.

AUGUST GOTTLIEB MEISSNER (1753–1807)

Geb. in Bauzen; 1764–72 Besuch der Schule in Löbau; 1773–76 Studium der Rechte in Leipzig und Wittenberg; anschließend sächsischer Beamter in Dresden; 1785 Professor der Ästhetik und der klassischen Literatur an der Universität Prag; 1805 Direktor der Lehranstalten zu Fulda. Verf. von Schauspielen, Lustspielen und zahlreichen unterhaltenden Schriften. Vgl.: Jördens, ADB.

Aus: *Aesopische Fabeln für die Jugend.* Nach verschiedenen Dichtern gesammelt und bearbeitet von A. G. Meißner. Prag/Leipzig: Schönfeld-Meißner, 1791. 9 ungez. Bl., 332 S. 8⁰. (Standort: Stadtbibl. Mainz.)

KARL PHILIPP MORITZ (1757–93)

Schriftsteller und Pädagoge. Wuchs in Braunschweig und Hannover auf; 1776 Theologiestudium in Erfurt; Anschluß an Wanderschauspieltruppen; pietistischer Einfluß; 1777 Studium in Wittenberg; 1778 kurze Anstellung als Lehrer am Basedowschen Philanthropin in Dessau; 1780 Konrektor am Berliner Gymnasium zum grauen Kloster, 1784 Ernennung zum Professor; 1786–88 Italienreise, Bekanntschaft mit Goethe; 1788/89 Aufenthalt in Weimar; 1789 Professor der schönen Künste und der Altertumskunde an der Berliner Akademie der bildenden Künste. Vgl.: Baur, Jördens, Heindl, ADB, L. d. KJL II, Hans Joachim Schrimpf in: *Dt. Dichter des 18. Jh.s,* Berlin 1977.

Aus: *Lesebuch für Kinder von K. P. Moritz als ein Pendant zu dessen ABC Buch, welches zugleich eine natürliche Anleitung zum Denken für Kinder enthält.* Berlin: Schöne, 1792. 62 S. 8⁰. Mit 2 Kupfertafeln auf einer Seite. (Standort: Leopold-Sophien-Bibl. Überlingen.) – Das Werk enthält Lesestücke, die einem theoretischen und einem praktischen Teil zugeordnet sind. »Der theoretische Theil soll vorzüglich auf den Unterschied zwischen *Wahrheit* und *Täuschung,* und zwischen *Wahrheit* und *Dichtung* aufmerksam machen. Der praktische Theil soll zeigen, daß *Ordnung* und *Thätigkeit* der einzige Weg zur Glückseligkeit sey« (Vorbericht).

Aus: *Versuch einer kleinen praktischen Kinderlogik welche auch zum Theil für Lehrer und Denker geschrieben ist.* Hrsg. von Karl Philipp Moritz. 2. Aufl. Mit sieben Kupfertafeln von Daniel Chodowiecky. Berlin: Mylius, 1793. 2 ungez. Bl., 156 S., 7 Taf. 8°. (Standort: Stadtbibl. Mainz). In dem hier benutzten Exemplar waren die Tafeln nicht mehr vorhanden. – Die Erstauflage stammt von 1786.

Siehe auch John Trusler, *Anfangsgründe* . . .

JOHANN CARL AUGUST MUSÄUS (1735–87)

Geb. in Jena; Besuch des Gymnasiums in Eisenach; 1754 Theologiestudium in Jena; vergebliche Versuche, eine Dorfpfarre zu erlangen; 1763 Pagenhofmeister in Weimar; 1769 Professor am dortigen Gymnasium; Zutritt zu den Gesellschaften von Herzogin Anna Amalia. Verf. von Romanen, Opern, Volksmärchen (1782–86) und Kinderschriften. Vgl.: Baur, Jördens, ADB, L. d. KJL II.

Aus: *Moralische Kinderklapper für Kinder und Nichtkinder. Nach dem Französischen des Herrn Monget,* von J. C. Musäus. Gotha: Ettinger, 1788. VIII, 111 S. 8°. (Standorte Murhardsche Bibl. d. Stadt Kassel und Landesbibl., UB Göttingen.) – F. J. Bertuch hat das Werk nach dem Tod des Verf.s 1787 herausgegeben und ein Vorwort verfaßt. Es stellt eine freie Übersetzung und Bearbeitung von Mongets *Hochets moraux* dar, die 1782 in Paris erschienen sind. Ursprünglich waren 20 kleine Erzählungen vorgesehen, von denen Musäus aber nur 17 fertigstellen konnte.

GEORG FRIEDRICH NIEMEYER

Einnehmer bei dem Zollwesen zu Verden; anschließend privatisierender Gelehrter zu Celle. Verf. von philosophischen und nationalökonomischen Schriften. Zu seinem Werk *Der Greis an den Júngling* ist 1794 ein Gegenstück erschienen: *Vermaechtniss an Helene von ihrem Vater*. Vgl.: Hamberger/Meusel.

Aus: *Der Greis an den Júngling*. [Von Georg Friedrich Niemeyer.] Mit einer Vorrede von Adolph Freyherrn Knigge. Bremen: Huntemann, 1793. XII, 363 S., 1 ungez. S. 8⁰. (Standort: Bomann-Museum Celle.) – In der Vorrede distanziert Knigge sich von den politischen Auffassungen des Autors, dessen sonstige Ansichten er schätzt.

CHRISTIAN ADOLF OVERBECK (1755–1821)

Aufgewachsen in Lübeck; 1773 Studium der Rechtswissenschaften in Göttingen; Besuch der Vorlesungen von Schlözer, Feder und Heyne; Kontakt mit den Dichtern des »Göttinger Hain«, insbes. Hölty, Bürger, Voß; nach dem Studium Leitung einer Erziehungsanstalt in Bremen; 1779 Obergerichtsprocurator in Lübeck; 1792 Syndikus des Lübecker Domkapitels, 1798 Consulent der Schonenfahrer-Compagnie; 1800 Berufung in den Senat der Stadt; 1814 Bürgermeister von Lübeck. Vgl.: Baur, ADB, L.d. KJL II.

Aus: *Frizchens Lieder*. Hrsg. von Christian Adolf Overbeck. Hamburg: Bohn, 1781. 1 ungez. Bl., 142 S. 8⁰. (Standort: Bibl. Eutin.) – Das Werk enthält 49 Lieder bzw. Gedichte. Im Vorwort kritisiert Overbeck Weisses Kinderlieder, weil man in ihnen »den herablassenden Lehrer« höre. In seiner Sammlung spreche dagegen »wirklich ein Kind«.

JOHANN GEORG FRIEDRICH PABST (auch: Papst, 1754–1821)

Geb. in Ludwigstadt im Bayreuthischen; Magister der Philosophie; Hauslehrer; 1783 a.o. Professor, 1790 ordentl. Professor an der Universität Erlangen; 1796 Pfarrer und 1801 Dechant in Zirndorf (Fürstentum Ansbach); seit 1817 Dekan und Schulinspektor der Cadolzburger Diözese. Vgl.: Baur, Hamberger/Meusel.

Aus: *Die Entdeckungen des fünften Welttheils oder Reisen um die Welt. Ein Lesebuch für die Jugend* von Johann Georg Friedrich Pabst. Bd. 1–5. Nürnberg: Felßecker, 1783–90. 8°. Bd. 1: Zwote und verb. Aufl. 1785. 7 ungez. Bl., 412 S. (Standort: Staatsbibl. Nürnberg.) – Das Werk gibt eine Beschreibung der Südseereisen von Byron, Wallis, Carteret und Cook. Die wiedergegebenen Textabschnitte stammen aus dem 1. Teil und beziehen sich auf Byrons Reise. Den gleichen Stoff hat im übrigen Campe ebenfalls in den achtziger Jahren für die Jugend bearbeitet: vgl. *Erste Sammlung merkwürdiger Reisebeschreibungen für die Jugend*. 12 Tle., Hamburg 1785–93, T. 3, 5 und 6. (Bd. 19, 21 und 22 der Gesamtausgabe von 1830.)

JEAN PALAIRET (1697–1774)

Geb. in Montauban; holländischer Agent in London und Französischlehrer der Kinder Georgs II. Vgl.: Nouvelle Biographie Générale.

Aus: *Kurzer Inbegrif aller Wißenschaften zum nützlichen Gebrauch eines Kindes von drey bis sechs Jahren*. 2. Aufl. Berlin: Haude & Spener, 1759. 52 S. 8°. (Standort: LB Coburg.) – Das Werk enthält nach Abschnitten zu Geographie und Geschichte Kapitel zur Götterlehre, zur Heraldik und zu den Königshäusern.

GOTTLIEB KONRAD PFEFFEL (1736–1809)

Geb. in Kolmar; 1751 Studium der Rechte und des Staatsrechts in Halle; 1754 Rückkehr nach Kolmar; 1757 Erblindung; 1773 Gründung einer École militaire für die protestantische Jugend, Mitarbeiter von Goethes Straßburger Freund Lerse; 1782 Schweizer Bürgerrecht; 1792 Auflösung der Schule; 1803 Präsident des evang. Konsistoriums zu Kolmar; 1806 Erhalt einer Pension von Napoleon. Werke: Prosaerzählungen, Gedichte, Fabeln, Dramen. Vgl.: Jördens, ADB, L. d. KJL III.

Aus: *Dramatische Kinderspiele.* [Von Gottlieb Konrad Pfeffel.] Strasburg: Bauer, 1769. 14 ungez. Bl., 93 S. 8°. (Standort: Bayer. Staatsbibl. München.)

SAMUEL RICHARDSON (1689–1761)

Einer der bedeutenden englischen Romanschriftsteller des 18. Jh.s. Verf. der Romane *Pamela* (1741), *Clarissa* (1748) und *Sir Charles Grandison* (1754).

Aus: *Samuel Richardson's Sittenlehre für die Jugend in den auserlesensten äsopischen Fabeln, mit dienlichen Betrachtungen zur Beförderung der Religion und der allgemeinen Menschenliebe.* [Übers. von G. E. Lessing.] Mit 26 Kupfern. 6. Aufl. Leipzig: [Weidmann, 1783]. 368 S. 8°. (Standort: Staatsbibl. Augsburg.) Die erste Ausgabe ist erschienen: Leipzig: Weidmann, 1757. (Standort: Privatbesitz.)

FRIEDRICH EBERHARD VON ROCHOW (1734–1805)

Erbherr zu Reckhahn bei Brandenburg, Reformator und Förderer des Volksschulwesens. 1747–50 Besuch der Ritterakademie zu Brandenburg; Eintritt in preußische Kriegsdienste; 1757 Bekanntschaft mit Gellert; nach einer Verwundung Rückzug aus der militärischen Laufbahn; seit 1760 auf seinen Gütern; 1762 Domherr zu Halberstadt; Engagement für die Bildung des Landvolks; ab 1772 pädagogische Schriftstellerei; Förderer des Basedowschen Philanthropins in Dessau. Vgl.: Baur, Heindl, ADB, Rein, L.d. KJL III.

Aus: *Der Kinderfreund. Ein Lesebuch zum Gebrauch in Landschulen.* Von Friedrich Eberhard von Rochow. Frankfurt: Eichenberg, 1776. 112 S. 8⁰. (Standort: Bayer. Staatsbibl. München.) Diese Ausgabe ist identisch mit der 1776 bei Gebr. Halle in Brandenburg und Leipzig erschienenen Ausgabe. – Dem Werk ist 1773 eine Ausgabe unter dem Titel *Bauernfreund* vorausgegangen, die allerdings nur in einem Privatdruck von 40 Exemplaren erschienen ist. – Das Werk besteht aus 79 durchnumerierten Lesestücken, die zumeist kurze Erzählungen darstellen. Neben zwei Gebeten finden sich drei Kinderlieder. Vgl. hierzu: Bünger: *Entwicklungsgeschichte des Volksschullesebuches*, S. 136ff.; Helmers: *Geschichte des deutschen Lesebuchs*, S. 156–161 und 179–190.

JOHANN HEINRICH RÖDING (1732–1800)

Dorfpräzeptor im Alten Land, anschließend im Dithmarschen; ab 1763 Lehrer der Kirchenschule zu St. Jacobi in Hamburg. Herausgeber von Jugendzeitschriften, Verf. von Andachtsbüchern und vermischten Dichtungen. Vgl.: Baur, ADB.

Aus: Johann Heinrich Röding, *Beschäftigungen für junge Leute zum Nutzen zur Lehre und zum Vergnügen.* [2 Bde.] Hamburg: Mathiessen, 1790. 392 S., 7 ungez. Bl. 8⁰. (Standort: Bayer. Staatsbibl. München.)

CHRISTIAN GOTTHILF SALZMANN (1744–1811)

Pfarrer, Erzieher, einer der bedeutendsten Jugendbuchautoren der Aufklärung. Stammt aus dem Erfurtischen; 1761 Theologiestudium in Jena; 1768 Dorfpfarrer; 1772 Pfarrer in Erfurt, Anhänger der aufgeklärten, neologischen Theologie; ab 1778 erste schriftstellerische Versuche; ab 1781 als Liturg an Basedows Philanthropin in Dessau; 1784 Gründung einer eigenen Erziehungsanstalt in Schnepfenthal bei Gotha; Leiter der Erziehungsanstalt bis zu seinem Tod. Verf. zahlreicher populärer Schriften, Volksromane und Kinder- und Jugendschriften. Vgl.: Baur, Heindl, ADB, Rein, L. d. KJL III.

Aus: *Conrad Kiefers ABC und Lesebüchlein oder Anweisung auf die natürlichste Art das Lesen zu erlernen*, von C. G. Salzmann. [Th. 1.] Schnepfenthal: Verlag der Buchhandlung der Erziehungsanstalt, 1798. X, 128 S. 8°. (Standorte: UB Leipzig, Staatl. Bibl. Regensburg.) – Das Werk enthält nach einem Vorbericht zur Leselernmethode zunächst kurze Leselernstücke; hierauf folgen längere Erzählungen und Kindergespräche, die überwiegend Themen aus der Tierwelt aufgreifen. 1800 ist ein 2. Teil des Lesebuches erschienen, der der Übung des ausdrucksvollen Lesens dienen soll und Fabeln verschiedener Autoren enthält. Die wiedergegebenen Kupfer von d'Argent sind in einem selbständigen Bilderbuch erschienen: *Konrad Kiefers Bilderbüchlein* hrsg. von C. G. Salzmann. Schnepfenthal: Verlag der Buchhandlung der Erziehungsanstalt, 1803. 36 Kupfertafeln von d'Argent (Standort: Bibl. d. PH Köln, teilweise).

Aus: *Moralisches Elementarbuch, nebst einer Anleitung zum nützlichen Gebrauch desselben*, von Christian Gotthilf Salzmann. Erster Theil. Neue verb. Aufl. Leipzig: Crusius, 1785. XXXII, 412 S. 8°. (Standorte: UB Köln, UB Frankfurt a. M.) Die 1. Auflage stammt von 1782. – Das Werk sucht Grundbegriffe der Sittenlehre und der natürlichen Gotteslehre in zusammenhängenden Erzählungen jeweils zu veranschaulichen. Der Wert bzw. Sachverhalt, um deren Veranschaulichung es geht, ist im Text typographisch hervorgehoben. Ein »Entwurf der in diesem Buche abgehandelten Sachen« läßt die systematische Absicht deutlich werden, die hinter den Erzählungen steckt. Zum *Elementarbuch* ist eine Kupfersammlung erschienen: *Kupfer zu Salzmanns Elementarwerk nach den Zeichnungen [des] Herrn Daniel Chodowiecki, von Nußbiegel, Penzel und Crusius sen. gestochen.* Erstes bis Drittes Heft. Leipzig: Crusius, 1784–88. 1 ungez. Bl., LXVIII Kupfertafeln. 8⁰. (Standort: Württ. LB Stuttgart.) Das Werk ist samt der Kupfer in einem neueren Faksimilenachdruck zugänglich (*Die bibliophilen Taschenbücher.* Bd. 184. Dortmund: Harenberg Kommunikation, 1980).

Aus: *Moralisches Elementarbuch*, von Christian Gotthilf Salzmann. Zweyter Theil. Neue verb. Aufl. Leipzig: Crusius, 1795. XX, 491 S. 8⁰. (Standort: UB Köln.) Diese neue Auflage des 2. Teils ist zuerst erschienen: Leipzig: Crusius, 1783. (Standort: Staatsbibl. Berlin.) – Der 2. Teil des *Moralischen Elementarbuches* stellt eine Sammlung von moralischen Beispielerzählungen verschiedener Autoren dar (neben Salzmann: Sulzer, Rochow, Campe, Weisse, R. Z. Becker u. a.). Hierbei sind jeweils mehrere Erzählungen unter eine Überschrift gerückt.

AUGUST LUDWIG SCHLÖZER (1735–1809)

Geb. in Jaggstadt (Württemberg); 1751–54 Theologiestudium in Wittenberg, anschließend in Göttingen bei Michaelis, Gesner und Mosheim; ab 1755 verschiedene Hauslehrertätigkeiten in Stockholm, Upsala und Lübeck; 1759–61 Fortsetzung des Studiums in Göttingen; 1761 Hauslehrer in Petersburg, 1765 Mitglied der dortigen Akademie und Professor für russische Geschichte; 1767 Rückkehr nach

Deutschland; ab 1769 Professor in Göttingen. Verf. zahlreicher geschichtlicher, statistischer und politischer Werke sowie mehrerer Kinder- und Jugendschriften, bedeutender Publizist. Vgl.: Baur, ADB, L.d. KJL III.

NeuJahrs-Geschenk aus Jamaika 428

Aus: *NeuJahrs-Geschenk aus Jamaika in WestIndien für ein Kind in Europa.* [Von August Ludwig Schlözer.] Göttingen: Vandenhoek, 1780. 48 S. 8⁰. (Standort: UB Göttingen.)

JOHANN GEORG SCHLOSSER (1739–99)

In Frankfurt aufgewachsen; Studium der Rechte in Gießen, Jena und Altorf; Advokat in Frankfurt a. M.; 1766 Geheimsekretär und Erzieher beim Prinzen Friedrich Eugen von Württemberg; ab 1769 wieder in Frankfurt; mit Merck Herausgeber der *Frankfurter Gelehrten Anzeigen;* ab 1773 Regierungsrat bei Markgraf Karl Friedrich von Baden; Heirat mit Goethes Schwester Cornelia; lebte in Emmendingen; 1783 Eintritt in den Illuminaten-Orden; 1794 Austritt aus den markgräflichen Diensten; 1798 Syndikus in Frankfurt. Verf. zahlreicher Schriften aus den Gebieten der Politik, Rechtswissenschaft, Moral, Philosophie, Theologie und Geschichte sowie einiger Dichtungen. Vgl.: Baur, ADB.

Aus: *Sittenbüchlein für die Kinder des Landvolks.* [Von Johann Georg Schlosser.] Frankfurt a. M. : Eichenberg, 1773. 76 S. 8⁰. (Standort: Gymn. Bibl. Speyer.) Es handelt sich um die 2. Auflage. Die 1. Auflage ist erschienen u. d. T. *Katechismus der Sittenlehre für das Landvolk.* [Von Johann Georg Schlosser.] Frankfurt a. M.: Eichenberg, 1771. 1 ungez. Bl., 136 S. 8⁰. (Standort: Stadtbibl. Trier.) – In diesem Werk werden folgende Themen abgehandelt: Gesundheit, Arbeitsamkeit, Vergnügen; Pflichten gegen die Seele, gegen das Vermögen, die Gesellschaft, die Obrigkeit, die »häußlichen Gesellschaften«. Es folgen Abschnitte über die »Glückseeligkeit des Landlebens«, über das Gewissen und die Religion.

JOHANN GOTTLIEB SCHUMMEL (1748–1813)

Geb. in Seitendorf bei Hirschberg; 1760–67 Gymnasium Hirschberg; 1767–69 Studium an der Universität zu Halle; Hauslehrer; 1771 Präzeptor bei dem Kloster »Unsere lieben Frauen« in Magdeburg; 1779 Professor für Historie an der Ritterakademie in Liegnitz; 1788 Prorektor am Elisabeth-Gymnasium in Breslau. Werke: Empfindsame Romane und Schauspiele, zahlreiche Kinder- und Jugendschriften. Vgl.: ADB, L. d. KJL III.

Aus: *Kinderspiele und Gespräche.* [Von Johann Gottlieb Schummel.] Th. 1–3. Leipzig: Crusius, 1776–78. 8°. Th. 1: 1776. XXVI, 292 S. Th. 2: 1777. 3 ungez. Bl., 342 S. Th. 3: 1778. VIII, 452 S. (Standort: Murhardsche Bibl. d. Stadt Kassel.) »Das Pfänderspiel« befindet sich im 2. Teil.

Aus: *Fritzens Reise nach Dessau.* [Von Johann Gottlieb Schummel.] Leipzig: Crusius, 1776. 120 S. 8°. (Standort: Württ. LB Stuttgart.) – Die Reisebeschreibung schildert den Besuch des Basedowschen Philanthropins in Dessau anläßlich des vom 13. bis 15. Mai 1776 veranstalteten »öffentlichen Examens«. Mit dieser öffentlichen Vorstellung und Präsentation seines Institutes wollte Basedow um weitere Unterstützung werben; er hatte hierzu eine große Anzahl berühmter Persönlichkeiten eingeladen. Schummel nahm hieran, von Magdeburg her kommend, persönlich teil. Seine Eindrücke hat er in Form dieses Kinderbuches wiedergegeben. Später distanzierte er sich allerdings von der philanthropischen Bewegung.

FRIEDRICH SPACH († 1794)

Geb. in Buchsweiler (Elsaß); Buchhandlungsdiener in Stuttgart; Schauspieler; 1790 Buchhändler zu Straßburg; Herausgeber von *Der Weltbote*, einer politischen Zeitschrift. Verf. von Dramen und Jugendschriften. Vgl.: Meusel.

Aus: *Ein sterbender Greis an seinen Sohn. Vorschläge für Jünglinge sich Kenntnisse, Ehre und Glück zu erwerben. Auch einige, der Beherzigung des schönen Geschlechts würdige Gedanken.* [Von Friedrich Spach.] Carlsruhe: Macklot, 1787. 2 ungez. Bl., XIV S., 1 ungez. S., 188 S. 8⁰. (Standort: Bisch. Sem. Bibl. Eichstädt.) – Das Werk endet mit einer längeren Erzählung (S. 125 ff.), die das unglückliche Ende einer Bürgerstochter schildert, an dem letztlich die falsche Erziehung durch die Eltern die Schuld trägt.

JOHANN BAPTIST STROBL († 1805)

Ehemals wirklicher, dann Titularprofessor und Buchhändler zu München. Strobl hat 1788 *Unglücksgeschichten zur Warnung für die unerfahrne Jugend in rührenden Beyspielen* herausgegeben; nach der Charakteristik bei Baur ist dieses Werk an Jugendliche jüngeren Alters gerichtet, so daß es naheliegt, in der vorliegenden Schrift eine Fortsetzung für die Jugend reiferen Alters zu sehen. Die Autorschaft Strobls konnte bisher aber noch nicht eindeutig belegt werden. Vgl. Baur, Hamberger/Meusel.

Aus: *Folgen unrichtiger und verwahrloßter Erziehung. Ein Lesebuch für Jünglinge und Mädchen von reiferem Alter.* [Von Johann Baptist Strobl.] Mit Kupfern. München: Strobel, 1794. 330 S. 8⁰. (Standort: Bayer. Staatsbibl. München.)

KARL TRAUGOTT THIEME (1763–1802)

Erzieher und pädagogischer Schriftsteller. Geb. in Canitz bei Oschatz; Studium an der Fürstenschule zu Meißen und der Universität Leipzig.; anschließend Hauslehrer; 1772 Katechet an der Peterskirche in Leipzig; 1776 Rektor in Lübden; 1784 Rektor in Merseburg; 1784 Rektor in Löbau; neben der pädagogischen Schriftstellerei Verf. der Preisschrift *Ueber die Hindernisse des Selbstdenkens in Deutschland*, 1788. Vgl.: Baur, Heindl, L.d. KJL III.

Aus: *Gutmann oder der Sächsische Kinderfreund. Ein Lesebuch für Bürger- und Land-Schulen* von Karl Traugott Thieme. Erster Theil. Leipzig: Crusius, 1794. XVIII, 252 S., 1 ungez. S. 8°. Zweiter Theil. Leipzig: Crusius 1794. 270 S., 1 ungez. Bl. 8°. (Standort: Staatl. Bibl. Regensburg.) – Thieme benutzt für seine Unterweisung abwechselnd die Form des Väterlichen Rates und die Erzählmethode: Gutmann gibt sowohl direkte Belehrung wie auch indirekte in Form von Erzählungen. Thematisch ist das Werk zudem weiter gespannt: Es überschreitet den Rahmen bloßer Sittenlehre und bezieht sich auch auf Dinge der Natur und des praktischen Lebens. Die wiedergegebenen Textausschnitte stammen aus dem 1. Teil.

Aus: *Erste Nahrung für den gesunden Menschenverstand* von Karl Traugott Thieme. Dritte viel verb. Aufl. Leipzig: Crusius, 1795. 4 ungez. Bl., 182 S., 1 ungez. Bl. 8°. (Standort: Päd. Zentr. Büch. NRW, Dortmund.) Erste Ausgabe: Leipzig 1776. – Das Werk enthält nach den enzyklopädischen Abschnitten einige Sprüche (S. 109 ff.) sowie Kindergespräche (S. 117 ff.), in denen versucht wird, einige Begriffe zu entwickeln.

ERNST CHRISTIAN TRAPP (1745-1818)

Bedeutender philanthropischer Pädagoge, Jugendschriftsteller. Geb. zu Drage bei Itzehoe; Besuch des Gymnasiums zu Segeberg, Unterricht bei Martin Ehlers; anschließend Studium der Theologie und Pädagogik in Göttingen; 1768 Rektor in Segeberg, 1772 in Itzehoe; 1776 Subrektor des Gymnasiums zu Altona; 1777 Lehrer am Basedowschen Philanthropin in Dessau; 1779 Professor der Pädagogik an der Universität Halle; 1783 Übernahme der zuvor von Campe geleiteten Erziehungspension in Hamburg; 1786 Professor und ordentl. Mitglied des Schuldirektoriums zu Braunschweig; nach dessen Auflösung 1790 Wohnsitz in Wolfenbüttel, Leitung einer Erziehungsanstalt; bis 1791 Mitarbeit am *Braunschweigischen Journal*, einer politisch radikalen Erziehungszeitschrift. Vgl.: Baur, Heindl, ADB, Rein, L. d. KJL III.

Aus: *Tägliches Handbuch für die Jugend.* [Von Ernst Christian Trapp.] Hamburg: Bohn, 1784. 14 ungez. S., 135 S. 8⁰. (Standort: UB Rostock.) – Es handelt sich um einen Jugendkalender, der ein Kalendarium, kurze Texte zu berühmten Gestalten aus Geschichte und Gegenwart und eine Spruchsammlung enthält.

JOHN TRUSLER (1735–1820)

Englischer Geistlicher, populärer Schriftsteller. Die *Principles of Politeness* erschienen 1775 und erlebten 1790 bereits die 18. Auflage. Sie stellen eine Kompilation von *Lord Chesterfields Letters* dar, die wiederum von Campe ins Deutsche übertragen worden sind. Vgl.: *The Dictionary of National Biography.*

Aus: *Anfangsgründe der feinen Lebensart und Weltkenntniß, zum Unterricht für die Jugend beiderlei Geschlechts, auch zur Beherzigung für Erwachsene,* von John Trusler. Aus dem Englischen übersetzt von Karl Philipp Moritz. Zweite Auflage, umgearbeitet, auch mit Zusätzen und einer Nachlese aus Chesterfield und anderen, imgleichen hin und wieder mit einigen Abänderungen versehen durch August Rode. Berlin: Mylius, 1799. XXII, 280 S. 8⁰. (Standort: UB Göttingen.) – Zum Übersetzer K. Ph. Moritz s. S. 474. – August Rode (1751–1837): Geb. in Dessau; 1768–71 Studium der Rechte in Halle und Leipzig; anschließend Erzieher; 1787 Rat am Dessauischen Hof; 1795 Kabinettsrat; 1803 Erhebung in den Adelsstand; ab

1817 Aufsicht über die Büchersammlungen des Fürstentums. Verf. von Briefwechseln und Schauspielen für Kinder, Übersetzungen aus dem Lateinischen, Gelegenheitsschriften. Vgl. Baur, ADB.

PETER VILLAUME (1746–1825)

Philosophischer und pädagogischer Schriftsteller, Jugendbuchautor. Entstammt einer Berliner Hugenottenfamilie; nach dem Theologiestudium Prediger; ab 1776 in Halberstadt; Gründung einer Erziehungsanstalt für Frauenzimmer; 1787 Professor am Joachimsthal-'schen Gymnasium zu Berlin; 1793 Auswanderung nach Dänemark aus politischen Gründen; auf verschiedenen Gütern erzieherische Tätigkeiten. Verf. zahlreicher philosophischer und pädagogischer Werke und mehrerer Lehr- und Lesebücher für die Jugend. Vgl.: Baur, Heindl, ADB, L. d. KJL III.

Aus: *Lesebuch für Bürgerschulen.* Von P. Villaume, als nothwendiges Nebenstück der zweyten Auflage seines Handbuchs. Hamburg: Villaume, 1801. IV, 332 S. 8⁰. (Standort: LB und Murhardsche Bibl. d. Stadt Kassel.) – Das Werk besteht aus 144 kürzeren Lesestücken, die in 5 Abteilungen (Erstes bis fünftes Jahr) gegliedert sind. Vereinzelt finden sich Gedichte am Schluß der Lesestücke. Das hier abgedruckte Gedicht stammt von Chr. F. Weisse.

Aus: *Practische Logik für junge Leute die nicht studiren wollen* von Villaume. Berlin/Libau: Lagarde und Friedrich, 1787. XVI, 344 S. 8⁰. (Standort: Stadtbibl. Mainz.) In der Vorrede muß Villaume sich gegen den Vorwurf des Skeptizismus verteidigen (S. VII). Wenig später beruft er sich auf Descartes: »Der Mensch muß zweifeln, wenn er Wahrheit kennen lernen will« (S. IX).

CHRISTIAN FELIX WEISSE (1726–1804)

Einer der bedeutendsten Jugendschriftsteller der Aufklärung. Geb. in Annaberg, aufgewachsen in Altenburg; ab 1745 an der Universität zu Leipzig, hier Zusammentreffen mit Lessing; ab 1750 verschiedene Hofmeisterstellen; 1759 Reise nach Paris; 1759–88 Redaktion der *Bibliothek der schönen Wissenschaften und der freyen Künste;* ab 1762 Kreissteuereinnehmer in Leipzig. Verf. zahlreicher Dramen, Lustspiele und Operetten, Lyriker, Redakteur und Übersetzer; Herausgeber des *Kinderfreundes* (1776–82), der wohl berühmtesten Kinderzeitschrift der Aufklärung. Vgl.: Baur, Jördens, Heindl, ADB, L. d. KJL III.

Aus: *Neues A, B, C, Buch, nebst einigen kleinen Uebungen und Unterhaltungen für Kinder.* [Von Christian Felix Weisse.] Franckfurth/Leipzig, 1773. 2 Bl., 96 S., 5 ungez. Bl. 8°. Mit 25 Kupfertafeln auf 9 Seiten. (Standort: LB Wiesbaden.) Es handelt sich bei dieser Ausgabe um einen Nachdruck; die erste Ausgabe ist 1772 in Leipzig erschienen. – Das Werk enthält zunächst Gebete für Kinder, sodann eine »Kurze Anweisung zum Lesen« (S. 3–12), worauf schließlich »Lesübungen und Unterhaltungen« folgen (S. 13–76). Diese unterteilen sich in »Sittenlehren«, »Gedenksprüche« und »Kleine Erzählungen«. In der letzten Abteilung (S. 77–96) folgen »Kinder-Lieder«, Fabeln und Gebete. Am Schluß des Werkes befinden sich 25 Kupfertafeln, die jeweils einem Buchstaben des Alphabets zugeordnet und mit einem zweizeiligen Vers unterschrieben sind. Vgl. hierzu auch: Helmers: *Geschichte des deutschen Lesebuchs,* S. 154–156 und 171–177.

Lieder für Kinder. [Von Christian Felix Weisse.] Leipzig: Weidmann und Reich, 1767. 66 S. 8⁰. (Standort: UB Göttingen.) Die erste Ausgabe stammt von 1766 (Altona: Hammerich); vgl. auch: Horst Kunze, *Schatzbehalter. Vom Besten aus der älteren Deutschen Kinderliteratur*, Berlin 1965 und Hanau a. M. o. J., S. 122f. – Das Werk enthält 56 Gedichte. Ein zweiter Teil ist 1768 (Altona) bzw. 1769 (Leipzig) hinzugekommen. Berühmt ist die Vertonung der Lieder durch Johann Adam Hiller (Leipzig 1769).

Aus: *Christian Felix Weiße'ns Lieder und Fabeln für Kinder und junge Leute.* Nach des Verfassers Wunsche gesammelt und herausgegeben von Samuel Gottlob Frisch. Mit einem Kupfer. Leipzig: Crusius, 1807. XXIV, 242 S. 8⁰. (Standort: UB Frankfurt.)

Aus: *Der Kinderfreund. Ein Wochenblatt.* [Von Christian Felix Weisse.] Th. 1–24 [in 12 Bdn.]. Leipzig: Crusius, 1776–82. 8⁰. [Bd. 3.] Th. 5. 2., verb. Aufl. 1777. VI, 182 S., 71. Stück. (Standort: Bibl. d. PH Köln.) Die erste Auflage des 5. Teils stammt aus dem Jahre 1776.

JOHANN KARL WEZEL (1747–1819)

Geb. in Sondershausen (Thüringen); 1764 Theologiestudium in Leipzig, beeinflußt von Gellert und Ernesti; nach dem Studium verschiedene Hofmeisterstellen; ab 1776 in Leipzig als freier Schriftsteller; Mitarbeit am *Philanthropischen Journal*, der Zeitschrift des Dessauer Philanthropins; verschiedene Reisen; 1782 Anstellung als Theaterdichter in Wien; anschließend wieder in Leipzig; 1786 Ausbruch einer Geisteskrankheit, Rückkehr nach Sondershausen. Werke: Romane, Erzählungen, Schauspiele, philosophische, anthropologische und literaturkritische Schriften. Vgl.: Baur, Jördens, ADB, L. d. KJL III; Wilhelm Voßkamp in: *Dt. Dichter des 18. Jh.s*, Berlin 1977.

Aus: *Robinson Krusoe*. Neu bearbeitet. (Von J. K. Wezel.) [Bd. 1. 2.]
Leipzig: Dyk, 1779/80. kl. 8°. Bd. [1]: 1779. XXXIV, 260 S. Bd. [2]:
1780. XIV, 308 S. (Standort: Staats- und Stadtbibl. Augsburg.) – Die
hier abgedruckten Textauszüge stammen aus dem 1. Band. – Wezels
Robinson erschien zunächst in den *Pädagogischen Unterhandlungen*
in Fortsetzungen. Als Campe jedoch seine *Robinson*-Bearbeitung
ankündigte, besorgte Wezel den schnellen Druck seines *Robinson*.
Zwischen beiden Bearbeitern entspann sich ein längerer Streit. Im
Vorwort greift Wezel die Auseinandersetzung mit Campe auf. Bedeutung gewinnt das Vorwort jedoch vor allem dadurch, als in ihm
bezüglich der Jugendliteratur eine literaturtheoretische Position vertreten wird, die von der philanthropischen Jugendbuchautoren
abweicht: Wezel besteht auf einer ästhetischen Eigengesetzlichkeit
auch der jugendliterarischen Texte, die ihnen als Kunstwerken zukommt, und weist den Absolutheitsanspruch der Pädagogen zurück.
Schließlich betont auch er schon den erzieherischen Wert des Ästhetischen.

Verzeichnis der Abbildungen

Literaturhinweise

Ahrens, Elisabeth: Die pädagogische Problematik des jugendlichen Theaterspielens. Diss. Göttingen 1955.

Alte deutsche Kinderbücher. Sammlung Dr. Erich Strobach. Ausstellungskatalog der Stadt Paderborn. Paderborn 1978.

Angst, Anny: Die religions- und moralpädagogische Jugendschrift in der deutschen Schweiz von der Reformation bis zur Mitte des 19. Jahrhunderts. Diss. Zürich 1947.

Arnold, Karl: J. H. Campe als Jugendschriftsteller. Diss. Leipzig 1905.

Baumgärtner, Alfred Clemens: Das nützliche Vergnügen. Goethe, Campe und die Anfänge der Kinderliteratur in Deutschland. Würzburg: Arena-Verlag, 1977.

Baumgärtner, Alfred Clemens: Zur Lage der historischen Kinderbuchforschung. In: Das gute Jugendbuch 28 (1978) S. 65–69.

Baumgärtner, Alfred Clemens (Hrsg.): Ansätze historischer Kinder- und Jugendbuchforschung. Baltmannsweiler: Schneider, 1980.

Bollnow, Friedrich Otto: Die Aufklärung und wir. J. H. Campe zum 200. Geburtstag. In: Schola 2 (1947) S. 101–110.

Bollnow, Friedrich Otto: Commenius und Basedow. In: Sammlung 5 (1950) S. 141–153.

Brüggemann, Theodor: Kinder- und Jugendliteratur 1698–1950. Eine bibliographische Studie. Köln: Verf., 1975.

Brüggemann, Theodor: Literaturtheoretische Grundlagen des Kinder- und Jugendschrifttums. in: E. G. von Bernstorff (Hrsg.): Aspekte der erzählenden Jugendliteratur. Baltmannsweiler: Schneider, 1977. S. 14–34.

Brüggemann, Theodor/Mattusch, Bärbel: Die »Neue Bilder Galerie für junge Söhne und Töchter«. Ein Seitenstück zu Bertuchs »Bilderbuch für Kinder«, In: Die Schiefertafel 2 (1979) H. 1. S. 6–20.

Brunner, Horst: Kinderbuch und Idylle. Rousseau und die Rezeption des Robinson Crusoe im 18. Jahrhundert. In: Jahrbuch der Jean Paul-Gesellschaft 2 (1967) S. 85–116.

Bünger, Ferdinand: Entwicklungsgeschichte des Volksschullesebuches, Leipzig 1898. Neudr.: Glashütten i. Ts.: Avermann, 1972.

Burggraf, Gudrun: Christian Gotthilf Salzmann im Vorfeld der Französischen Revolution. Germering b. München: Stahlmann, 1966.

Deutsche Kinderbücher des 18. Jahrhunderts. Ein Beitrag zur Vorbereitung einer Bibliographie alter deutscher Kinderbücher. Ausstellungskatalog der Herzog August-Bibliothek Wolfenbüttel. Wolfenbüttel 1978.

Doderer, Klaus [u. a.]: Klassische Kinder- und Jugendbücher. Kritische Betrachtungen. Weinheim: Beltz, 1970.

Drews, Jörg (Hrsg.): Zum Kinderbuch. Frankfurt a. M.: Insel-Verlag, 1975.

Dyrenfurth, Irene: Geschichte des deutschen Jugendbuches. Mit einem Beitrag über die Entwicklung nach 1945 von Margarete Dierks. 3., neu bearb. Aufl. Zürich/Freiburg i. Br.: Atlantis Verlag, 1967.

Europäische Kinderbücher vom 15. bis zum 18. Jahrhundert. Ausstellung im Prunksaal der Österreichischen Nationalbibliothek vom 17. Mai bis 14. September 1979. Wien 1979.

Fertig, Ludwig: Campes politische Erziehung. Eine Einführung in die Pädagogik der Aufklärung. Darmstadt: Wissenschaftliche Buchgesellschaft, 1977.

Fertig, Ludwig: Die Hofmeister. Ein Beitrag zur Geschichte des Lehrerstandes und der bürgerlichen Intelligenz. Stuttgart: Metzler, 1979.

Göbels, Hubert: Bildergalerie für Groß und Klein. Alte deutsche Kinderbuchillustrationen. Gütersloh: Mohn, 1962.

Göbels, Hubert: Das »Leipziger Wochenblatt für Kinder« (1772–74). Eine Studie über die älteste deutschsprachige Kinderzeitschrift. Ratingen/Kastellaun/Düsseldorf: Henn, 1973.

Göhring, Ludwig: Die Anfänge der deutschen Jugendliteratur im 18. Jahrhundert. Nürnberg: Korn, 1904. Nachdr. Leipzig: Zentralantiquariat, 1967.

Göpel, Alfred: Der Wandel des Kinderliedes im 18. Jahrhundert. Quakenbruck: Kleinert, 1935.

Gollmitz, Renate (Hrsg.): Das Kinderbuch. Gedanken und Ansichten. Berlin: Kinderbuchverlag, 1971.

Haas, Gerhard (Hrsg.): Kinder- und Jugendliteratur. Zur Typologie und Funktion einer Gattung. Stuttgart: Reclam, 1974.

Hazard, Paul: Kinder, Bücher und große Leute. Hamburg: Hoffmann & Campe, 1952.

Heckmann, Herbert/Krüger, Michael (Hrsg.): Die schönsten deutschen Kindergedichte. München: Hanser, 1974, neue Aufl. 1979.

Helmers, Hermann: Geschichte des deutschen Lesebuchs in Grundzügen. Stuttgart: Klett, 1970.

Herrmann, Ulrich: Kindheit und Jugend im Werk Joachim Heinrich Campes. In: Neue Sammlung 15 (1975) H. 5. S. 464–481.

Herrmann, Ulrich: Literatursoziologie und Leserforschung als Bildungsforschung. Historische Sozialisationsforschung im Medium der Kinder- und Jugendliteratur. In: Internationales Archiv für Sozialgeschichte der deutschen Literatur 2 (1977) S. 187–198.

Herrmann, Ulrich: Die Pädagogik der Philanthropen. In: Klassiker der Pädagogik. Hrsg. von Hans Scheuerl. Bd. 1. München: Beck, 1979.

Hobrecker, Karl: Alte vergessene Kinderbücher. Berlin: Mauritius, 1924.

Hornstein, Walter: Vom »jungen Herrn« zum »hoffnungsvollen Jüngling«. Wandlungen des Jugendlebens im 18. Jahrhundert. Heidelberg: Quelle & Meyer, 1965.

Hürlimann, Bettina: Europäische Kinderbücher in drei Jahrhunderten. Zürich/Freiburg i. Br.: Atlantis Verlag, ²1963.

Hurrelmann, Bettina: Jugendliteratur und Bürgerlichkeit. Soziale Erziehung in der Jugendliteratur der Aufklärung am Beispiel von Christian Felix Weißes »Kinderfreund« 1776–1782. Paderborn: Schöningh, 1974.

Hurrelmann, Bettina: Politische Erziehung durch das Kinderbuch? Gegenwärtige Probleme politischer Kinderliteratur in historischer Perspektive. In: Westermanns Pädagogische Beiträge 28 (1976) H. 3. S. 152–160.

Jahnke, Manfred: Von der Komödie für Kinder zum Weihnachtsmärchen. Untersuchungen zu den dramatischen Modellen der Kindervorstellungen in Deutschland bis 1917. Meisenheim (Glan): Hain, 1977.

Karge, Robert: Theater mit Kindern und Jugendlichen. Diss. Köln 1974.

Klafki, Wolfgang: Kinder und Jugendliteratur als Gegenstand erziehungswissenschaftlicher Forschung. In: Zeitschrift für Pädagogik 14 (1968) S. 497–503.

Klingberg, Göte: Die Gattungen des Kinder- und Jugendbuches. Ein Programm für die geschichtliche Kinder- und Jugendliteraturforschung. In: Wirkendes Wort 17 (1967) S. 329–340.

Klingberg, Göte: Kinder- und Jugendliteraturforschung. Eine Einführung. Köln/Graz: Böhlau, 1973.

Köberle, Sophie: Jugendliteratur zur Zeit der Aufklärung. Weinheim: Beltz, 1972.

König, Helmut: Zur Salzmann-Legende. In: Pädagogik 10 (1955) H. 12. S. 889–910.

König, Helmut: Freiheit, Gleichheit, Brüderlichkeit bei Joachim Heinrich Campe. In: Schule und Nation 4 (1957) H. 2. S. 2–7.

Könneker, Marie-Luise (Hrsg.): Die Kinderschaukel. Ein Lesebuch zur Geschichte der Kindheit in Deutschland. 2 Bde. Darmstadt/Neuwied: Luchterhand, 1976.

Köster, Hermann L.: Geschichte der deutschen Jugendliteratur. ⁴1927. Nachdr.: Mit einem Nachwort und einer annotierten Bibliographie von Walter Scherf. München-Pullach/Berlin: Verlag Dokumentation, 1972. (UTB.)

Krebs, Margarete: Elementarwerke aus der Zeit des Philanthropismus. Diss. Königsberg 1929; Coburg: Tageblatt-Haus, 1929.

Kuhn, Andrea: Tugend und Arbeit. Zur Sozialisation durch Kinder- und Jugendliteratur im 18. Jahrhundert. Berlin: Basis-Verlag, 1975.

Kuhn, Andrea/Merkel, Johannes: Sentimentalität und Geschäft. Zur Sozialisation durch Kinder- und Jugendliteratur im 19. Jahrhundert. Berlin: Basis-Verlag, 1977.

Kunze, Horst: Schatzbehalter. Vom Besten aus der älteren Deutschen Kinderliteratur. Berlin: Kinderbuchverlag, 1965; Hanau: Dausien, o.J.

Kunze, Horst: Wann beginnt die spezifische Kinder- und Jugendliteratur in Deutschland? In: Beiträge zur Kinder- und Jugendliteratur 38 (1976) S. 46–48.

Langenohl, Hanno: Die Anfänge der deutschen Volksbildungsbewegung im Spiegel der moralischen Wochenschriften. Ratingen: Henn, 1964. (Beiträge zur Erziehungswissenschaft.)

Leyser, Jakob Anton: Joachim Heinrich Campe. Ein Lebensbild aus dem Zeitalter der Aufklärung. 2 Bde. Braunschweig: Vieweg, 1877, ²1896.

Liebs, Elke: Die pädagogische Insel. Studien zur Rezeption des Robinson Crusoe in deutschen Jugendbearbeitungen. Stuttgart: Metzler, 1977.

Merget, Adalbert: Geschichte der deutschen Jugendliteratur, 3. Aufl. Berlin: Plahn, 1882. Nachdr. Leipzig: Zentralantiquariat, 1967.

Minor, Jacob: Christian Felix Weiße und seine Beziehung zur deutschen Literatur des 18. Jahrhunderts. Innsbruck: Wagner, 1880.

Müller, Helmut: Vom Sittenbüchlein zur moralischen Erzählung. In: Das gute Jugendbuch 26 (1976) S. 121–128.

Nima-Rolf, Magdalena: Nachdrucke alter Kinderbücher. In: Die Schiefertafel 2 (1979) H. 1. S. 21–33.

Paulsen, Friedrich: Geschichte des gelehrten Unterrichts auf den deutschen Schulen und Universitäten des Mittelalters bis zur Gegenwart. Mit besonderer Rücksicht auf den klassischen Unterricht. 2 Bde., 3., erw. Aufl. Bd. 1: Leipzig: Veit & Comp., 1919. Bd. 2: Berlin/Leipzig: de Gruyter, 1921.

Pleticha, Heinrich (Hrsg.): Lese-Erlebnisse 2. Frankfurt a. M.: Suhrkamp, 1978.

Prestel, Josef: Geschichte des deutschen Jugendschrifttums. Freiburg i. Br.: Herder, 1933.

Promies, Wolfgang: Kinderliteratur im späten 18. Jahrhundert. In: Hansers Sozialgeschichte der deutschen Literatur. Bd. 3: Deutsche Aufklärung bis zur Französischen Revolution. Hrsg. von Rolf Grimminger. München: Hanser, 1980. S. 765–831.

Rammelt, Johannes: J. B. Basedow, der Philanthropismus und das Dessauer Philanthropin. Dessau: Schwalbe, 1929.

Richter, Dieter / Vogt, Jochen (Hrsg.): Die heimlichen Erzieher. Kinderbuch und politisches Lernen. Reinbek b. Hamburg: Rowohlt, 1974.

Riemann, Carl: Das Kind im Wandel der pädagogischen Anschauungen der Aufklärungszeit. Diss. Jena 1934.

Rommel, Heinz: Das Schulbuch im 18. Jahrhundert. Wiesbaden-Dotzenheim: Deutscher Fachschriftenverlag, 1968. (Probleme der Erziehung 9/10.)

Rümann, Arthur: Alte deutsche Kinderbücher. Wien/Leipzig/Zürich: Reichner, 1937.

Rutschky, Katharina (Hrsg.): Schwarze Pädagogik. Quellen zur Naturgeschichte bürgerlicher Erziehung. Frankfurt a. M./Berlin/Wien: Ullstein, 1977.

Schäfer, Ernst: Friedrich Eberhard v. Rochow. Ein Bild seines Lebens und Wirkens. Gütersloh: Bertelsmann, 1906.

Schedler, Melchior: Kindertheater. Geschichte, Modelle, Projekte. Frankfurt a. M.: Suhrkamp, 1972.

Scherf, Walter: Strukturanalyse der Kinder- und Jugendliteratur. Heilbrunn: Klinkhardt, 1978.

Scheunemann, Beate: Erziehungsmittel Kinderbuch. Zur Geschichte der Ideologievermittlung in der Kinder- und Jugendliteratur. Berlin: Basis-Verlag, 1978.

Schmid, Karl Adolf (Hrsg.): Geschichte der Erziehung vom Anfang bis auf unsere Zeit. Bd. 4. Abt. 2: Stuttgart: Cotta, 1898. Bd. 5. Abt. 1: Stuttgart: Cotta, 1901.

Schmidt, Egon: Die deutsche Kinder- und Jugendliteratur von der Mitte des 18. Jahrhunderts bis zum Anfang des 19. Jahrhunderts. Berlin: Kinderbuchverlag, 1974. (Studien zur Geschichte der Kinder- und Jugendliteratur 2.)

Schmidt, Joachim: Volksdichtung und Kinderlektüre in der ersten Hälfte des 19. Jahrhunderts. Berlin: Kinderbuchverlag, 1977. (Studien zur Geschichte der Kinder- und Jugendliteratur 3.)

Sichelschmidt, Gustav: Die deutschen Kinderanthologien. In: J. Bark/D. Pforte (Hrsg.): Die deutschsprachige Anthologie. 2 Bde. Frankfurt a. M.: Klostermann, 1969. Bd. 2. S. 222–245.

Stach, Reinhard: Robinson der Jüngere als pädagogisch-didaktisches Modell des philanthropistischen Erziehungsdenkens. Ratingen/Wuppertal/Kastellaun: Henn, 1970.

Stecher, Martin: Die Erziehungsbestrebungen der moralischen Wochenschriften. Ein Beitrag zur Geschichte der Pädagogik des 18. Jahrhunderts. Langensalza: Beyer, 1914.

Stephan, Gustav: Die häusliche Erziehung in Deutschland während des 18. Jahrhunderts. Wiesbaden: Bergmann, 1891.

Strobach, Erich: Was konnten Kinder um das Jahr 1800 lesen und was wurde ihnen geboten? In: Antiquariat 23 (1973) Nr. 11. S. 225–227.

Ulbricht, Günter: Der Philanthropismus – eine fortschrittliche pädagogische Reformbewegung der deutschen Aufklärung. In: Pädagogik 10 (1955) S. 750–764.

Ulbricht, Günter: Johann Bernhard Basedow. Berlin: Verlag Volk und Wissen, 1963.

Vahlbruch, Karl: Das soziale Lebenswerk Friedrich Eberhard v. Rochows. Langensalza: Beyer, 1928.

Wegehaupt, Heinz: Vorstufen und Vorläufer der deutschen Kinder- und Jugendliteratur bis in die Mitte des 18. Jahrhunderts. Berlin: Kinderbuchverlag, 1977. (Studien zur Geschichte der Kinder- und Jugendliteratur 1.)

Wegehaupt, Heinz (u. Mitarb. von Edith Fichtner): Alte deutsche Kinderbücher. Bibliographie 1507–1850. Zugleich Bestandsverzeichnis der Kinder- und Jugendbuchabteilung der Deutschen Staatsbibliothek zu Berlin. Berlin: Kinderbuchverlag / Hamburg: Hauswedell, 1979.

Wiese, Benno von (Hrsg.): Deutsche Dichter des 18. Jahrhunderts. Ihr Leben und Werk. Berlin: Schmidt, 1977.

Zupancic, Peter: Die Robinsonade in der Jugendliteratur. Diss. Bochum 1976.

Sachregister

Schutzengel 236f.
Schwärmerei 135, 137, 144, 338
Schwangerschaft 177f.
Seele 132, 184ff., 332, 336, 409
Selbstmord 316f.
Selkirk, Alexander 305ff.
Sexualaufklärung 176ff., 238
Sinne, Sinnlichkeit 175, 199ff., 384, 389, 424, 436, 439
Sittenverderbnis 128, 334, 413, 442
Sklaverei, Sklavenhandel 310, 327, 356, 430f., 431f.
Soldatenhandel 409
Spanien, Spanier 305f., 310, 327, 328, 330ff., 337, 433, 435
Sparsamkeit 190, 380
Spiele, spielen 68f., 169, 174, 175, 218, 222, 225, 245, 320, 441
Spielsachen 63, 169, 174, 218f., 222, 223f., 280f., 438
Staatsverfassung 195ff., 335f., 441, 442, 450
Stadtleben 98, 119f.
Steuern 94f., 96f., 119f.
Stolz 152, 229, 250, 255, 266, 292, 303, 341, 442f.
Strafe, Strafen 69, 117, 389, 393, 395ff., 421
Sturm und Drang 418
Südsee 305, 433

Tagelöhner 107f.
Tahiti 439ff.
Teuerung 71, 84, 120f.
Tierquälerei 79f., 217
Tierwelt 77, 181, 193, 251
Tod 69, 93, 140, 147, 229f., 230, 243f.

Toleranz, Intoleranz 331, 335, 409f.
Träumereien 137, 341, 448
Trunksucht 141f., 309
Tugend 99f., 131, 139, 143, 147, 154, 157, 158, 176, 218, 233, 244, 248, 250, 257ff., 328, 348, 350, 355, 357, 358, 365, 371ff., 375, 378, 391

Übermut 253, 273ff., 416, 449
Unkeuschheit 179, 369
Unsterblichkeit der Seele 104f.
Untertanen, Untertanenpflichten 95ff., 167, 355f., 412, 414, 415
Unwissenheit 161, 176, 320, 355, 426, 439

Vatermord 373, 375f.
Verführung 371ff., 395
Vernunft 118, 133, 134, 137, 151, 164, 193, 312, 337, 342, 420, 424, 425, 439, 450
Verschwendung 264f., 267, 414
Verstellung 201ff., 298ff.
Verzärtelung, Verweichlichung 270, 291, 292, 320, 350
Vorsehung 129, 134, 332f., 335f., 433, 451
Vorstellungskraft 186ff.
Vorurteile 133, 348, 410, 424, 426

Wahrheit 199, 245, 352, 365
Weihwasser 339, 409f., 426, 427
Weinen 82, 230, 259, 293, 398